权威·前沿·原创

皮书系列为
"十二五""十三五""十四五"时期国家重点出版物出版专项规划项目

BLUE BOOK

智 库 成 果 出 版 与 传 播 平 台

低碳发展蓝皮书

BLUE BOOK OF LOW-CARBON DEVELOPMENT

中国碳中和发展报告（2023）

ANNUAL REPORT ON THE CARBON NEUTRALITY IN CHINA (2023)

组织编写／中国林业生态发展促进会
　　　　　中国碳中和发展集团有限公司
顾　　问／潘家华
主　　编／沙　涛　李　群　于法稳
副 主 编／姜冬梅　刘　涛　刘基伟

社会科学文献出版社
SOCIAL SCIENCES ACADEMIC PRESS (CHINA)

图书在版编目（CIP）数据

中国碳中和发展报告. 2023 / 沙涛，李群，于法稳
主编；姜冬梅，刘涛，刘基伟副主编. --北京：社会
科学文献出版社，2023.7
（低碳发展蓝皮书）
ISBN 978-7-5228-1728-6

Ⅰ.①中… Ⅱ.①沙… ②李… ③于… ④姜… ⑤刘
… ⑥刘… Ⅲ.①中国经济-低碳经济-经济发展-研究
报告-2023 Ⅳ.①F124.5

中国国家版本馆 CIP 数据核字（2023）第 071361 号

低碳发展蓝皮书

中国碳中和发展报告（2023）

主　　编／沙　涛　李　群　于法稳
副 主 编／姜冬梅　刘　涛　刘基伟

出 版 人／王利民
组稿编辑／周　丽
责任编辑／张丽丽
文稿编辑／赵熹微
责任印制／王京美

出　　版／社会科学文献出版社·城市和绿色发展分社（010）59367143
　　　　　地址：北京市北三环中路甲 29 号院华龙大厦　邮编：100029
　　　　　网址：www.ssap.com.cn
发　　行／社会科学文献出版社（010）59367028
印　　装／三河市东方印刷有限公司

规　　格／开 本：787mm×1092mm　1/16
　　　　　印 张：27.75　字 数：403 千字
版　　次／2023 年 7 月第 1 版　2023 年 7 月第 1 次印刷
书　　号／ISBN 978-7-5228-1728-6
定　　价／158.00 元

读者服务电话：4008918866

低碳发展蓝皮书
编委会

主要编撰者简介

沙　涛　管理学博士，现任中国碳中和发展集团董事会主席，在生态建设、环境保护方面具有丰富的管理及行政经验，长期从事绿色产业投资、绿色产业战略规划、绿色产业资源转化利用等方面工作。

李　群　理学博士，应用经济学博士后，现任中国社会科学院数量经济与技术经济研究所大数据与经济模型研究室研究员（二级）、博士后合作导师，中国社会科学院大学教授、博士生导师；兼任中国林业生态发展促进会副会长、中国生态智库理事长、全国工商联智库委员会委员、社会科学文献出版社皮书研究院高级研究员，连续担任国家统计局中国百名经济学家信心调查成员，《中国科技论坛》编委及《南开管理评论》《系统工程理论与实践》《中国环境管理》等杂志审稿专家。主要研究方向为不确定性经济预测与评价、人才资源与经济发展、生态发展、林业生态评价等。

主持国家社科基金项目、国家软科学项目、中国社会科学院国情调研重大项目等6项，主持省部级课题31项。出版专著6部；主编公民科学素质蓝皮书、北京科普蓝皮书、生态治理蓝皮书、生态林业蓝皮书、生态发展蓝皮书、低碳发展蓝皮书、文旅大数据蓝皮书7部蓝皮书；在国内外期刊、报纸发表论文、理论文章200余篇。

曾获省部级青年科技奖和科技进步奖，全国妇联优秀论文一等奖、特等奖，中国社会科学院优秀对策信息奖20余次。2016年获得中宣部、科技部、中国科协联合授予的"全国科普先进工作者"称号。

于法稳　管理学博士，现任中国社会科学院农村发展研究所生态经济研究室主任、研究员（二级）、博士后合作导师，中国社会科学院生态环境经济研究中心主任，中国社会科学院大学应用经济学院教授、博士生导师；兼任中国生态经济学学会副理事长、秘书长，中国农村发展学会常务理事，中国水土保持学会常务理事，中国环境科学学会环境经济分会副主任委员，中国生态智库专家，《中国生态农业学报》《生态经济》副主编、《重庆社会科学》编委等。主要研究方向为生态经济学理论与方法、资源管理、农村生态治理、农业可持续发展。

先后主持国家社科基金重点项目 1 项、一般项目 1 项、青年项目 2 项，中国社会科学院重大项目、国情调研重大项目等 20 余项；参与国家"973"项目、国家自然科学基金项目、国家社科基金重点项目、中国社会科学院国情调研特大项目、中国社会科学院重大项目等 50 余项。在《中国农村经济》《中国人口·资源与环境》《中国软科学》《中国特色社会主义研究》等学术期刊，以及《人民日报》《光明日报》《经济日报》等报纸上发表论文 350 余篇，出版专著 35 部（含合著、参编），作为主编出版了生态治理蓝皮书、低碳发展蓝皮书、乡村振兴蓝皮书，作为副主编出版了《生态经济建设大辞典》《英汉生态经济词典》等大型工具书。

先后荣获中国社会科学院优秀科研成果二等奖 1 次、三等奖 1 次，中国社会科学院优秀对策信息对策研究类特等奖 1 次、一等奖 2 次、二等奖 5 次、三等奖 8 次。2006 年荣获"中国发展百人奖"；2021 年 1 月，被授予"中国社会科学院先进个人"称号。

序

2022 年 10 月，党的二十大报告提出积极稳妥推进碳达峰、碳中和。"双碳"目标是中国基于推动构建人类命运共同体的大国担当及中华民族永续发展所做出的重大战略决策，也是推进生态文明建设、建设人与自然和谐共生的美丽中国的重要抓手。"双碳"目标一经提出，便成为全社会长期关注的热点和焦点。

如今，"双碳"理念深入人心，但在实现"双碳"目标的过程中，全社会对降碳仍存在一定的认知误区。比如，碳达峰是一个过程，不能将其单一地理解为"攀高峰"；再比如，化石能源是能源的压舱石，但一旦过量使用，就只能行稳，不能致远。因此，全社会应该充分认识到，降碳不是对发展的约束，而是发展的动力源泉所在，降碳必然推动国内经济增长。

碳达峰是经济和社会发展过程中，一个伴随着技术演进且自然而然的过程。无论欧洲、美国还是日本，其碳达峰都是首先用碳密度较低的天然气代替碳密度较高的煤炭，实现化石能源内部的低碳替代，然后用零碳的可再生能源替代化石能源，实现颠覆式的能源替代。中国的碳达峰也将经历从高位平台期的多峰突起到波动下降的过程。我们并不只是为了零碳而零碳，零碳对我们来说是发展、是机遇。

因此，实现碳达峰、碳中和，需要统筹处理好发展和减排、降碳和安全、整体和局部、短期和中长期、"立"和"破"、政府和市场、国内和国际等多方面多维度的关系。主动地加入"双碳"潮流，是我们的机遇和发展方向所在。本书构建的"双碳"综合评价指标体系是经过多次公开讨论，由多位专家共同参与修改，具有较强科学性和权威性的指标体系。本书通过一整套的计算方法来定量分析，为实现"双碳"目标提供政策建议和数据支持。

　　《中国碳中和发展报告（2023）》全面地分析了不同行业实现绿色低碳转型的有效路径，剖析了创新低碳技术与负碳技术对"双碳"目标的推动作用，总结了世界各经济体实现碳达峰的宝贵经验和国内当前优秀碳中和示范区案例。本书为中国积极稳妥推进碳中和提供了参考依据，对实现"双碳"目标做出了具有重大现实意义的科学评估和认知贡献。

中国社会科学院学部委员

联合国可持续发展独立科学家

中国生态发展智库首席科学家

2023 年 1 月 10 日

摘　要

本书总报告分析了全球碳中和的最新进展，总结了现存的问题及机遇，并依据最新统计数据对中国碳中和发展情况进行了综合评价。研究表明中国碳中和发展指数从 2001 年的 164.95 波动上升至 2020 年的 188.34，其中，中国绿色能源指数、中国绿色交通指数和中国生态碳汇指数显著提升。

本书分报告共有六个部分。指数篇，根据《2030 年前碳达峰行动方案》中的"碳达峰十大行动"，并结合远景目标，从多个维度选取具体指标数据，建立衡量碳达峰、碳中和的地区目标达成情况的指标体系，2020 年省际碳中和发展指数均值为 6.08，超过均值的地区有 14 个。

战略篇，聚焦生态文明建设的核心议题，阐述了"双碳"目标与生态文明建设在价值追求上具有一致性、在实现逻辑上相互契合，是加快生态文明建设的重要抓手；深入分析了多能互补协同的可持续发展机制、能源结构优化对实现"双碳"目标的现实意义。同时，根据"方针—技术—机制—合作"路径体系与时空布局提出了支持以技术创新为导向，实现有序转变的系统性方案。

科技篇，聚焦第二代区块链技术，探讨了智能合约技术和 NFT 技术在碳交易和碳资产管理中的作用；归纳总结了绿色低碳技术实现碳中和的主要路径，研究了现阶段绿色低碳技术的发展情况和面临的问题，并针对现有问题提出了相应的对策和建议。

碳库篇，第一，以黄河流域为例，将城市分为碳汇示范试点、综合示范试点和生态岛示范试点三个层次探讨绿色碳库在实现碳中和过程中的方法学以及可借鉴的经验。第二，为森林碳库建设总结了做法与模式，提出了科学推进绿化保护、提升森林碳汇能力、持续创新体制机制、加强森林碳库保障、健全交易补偿机制等建议。第三，对完善温室气体排放核算方法提出了建议，对碳排放权属性及税收问题进行了研究。第四，提出了中国碳市场建设基本路径。

路径篇，围绕农业农村碳中和与乡村振兴的理论基础、两者的内在关系及协同推进的现实困境展开了探讨；结合中国工业、建筑、交通领域碳排放现状与相关政策目标，分析了三大领域低碳转型存在的困难与挑战。在分析国内外甲烷减排政策与标准、甲烷排放特点与减排技术措施的基础上，研究了甲烷减排促进碳中和目标实现的路径。针对中国仍面临未形成全面支撑实现碳中和的能源科技创新体系和产业均衡发展体系、碳中和目标下能源科技发展缺少战略规划和跨机构协调的现状，针对动能转换、完善绿色发展的新要求，提出了在顶层设计、新能源科技创新、人才和国际交流合作等方面，加快实施创新驱动战略，发展数字经济，调整产业结构，构建现代产业体系等建议。围绕民航减排，从关于碳减排的协议、法律、政策及实践方面，提出民航业的碳减排体系框架。

案例篇，总结国内外企业推进碳中和的布局和实践经验，归纳海南、粤港澳大湾区、武汉、北京等地区在推进碳中和方面的做法与模式，为成功经验的推广做出可行性分析。

关键词： "双碳"目标 "双碳"综合评价指标体系 生态文明建设

目 录 ⬏

Ⅰ 总报告

B.1 中国碳中和发展状况分析与评价

.... 沙 涛 刘 涛 刘基伟 孙铭雨 李 群 / 001

一 研究背景与意义 .... / 002

二 国外碳中和新趋势与中国碳中和新发展 .... / 002

三 中国碳中和发展指数分析 .... / 007

四 中国碳中和发展存在的问题与面临的机遇 .... / 016

五 新发展阶段对策建议 .... / 019

Ⅱ 指数篇

B.2 2022~2023年中国碳中和发展指数报告

.... 刘 涛 刘基伟 孙铭雨 李 群 / 022

Ⅲ 战略篇

B.3 坚持以习近平生态文明思想引领"双碳"目标实现

.... 徐海燕 鲍 晗 / 059

B.4　多能互补协同低碳可持续发展机制分析

　　……………… 潘　伟　谭青博　赵浩辰　李旭东　谭忠富 / 075

B.5　优化能源结构实现低碳经济可持续发展………… 娄　伟　李叔豪 / 090

B.6　有序实现能耗"双控"向碳排放"双控"转变的技术创新研究

　　………………………… 刘平阔　韩　雪　赵瑞琦 / 107

Ⅳ　科技篇

B.7　第二代区块链技术在碳市场中的应用探究…………… 刘　涛 / 135

B.8　碳中和目标实现中的绿色低碳技术创新………… 彭绪庶　张　笑 / 148

B.9　燃煤电厂CCUS改造国际经验借鉴与政策建议

　　………………………… 马湘山　姜冬梅　刘庆强 / 167

Ⅴ　碳库篇

B.10　绿色碳库助力中国碳中和示范试点建设

　　……………… 闫广轩　王洁琦　曹治国　胡鹏抟　余　浩 / 181

B.11　森林碳库推进碳中和目标实现的做法与模式研究……… 秦国伟 / 197

B.12　中国温室气体排放核算方法研究与实证分析

　　………………… 姜冬梅　刘庆强　霍嘉铭　朱春光 / 212

B.13　碳交易所得的税法界定及碳排放权交易市场建设路径

　　………… 张　勇　石家韵　朱文浩　曾炳昕　刘　进 / 226

Ⅵ　路径篇

B.14　农业农村碳中和与乡村振兴协同推进的路径研究

　　…………………………………………… 刘　洋　于法稳 / 241

B.15　工业、建筑、交通领域低碳转型路径分析

　　………………… 张　伟　唐夕茹　宋　扬　徐丽萍 / 262

B.16 探索甲烷减排的碳中和新路径研究

.... 姜冬梅 刘庆强 申芮嘉 / 283

B.17 碳中和目标下中国新能源产业创新机制与风险防控的路径研究

.... 刘仁厚 彭思凡 杨 晶 / 296

B.18 碳中和目标下的中国绿色转型发展路径研究 .... 王 璟 / 307

B.19 民航业碳减排路径研究 .... 孙慧娟 / 323

Ⅶ 案例篇

B.20 国外企业实现碳中和目标对中国的启示 .... 苗润莲 童爱香 / 336

B.21 海南省低碳（碳中和）发展案例

.... 李世杰 李捷皓 杨 双 / 354

B.22 国内碳中和发展实际经验及成功做法 .... 胡求光 吴正杰 / 367

B.23 粤港澳大湾区碳中和的发展模式与做法

.... 谭裕华 楚建中 邱文伟 胡鑫慧 / 386

Abstract .... / 403

Contents .... / 406

后 记 .... / 422

皮书数据库阅读**使用指南**

总 报 告
General Report

B.1

中国碳中和发展状况分析与评价

沙涛 刘涛 刘基伟 孙铭雨 李群[*]

摘 要： 中国碳中和发展指数从 2001 年的 164.95 波动上升至 2020 年
的 188.34，中国碳中和进程仍然处于低速发展状态。从分指标
看，2001~2020 年中国绿色能源指数、中国绿色交通指数和中
国生态碳汇指数得到了显著提升。此外，在深化碳中和政策、
积极推进 "双碳" 行动、积极推动新能源建设以及规范碳金融
行业发展的交织影响下，相比于 2019 年，2020 年的中国碳中
和发展指数、中国减碳指数、中国绿色能源指数有明显提升。
通过分析中国碳中和发展进程中存在的问题、面临的机遇及发
展趋势，本报告提出加快碳核算相关制度建设、平衡生态固碳

* 沙涛，中国碳中和发展集团董事会主席；刘涛，数量经济学博士，河北科技大学经济与
管理学院讲师，主要研究方向为经济评价与预测；刘基伟，中国社会科学院大学数量经
济与技术经济系在读博士研究生，主要研究方向为不确定性经济预测与评价、多元统计；
孙铭雨，中国社会科学院大学数量经济与技术经济系在读博士研究生，主要研究方向为
经济预测、生态治理；李群，应用经济学博士后，中国社会科学院数量经济与技术经济
研究所研究员、博士研究生导师、博士后合作导师，兼任中国林业生态发展促进会副会
长，主要研究方向为不确定性经济预测与评价、人才资源与经济发展、生态发展、林业
生态评价。

和粮食安全、推动 CCUS 等关键技术进步、加快碳交易市场发展等建议。

关键词： 碳中和　生态文明　中国碳中和发展指数

一　研究背景与意义

2020 年 9 月，中国承诺"30·60"目标。中国的此项承诺是全球应对气候变化历程中的里程碑。

2022 年《政府工作报告》强调"有序推进碳达峰、碳中和工作""推动能耗'双控'向碳排放总量和强度'双控'转变，完善减污降碳激励约束政策，发展绿色金融，加快形成绿色低碳生产生活方式"。

2022 年 6 月，科技部等 9 部门联合印发了《科技支撑碳达峰碳中和实施方案（2022—2030 年）》，该方案统筹提出支撑 2030 年前实现碳达峰目标的科技创新行动和保障举措，并为 2060 年前实现碳中和目标做好技术研发准备。科学技术永远是第一生产力，新时代加强科技对碳中和的引领，是高质量推动碳中和的有效措施，是中国走生态化发展之路的重要路径。

党的二十大报告明确指出，推进碳达峰、碳中和要"积极稳妥"，这也是习近平总书记一贯强调的"双碳"工作总基调，即实现碳达峰、碳中和目标要坚定不移，但不可能"毕其功于一役"，要坚持稳中求进，逐步实现。

"十四五"时期是碳达峰关键期、窗口期。研判当前积极稳妥有序推进碳中和目标中所可能遇到的风险与机遇，对推进以降碳增汇为重要战略的生态文明建设、实现绿色低碳的高质量发展、让人民群众在绿水青山中拥抱自然之美具有重大意义。

二　国外碳中和新趋势与中国碳中和新发展

根据国际气候科学机构联盟，2022 年全球碳排放总量刷新历史最高纪录，达到 368 亿吨,超过 2019 年。在国际形势动荡背景下,各经济体碳中和目标遭遇重大挑战。

(一)国外碳中和发展状况

Net Zero Stocktake 2022 显示,目前有 137 个国家或地区宣布了净零排放的承诺,它们的温室气体排放量之和占全球温室气体总排放量的 88%,它们的 GDP 之和占全球 GDP 的 90%。《联合国气候变化框架公约》第 27 次缔约方大会(COP27)于 2022 年 11 月落幕,进展甚微。会议达成了新的联合国气候协议,即通过设立一个"损失及损害"(Loss and Damage)赔偿基金,协助贫穷国家应对气候灾难的冲击,但基金存在如资金来源等争议。

1. 技术研究

碳中和倒逼各个国家和地区从能源依赖走向技术依赖,各个国家和地区碳中和目标的实现与低碳技术、负碳技术的发展息息相关。经济合作与发展组织(OECD)于 2022 年 11 月发布的《全球经济展望报告》中预计 2022 年全球经济增速为 3.1%,并且研判 2023~2024 年全球经济增速会进一步放缓。这进一步影响了各个经济体的碳中和技术投资。美国经济增速 2022 年为 1.8%,2023 年预计放缓至 0.5%;欧元区经济增速 2022 年为 3.3%,2023 年预计放缓至 0.5%;英国经济增速 2022 年为 4.4%,2023 年将负增长 0.4%。世界各经济体采取稳妥的经济发展策略,例如德国重新启用煤电来保障能源供应安全、英国仅投资部分碳中和计划中的项目等。此外,碳中和技术并未达到可大规模推广的成熟度,CCUS 技术等低碳、负碳技术仍存在技术难点、工程放大后效果不及预期、成本居高不下、难以大规模生产等问题。

2. 政策角度

2022 年 2 月以来,俄乌冲突逐步升级,加深了世界各国对于能源安全问题的担忧。俄罗斯在全球油气供应链中的作用举足轻重,2021 年俄罗斯出口石油约 2.3 亿吨、天然气约 2520 亿立方米,分别占全球的 11% 和 16%。俄罗斯原油出口量的 57% 流向了欧洲,天然气出口量的 89% 也流向了欧洲,主要流向德国、意大利和法国。从需求侧看,2020 年欧洲原油和天然气的进口依赖度分别约为 95% 和 83%,其中 27% 的石油和 45% 的天然气来自俄罗斯。而乌克兰是欧洲的重要能源通道,2021 年欧洲从俄罗斯进口的 1550 亿立方米管道天然气中,有约 400 亿立方米通过乌克兰管道输送。俄乌冲突背景下,世界各国开始重新审视过度依赖化石燃料而造成的潜在风险,全球特别是欧洲国家追求能源独立的决心更加坚定。这对全球低碳能源转型进程和新能源产业发展造成极大影响。碳中和目标短期受挫是必然的,但长期趋势没有变。在"阵痛期"后,各经济体会更迅速地拥抱新能源。

在愈演愈烈的能源危机之下,欧洲多国调整既定能源政策,推迟碳中和目标或部分行业减排目标。欧洲议会经过投票通过了在具体条件下天然气被归类为可持续能源的决议;德国、英国和法国计划推迟关闭或重启燃煤电厂;丹麦的哥本哈根放弃了 2025 年实现碳中和目标。此外,能源危机加快了欧盟新能源步调。2022 年 5 月,欧盟提出了"REPowerEU"能源计划,其目的是快速减少对俄罗斯化石燃料依赖,并快速切换到绿色能源。到 2027 年,欧盟将投资 2100 亿欧元在这一目标上。到 2030 年,欧盟将推动可再生能源占最终能源的消费总量的比例由 40% 提升到 42.5%。荷兰、丹麦、德国和比利时四国参与的海上风电规划计划于 2050 年前打造 1.5 亿千瓦的海上风电装机规模。

2022 年 6 月,美国最高法院做出最终裁决,限制美国环保署(EPA)利用《清洁空气法案》来监管发电厂温室气体排放的权力,这标志着联邦政府应对气候变化的能力被严重削弱。

澳大利亚近年来政策体系不断更新。澳大利亚 2022 年 9 月通过了 10 多年来第一项重大的气候变化法案——《气候变化目标法案》。澳大利亚将排放目标编撰成法,并首次将"到 2050 年实现净零排放"的目标写入法律,旨在将碳密集型经济的排放量在 2005 年的水平上减少 43%。

2020 年 2 月韩国颁布了《促进氢经济和氢安全管理法》。2022 年 3 月,韩国国会通过了《碳中和与绿色增长基本法》。该法案明确提出了韩国 2030 年温室气体减排国家自主贡献(NDC)目标与 2050 年实现碳中和目标。韩国不仅成为世界首个制定氢能法的国家,也是继英国、德国和日本之后第 14 个立法实施碳中和的国家。

3. 碳交易市场

《2022 年度全球碳市场进展报告》显示,碳市场在全球范围内迅猛发展,截至 2022 年 1 月,全球正在运行的碳市场共 25 个,这些碳市场已覆盖全球 17% 的温室气体排放;有 22 个碳市场正在建设或考虑中,主要分布在南美洲和东南亚；全球将近1/3的人口生活在有碳市场的地区。

碳市场的碳价在2021年呈上涨趋势。2021年底，欧盟碳市场的配额价格创下历史新高，突破了100美元。2021年欧盟碳市场拍卖收入达到367亿美元，同比增长近63%。从北美到亚太地区，几乎所有碳市场的配额价格和拍卖收入都呈上升趋势。此外，碳交易产品种类、风险管理工具、行业覆盖范围均有提升。

（二）国内碳中和发展状况

1. 技术研究

中国低碳技术、负碳技术等起步较晚，实现"双碳"目标的时间紧、任务重、需求规模大，但目前也取得了一定进展。2021年9月，中国科学院天津工业生物技术研究所取得从二氧化碳到淀粉人工合成研究的原创性突破。2022年1月，中国首个百万吨CCUS示范项目"齐鲁石化—胜利油田"正式投运，标志着国内CCUS产业开始进入技术示范中后段——成熟的商业化运营阶段。在此之后，中国又有5个百万吨工程立项。此外，中国新能源电池技术在全球处于领先地位，其中，正极材料、负极材料、电解液、隔膜等主要新能源电池材料及零部件产量位居世界第一；光伏新增和累计装机容量均持续居世界首位。

2. 政策角度

中国加强战略部署，持续推进碳中和目标。2022年3月，国家发改委、国家能源局联合印发《氢能产业发展中长期规划（2021—2035年）》，该规划明确了氢的能源属性，提出了应充分发挥氢能清洁低碳特点，推动交通、工业等用能终端和高耗能、高排放行业绿色低碳转型。

2022年8月，《科技支撑碳达峰碳中和实施方案（2022—2030年）》从加强机制保障、碳中和技术革新、法律法规建设等方面提出了能源绿色低碳转型科技支撑行动，低碳与零碳工业流程再造技术突破行动，建筑交通低碳零碳技术攻关行动，负碳及非二氧化碳温室气体减排技术能力提升行动，前沿颠覆性低碳技术创新行动，低碳零碳技术示范行动，碳达峰碳中和管理决策支撑行动，碳达峰碳中和创新项目、基地、人才协同增效行动，绿色低碳科技企业培育与服务行动，碳达峰碳中和科技创新国际合作行动的重点任务部署。

2022年9月，《"十四五"生态环境领域科技创新专项规划》和《中华人民共和国国民经济和社会发展第十四个五年规划和 2035 年远景目标纲要》强调在重点领域研发低碳、零碳、负碳技术，重点突破零碳工业流程再造、碳捕集利用与封存等技术示范等。

3. 碳交易市场

国际碳行动伙伴组织（ICAP）在《2022 年度全球碳市场进展报告》中指出，中国于 2021 年正式启动的全国碳市场是全球最大的碳市场。中国政府于 2021 年 10 月陆续发布了"1+N 政策"体系下多项重要的政策文件，宣布全国碳市场将是中国实现 2030 年前碳达峰和 2060 年前碳中和目标的重要推手。

然而我国碳市场建设仍有一些不足，其一，碳市场覆盖规模较低。2011 年，北京、上海等 7 个地区开展碳排放权交易试点工作；2021 年 7 月 16 日，全国碳市场正式启动线上交易。生态环境部数据显示，截至 2021 年底，全国碳市场覆盖约 45 亿吨碳排放；平安证券数据显示，全国碳市场仅能覆盖全国碳排放的 40%。其二，履约期末是碳市场交易高峰期。上海环境能源交易所数据和 36 氪研究院报告指出，在全国碳市场的首个履约期（2021 年 1 月 1 日~2021 年 12 月 31 日）内，2021 年 12 月的成交量最高，约为 1.36 亿吨，接近 7~11 月成交量总和的 4 倍。其三，政策监管和引导有待加强。目前，企业碳排放量监测存在数据造假现象，企业碳市场交易策略被动、碳金融品种单一、风险管理工具匮乏。碳市场监管涉及多项法律法规，需要多部门组织开展针对碳市场运行各个环节的联合监管。而《碳排放权交易管理暂行条例》尚未对碳排放权交易市场的覆盖范围、重点排放单位、配额的分配、碳排放数据质量的监管、配额的清缴以及交易运行等机制做出统一规定，难以有效防范市场运行的风险。

2022 年，海南、香港陆续成立碳交易国际中心。2022 年 2 月，海南国际碳排放权交易中心获批设立，[①] 为各类碳金融产品提供有力的资本市场基础支撑平台，服务国家绿色低碳发展战略。2022 年 10 月，香港 Core Climate 平台启动，[②] 该平台的碳信用源自 30 多个经国际认证的碳减排项目，包括亚洲、南美及西

[①] 中华人民共和国国家发展和改革委员会：《海南国际碳排放权交易中心获批设立》，https：//www.ndrc.gov.cn/xwdt/ztzl/hnqmshggkf/zjhn/202203/t20220331_ 1321328.html，2022 年 3 月 31 日。

[②] 香港交易所：《香港交易所推出香港国际碳市场 CORE CLIMATE，支持全球净零转型》，https：//www.hkex.com.hk/News/News-Release/2022/221028news？sc_ lang=zh-HK，2022 年 10 月 28 日。

非的林业、太阳能、风能、水力发电及生物质能等。该平台上的所有项目，包括避碳、减碳及碳移除项目，均获 Verra 旗下的核证减排标准 VCS（Verified Carbon Standard）验证。

未来，我国碳交易市场会越来越完善。

三 中国碳中和发展指数分析

以科学的方法对碳达峰、碳中和的发展情况进行定量评估，是顺利实现"双碳"目标的重要工作内容。构建能够反映碳达峰、碳中和各项内容发展变动趋势的综合评价体系，是制定综合考虑碳达峰、碳中和过程中各类产业协调发展政策，开展学术研究的前提。本报告根据 2001~2020 年《中国能源统计年鉴》《中国统计年鉴》《中国电力统计年鉴》《中国林业草原统计年鉴》和中国碳核算数据库（CEADs）等权威数据库，构建了包含 2 项一级指标、10项二级指标、42 项三级指标的"双碳"综合评价指标体系，并采用复合计算方法测算中国各地区的碳中和发展指数，以综合反映中国在实现碳达峰、碳中和目标过程中各项驱动因素的影响。

（一）指标体系构建

结合各项政策提出的主要目标和重点任务，本报告从多个维度选取具体指标数据，建立衡量碳达峰、碳中和的地区目标达成情况的指标体系（见表1）。

表1 "双碳"综合评价指标体系

一级指标	二级指标	三级指标	指标属性
A_1 增碳指数	B_1 双控指数	C_1 煤炭消费总量(万吨)	负向
		C_2 火电发电比率(%)	负向
		C_3 能耗强度(吨标准煤/万元)	负向
		C_4 碳排放强度(吨二氧化碳/万元)	负向
	B_2 电力效能指数	C_5 电煤在煤炭使用中的占比(%)	正向
		C_6 新增火电装机容量(万千瓦)	负向
		C_7 6000 千瓦及以上电厂发电量(万千瓦)	正向
		C_8 线路损失率(%)	负向

续表

一级指标	二级指标	三级指标	指标属性
A_1 增碳指数	B_3 工业碳排强度指数	C_9 单位电力碳排放(吨二氧化碳/万千瓦时)	负向
		C_{10} 单位钢碳排放(吨二氧化碳/吨粗钢)	负向
		C_{11} 单位有色金属碳排放(吨二氧化碳/十类有色金属产量)	负向
		C_{12} 单位石油冶炼与炼焦排放(吨二氧化碳/石油产品及焦炭产量)	负向
		C_{13} 单位水泥排放(吨二氧化碳/水泥产量)	负向
	B_4 工业高耗能产品产能指数	C_{14} 粗钢产量(万吨)	负向
		C_{15} 主要油类产品:汽油、柴油、煤油及燃料油(万吨)	负向
		C_{16} 焦炭产量(万吨)	负向
		C_{17} 水泥产量(万吨)	负向
		C_{18} 平板玻璃产量(万标准箱)	负向
A_2 减碳指数	B_5 绿色能源指数	C_{19} 风电装机量(万千瓦时)	正向
		C_{20} 太阳能发电装机容量(万千瓦时)	正向
		C_{21} 水电装机容量(万千瓦时)	正向
		C_{22} 核电装机容量(万千瓦时)	正向
	B_6 绿色工业指数	C_{23} 天然气占一次能源比重(%)	正向
		C_{24} 单位工业增加值碳排放量(吨二氧化碳/万元)	负向
		C_{25} 能源加工转换总效率(%)	负向
	B_7 绿色交通指数	C_{26} 物流能源消耗(吨油料消耗/吨公里)	负向
		C_{27} 万人均公共交通车辆(辆)	正向
		C_{28} 汽电车运营总里程(公里)	正向
		C_{29} 新能源汽车销量(万辆)	正向
		C_{30} 水路货运量(亿吨公里)	正向
	B_8 循环经济指数	C_{31} 废水、废气、固体废弃物治理投资(万元)	正向
		C_{32} 生活垃圾无害化处理量(万吨)	正向
	B_9 低碳农业指数	C_{33} 电力在农业能源消耗中的占比(%)	正向
		C_{34} 单位粮食产量能源消耗(吨标准煤/吨粮食产量)	正向
		C_{35} 单位粮食产量化肥使用量(吨化肥使用/吨粮食产量)	正向

续表

一级指标	二级指标	三级指标	指标属性
A₂ 减碳指数	B₁₀生态碳汇指数	C_{36}森林蓄积量(亿立方米)	正向
		C_{37}森林覆盖率(%)	正向
		C_{38}造林面积(万公顷)	正向
		C_{39}农田面积(万公顷)	正向
		C_{40}自然保护区面积(万公顷)	正向
		C_{41}水土流失治理面积(万公顷)	正向
		C_{42}草原面积(万公顷)	正向

"双碳"综合评价指标体系使用主观、客观相结合的方法进行权重设定。本报告将指标体系划分为经济系统、碳排放系统两个方面。在经济系统指标方面，本报告邀请多名数量经济学、电力、能源、产业发展等领域的学者，在完成对碳中和发展情况和指标体系构建背景介绍后，发放专家打分表，让学者分别对一级指标、二级指标、三级指标分层进行排序式赋权，并经计算得出中国碳中和发展指数。

（二）中国碳中和发展指数

中国碳中和发展指数从 2001 年的 164.95 波动上升至 2020 年的 188.34，如图 1 所示。2020 年是全球形势错综复杂的一年，但相比 2019 年，2020 年中国碳中和发展水平仍得到了提高。2020 年"双碳"目标正式提出，各部门各行业碳达峰、碳中和"路线图"陆续制定，"碳达峰十大行动"陆续开展，碳金融市场的法律法规不断出台，碳中和政策逐渐深化，这些都对我国碳中和发展起到了巨大的推动作用。同时，2020 年，全球新冠肺炎疫情持续蔓延，在一定程度上降低了能源消耗与工业碳排放。可以说，2020 年中国碳中和发展指数的显著上升是"正向冲击"和"负向冲击"的综合结果。

观察中国增碳指数可以发现，中国增碳指数呈平缓下降趋势，从 2001 年的 128.60 下降至 2020 年的 115.94。在技术进步、产业结构优化和疫情冲击等多重作用下，2020 年的中国增碳指数相比于 2019 年有小幅度提升（见图 2）。

中国碳中和发展指数的上升趋势主要来自中国减碳指数的上升。观察中国

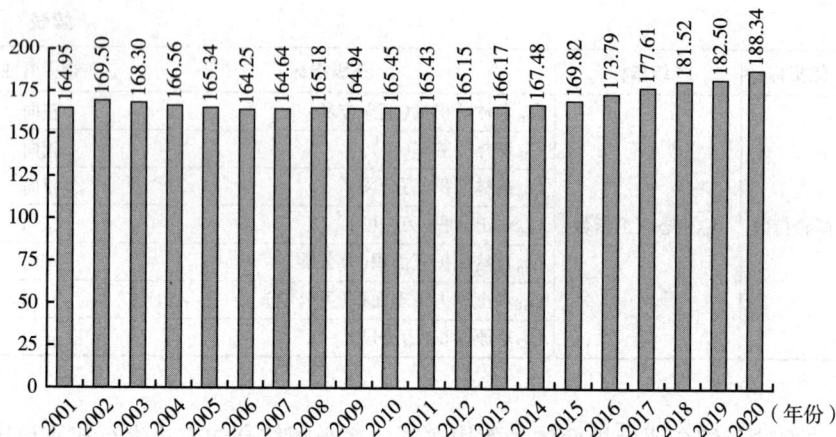

图1 2001~2020年中国碳中和发展指数

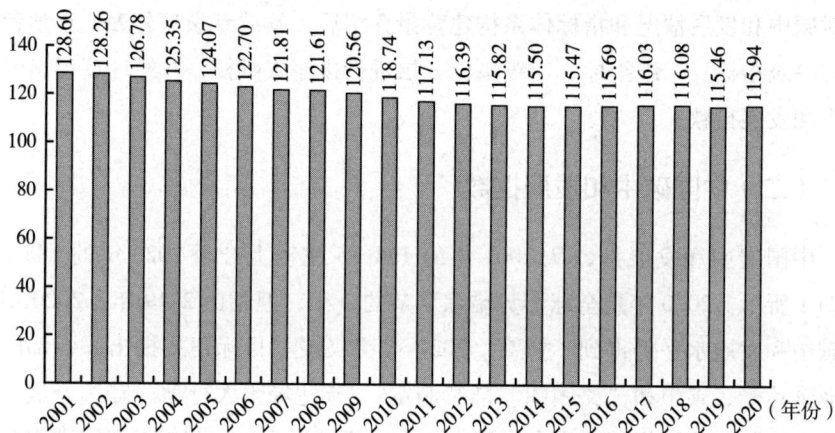

图2 2001~2020年中国增碳指数

减碳指数可以发现,中国减碳指数从2001年的36.36上升至2020年的72.40。2020年的中国减碳指数相比2019年的67.05提高了5.35个点,增幅为8.00%(见图3)。

观察中国双控指数可以发现,自2001年开始,中国双控指数整体呈缓慢下降趋势,但在2020年中国双控指数出现小幅度上升。中国双控指数从2001年的35.69下降至2019年的32.22,而2020年上升到32.64(见图4)。

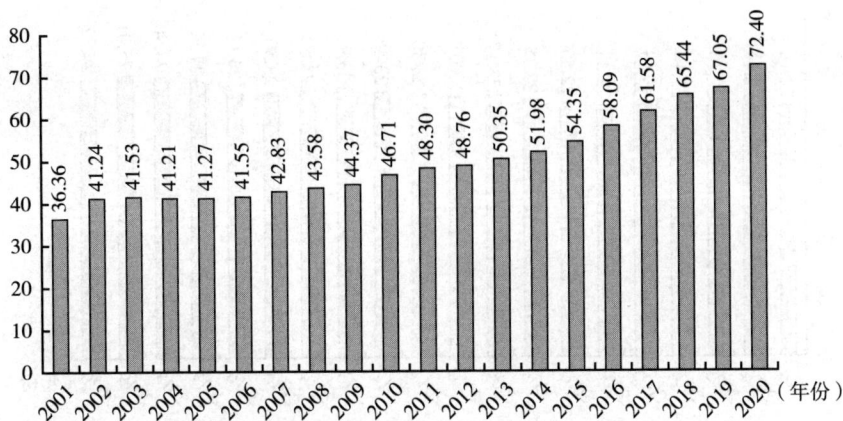

图3　2001~2020年中国减碳指数

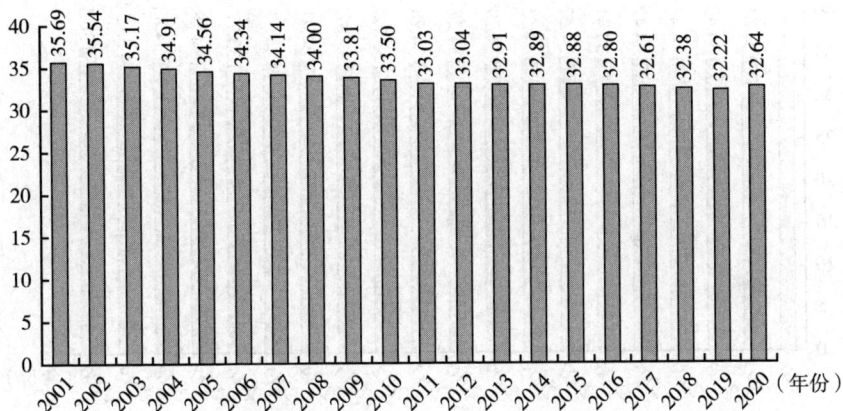

图4　2001~2020年中国双控指数

观察中国电力效能指数可以发现，自2001年开始，中国电力效能指数整体呈波动上升趋势，从2001年的22.18上升至2020年的24.72（见图5）。

观察中国工业碳排强度指数可以发现，自2001年开始，中国工业碳排强度指数随着能耗双控行动的实施整体呈平稳态势，并自2016年后开始上升。具体来看，该指数从2001年的34.38上升至2020年的36.13（见图6）。

观察中国工业高耗能产品指数可以发现，自2001年开始，中国工业高耗能产品指数降幅明显，从2001年的36.35下降至2020年的22.46（见图7）。

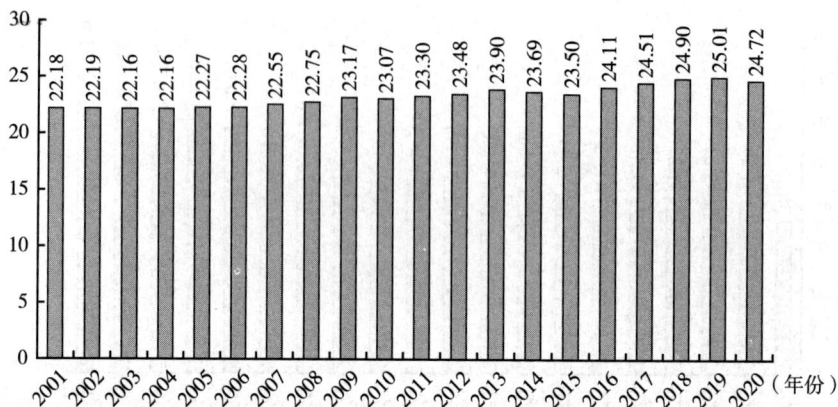

图 5 2001~2020 年中国电力效能指数

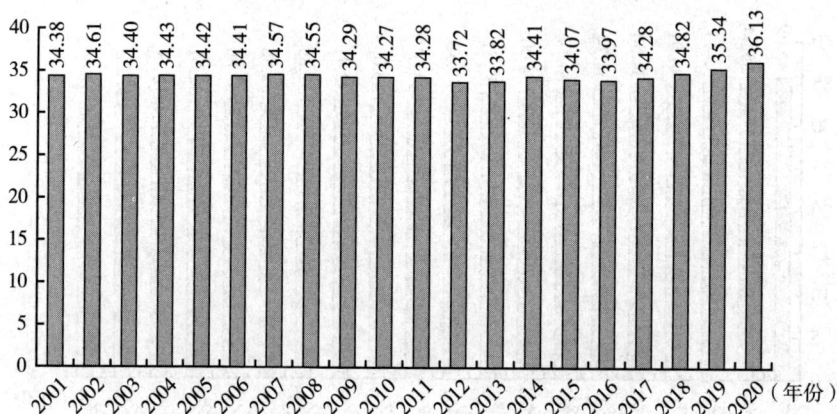

图 6 2001~2020 年中国工业碳排强度指数

随着中国生产力的强大和产业发展的刚性需求，钢材、煤油、焦炭等高耗能产品的产量居高不下，导致了该指数的降低。此外，在疫情影响下，一些企业清洁能源使用占比下降，加剧了化石能源的使用，这也在一定程度上影响了该指数。

观察中国绿色能源指数可以发现，中国绿色能源指数逐渐提高，从 2001 年的 0.14 跃升至 2020 年的 14.68，提高了约 104 倍（见图 8）。2020 年全国风电新增装机量达 7167 万千瓦，创历史最高，且高于 2017~2019 年这 3 年的总

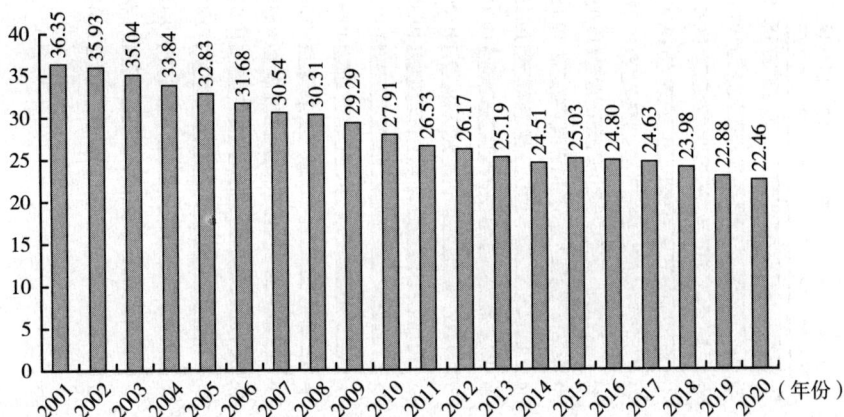

图7　2001~2020 年中国工业高耗能产品指数

和；风电装机容量是 2019 年的 1.35 倍；太阳能、水电装机容量持续走高，中国绿色能源指数也再创新高。

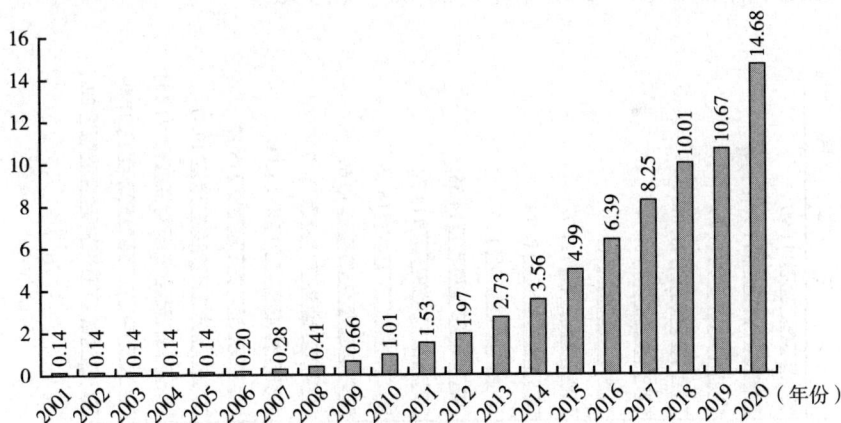

图8　2001~2020 年中国绿色能源指数

观察中国绿色工业指数可以发现，2001~2020 年，中国绿色工业指数整体平稳，从 2001 年的 18.96 小幅上升至 2020 年的 19.41（见图9），可见中国产业结构未能跨越高耗能、高排放阶段。

观察中国绿色交通指数可以发现，2001~2020 年，中国绿色交通指数阶梯

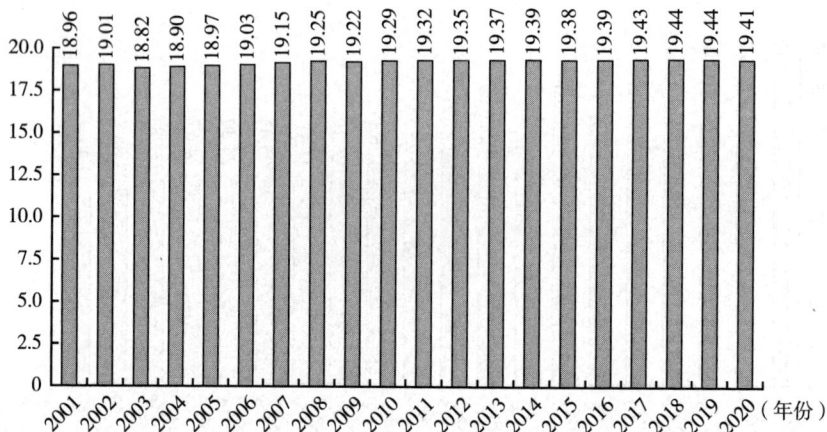

图9　2001~2020年中国绿色工业指数

式上升。得益于能源转换效率的提高和物流能源消耗的下降，中国绿色交通指数2020年再上新台阶。整体来看，中国绿色交通指数从2001年的11.90上升至2020年的22.77，于2018年突破20.00（见图10）。

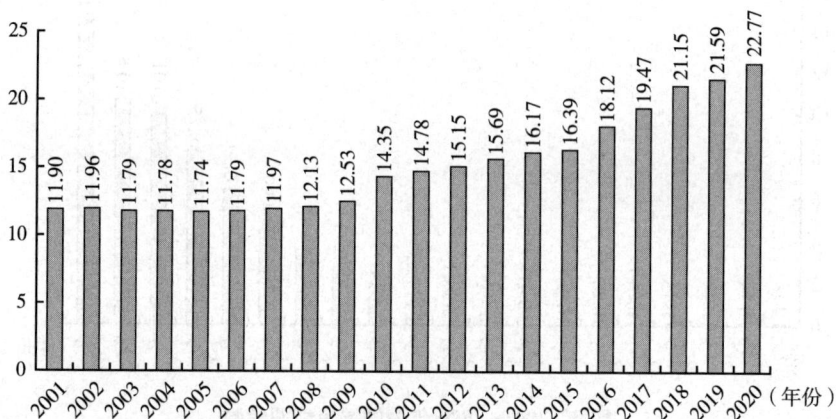

图10　2001~2020年中国绿色交通指数

观察中国循环经济指数可以发现，2001~2020年，中国循环经济指数整体波动上升，于2007年突破2.00，达到2.04，于2016年突破2.50，达到2.60。中国循环经济指数从2001年的1.42上升至2020年的2.59（见图11）。

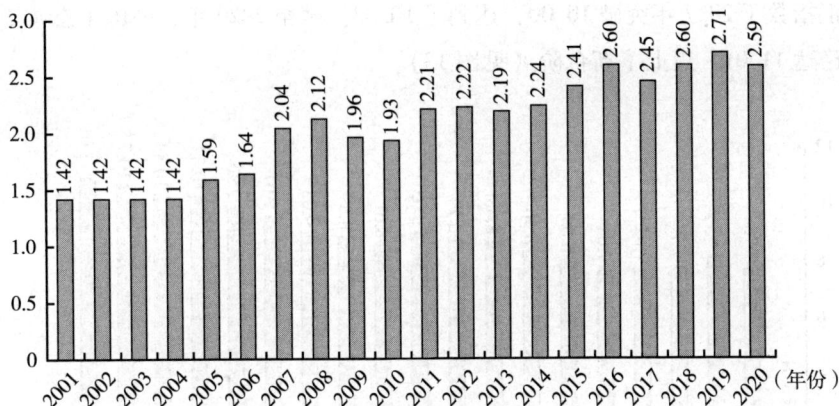

图 11　2001~2020 年中国循环经济指数

中国是农业大国，中国政府非常重视环保和生态农业工作，陆续出台政策规划，中国绿色农业指数呈上升趋势，从 2001 年的 0.92 上升至 2020 年的 1.94（见图 12）。

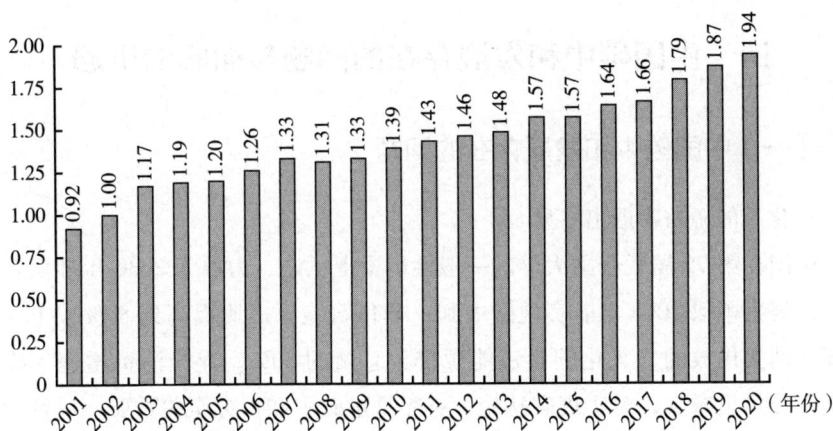

图 12　2001~2020 年中国绿色农业指数

"十三五"时期是碳减排相关政策文件的主要形成期，减排目标逐步明确，减排范围扩展到各个领域，这是中国生态碳汇指数整体呈上升趋势的重要原因。观察中国生态碳汇指数可以看出，中国生态碳汇指数在 2002 年有了显著提升，由 2001 年的 3.01 提升到 2002 年的 7.70，提升了 1.56 倍。中国生态碳汇指数于 2017 年突破 10.00，达到了 10.33。截至 2020 年，中国生态碳汇指数已达 11.01，迈上了新台阶（见图 13）。

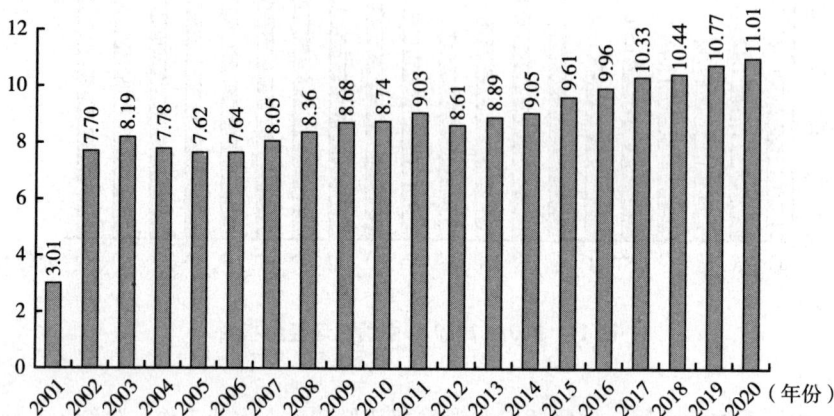

图 13　2001~2020 年中国生态碳汇指数

四　中国碳中和发展存在的问题与面临的机遇

（一）中国碳中和发展存在的问题

1. 化石能源有序退出不易

中国在第 75 届联合国大会的一般性辩论上承诺，力争于 2030 年前实现碳达峰；努力争取 2060 年前实现碳中和，非化石能源占比提高到 80% 以上。中国煤炭消费排放的二氧化碳量占能源排放总量的 80%。煤炭消费增速下降和煤炭消费总量减少，对实现碳达峰、有序推进碳中和目标至关重要。尽管中国煤炭消费比重从 2014 年的 65.8% 下降到 2021 年的 56.0%，但以煤为主的基本能源结构仍未发生根本性转变。截至 2021 年底，中国可再生能源装机规模稳居全球首位，水电、风电、光伏发电、生物质发电装机规模分别连续 17、12、7 和 4 次位列全球第一。但 2022 年全国统调电厂的存煤保持在 1.7 亿吨以上，比上年同期增加约 1 倍，处于历史最高水平。

此外，2021 年中国能源自给率达到 82.63%，但受资源储量限制，国际进口能源在能源供应体系中仍不可或缺。2021 年中国石油和天然气的对外依存度分别为 73.00% 和 45.00%，中国是世界上最大的石油和天然气进口国。面对能源安全问题，在短期内煤炭仍是保障能源安全的"压舱石"。

2. 新能源体系建设仍需加强

中国能源资源分布与能源需求分布不协调。中国能源资源与负荷中心呈逆向分布，近七成水能、九成风能、八成太阳能资源分布在我国西部与北部，距离东部、中部负荷中心 1000~4000 公里，因此，只有融入大电网才能实现大发展。

相关产业发展不协调。光伏电池组件的增速快于电池片的增速，导致硅片和多晶硅供应紧张，某些环节上价格上涨过快是正常现象，需要协调发展。

3. CCUS 技术商用推广难度高

高昂的投资成本及运行成本阻碍了 CCUS 项目的顺利推进。生态环境部环境规划院、中国科学院武汉岩土力学研究所、中国 21 世纪议程管理中心发布的《中国二氧化碳捕集利用与封存（CCUS）年度报告（2021）》显示，预计 2023 年的捕集成本为 90~390 元/吨二氧化碳，2060 年为 20~130 元/吨二氧化碳；预计 2013 年的封存成本为 40~50 元/吨二氧化碳，2060 年为 20~25 元/吨二氧化碳。经济成本的另一个构成要素是固定成本。CCUS 技术的前期投资属于固定成本，《中国石化报》报道宝钢工厂启动一个二氧化碳捕集能力为 50 万吨的 CCUS 项目需要投资 5200 万美元。我国总减排成本为 65 美元/吨二氧化碳，与日本的 54 美元/吨二氧化碳和澳大利亚的 60~193 美元/吨二氧化碳的成本相近。

4. 碳交易市场发展不充分

第一，温室气体自愿减排交易量小、个别项目不够规范导致 CCER（国家核证自愿减排量）市场被关停。第二，CCER 交易量呈季节性变化且供需不平衡。2022 年 12 月，生态环境部指出 CCER 市场存在供需不平衡的现象，2014 年和 2015 年 CCER 市场供应量大于需求量，各试点碳市场也存在不同程度碳排放配额分配宽松的情况。

（二）面临的机遇

1. 国家政策不断深化并推进

2022 年 3 月，国家发改委、国家能源局联合印发了《氢能产业发展中长期规划（2021—2035 年）》，明确了氢的能源属性，提出了应充分发挥氢能清洁低碳特点，推动交通、工业等用能终端和高耗能、高排放行业绿色低碳转型。2022年 8 月，科技部等 9 部门联合印发了《科技支撑碳达峰碳中和实施方案（2022—2030 年）》，提出了负碳及非二氧化碳温室气体减排技术能力提升行动等 10 项重点任务部署。2022 年 9 月，科技部、生态环境部、住房和城乡建设部、中国气象局、国家林草局联合印发了《"十四五"生态环境领域科技创新专项规划》，针对中国主要生态环境问题与重大科技需求，提出了战略规划。

此外，《加快电力装备绿色低碳创新发展行动计划》《农业农村减排固碳实施方案》《"十四五"市场监管科技发展规划》《关于加快建立统一规范的碳排放统计核算体系实施方案》《关于做好全国碳市场第一个履约周期后续相关工作的通知》《关于推动城乡建设绿色发展的意见》《关于促进新时代新能源高质量发展的实施方案》等一系列规划、法律法规相继制定、出台、实施。自"30·60"目标提出以来，碳达峰、碳中和顶层设计文件持续有序出台并实施，各领域各行业实施方案加快制定，"1+N"政策体系逐步完善，碳中和政策不断深化并推进，为实现"双碳"提供了最坚实的保障。

2. 政府积极推动新能源建设

2022 年，《关于促进新时代新能源高质量发展的实施方案》发布，旨在解决新能源发展中的难点和堵点问题。该方案通过创新开发利用模式、构建新型电力系统、深化"放管服"改革、支持引导产业健康发展、保障合理空间需求、充分发挥生态环境保护效益以及完善财政金融政策 7 个方面的政策措施来推动新能源发展，为中国如期实现碳达峰和碳中和奠定坚实的新能源发展基础。

3. 特高压输电技术助力碳中和

2022 年 8 月，工信部等 5 部门联合印发了《加快电力装备绿色低碳创新发展行动计划》，提出了面向电网高比例使用可再生能源、加快发展特高压输变电等建议。各部门相继出台的政策，为市场注入了新的活力。河南、北京、江西、福建、河北等地均结合各自实际，先后出台支撑特高压发展的各项扶持政策。

目前特高压输电技术已经全面成熟。截止到 2021 年底，中国在运"15 交18 直"、在建"4 交 2 直"共 39 个特高压工程，在运、在建特高压线路总长度超 5 万公里，变电站、换流站容量超 6 亿千伏安/千瓦。这些项目支撑中国清洁能源发展进入快车道，为实现碳达峰、推动碳中和奠定坚实基础。

4. ESG 理念与碳中和形成发展合力

ESG 理念对政府实现碳中和等各项政策和目标起到了积极推动作用。一个企业实现自身碳达峰、碳中和，既是履行环境责任，也是履行社会责任，同时也是公司治理的重要内容。2021 年 9 月，《关于完整准确全面贯彻新发展理念做好碳达峰碳中和工作的意见》正式发布，该文件专门论述了"积极发展绿色金融"，为未来 ESG 和绿色金融发展奠定了"双碳"基调。ESG 评价体系从环境、社会、治理等方面细化指标，进而监督和规范公司行为。国际常见指标体系都在环境（E）方面强调了绿色技术、环保投入及节能减排，并在社会（S）方面强调了承担乡村振兴、社会环境等参与责任。由此可见，践行 ESG 理念是促进碳中和的动力。同时，碳中和相关产业、技术的发展又会反过来促进企业践行 ESG 理念。

5. 金融市场的完备化与规范化

碳交易规模不断壮大。2022 年 11 月 24 日，全国碳排放权交易市场在第 330 个交易日中，成交量首次突破 2 亿吨大关。截至当日交易结束，全国碳市场累计成交额为 88 亿元，半数重点排放单位参与了交易。

碳金融工具不断丰富。交易工具（碳期货、碳远期、碳掉期、碳期权等）、融资工具（碳质押、碳回购、碳托管等）和支持工具（碳指数和碳保险等）为有效管理碳资产提供了多样化的交易方式，进而增加了市场流动性。

国际化趋势明显。2022 年，海南、香港陆续建立碳交易市场，助力碳信用认证、流通和交易，为企业转型提供大量资金支持，并利用市场化手段推动能源结构调整，为中国碳金融发展提供了平台。

五　新发展阶段对策建议

（一）加快碳核算相关制度建设

碳排放统计核算是做好碳达峰与碳中和工作的重要基础，应大力推进《关于加快建立统一规范的碳排放统计核算体系实施方案》的落实。明确核算边界，统一核算标准，加快建立全国、各省（区、市）统计制度与核算制度；

优先建立高能耗、高碳排产业碳排放核算机制，促进高耗能、高排放建设项目生态环境源头防控。加强企业核算技术扶持和结果复核，提高企业核算效率。

（二）平衡生态固碳和粮食安全

粮食安全是"国之大者"。党的十八大以来，以习近平同志为核心的党中央始终把粮食安全作为治国理政的头等大事，提出要在不影响粮食安全和生态安全性的前提之下，促进各行各业减排减耗；在土壤固碳、生态碳等方面加强农业领域负碳技术应用和推广，改良种植。此外，中国碳中和发展要兼顾民生问题，因此，需要在充分考虑当地居民生计、生活基础上，有机结合农业资源禀赋、当地民风民情、乡村振兴战略和碳中和目标，寻找经济发展和生态发展平衡点。

（三）推动 CCUS 等关键技术进步

CCUS 技术是目前实现化石能源低碳化利用的首选技术，也是保持电力系统灵活性的主要手段，还是钢铁、水泥等难以减排行业实现低碳转型的可行选择。结合新能源的负排放技术，可以实现碳中和目标。然而，CCUS 技术的商业模式尚未成熟，高昂的研发成本限制了企业的积极性。CCUS 项目前期涉及多个行业的不同企业，项目实施时需要解决收益分享、责任和风险分担等问题。因此，需要建立有效的协调机制和行业规范，以确保各环节之间的良好对接，并采取长期公平的合作模式，解决气源供给、管网输送、地企关系等难题。政策部门与各行业需要加强合作，政府也应提供更多资金支持，以促进CCUS 技术的推广和应用。

（四）加快碳交易市场发展

应尽快完善 CCER 交易市场基础设施建设，制定市场交易标准，优化配额规模测算，规范市场交易价格，进一步激发供需两侧企业交易积极性。同时，应尽快将建材、钢铁、有色等高排放行业纳入全国碳排放配额管理，发挥CCER 重启优势，吸引更多企业自主自愿地参与 CCER 市场交易活动。在保证全国碳市场平稳运行的基础上，在碳期货、碳期权等交易建立配套风险防控机制的基础上，可逐步完善香港—深圳碳产品交易机制，以及沪市、深市、港市联动机制，实现国际碳项目和投资机构与全国碳市场的碳产品与碳金融互动，赋能全国碳市场的国际化布局。

参考文献

[1]《2030 年前碳达峰行动方案》，中国政府网，http：//www. gov. cn/zhengce/content/2021-10/26/content_ 5644984. htm，2021 年 10 月 26 日。

[2]《中共中央关于制定国民经济和社会发展第十四个五年规划和二〇三五年远景目标的建议》，中国政府网，http：//www. gov. cn/zhengce/2020-11/03/content_ 5556991. htm，2020 年 11 月 3 日。

指 数 篇
Index Topic

B.2
2022~2023年中国碳中和发展指数报告

刘 涛 刘基伟 孙铭雨 李 群*

摘 要： 本报告从碳达峰、碳中和目标出发，考察实现"双碳"目标的内在机制。并结合《"十四五"循环经济发展规划》提出的主要目标和重点任务，从多个维度选取具体指标数据，建立衡量碳达峰、碳中和的地区目标达成情况的指标体系。根据《2030年前碳达峰行动方案》中提出的能源绿色低碳转型行动、节能降碳增效行动等"碳达峰十大行动"，构建指标体系的基本框架，并根据碳排放系统中部门间碳排放当量计算权重，完成综合评价指数的测算。2020年省际碳中和发展指数均值为6.08，超过均值的地区有14个，其中领跑地区为内蒙古自治区、浙江省、安徽省、江苏省以及甘肃

* 刘涛，数量经济学博士，河北科技大学经济与管理学院讲师，主要研究方向为经济评价与预测；刘基伟，中国社会科学院大学数量经济与技术经济系在读博士研究生，主要研究方向为不确定性经济预测与评价、多元统计；孙铭雨，中国社会科学院大学数量经济与技术经济系在读博士研究生，主要研究方向为经济预测、生态治理；李群，应用经济学博士后，中国社会科学院数量经济与技术经济研究所研究员、博士研究生导师、博士后合作导师，兼任中国林业生态发展促进会副会长，主要研究方向为不确定性经济预测与评价、人才资源与经济发展、生态发展、林业生态评价。

省，碳中和发展指数分别达到了 7.19、7.04、7.01、6.54 以及 6.50。

关键词： 碳达峰　碳中和　"双碳"综合评价指标体系

一　"双碳"综合评价指标体系的构建

2020 年 9 月，中国首次提出 2030 年前实现二氧化碳排放达峰、2060 年前实现碳中和的目标和承诺。本报告从碳达峰、碳中和目标出发，考察实现"双碳"目标的内在机制。并结合《"十四五"循环经济发展规划》提出的主要目标和重点任务，从不同维度选取具体指标，建立"双碳"综合评价指标体系。

本报告认为，实现"双碳"目标需要从控制现有产业的碳排放和增强碳汇能力两个方面入手，因此，设立"增碳指数"和"减碳指数"两个一级指标。并根据《2030 年前碳达峰行动方案》中提出的"碳达峰十大行动"，即能源绿色低碳转型行动、节能降碳增效行动、工业领域碳达峰行动、城乡建设碳达峰行动、交通运输绿色低碳行动、循环经济助力降碳行动、绿色低碳科技创新行动、碳汇能力巩固提升行动、绿色低碳全民行动、各地区梯次有序碳达峰行动，构建了指标体系的基本框架，如表 1 所示。

表 1　"双碳"综合评价指标体系的基本框架

增碳指数	双控指数
	电力效能指数
	工业碳排强度指数
	工业高耗能产品产能指数
减碳指数	绿色能源指数
	绿色工业指数
	绿色交通指数
	循环经济指数
	低碳农业指数
	生态碳汇指数

根据框架内容，本报告进一步选取具有代表性的统计指标作为三级指标，由此，"双碳"综合评价指标体系建成，如表 2 所示。

表 2 　"双碳"综合评价指标体系

一级指标	二级指标	三级指标	指标属性
A_1 增碳指数	B_1 双控指数	C_1 煤炭消费总量(万吨)	负向
		C_2 火电发电比率(%)	负向
		C_3 能耗强度(吨标准煤/万元)	负向
		C_4 碳排放强度(吨二氧化碳/万元)	负向
	B_2 电力效能指数	C_5 电煤在煤炭使用中的占比(%)	正向
		C_6 新增火电装机容量(万千瓦)	负向
		C_7 6000 千瓦及以上电厂发电量(万千瓦)	正向
		C_8 线路损失率(%)	负向
	B_3 工业碳排强度指数	C_9 单位电力碳排放(吨二氧化碳/万千瓦时)	负向
		C_{10} 单位钢碳排放(吨二氧化碳/吨粗钢)	负向
		C_{11} 单位有色金属排放(吨二氧化碳/十类有色金属产量)	负向
		C_{12} 单位石油冶炼与炼焦排放(吨二氧化碳/石油产品及焦炭产量)	负向
		C_{13} 单位水泥排放(吨二氧化碳/水泥产量)	负向
	B_4 工业高耗能产品产能指数	C_{14} 粗钢产量(万吨)	负向
		C_{15} 主要油类产品:汽油、柴油、煤油及燃料油(万吨)	负向
		C_{16} 焦炭产量(万吨)	负向
		C_{17} 水泥产量(万吨)	负向
		C_{18} 平板玻璃产量(万标准箱)	负向
A_2 减碳指数	B_5 绿色能源指数	C_{19} 风电装机量(万千瓦时)	正向
		C_{20} 太阳能发电装机容量(万千瓦时)	正向
		C_{21} 水电装机容量(万千瓦时)	正向
		C_{22} 核电装机容量(万千瓦时)	正向
	B_6 绿色工业指数	C_{23} 天然气占一次能源比重(%)	正向
		C_{24} 单位工业增加值碳排放量(吨二氧化碳/万元)	负向
		C_{25} 能源加工转换总效率(%)	负向

续表

一级指标	二级指标	三级指标	指标属性
A_2 减碳指数	B_7 绿色交通指数	C_{26}物流能源消耗(吨油料消耗/吨公里)	负向
		C_{27}万人均公共交通车辆(辆)	正向
		C_{28}汽电车运营总里程(公里)	正向
		C_{29}新能源汽车销量(万辆)	正向
		C_{30}水路货运量(亿吨公里)	正向
	B_8 循环经济指数	C_{31}废水、废气、固体废弃物治理投资(万元)	正向
		C_{32}生活垃圾无害化处理量(万吨)	正向
	B_9 低碳农业指数	C_{33}电力在农业能源消耗中的占比(%)	正向
		C_{34}单位粮食产量能源消耗(吨标准煤/吨粮食产量)	正向
		C_{35}单位粮食产量化肥使用量(吨化肥使用/吨粮食产量)	正向
		C_{36}森林蓄积量(亿立方米)	正向
		C_{37}森林覆盖率(%)	正向
	B_{10}生态碳汇指数	C_{38}造林面积(万公顷)	正向
		C_{39}农田面积(万公顷)	正向
		C_{40}自然保护区面积(万公顷)	正向
		C_{41}水土流失治理面积(万公顷)	正向
		C_{42}草原面积(万公顷)	正向

二 指数计算

（一）权重设定

"双碳"综合评价指标体系使用主观、客观相结合的方法进行权重设定。将指标体系划分为经济系统、碳排放系统两方面，在经济系统指标中，本报告邀请多名数量经济学、电力、能源、产业发展等领域学者，在对碳中和发展情况和指标体系构建背景进行介绍后，发放专家打分表，让学者分别对一级指标、二级指标、三级指标分层进行排序式赋权。在回收打分表后进行信度分析并测算第一轮打分结果，通过两轮打分后，打分表通过一致性检验。在碳排放系统中，根据《中华人民共和国气候变化第三次国家信息通报》和《中华人民共和国气候变化第二次两年更新报告》中部门间碳排放当量计算权重，在客观赋权后，本报告结合当前"双碳"发展的突出问题和热点议题，进行权重调整，最终"双碳"综合评价指标权重如表3所示。

表3 "双碳"综合评价指标权重

三级指标	权重
C_1 煤炭消费总量(万吨)	0.035211
C_2 火电发电比率(%)	0.038732
C_3 能耗强度(吨标准煤/万元)	0.024648
C_4 碳排放强度(吨二氧化碳/万元)	0.028169
C_5 电煤在煤炭使用中的占比(%)	0.024648
C_6 新增火电装机容量(万千瓦)	0.056338
C_7 6000千瓦及以上电厂发电量(万千瓦)	0.024648
C_8 线路损失率(%)	0.017606
C_9 单位电力碳排放(吨二氧化碳/万千瓦时)	0.024648
C_{10} 单位钢碳排放(吨二氧化碳/吨粗钢)	0.024648
C_{11} 单位有色金属排放(吨二氧化碳/十类有色金属产量)	0.028169
C_{12} 单位石油冶炼与炼焦排放(吨二氧化碳/石油产品及焦炭产量)	0.017606
C_{13} 单位水泥排放(吨二氧化碳/水泥产量)	0.028169
C_{14} 粗钢产量(万吨)	0.03169
C_{15} 主要油类产品:汽油、柴油、煤油及燃料油(万吨)	0.024648
C_{16} 焦炭产量(万吨)	0.024648
C_{17} 水泥产量(万吨)	0.021127
C_{18} 平板玻璃产量(万标准箱)	0.028169
C_{19} 风电装机量(万千瓦时)	0.017606
C_{20} 太阳能发电装机容量(万千瓦时)	0.017606
C_{21} 水电装机容量(万千瓦时)	0.021127
C_{22} 核电装机容量(万千瓦时)	0.024648
C_{23} 天然气占一次能源比重(%)	0.014085
C_{24} 单位工业增加值碳排放量(吨二氧化碳/万元)	0.035211
C_{25} 能源加工转换总效率(%)	0.03169
C_{26} 物流能源消耗(吨油料消耗/吨公里)	0.035211
C_{27} 万人均公共交通车辆(辆)	0.024648
C_{28} 汽电车运营总里程(公里)	0.028169

续表

三级指标	权重
C_{29}新能源汽车销量(万辆)	0.038732
C_{30}水路货运量(亿吨公里)	0.014085
C_{31}废水、废气、固体废弃物治理投资(万元)	0.021127
C_{32}生活垃圾无害化处理量(万吨)	0.024648
C_{33}电力在农业能源消耗中的占比(%)	0.010563
C_{34}单位粮食产量能源消耗(吨标准煤/吨粮食产量)	0.010563
C_{35}单位粮食产量化肥使用量(吨化肥使用/吨粮食产量)	0.014085
C_{36}森林蓄积量(亿立方米)	0.024648
C_{37}森林覆盖率(%)	0.021127
C_{38}造林面积(万公顷)	0.024648
C_{39}农田面积(万公顷)	0.014085
C_{40}自然保护区面积(万公顷)	0.010563
C_{41}水土流失治理面积(万公顷)	0.014085
C_{42}草原面积(万公顷)	0.003521

（二）指数的计算方法

历史可比性和区域可比性。指标计算在时间上是一致的，可以衡量一个地区不同时期各种减排增汇的基本情况与变化趋势。同时，该指标可以客观地反映不同地区的差异。

未来研究的可持续性。在获取最新的年度数据时，往年的指数数据不需要重新计算，可以保持计算数据的连贯性，并与未来的算法调整相兼容。

操作简单，指标稳定性简单；算法简单，易于理解。当统计数据出现少量变化较大的指标时，指标的计算结果不会大幅波动。

为此，指标体系中的绝对量指标采用"三步法"完成指标去量纲化。

指数测算的步骤分为以下三点。

第一，原始数据处理。将原始数据中逆序指标正向化，并填充缺失数据，其中，三级指标数据矩阵 C 纵向为空间轴、横向为时间轴，如式①~③所示：

$$C = \begin{bmatrix} c_{2001,北京} & c_{2002,北京} & \cdots & c_{2020,北京} \\ c_{2001,天津} & c_{2002,天津} & \cdots & c_{2020,天津} \\ \vdots & \vdots & \vdots & \vdots \\ c_{2001,新疆} & c_{2002,新疆} & \cdots & c_{2020,新疆} \end{bmatrix} \qquad ①$$

$$B_1 = [\, C_1 C_2 C_3 C_4 \,] \qquad ②$$
$$\cdots$$

$$B_{10} = [\, C_{38} \cdots C_{42} \,]$$
$$A_1 = [\, B_1\ B_2\ B_3\ B_4 \,]$$
$$A_2 = [\, B_5\ B_6\ B_7\ B_8\ B_9\ B_{10} \,] \qquad ③$$
$$I = [\, A_1\ A_2 \,]$$

第二，分指标指数测算。根据统计年鉴的资料可得性，大部分指标选取了 2001 年的数据作为基期数据，少部分指标选取了最早获取数据的年份的数据作为基期数据，用整理后数据除以基期年均值，获得各地区 2001~2020 年三级指标指数，如式④~⑥所示：

$$V_{reference} = [\, c_{2001,北京}\ c_{2001,天津} \cdots c_{2001,新疆} \,] \qquad ④$$

$$r = \frac{\sum V_{reference}}{31} \qquad ⑤$$

$$C^* = \frac{C}{r} \qquad ⑥$$

第三，指数综合。根据指标权重向量 W（见式⑧），进行 n 次幂指数变换并进行归一化处理，获得调整后权重向量 $W(n)^*$，其中，$\sum_{i=1}^{42} \omega_i = 1$，$W(n)^*$ 如式⑨所示：

$$W = (\,\omega_1\ \omega_2 \cdots \omega_{42}\,) \qquad ⑧$$

$$W(n)^* = \frac{(\,\omega_1^n\ \omega_2^n \cdots \omega_{42}^n\,)}{\sum_{i=1}^{42} \omega_i} \qquad ⑨$$

随着 n 的提高，优势权重变量在指数中突出，通过试验对比，$W(2)^*$ 的发展指数测算结果稳定合理，符合预期，故使用 $W(2)^*$ 作为指标综合权重。

对与一级指标相对应的二级指标的指数矩阵进行加权求和，以点积形式表现，如式⑩所示：

$$B_1^* = [C_1^* \ C_2^* \ C_3^* \ C_4^*] \begin{bmatrix} \omega_1^n \\ \omega_2^n \\ \omega_3^n \\ \omega_4^n \end{bmatrix}$$

$$\vdots \qquad\qquad ⑩$$

$$B_{10}^* = [C_{36}^* \ C_{37}^* \cdots C_{42}^*] \begin{bmatrix} \omega_{36}^n \\ \omega_{37}^n \\ \vdots \\ \omega_{42}^n \end{bmatrix}$$

最终的指数结果计算方法如式⑪所示：

$$I^* = \sum_{j}^{2} A_j^* = \sum_{j=1}^{4} B_j^* + \sum_{j=5}^{10} B_j^* \qquad ⑪$$

（三）基本原则

"双碳"综合评价指标体系遵循系统性、可操作性和有效性原则。系统性原则要求指标体系能够充分反映评价主体的性质，不能无序堆砌，而要分层次清晰展示。可操作性原则要求指标可以量化，使得结论更加客观。有效性原则要求指标体系与评价主体的内涵和结构相一致，能够有效反映主体的本质特征。因此，在选择指标时，所选指标应与《2030 年前碳达峰行动方案》中各项任务高度相关，但指标之间的相关性应较低，这样既能有效反映要素水平的得分，又能减少同一特征的重复覆盖。

三 测算结果

（一）省际碳中和发展指数

2020 年省际碳中和发展指数均值为 6.08，超过均值的地区有 14 个，其中领跑地区为内蒙古自治区、浙江省、安徽省、江苏省以及甘肃省和广东省，碳中和发展指数分别达到了 7.19、7.04、7.01、6.54、6.50 和 6.50。

（二）省际增碳指数、减碳指数

1. 省际增碳指数

2020 年省际增碳指数均值为 3.74，超过均值的地区有 19 个，其中领跑地区为安徽省、西藏自治区、青海省、北京市以及宁夏回族自治区，增碳指数分别达到了 4.59、4.56、4.44、4.24 以及 4.21。

2. 省际减碳指数

2020 年省际减碳指数均值为 2.34，超过均值的地区有 14 个，其中领跑地区为内蒙古自治区、山东省、江苏省、广东省以及浙江省，减碳指数分别达到了 3.57、3.57、3.52、3.39 以及 3.22。

（三）省际各项分指数

1. 双控指数

2020 年省际双控指数均值为 1.05，超过均值的地区有 18 个，其中领跑地区为西藏自治区、青海省、甘肃省、海南省以及天津市，双控指数分别达到了 1.27、1.22、1.15、1.14 以及 1.13。

2. 电力效能指数

2020 年省际电力效能指数均值为 0.80，超过均值的地区有 11 个，其中领跑地区为江苏省、四川省、云南省、内蒙古自治区以及安徽省，电力效能指数分别达到了 0.93、0.92、0.91、0.86 以及 0.85。

3. 工业碳排强度指数

2020 年省际工业碳排强度指数均值为 1.17，超过均值的地区有 6 个，其中领跑地区为安徽省、云南省、西藏自治区、江苏省、湖南省以及新疆维吾尔自治区，工业碳排强度指数分别达到了 2.10、1.23、1.23、1.21、1.20 以及 1.20。

4. 工业高耗能产品产能指数

2019 年省际工业高耗能产品产能指数均值为 0.74，超过均值的地区有 19 个，其中领跑地区为西藏自治区、北京市、青海省、海南省以及宁夏回族自治区，工业高耗能产品产能指数分别达到了 1.29、1.27、1.26、1.23 以及 1.16。

5. 绿色能源指数

2020 年省际绿色能源指数均值为 0.47，超过均值的地区有 13 个，其中领跑地区为内蒙古自治区、河北省、山东省、新疆维吾尔自治区以及江苏省，绿色能源指数分别达到了 1.32、1.16、1.09、0.95 以及 0.90。

6. 绿色工业指数

2020 年省际绿色工业指数均值为 0.63，超过均值的地区有 14 个，其中领跑地区为西藏自治区，绿色工业指数达到了 0.65。

7. 绿色交通指数

2020 年省际绿色交通指数均值为 0.73，超过均值的地区有 11 个，其中领跑地区为广东省、江苏省、浙江省、山东省以及湖南省，绿色交通指数分别达到了 1.61、1.60、1.53、1.32 以及 1.10。

8. 循环经济指数

2020 年省际循环经济指数均值为 0.08，超过均值的地区有 10 个，其中领跑地区为广东省、江苏省、山东省、浙江省以及四川省，循环经济指数分别达到了 0.32、0.27、0.22、0.16 以及 0.12。

9. 低碳农业指数

2020 年省际低碳农业指数均值为 0.06，超过均值的地区有 8 个，其中领跑地区为北京市、上海市、浙江省、福建省以及广东省，低碳农业指数分别达到了 0.52、0.25、0.09、0.08 以及 0.08。

10. 生态碳汇指数

2020 年省际生态碳汇指数均值为 0.36，超过均值的地区有 13 个，其中领跑地区为内蒙古自治区、四川省、云南省、甘肃省以及陕西省，生态碳汇指数分别达到了 1.12、0.83、0.81、0.65 以及 0.55。

结　语

本报告提出了一个科学有效的碳达峰、碳中和综合评价指标体系，衡量并测算了中国各个经济部门和地区自 2001 年开始，在实现节能减排和总量强度双控方面的发展情况,并提出了一整套计算方法以进行定量分析。整体而言,全国碳中和发展积极稳妥、持续向好发展。

参考文献

[1]《2030 年前碳达峰行动方案》,中国政府网,http://www.gov.cn/zhengce/content/2021-10/26/content_ 5644984.htm,2021 年 10 月 26 日。

[2]《中共中央关于制定国民经济和社会发展第十四个五年规划和二〇三五年远景目标的建议》,中国政府网,http://www.gov.cn/zhengce/2020-11/03/content_ 5556991.htm,2020 年 11 月 3 日。

[3]《中华人民共和国气候变化第三次国家信息通报》,http://tnc.ccchina.org.cn/Detail.aspx? newsId=73250&TId=203,2018 年 12 月 12 日。

[4]《中华人民共和国气候变化第二次两年更新报告》,http://tnc.ccchina.org.cn/Detail.aspx? newsId=73251&TId=203,2018 年 12 月 12 日。

附录

附表 1 碳中和发展指数

地区	2001年	2002年	2003年	2004年	2005年	2006年	2007年	2008年	2009年	2010年	2011年	2012年	2013年	2014年	2015年	2016年	2017年	2018年	2019年	2020年
北京市	5.55	5.60	5.57	5.54	5.56	5.55	5.50	5.46	5.45	5.45	5.48	5.46	5.49	5.48	5.52	5.73	5.76	6.04	5.85	6.06
天津市	5.32	5.40	5.38	5.37	5.39	5.33	5.35	5.30	5.19	5.26	5.29	5.25	5.21	5.16	5.24	5.26	5.36	5.38	5.30	5.38
河北省	5.02	5.26	5.08	4.77	4.60	4.36	4.21	4.27	3.81	3.89	3.54	3.47	3.62	3.71	3.79	3.94	4.18	4.16	4.07	4.50
山西省	4.92	5.00	4.90	4.88	4.79	4.78	4.82	4.76	4.82	4.78	4.68	4.69	4.61	4.64	4.83	4.94	5.07	4.99	5.24	5.51
内蒙古自治区	5.32	5.77	5.78	5.70	5.63	5.61	5.67	5.60	5.91	5.91	5.99	6.32	6.33	6.43	6.65	6.74	6.89	7.02	6.92	7.19
辽宁省	5.02	5.25	5.29	5.20	5.08	5.06	5.03	5.12	5.02	5.03	5.21	5.06	5.10	5.13	5.31	5.46	5.07	5.28	5.30	5.39
吉林省	5.37	5.49	5.51	5.50	5.36	5.32	5.35	5.35	5.33	5.36	5.38	5.34	5.41	5.38	5.49	5.62	5.59	5.67	5.76	5.81
黑龙江省	5.30	5.56	5.51	5.47	5.51	5.48	5.53	5.41	5.45	5.49	5.48	5.48	5.51	5.58	5.66	5.74	5.83	5.95	5.89	5.70
上海市	5.36	5.41	5.43	5.41	5.45	5.48	5.50	5.38	5.47	5.52	5.53	5.58	5.56	5.63	5.56	5.75	5.77	5.82	5.82	6.07
江苏省	5.25	5.18	5.10	4.97	4.88	4.78	4.83	5.11	4.92	4.80	4.84	4.80	4.74	4.81	4.88	5.19	5.21	5.76	5.98	6.54
浙江省	5.40	5.51	5.47	5.47	5.51	5.51	5.55	5.45	5.56	5.76	5.74	5.94	5.94	5.79	5.97	6.32	6.63	6.82	6.89	7.04
安徽省	5.14	5.20	5.24	5.18	5.13	5.13	5.14	5.07	5.22	5.29	5.21	5.16	5.26	5.37	5.30	5.56	6.00	5.96	6.07	7.01
福建省	5.41	5.51	5.40	5.38	5.38	5.35	5.37	5.41	5.32	5.31	5.41	5.48	5.57	5.59	5.64	5.79	5.67	5.86	5.87	5.88
江西省	5.18	5.40	5.36	5.38	5.32	5.31	5.37	5.46	5.37	5.39	5.37	5.39	5.46	5.46	5.47	5.70	5.90	5.97	5.93	6.01
山东省	5.30	5.46	5.32	5.10	4.89	4.79	4.82	4.84	4.71	4.73	4.69	4.56	4.52	4.59	4.75	4.69	5.01	5.58	5.86	6.17
河南省	5.10	5.26	5.17	5.04	5.03	4.96	4.89	5.03	5.18	5.06	5.13	5.01	5.13	5.16	5.00	5.33	5.51	5.70	5.91	6.31
湖北省	5.31	5.51	5.49	5.44	5.42	5.32	5.34	5.40	5.35	5.26	5.22	5.19	5.23	5.20	5.36	5.65	5.56	5.60	5.64	5.80
湖南省	5.33	5.42	5.51	5.46	5.33	5.34	5.32	5.39	5.37	5.48	5.43	5.49	5.50	5.52	5.51	5.58	5.79	6.00	6.08	6.35
广东省	5.28	5.35	5.29	5.22	5.23	5.10	5.12	5.18	5.23	5.50	5.57	5.68	5.82	5.93	5.97	6.09	6.18	6.22	6.50	6.50

续表

地区	2001年	2002年	2003年	2004年	2005年	2006年	2007年	2008年	2009年	2010年	2011年	2012年	2013年	2014年	2015年	2016年	2017年	2018年	2019年	2020年
广西壮族自治区	5.11	5.31	5.32	5.29	5.28	5.29	5.28	5.34	5.20	5.21	5.12	4.44	4.60	5.04	4.74	4.64	5.46	5.54	5.73	5.85
海南省	5.41	5.44	5.32	5.31	5.34	5.32	5.25	5.23	5.25	5.27	5.28	5.28	5.29	5.38	5.35	5.40	5.39	5.38	5.39	5.41
重庆市	5.29	5.39	5.48	5.40	5.45	5.43	5.47	5.47	5.43	5.50	5.48	5.48	5.50	5.44	5.48	5.64	5.69	5.75	5.84	5.86
四川省	5.61	5.85	5.83	5.75	5.72	5.66	5.70	5.71	5.68	5.62	5.56	5.68	5.67	5.72	5.86	5.94	6.22	6.27	6.21	6.27
贵州省	5.28	5.43	5.34	5.29	5.29	5.24	5.31	5.33	5.44	5.44	5.37	5.53	5.52	5.60	5.66	5.64	5.83	5.85	5.89	6.21
云南省	5.54	5.70	5.68	5.66	5.53	5.51	5.57	5.68	5.69	5.72	5.80	5.85	5.87	5.97	6.26	6.28	6.37	6.39	6.34	6.46
西藏自治区	5.90	5.99	6.00	5.99	5.98	5.97	5.97	5.96	5.98	5.98	5.97	5.98	6.01	6.02	6.01	6.00	6.03	6.01	6.02	6.03
陕西省	5.31	5.76	5.71	5.68	5.67	5.58	5.56	5.50	5.66	5.65	5.70	5.43	5.35	5.30	5.28	5.49	5.63	5.82	5.83	5.88
甘肃省	5.33	5.70	5.74	5.70	5.68	5.69	5.73	5.71	5.71	5.71	5.82	5.86	5.94	5.99	6.20	6.30	6.52	6.76	6.48	6.50
青海省	5.47	5.54	5.53	5.54	5.56	5.55	5.56	5.52	5.55	5.58	5.61	5.59	5.62	5.67	5.73	5.76	5.87	5.99	6.03	6.33
宁夏回族自治区	5.49	5.54	5.25	5.19	5.16	5.24	5.28	5.39	5.34	5.27	5.31	5.45	5.47	5.53	5.62	5.71	5.68	5.86	5.79	6.08
新疆维吾尔自治区	5.34	5.28	5.31	5.28	5.19	5.21	5.24	5.34	5.35	5.24	5.21	5.23	5.29	5.27	5.72	5.92	5.95	6.11	6.06	6.23

附表 2　增碳指数

地区	2001年	2002年	2003年	2004年	2005年	2006年	2007年	2008年	2009年	2010年	2011年	2012年	2013年	2014年	2015年	2016年	2017年	2018年	2019年	2020年
北京市	4.23	4.23	4.15	4.14	4.22	4.23	4.23	4.22	4.21	4.20	4.21	4.17	4.17	4.08	4.18	4.20	4.15	4.16	4.12	4.24
天津市	4.21	4.26	4.23	4.20	4.20	4.13	4.12	4.14	4.04	4.05	4.06	4.03	3.99	3.91	3.98	3.98	4.01	3.91	3.93	3.98
河北省	3.85	3.80	3.59	3.29	3.12	2.91	2.71	2.73	2.26	2.25	1.83	1.78	1.87	1.87	1.90	1.88	1.92	1.66	1.43	1.46
山西省	3.82	3.65	3.55	3.53	3.43	3.34	3.33	3.32	3.35	3.28	3.15	3.14	3.01	2.99	3.11	3.13	3.12	2.87	2.88	2.80
内蒙古自治区	4.02	4.06	4.04	3.98	3.93	3.89	3.83	3.70	3.85	3.73	3.63	3.85	3.75	3.77	3.81	3.73	3.82	3.83	3.65	3.63
辽宁省	3.84	3.81	3.82	3.74	3.63	3.57	3.51	3.57	3.44	3.32	3.42	3.36	3.35	3.32	3.47	3.48	3.02	3.16	3.20	3.18
吉林省	4.23	4.18	4.22	4.21	4.12	4.09	4.09	4.06	4.00	3.97	3.97	4.02	4.04	3.99	4.06	4.06	4.08	4.10	4.11	4.10
黑龙江省	4.09	4.17	4.11	4.08	4.10	4.07	4.07	3.94	3.95	3.93	3.90	3.94	3.92	3.96	4.00	4.01	4.00	4.03	4.02	3.76
上海市	4.11	4.14	4.11	4.09	4.08	4.09	4.09	3.97	4.10	4.01	4.03	4.07	4.07	4.09	4.02	4.06	4.06	4.03	4.01	4.04
江苏省	3.96	3.86	3.76	3.64	3.53	3.41	3.34	3.58	3.38	3.10	3.03	2.98	2.83	2.80	2.74	2.81	2.76	3.02	2.97	3.02
浙江省	4.12	4.10	4.04	4.01	4.02	3.99	3.96	3.90	3.90	3.92	3.83	3.94	3.86	3.63	3.70	3.91	3.91	3.89	3.89	3.82
安徽省	4.06	4.01	4.06	4.01	3.95	3.94	3.91	3.78	3.92	3.94	3.81	3.77	3.63	3.68	3.56	3.66	3.68	3.61	3.65	4.59
福建省	4.26	4.31	4.18	4.17	4.17	4.11	4.11	4.12	4.00	3.92	3.96	3.90	3.90	3.86	3.81	3.87	3.79	3.81	3.78	3.74
江西省	3.93	3.91	3.75	3.53	3.36	3.24	3.20	3.15	3.01	2.92	2.75	2.66	2.63	2.62	2.61	2.26	2.31	2.64	2.71	2.61
山东省	3.95	3.89	3.79	3.68	3.65	3.58	3.50	3.58	3.69	3.57	3.61	3.55	3.65	3.63	3.46	3.66	3.59	3.62	3.69	3.66
河南省	4.15	4.15	4.11	4.09	4.06	4.01	4.00	3.99	3.91	3.73	3.66	3.59	3.60	3.51	3.59	3.57	3.57	3.56	3.41	3.53
湖北省	4.21	4.19	4.22	4.18	4.08	4.05	4.01	4.05	4.00	4.02	3.93	3.97	3.97	3.96	3.89	3.91	3.89	3.90	3.87	3.86
湖南省	4.00	4.00	3.93	3.84	3.82	3.69	3.60	3.62	3.60	3.48	3.48	3.46	3.49	3.51	3.40	3.43	3.38	3.20	3.18	3.86
广东省	4.00	3.99	3.93	3.84	3.82	3.69	3.60	3.62	3.60	3.48	3.48	3.46	3.49	3.51	3.40	3.43	3.38	3.20	3.18	3.11

续表

地区	2001年	2002年	2003年	2004年	2005年	2006年	2007年	2008年	2009年	2010年	2011年	2012年	2013年	2014年	2015年	2016年	2017年	2018年	2019年	2020年
广西壮族自治区	4.03	4.16	4.16	4.14	4.13	4.11	4.06	4.05	3.90	3.88	3.76	3.08	3.21	3.64	3.29	3.12	3.84	3.85	3.89	3.85
海南省	4.41	4.35	4.30	4.30	4.31	4.26	4.19	4.17	4.18	4.17	4.15	4.14	4.20	4.23	4.20	4.22	4.19	4.16	4.16	4.13
重庆市	4.22	4.23	4.28	4.24	4.27	4.25	4.25	4.23	4.19	4.16	4.14	4.14	4.10	4.04	4.05	4.10	4.14	4.13	4.15	4.07
四川省	4.25	4.24	4.21	4.17	4.15	4.10	4.04	4.00	3.97	3.86	3.76	3.83	3.80	3.80	3.85	3.82	3.87	3.87	3.83	3.82
贵州省	4.25	4.26	4.18	4.16	4.15	4.12	4.15	4.14	4.22	4.20	4.09	4.12	4.03	4.06	4.06	3.99	4.06	4.10	4.13	4.17
云南省	4.30	4.27	4.24	4.23	4.11	4.09	4.09	4.16	4.12	4.09	4.10	4.02	4.03	4.07	4.18	4.10	4.16	4.12	4.04	4.08
西藏自治区	4.56	4.56	4.56	4.56	4.56	4.56	4.56	4.56	4.56	4.55	4.55	4.56	4.55	4.56	4.56	4.56	4.56	4.56	4.56	4.56
陕西省	4.14	4.14	4.07	4.07	4.07	3.99	3.96	3.86	3.98	3.93	3.90	3.79	3.71	3.63	3.57	3.66	3.64	3.59	3.53	3.45
甘肃省	4.24	4.24	4.23	4.21	4.19	4.19	4.18	4.19	4.16	4.14	4.12	4.17	4.15	4.06	4.16	4.18	4.17	4.22	4.20	4.14
青海省	4.42	4.43	4.42	4.42	4.42	4.40	4.40	4.38	4.40	4.40	4.37	4.36	4.33	4.34	4.36	4.33	4.38	4.41	4.42	4.44
宁夏回族自治区	4.41	4.37	4.25	4.21	4.14	4.21	4.21	4.26	4.21	4.12	4.13	4.24	4.20	4.19	4.15	4.13	4.03	4.18	4.08	4.21
新疆维吾尔自治区	4.20	4.12	4.12	4.11	4.04	4.05	4.06	4.09	4.10	3.95	3.91	3.87	3.82	3.72	3.87	3.95	3.90	4.00	3.97	3.96

附表3　减碳指数

地区	2001年	2002年	2003年	2004年	2005年	2006年	2007年	2008年	2009年	2010年	2011年	2012年	2013年	2014年	2015年	2016年	2017年	2018年	2019年	2020年
北京市	1.32	1.37	1.43	1.40	1.34	1.32	1.27	1.24	1.23	1.25	1.27	1.29	1.33	1.40	1.34	1.53	1.61	1.87	1.73	1.82
天津市	1.12	1.13	1.15	1.17	1.19	1.20	1.22	1.16	1.15	1.21	1.23	1.21	1.22	1.25	1.26	1.28	1.35	1.47	1.37	1.40
河北省	1.17	1.46	1.50	1.48	1.48	1.45	1.50	1.55	1.54	1.64	1.72	1.69	1.75	1.84	1.89	2.05	2.26	2.50	2.65	3.04
山西省	1.10	1.35	1.35	1.35	1.36	1.44	1.49	1.44	1.47	1.49	1.53	1.55	1.60	1.65	1.73	1.81	1.95	2.12	2.36	2.71
内蒙古自治区	1.30	1.71	1.74	1.72	1.70	1.72	1.84	1.90	2.05	2.18	2.35	2.47	2.59	2.65	2.84	3.01	3.07	3.19	3.27	3.57
辽宁省	1.18	1.45	1.46	1.46	1.45	1.49	1.52	1.55	1.58	1.71	1.79	1.70	1.75	1.81	1.84	1.98	2.04	2.12	2.10	2.21
吉林省	1.14	1.30	1.29	1.29	1.24	1.23	1.26	1.29	1.32	1.39	1.41	1.32	1.36	1.38	1.43	1.56	1.51	1.57	1.65	1.71
黑龙江省	1.21	1.39	1.40	1.39	1.41	1.42	1.46	1.47	1.50	1.56	1.58	1.54	1.59	1.62	1.66	1.73	1.83	1.92	1.87	1.95
上海市	1.25	1.27	1.31	1.32	1.37	1.38	1.41	1.41	1.37	1.51	1.50	1.52	1.49	1.55	1.54	1.69	1.71	1.79	1.81	2.03
江苏省	1.29	1.33	1.34	1.33	1.35	1.37	1.50	1.53	1.54	1.70	1.81	1.81	1.91	2.00	2.15	2.38	2.44	2.73	3.01	3.52
浙江省	1.28	1.41	1.44	1.46	1.49	1.52	1.59	1.55	1.66	1.84	1.91	2.00	2.08	2.17	2.28	2.41	2.72	2.93	3.00	3.22
安徽省	1.07	1.19	1.18	1.18	1.17	1.19	1.23	1.29	1.31	1.35	1.40	1.39	1.63	1.69	1.74	1.90	2.32	2.34	2.42	2.42
福建省	1.15	1.21	1.22	1.21	1.21	1.24	1.25	1.29	1.32	1.38	1.45	1.59	1.67	1.72	1.83	1.92	1.88	2.06	2.09	2.14
江西省	1.06	1.24	1.25	1.25	1.25	1.27	1.32	1.37	1.40	1.44	1.46	1.48	1.50	1.51	1.58	1.77	1.90	2.07	1.95	2.06
山东省	1.36	1.55	1.57	1.57	1.53	1.55	1.62	1.69	1.69	1.81	1.94	1.91	1.89	1.97	2.14	2.42	2.70	2.94	3.14	3.57
河南省	1.15	1.37	1.38	1.36	1.38	1.37	1.39	1.45	1.49	1.50	1.52	1.46	1.49	1.53	1.54	1.68	1.92	2.08	2.22	2.65
湖北省	1.16	1.37	1.38	1.34	1.36	1.32	1.35	1.41	1.44	1.53	1.56	1.60	1.63	1.69	1.77	2.08	1.99	2.04	2.23	2.27
湖南省	1.12	1.23	1.29	1.28	1.25	1.28	1.32	1.34	1.37	1.46	1.51	1.52	1.53	1.56	1.62	1.66	1.89	2.11	2.21	2.49
广东省	1.29	1.36	1.36	1.38	1.41	1.41	1.53	1.56	1.64	2.02	2.09	2.22	2.33	2.42	2.57	2.66	2.80	3.02	3.33	3.39

续表

地区	2001年	2002年	2003年	2004年	2005年	2006年	2007年	2008年	2009年	2010年	2011年	2012年	2013年	2014年	2015年	2016年	2017年	2018年	2019年	2020年
广西壮族自治区	1.08	1.15	1.17	1.15	1.15	1.18	1.22	1.30	1.30	1.33	1.35	1.36	1.39	1.40	1.45	1.52	1.62	1.69	1.84	2.00
海南省	1.00	1.09	1.02	1.01	1.04	1.06	1.07	1.05	1.07	1.10	1.13	1.14	1.09	1.14	1.16	1.18	1.19	1.23	1.23	1.29
重庆市	1.07	1.16	1.20	1.16	1.18	1.18	1.22	1.24	1.24	1.34	1.34	1.34	1.40	1.39	1.44	1.54	1.55	1.62	1.69	1.79
四川省	1.36	1.61	1.62	1.58	1.57	1.56	1.66	1.71	1.72	1.76	1.80	1.84	1.87	1.92	2.01	2.13	2.36	2.40	2.38	2.46
贵州省	1.03	1.17	1.16	1.13	1.14	1.13	1.16	1.19	1.22	1.25	1.28	1.42	1.49	1.54	1.60	1.65	1.77	1.75	1.76	2.04
云南省	1.24	1.42	1.45	1.43	1.42	1.42	1.48	1.52	1.57	1.63	1.70	1.84	1.84	1.90	2.08	2.18	2.21	2.27	2.30	2.38
西藏自治区	1.33	1.42	1.43	1.43	1.41	1.41	1.41	1.40	1.42	1.43	1.41	1.43	1.46	1.46	1.45	1.44	1.47	1.46	1.46	1.48
陕西省	1.17	1.62	1.64	1.61	1.60	1.59	1.60	1.64	1.69	1.72	1.80	1.64	1.65	1.67	1.71	1.83	1.98	2.23	2.30	2.43
甘肃省	1.09	1.47	1.51	1.49	1.48	1.50	1.54	1.52	1.55	1.57	1.70	1.69	1.79	1.93	2.03	2.12	2.35	2.55	2.28	2.36
青海省	1.05	1.11	1.11	1.12	1.15	1.14	1.16	1.14	1.16	1.18	1.23	1.23	1.29	1.32	1.37	1.42	1.49	1.58	1.61	1.89
宁夏回族自治区	1.08	1.17	1.00	0.98	1.02	1.04	1.07	1.12	1.13	1.16	1.18	1.22	1.27	1.34	1.47	1.58	1.64	1.69	1.70	1.87
新疆维吾尔自治区	1.14	1.15	1.19	1.17	1.16	1.16	1.18	1.25	1.25	1.29	1.31	1.36	1.47	1.55	1.85	1.98	2.05	2.10	2.09	2.26

附表 4　双控指数

地区	2001年	2002年	2003年	2004年	2005年	2006年	2007年	2008年	2009年	2010年	2011年	2012年	2013年	2014年	2015年	2016年	2017年	2018年	2019年	2020年
北京市	1.16	1.16	1.16	1.15	1.14	1.14	1.13	1.13	1.12	1.11	1.11	1.10	1.08	1.08	1.07	1.06	1.05	1.04	1.03	1.01
天津市	1.15	1.15	1.15	1.15	1.14	1.14	1.14	1.14	1.14	1.13	1.13	1.13	1.13	1.13	1.13	1.13	1.13	1.12	1.13	1.13
河北省	1.08	1.07	1.06	1.05	1.02	1.02	1.00	1.00	0.98	0.98	0.95	0.95	0.95	0.96	0.97	0.98	0.98	0.96	0.97	0.99
山西省	1.07	1.01	0.98	0.98	0.97	0.95	0.97	0.94	0.94	0.93	0.90	0.89	0.84	0.83	0.83	0.85	0.80	0.76	0.75	0.81
内蒙古自治区	1.11	1.11	1.10	1.07	1.05	1.04	1.02	0.99	0.98	0.96	0.89	0.88	0.90	0.89	0.89	0.90	0.88	0.84	0.81	0.84
辽宁省	1.10	1.10	1.09	1.08	1.07	1.06	1.06	1.06	1.06	1.05	1.04	1.04	1.04	1.05	1.05	1.05	1.05	1.05	1.04	1.06
吉林省	1.14	1.14	1.13	1.13	1.12	1.11	1.12	1.11	1.11	1.11	1.09	1.09	1.10	1.09	1.09	1.09	1.09	1.09	1.09	1.11
黑龙江省	1.13	1.13	1.12	1.11	1.10	1.11	1.10	1.09	1.09	1.08	1.07	1.06	1.07	1.07	1.07	1.06	1.06	1.07	1.07	1.09
上海市	1.14	1.14	1.14	1.13	1.13	1.13	1.12	1.12	1.12	1.11	1.10	1.10	1.10	1.10	1.09	1.08	1.07	1.07	1.06	1.06
江苏省	1.11	1.10	1.09	1.07	1.04	1.03	1.02	1.01	1.00	0.98	0.95	0.94	0.94	0.94	0.93	0.92	0.92	0.92	0.93	0.93
浙江省	1.14	1.14	1.13	1.12	1.10	1.10	1.07	1.07	1.07	1.05	1.04	1.05	1.04	1.04	1.04	1.04	1.03	1.02	1.02	1.04
安徽省	1.13	1.12	1.12	1.11	1.11	1.10	1.09	1.08	1.06	1.05	1.04	1.04	1.03	1.03	1.03	1.02	1.01	1.00	0.99	1.00
福建省	1.18	1.17	1.16	1.15	1.15	1.14	1.13	1.13	1.11	1.11	1.09	1.09	1.09	1.09	1.09	1.09	1.08	1.06	1.05	1.05
江西省	1.17	1.17	1.16	1.15	1.15	1.14	1.13	1.13	1.13	1.11	1.10	1.10	1.09	1.09	1.09	1.09	1.08	1.07	1.07	1.07
山东省	1.09	1.08	1.06	1.04	0.98	0.96	0.94	0.92	0.91	0.90	0.88	0.87	0.89	0.87	0.86	0.86	0.88	0.84	0.84	0.88
河南省	1.11	1.11	1.10	1.07	1.04	1.02	1.00	1.00	0.99	0.98	0.96	0.98	0.98	0.98	0.98	0.98	0.98	0.97	0.98	0.99
湖北省	1.15	1.15	1.15	1.14	1.14	1.13	1.12	1.13	1.12	1.09	1.07	1.07	1.09	1.09	1.08	1.08	1.07	1.06	1.05	1.07
湖南省	1.17	1.17	1.16	1.16	1.13	1.12	1.11	1.12	1.11	1.10	1.08	1.10	1.09	1.09	1.08	1.07	1.07	1.06	1.06	1.07
广东省	1.14	1.13	1.12	1.11	1.10	1.09	1.07	1.07	1.06	1.04	1.02	1.02	1.02	1.02	1.01	1.01	0.99	0.99	0.99	0.99

续表

地区	2001年	2002年	2003年	2004年	2005年	2006年	2007年	2008年	2009年	2010年	2011年	2012年	2013年	2014年	2015年	2016年	2017年	2018年	2019年	2020年
广西壮族自治区	1.19	1.19	1.19	1.17	1.17	1.16	1.16	1.16	1.16	1.14	1.13	1.13	1.12	1.13	1.14	1.13	1.12	1.11	1.10	1.11
海南省	1.19	1.19	1.18	1.18	1.18	1.17	1.15	1.15	1.15	1.14	1.13	1.14	1.14	1.13	1.13	1.14	1.13	1.13	1.13	1.14
重庆市	1.17	1.16	1.17	1.17	1.17	1.16	1.16	1.15	1.14	1.13	1.12	1.13	1.12	1.12	1.11	1.10	1.10	1.10	1.09	1.09
四川省	1.18	1.17	1.15	1.15	1.15	1.15	1.14	1.13	1.11	1.12	1.11	1.11	1.11	1.11	1.12	1.12	1.12	1.12	1.11	1.12
贵州省	1.16	1.15	1.11	1.11	1.10	1.09	1.10	1.10	1.09	1.09	1.08	1.08	1.07	1.08	1.08	1.07	1.07	1.08	1.08	1.09
云南省	1.18	1.18	1.17	1.17	1.15	1.14	1.14	1.14	1.13	1.13	1.12	1.12	1.12	1.13	1.14	1.14	1.14	1.13	1.13	1.13
西藏自治区	1.27	1.27	1.27	1.27	1.27	1.27	1.27	1.27	1.26	1.26	1.26	1.26	1.26	1.26	1.27	1.27	1.27	1.27	1.27	1.27
陕西省	1.16	1.15	1.15	1.14	1.11	1.11	1.10	1.09	1.09	1.07	1.06	1.04	1.02	1.01	1.01	1.00	0.99	1.00	0.98	0.99
甘肃省	1.16	1.15	1.15	1.15	1.15	1.15	1.15	1.15	1.15	1.14	1.13	1.13	1.14	1.14	1.14	1.14	1.14	1.14	1.14	1.15
青海省	1.20	1.20	1.19	1.20	1.20	1.20	1.20	1.20	1.20	1.14	1.20	1.19	1.19	1.20	1.21	1.20	1.20	1.21	1.21	1.22
宁夏回族自治区	1.22	1.22	1.13	1.10	1.09	1.09	1.09	1.10	1.09	1.09	1.07	1.08	1.08	1.08	1.09	1.09	1.08	1.07	1.06	1.11
新疆维吾尔自治区	1.15	1.15	1.15	1.14	1.14	1.14	1.14	1.13	1.12	1.11	1.10	1.08	1.07	1.06	1.05	1.04	1.03	1.02	1.00	1.02

附表 5　电力效能指数

地区	2001年	2002年	2003年	2004年	2005年	2006年	2007年	2008年	2009年	2010年	2011年	2012年	2013年	2014年	2015年	2016年	2017年	2018年	2019年	2020年
北京市	0.73	0.73	0.73	0.73	0.73	0.73	0.73	0.73	0.75	0.76	0.76	0.73	0.74	0.64	0.75	0.78	0.74	0.77	0.78	0.78
天津市	0.73	0.73	0.73	0.73	0.74	0.74	0.74	0.75	0.68	0.74	0.78	0.77	0.78	0.72	0.78	0.75	0.78	0.71	0.74	0.75
河北省	0.73	0.73	0.73	0.73	0.74	0.74	0.75	0.79	0.64	0.79	0.80	0.79	0.78	0.82	0.79	0.80	0.82	0.80	0.77	0.75
山西省	0.69	0.69	0.69	0.69	0.70	0.70	0.72	0.68	0.70	0.74	0.70	0.74	0.79	0.73	0.75	0.73	0.85	0.78	0.87	0.80
内蒙古自治区	0.63	0.63	0.63	0.63	0.63	0.63	0.64	0.55	0.76	0.67	0.70	0.87	0.81	0.85	0.89	0.80	0.87	0.95	0.86	0.86
辽宁省	0.75	0.75	0.75	0.75	0.75	0.75	0.76	0.79	0.71	0.63	0.78	0.72	0.80	0.79	0.82	0.82	0.81	0.80	0.84	0.80
吉林省	0.73	0.73	0.73	0.73	0.73	0.73	0.74	0.74	0.69	0.66	0.71	0.74	0.77	0.75	0.77	0.77	0.77	0.77	0.80	0.79
黑龙江省	0.74	0.74	0.74	0.74	0.74	0.74	0.74	0.69	0.77	0.78	0.76	0.78	0.74	0.75	0.75	0.77	0.74	0.78	0.76	0.73
上海市	0.75	0.75	0.75	0.75	0.76	0.76	0.76	0.70	0.80	0.73	0.77	0.79	0.80	0.80	0.75	0.79	0.79	0.76	0.75	0.79
江苏省	0.70	0.70	0.70	0.70	0.73	0.73	0.76	0.97	0.83	0.65	0.77	0.75	0.69	0.86	0.79	0.84	0.72	0.86	0.83	0.93
浙江省	0.73	0.73	0.73	0.73	0.74	0.74	0.77	0.79	0.77	0.86	0.79	0.83	0.80	0.61	0.71	0.88	0.87	0.86	0.89	0.84
安徽省	0.66	0.66	0.66	0.66	0.66	0.66	0.67	0.56	0.74	0.79	0.76	0.73	0.67	0.72	0.59	0.75	0.81	0.75	0.83	0.85
福建省	0.72	0.72	0.73	0.73	0.73	0.73	0.74	0.74	0.68	0.66	0.75	0.78	0.81	0.82	0.76	0.82	0.77	0.84	0.85	0.81
江西省	0.72	0.73	0.73	0.70	0.71	0.71	0.73	0.76	0.69	0.72	0.75	0.73	0.78	0.78	0.70	0.76	0.80	0.74	0.81	0.73
山东省	0.70	0.70	0.70	0.70	0.71	0.71	0.74	0.81	0.78	0.85	0.74	0.76	0.78	0.83	0.87	0.67	0.69	0.94	0.91	0.80
河南省	0.69	0.69	0.69	0.69	0.70	0.70	0.72	0.69	0.83	0.72	0.79	0.66	0.82	0.83	0.64	0.83	0.76	0.74	0.79	0.79
湖北省	0.74	0.74	0.74	0.74	0.75	0.75	0.76	0.78	0.77	0.75	0.80	0.76	0.80	0.76	0.83	0.82	0.83	0.84	0.77	0.82
湖南省	0.75	0.75	0.75	0.75	0.75	0.75	0.76	0.74	0.73	0.78	0.74	0.77	0.79	0.77	0.74	0.80	0.80	0.80	0.80	0.81

续表

地区	2001年	2002年	2003年	2004年	2005年	2006年	2007年	2008年	2009年	2010年	2011年	2012年	2013年	2014年	2015年	2016年	2017年	2018年	2019年	2020年
广东省	0.65	0.65	0.65	0.65	0.65	0.65	0.65	0.72	0.78	0.74	0.80	0.75	0.85	0.89	0.78	0.91	0.93	0.79	0.80	0.73
广西壮族自治区	0.71	0.71	0.71	0.71	0.71	0.71	0.71	0.71	0.77	0.80	0.74	0.70	0.79	0.79	0.79	0.62	0.79	0.78	0.83	0.82
海南省	0.75	0.75	0.74	0.74	0.75	0.75	0.75	0.76	0.74	0.77	0.76	0.74	0.77	0.76	0.75	0.77	0.77	0.77	0.75	0.74
重庆市	0.73	0.73	0.73	0.73	0.73	0.73	0.74	0.75	0.76	0.77	0.76	0.77	0.75	0.69	0.68	0.73	0.77	0.77	0.78	0.78
四川省	0.76	0.76	0.76	0.76	0.77	0.77	0.78	0.77	0.82	0.81	0.76	0.80	0.79	0.82	0.86	0.88	0.89	0.90	0.91	0.92
贵州省	0.69	0.70	0.70	0.70	0.70	0.70	0.70	0.70	0.80	0.80	0.71	0.77	0.71	0.75	0.76	0.72	0.78	0.80	0.81	0.85
云南省	0.74	0.74	0.73	0.73	0.73	0.74	0.74	0.76	0.77	0.78	0.81	0.75	0.81	0.81	0.86	0.79	0.87	0.92	0.90	0.91
西藏自治区	0.76	0.76	0.76	0.76	0.76	0.76	0.76	0.76	0.76	0.76	0.76	0.76	0.76	0.76	0.76	0.76	0.76	0.76	0.77	0.77
陕西省	0.67	0.67	0.67	0.67	0.67	0.67	0.68	0.59	0.71	0.74	0.77	0.78	0.78	0.77	0.67	0.76	0.78	0.70	0.70	0.66
甘肃省	0.73	0.73	0.73	0.73	0.73	0.73	0.74	0.74	0.71	0.71	0.73	0.79	0.79	0.71	0.78	0.79	0.77	0.82	0.81	0.76
青海省	0.75	0.75	0.75	0.75	0.75	0.75	0.75	0.76	0.77	0.77	0.75	0.77	0.77	0.77	0.74	0.73	0.77	0.79	0.78	0.79
宁夏回族自治区	0.71	0.71	0.70	0.70	0.70	0.70	0.71	0.75	0.73	0.64	0.67	0.80	0.77	0.78	0.74	0.74	0.66	0.79	0.70	0.78
新疆维吾尔自治区	0.62	0.62	0.62	0.62	0.62	0.62	0.64	0.71	0.72	0.70	0.63	0.64	0.63	0.58	0.67	0.74	0.73	0.82	0.81	0.80

附表6 工业碳排强度指数

地区	2001年	2002年	2003年	2004年	2005年	2006年	2007年	2008年	2009年	2010年	2011年	2012年	2013年	2014年	2015年	2016年	2017年	2018年	2019年	2020年
北京市	1.16	1.17	1.09	1.10	1.17	1.18	1.18	1.15	1.14	1.11	1.09	1.08	1.08	1.11	1.10	1.09	1.09	1.09	1.06	1.17
天津市	1.10	1.16	1.13	1.14	1.16	1.10	1.11	1.13	1.13	1.11	1.11	1.11	1.10	1.12	1.11	1.11	1.11	1.11	1.11	1.11
河北省	1.08	1.12	1.11	1.09	1.12	1.13	1.13	1.11	1.09	1.10	1.10	1.10	1.10	1.13	1.13	1.09	1.06	1.06	1.09	1.07
山西省	1.12	1.07	1.07	1.07	1.07	1.10	1.14	1.11	1.10	1.11	1.11	1.09	1.04	1.05	1.04	1.09	1.04	1.04	1.05	1.08
内蒙古自治区	1.07	1.13	1.14	1.13	1.12	1.11	1.12	1.12	1.11	1.11	1.11	1.15	1.15	1.15	1.13	1.14	1.16	1.16	1.16	1.17
辽宁省	1.07	1.06	1.12	1.12	1.07	1.08	1.08	1.12	1.12	1.12	1.13	1.13	1.12	1.11	1.12	1.12	0.83	1.06	1.15	1.14
吉林省	1.12	1.09	1.14	1.14	1.07	1.07	1.08	1.05	1.05	1.06	1.04	1.07	1.06	1.08	1.07	1.07	1.10	1.12	1.12	1.12
黑龙江省	1.04	1.11	1.05	1.05	1.09	1.06	1.09	1.03	0.99	1.00	1.00	1.02	1.02	1.03	1.05	1.05	1.07	1.06	1.10	0.85
上海市	1.16	1.17	1.17	1.17	1.17	1.18	1.18	1.12	1.12	1.12	1.12	1.11	1.12	1.12	1.12	1.12	1.12	1.12	1.12	1.11
江苏省	1.10	1.08	1.08	1.07	1.09	1.09	1.10	1.11	1.11	1.12	1.12	1.12	1.10	1.04	1.05	1.01	1.01	1.12	1.14	1.05
浙江省	1.09	1.11	1.10	1.14	1.16	1.16	1.16	1.16	1.16	1.17	1.17	1.17	1.17	1.16	1.17	1.17	1.17	1.18	1.19	1.17
安徽省	1.08	1.03	1.11	1.09	1.05	1.07	1.08	1.11	1.10	1.13	1.11	1.14	1.13	1.11	1.13	1.13	1.12	1.12	1.14	2.10
福建省	1.00	1.18	1.07	1.08	1.06	1.05	1.12	1.12	1.12	1.08	1.14	1.09	1.11	1.11	1.11	1.12	1.13	1.11	1.13	1.14
江西省	1.12	1.07	1.04	1.09	1.06	1.05	1.09	1.09	1.09	1.08	1.06	1.11	1.11	1.12	1.11	1.13	1.13	1.12	1.16	1.21
山东省	1.12	1.14	1.09	1.10	1.12	1.01	1.00	1.11	1.11	1.12	1.12	1.11	1.13	1.13	1.13	1.11	1.13	1.12	1.14	1.13
河南省	1.08	1.04	0.99	0.95	1.00	1.01	1.00	1.10	1.14	1.14	1.11	1.12	1.13	1.16	1.15	1.12	1.13	1.15	1.15	1.13
湖北省	1.12	1.15	1.13	1.13	1.15	1.14	1.15	1.15	1.14	1.14	1.14	1.15	1.15	1.16	1.15	1.14	1.14	1.15	1.16	1.16
湖南省	1.12	1.09	1.14	1.15	1.09	1.09	1.09	1.14	1.14	1.16	1.16	1.16	1.16	1.17	1.16	1.16	1.16	1.17	1.17	1.20
广东省	1.09	1.11	1.08	1.08	1.10	1.11	1.11	1.09	1.09	1.08	1.08	1.08	1.08	1.08	1.09	1.08	1.08	1.09	1.11	1.13

续表

地区	2001年	2002年	2003年	2004年	2005年	2006年	2007年	2008年	2009年	2010年	2011年	2012年	2013年	2014年	2015年	2016年	2017年	2018年	2019年	2020年
广西壮族自治区	0.87	1.00	1.03	1.04	1.05	1.04	1.02	1.01	0.85	0.85	0.83	0.24	0.33	0.78	0.43	0.43	1.01	1.04	1.11	1.17
海南省	1.17	1.10	1.09	1.09	1.08	1.05	1.02	1.03	1.04	1.01	1.01	1.01	1.04	1.09	1.08	1.08	1.05	1.04	1.06	1.03
重庆市	1.07	1.08	1.13	1.09	1.13	1.13	1.14	1.11	1.07	1.08	1.09	1.08	1.10	1.12	1.14	1.12	1.13	1.15	1.16	1.10
四川省	1.15	1.16	1.15	1.16	1.16	1.16	1.15	1.15	1.13	1.13	1.13	1.12	1.11	1.11	1.12	1.12	1.14	1.16	1.17	1.15
贵州省	1.13	1.15	1.13	1.13	1.12	1.12	1.14	1.12	1.13	1.11	1.11	1.13	1.12	1.12	1.13	1.13	1.14	1.15	1.18	1.16
云南省	1.14	1.13	1.12	1.13	1.07	1.07	1.08	1.14	1.14	1.15	1.14	1.15	1.15	1.16	1.16	1.15	1.15	1.15	1.16	1.23
西藏自治区	1.23	1.23	1.23	1.23	1.23	1.23	1.23	1.23	1.23	1.23	1.23	1.23	1.23	1.23	1.23	1.23	1.23	1.23	1.23	1.23
陕西省	1.09	1.09	1.10	1.10	1.13	1.10	1.11	1.13	1.11	1.13	1.15	1.12	1.12	1.12	1.11	1.12	1.13	1.13	1.15	1.13
甘肃省	1.14	1.13	1.14	1.12	1.13	1.14	1.14	1.14	1.14	1.14	1.14	1.13	1.14	1.14	1.14	1.14	1.14	1.15	1.16	1.15
青海省	1.19	1.19	1.19	1.18	1.18	1.17	1.17	1.15	1.16	1.16	1.17	1.15	1.15	1.15	1.16	1.16	1.16	1.16	1.18	1.17
宁夏回族自治区	1.18	1.14	1.14	1.13	1.07	1.13	1.13	1.15	1.13	1.13	1.14	1.13	1.13	1.13	1.11	1.09	1.11	1.14	1.15	1.16
新疆维吾尔自治区	1.19	1.12	1.12	1.13	1.07	1.10	1.11	1.10	1.13	1.07	1.13	1.13	1.15	1.16	1.16	1.16	1.16	1.16	1.19	1.20

附表7 工业高耗能产品产能指数

地区	2001年	2002年	2003年	2004年	2005年	2006年	2007年	2008年	2009年	2010年	2011年	2012年	2013年	2014年	2015年	2016年	2017年	2018年	2019年	2020年
北京市	1.18	1.17	1.17	1.17	1.18	1.19	1.19	1.21	1.21	1.21	1.25	1.25	1.26	1.25	1.26	1.26	1.26	1.26	1.26	1.27
天津市	1.22	1.21	1.21	1.18	1.17	1.15	1.13	1.12	1.08	1.06	1.04	1.03	0.99	0.94	0.97	0.99	0.99	0.96	0.95	0.98
河北省	0.95	0.88	0.68	0.41	0.24	0.03	-0.16	-0.18	-0.46	-0.62	-1.02	-1.05	-0.96	-1.04	-0.99	-0.99	-0.94	-1.17	-1.41	-1.36
山西省	0.94	0.88	0.81	0.79	0.69	0.58	0.51	0.60	0.61	0.50	0.43	0.41	0.34	0.39	0.49	0.46	0.42	0.28	0.22	0.11
内蒙古自治区	1.22	1.20	1.17	1.15	1.12	1.12	1.06	1.04	1.00	0.99	0.93	0.95	0.89	0.89	0.90	0.90	0.90	0.87	0.82	0.76
辽宁省	0.92	0.90	0.87	0.79	0.74	0.68	0.62	0.60	0.56	0.52	0.46	0.47	0.38	0.38	0.48	0.48	0.33	0.26	0.17	0.17
吉林省	1.24	1.23	1.22	1.21	1.19	1.17	1.16	1.15	1.15	1.14	1.13	1.12	1.11	1.08	1.13	1.13	1.13	1.12	1.10	1.08
黑龙江省	1.19	1.20	1.20	1.17	1.17	1.16	1.14	1.13	1.09	1.08	1.07	1.09	1.09	1.11	1.13	1.13	1.13	1.11	1.09	1.09
上海市	1.06	1.07	1.05	1.03	1.02	1.03	1.03	1.03	1.07	1.05	1.05	1.06	1.06	1.08	1.07	1.07	1.08	1.08	1.07	1.08
江苏省	1.05	0.97	0.88	0.79	0.68	0.56	0.46	0.49	0.44	0.34	0.21	0.18	0.10	-0.03	-0.03	0.03	0.10	0.12	0.08	0.11
浙江省	1.16	1.12	1.08	1.03	1.02	1.01	0.96	0.88	0.90	0.85	0.83	0.89	0.85	0.81	0.78	0.82	0.84	0.83	0.79	0.78
安徽省	1.20	1.20	1.18	1.15	1.13	1.11	1.07	1.04	1.01	0.99	0.90	0.89	0.82	0.83	0.83	0.77	0.74	0.74	0.68	0.64
福建省	1.24	1.23	1.22	1.21	1.17	1.14	1.12	1.13	1.08	1.02	0.98	0.89	0.86	0.82	0.84	0.83	0.83	0.80	0.75	0.74
江西省	1.23	1.20	1.19	1.16	1.14	1.11	1.09	1.10	1.06	1.04	1.01	0.99	0.97	0.97	0.98	0.97	0.99	0.97	0.95	0.94
山东省	1.02	0.99	0.90	0.69	0.55	0.45	0.38	0.31	0.21	0.05	0.01	-0.08	-0.15	-0.21	-0.25	-0.37	-0.37	-0.26	-0.18	-0.21
河南省	1.06	1.05	1.02	0.96	0.91	0.85	0.77	0.78	0.76	0.76	0.75	0.79	0.72	0.69	0.71	0.73	0.73	0.77	0.76	0.74
湖北省	1.14	1.11	1.09	1.08	1.02	0.99	0.97	0.93	0.87	0.75	0.64	0.62	0.57	0.51	0.53	0.54	0.54	0.51	0.43	0.49
湖南省	1.18	1.19	1.17	1.12	1.11	1.09	1.05	1.05	1.01	0.97	0.94	0.94	0.93	0.94	0.91	0.88	0.88	0.87	0.83	0.78

续表

地区	2001年	2002年	2003年	2004年	2005年	2006年	2007年	2008年	2009年	2010年	2011年	2012年	2013年	2014年	2015年	2016年	2017年	2018年	2019年	2020年
广东省	1.12	1.09	1.08	0.99	0.97	0.84	0.77	0.75	0.66	0.63	0.59	0.61	0.54	0.52	0.52	0.43	0.37	0.33	0.28	0.25
广西壮族自治区	1.26	1.25	1.24	1.22	1.20	1.20	1.17	1.16	1.13	1.09	1.06	1.01	0.97	0.94	0.93	0.93	0.92	0.91	0.85	0.75
海南省	1.30	1.30	1.30	1.30	1.30	1.29	1.26	1.24	1.26	1.25	1.25	1.25	1.25	1.24	1.24	1.24	1.25	1.22	1.22	1.23
重庆市	1.26	1.26	1.25	1.25	1.24	1.23	1.22	1.22	1.22	1.18	1.16	1.16	1.13	1.11	1.12	1.14	1.14	1.12	1.11	1.10
四川省	1.16	1.15	1.14	1.10	1.08	1.03	0.98	0.96	0.90	0.81	0.76	0.80	0.79	0.76	0.75	0.70	0.71	0.70	0.64	0.64
贵州省	1.26	1.27	1.24	1.23	1.23	1.21	1.21	1.21	1.21	1.19	1.18	1.14	1.12	1.10	1.09	1.07	1.07	1.07	1.07	1.07
云南省	1.23	1.22	1.21	1.19	1.16	1.14	1.14	1.12	1.08	1.04	1.02	1.00	0.95	0.96	1.02	1.02	1.01	0.92	0.85	0.82
西藏自治区	1.30	1.30	1.30	1.30	1.30	1.30	1.30	1.30	1.30	1.30	1.30	1.30	1.30	1.30	1.30	1.30	1.30	1.29	1.29	1.29
陕西省	1.21	1.23	1.15	1.16	1.15	1.10	1.07	1.05	1.06	0.98	0.92	0.85	0.79	0.73	0.78	0.78	0.75	0.76	0.70	0.68
甘肃省	1.22	1.23	1.22	1.21	1.19	1.17	1.16	1.17	1.15	1.14	1.12	1.11	1.08	1.07	1.11	1.11	1.12	1.11	1.09	1.08
青海省	1.29	1.29	1.29	1.29	1.29	1.28	1.28	1.27	1.27	1.27	1.26	1.25	1.23	1.23	1.25	1.25	1.25	1.25	1.25	1.26
宁夏回族自治区	1.29	1.29	1.29	1.28	1.28	1.28	1.28	1.28	1.27	1.25	1.26	1.23	1.22	1.21	1.20	1.20	1.18	1.18	1.17	1.16
新疆维吾尔自治区	1.24	1.24	1.23	1.22	1.20	1.19	1.17	1.16	1.12	1.07	1.05	1.01	0.96	0.92	0.99	1.01	0.98	1.00	0.96	0.94

附表 8　绿色能源指数

地区	2001年	2002年	2003年	2004年	2005年	2006年	2007年	2008年	2009年	2010年	2011年	2012年	2013年	2014年	2015年	2016年	2017年	2018年	2019年	2020年
北京市	0.00	0.00	0.00	0.00	0.00	0.00	0.00	0.00	0.00	0.00	0.00	0.00	0.00	0.01	0.01	0.01	0.01	0.02	0.02	0.02
天津市	0.00	0.00	0.00	0.00	0.00	0.00	0.00	0.00	0.00	0.00	0.00	0.01	0.01	0.01	0.01	0.02	0.03	0.05	0.05	0.06
河北省	0.00	0.00	0.00	0.00	0.00	0.01	0.01	0.02	0.04	0.10	0.12	0.18	0.22	0.28	0.33	0.41	0.54	0.68	0.75	1.16
山西省	0.00	0.00	0.00	0.00	0.00	0.00	0.00	0.00	0.01	0.01	0.03	0.05	0.09	0.13	0.21	0.28	0.38	0.50	0.55	0.86
内蒙古自治区	0.00	0.00	0.00	0.00	0.00	0.01	0.03	0.06	0.17	0.26	0.39	0.45	0.52	0.63	0.76	0.84	0.90	1.00	1.01	1.32
辽宁省	0.00	0.00	0.00	0.00	0.00	0.01	0.01	0.02	0.05	0.08	0.11	0.13	0.16	0.19	0.21	0.25	0.30	0.33	0.35	0.41
吉林省	0.00	0.00	0.00	0.00	0.01	0.01	0.01	0.02	0.04	0.06	0.08	0.09	0.10	0.11	0.12	0.15	0.18	0.21	0.22	0.24
黑龙江省	0.00	0.00	0.00	0.00	0.01	0.01	0.01	0.02	0.03	0.05	0.07	0.09	0.10	0.12	0.13	0.15	0.17	0.21	0.22	0.26
上海市	0.00	0.00	0.00	0.00	0.00	0.00	0.00	0.00	0.00	0.00	0.01	0.01	0.01	0.01	0.02	0.03	0.03	0.04	0.04	0.06
江苏省	0.00	0.04	0.04	0.04	0.04	0.04	0.03	0.04	0.05	0.05	0.07	0.09	0.12	0.17	0.24	0.31	0.43	0.62	0.67	0.90
浙江省	0.04	0.04	0.04	0.04	0.04	0.04	0.04	0.04	0.04	0.04	0.06	0.06	0.07	0.10	0.15	0.20	0.32	0.44	0.44	0.55
安徽省	0.00	0.00	0.00	0.00	0.00	0.00	0.01	0.01	0.02	0.02	0.01	0.01	0.02	0.03	0.07	0.14	0.29	0.35	0.36	0.46
福建省	0.00	0.00	0.00	0.00	0.00	0.00	0.01	0.01	0.02	0.02	0.03	0.04	0.06	0.09	0.12	0.15	0.19	0.22	0.24	0.28
江西省	0.00	0.00	0.00	0.01	0.01	0.00	0.01	0.01	0.00	0.00	0.01	0.01	0.01	0.02	0.03	0.09	0.16	0.20	0.22	0.34
山东省	0.00	0.00	0.00	0.01	0.01	0.00	0.01	0.01	0.02	0.04	0.07	0.10	0.14	0.17	0.22	0.34	0.55	0.67	0.72	1.09
河南省	0.00	0.00	0.00	0.00	0.00	0.01	0.00	0.01	0.01	0.02	0.00	0.01	0.01	0.04	0.04	0.10	0.24	0.38	0.47	0.70
湖北省	0.01	0.01	0.01	0.01	0.01	0.01	0.01	0.01	0.02	0.02	0.02	0.02	0.03	0.03	0.07	0.12	0.19	0.24	0.26	0.33
湖南省	0.00	0.00	0.00	0.00	0.00	0.00	0.00	0.01	0.01	0.01	0.01	0.01	0.02	0.03	0.05	0.07	0.12	0.17	0.20	0.28
广东省	0.05	0.05	0.05	0.05	0.05	0.05	0.05	0.06	0.06	0.08	0.09	0.11	0.12	0.15	0.18	0.21	0.30	0.39	0.41	0.54

续表

地区	2001年	2002年	2003年	2004年	2005年	2006年	2007年	2008年	2009年	2010年	2011年	2012年	2013年	2014年	2015年	2016年	2017年	2018年	2019年	2020年
广西壮族自治区	0.00	0.00	0.00	0.00	0.00	0.00	0.01	0.00	0.01	0.01	0.01	0.01	0.01	0.01	0.03	0.06	0.09	0.12	0.14	0.26
海南省	0.00	0.00	0.00	0.00	0.00	0.00	0.00	0.00	0.01	0.01	0.01	0.01	0.01	0.01	0.02	0.03	0.04	0.06	0.06	0.06
重庆市	0.00	0.00	0.00	0.00	0.01	0.01	0.01	0.01	0.01	0.00	0.00	0.00	0.01	0.01	0.01	0.01	0.02	0.03	0.03	0.05
四川省	0.01	0.01	0.01	0.01	0.01	0.01	0.01	0.01	0.01	0.02	0.02	0.02	0.03	0.04	0.06	0.09	0.13	0.15	0.17	0.20
贵州省	0.00	0.00	0.00	0.00	0.00	0.01	0.01	0.01	0.01	0.01	0.01	0.03	0.05	0.07	0.10	0.12	0.14	0.16	0.18	0.44
云南省	0.00	0.00	0.00	0.00	0.01	0.01	0.01	0.01	0.01	0.02	0.03	0.05	0.07	0.11	0.22	0.28	0.31	0.34	0.35	0.37
西藏自治区	0.00	0.00	0.00	0.00	0.00	0.00	0.00	0.00	0.00	0.00	0.00	0.00	0.00	0.00	0.01	0.01	0.02	0.03	0.03	0.04
陕西省	0.00	0.00	0.00	0.00	0.00	0.00	0.00	0.00	0.00	0.00	0.00	0.01	0.02	0.03	0.05	0.11	0.24	0.29	0.33	0.52
甘肃省	0.00	0.00	0.00	0.00	0.00	0.01	0.01	0.02	0.02	0.04	0.15	0.17	0.30	0.40	0.49	0.52	0.54	0.56	0.56	0.62
青海省	0.00	0.00	0.00	0.00	0.00	0.00	0.00	0.00	0.00	0.01	0.03	0.04	0.10	0.12	0.16	0.20	0.25	0.32	0.38	0.64
宁夏回族自治区	0.00	0.00	0.00	0.00	0.00	0.00	0.00	0.00	0.01	0.01	0.04	0.08	0.12	0.15	0.30	0.38	0.41	0.48	0.50	0.67
新疆维吾尔自治区	0.00	0.00	0.00	0.00	0.01	0.01	0.01	0.01	0.02	0.04	0.05	0.08	0.21	0.29	0.58	0.70	0.73	0.76	0.77	0.95

附表9　绿色工业指数

地区	2001年	2002年	2003年	2004年	2005年	2006年	2007年	2008年	2009年	2010年	2011年	2012年	2013年	2014年	2015年	2016年	2017年	2018年	2019年	2020年
北京市	0.62	0.62	0.63	0.63	0.63	0.63	0.63	0.63	0.64	0.64	0.64	0.64	0.64	0.64	0.64	0.64	0.64	0.64	0.64	0.64
天津市	0.62	0.62	0.62	0.62	0.62	0.63	0.63	0.63	0.63	0.63	0.63	0.63	0.63	0.63	0.63	0.63	0.63	0.63	0.63	0.63
河北省	0.60	0.60	0.60	0.60	0.60	0.60	0.61	0.61	0.61	0.61	0.61	0.61	0.61	0.61	0.61	0.62	0.62	0.61	0.61	0.61
山西省	0.56	0.56	0.58	0.59	0.59	0.60	0.60	0.61	0.61	0.61	0.62	0.61	0.61	0.61	0.61	0.60	0.61	0.61	0.61	0.62
内蒙古自治区	0.56	0.57	0.56	0.56	0.57	0.57	0.57	0.57	0.57	0.58	0.57	0.58	0.59	0.59	0.59	0.59	0.59	0.59	0.59	0.58
辽宁省	0.61	0.61	0.61	0.61	0.61	0.61	0.62	0.62	0.62	0.62	0.62	0.62	0.62	0.62	0.62	0.62	0.62	0.62	0.62	0.62
吉林省	0.59	0.60	0.58	0.59	0.58	0.58	0.60	0.60	0.60	0.61	0.61	0.62	0.62	0.62	0.62	0.62	0.62	0.62	0.62	0.62
黑龙江省	0.62	0.62	0.62	0.62	0.62	0.63	0.63	0.63	0.62	0.62	0.63	0.63	0.63	0.62	0.62	0.62	0.62	0.62	0.62	0.61
上海市	0.63	0.63	0.63	0.63	0.63	0.63	0.64	0.64	0.64	0.64	0.64	0.64	0.64	0.64	0.64	0.64	0.64	0.64	0.64	0.64
江苏省	0.63	0.63	0.63	0.63	0.63	0.63	0.63	0.63	0.63	0.63	0.63	0.64	0.63	0.64	0.64	0.64	0.64	0.64	0.64	0.64
浙江省	0.63	0.63	0.63	0.63	0.63	0.63	0.63	0.63	0.63	0.64	0.63	0.64	0.64	0.64	0.64	0.64	0.64	0.64	0.64	0.64
安徽省	0.60	0.61	0.59	0.60	0.61	0.61	0.62	0.62	0.62	0.62	0.63	0.63	0.63	0.63	0.63	0.63	0.63	0.63	0.63	0.63
福建省	0.63	0.63	0.63	0.63	0.63	0.63	0.63	0.63	0.63	0.63	0.63	0.64	0.64	0.64	0.64	0.64	0.64	0.64	0.64	0.64
江西省	0.61	0.62	0.62	0.62	0.62	0.62	0.62	0.63	0.63	0.64	0.63	0.64	0.63	0.63	0.63	0.63	0.63	0.64	0.64	0.64
山东省	0.62	0.62	0.62	0.61	0.62	0.62	0.62	0.63	0.63	0.63	0.63	0.63	0.63	0.63	0.63	0.63	0.63	0.63	0.63	0.63
河南省	0.61	0.61	0.61	0.61	0.62	0.62	0.62	0.63	0.63	0.63	0.63	0.63	0.64	0.63	0.63	0.63	0.63	0.64	0.63	0.64
湖北省	0.61	0.61	0.61	0.61	0.62	0.62	0.62	0.63	0.63	0.64	0.63	0.64	0.64	0.64	0.64	0.64	0.64	0.64	0.64	0.64
湖南省	0.62	0.62	0.62	0.62	0.62	0.62	0.62	0.63	0.63	0.63	0.63	0.63	0.64	0.64	0.64	0.64	0.64	0.64	0.64	0.64
广东省	0.63	0.63	0.63	0.63	0.63	0.64	0.64	0.64	0.64	0.64	0.64	0.64	0.64	0.64	0.64	0.64	0.64	0.64	0.64	0.64

续表

地区	2001年	2002年	2003年	2004年	2005年	2006年	2007年	2008年	2009年	2010年	2011年	2012年	2013年	2014年	2015年	2016年	2017年	2018年	2019年	2020年
广西壮族自治区	0.61	0.62	0.62	0.61	0.61	0.62	0.62	0.62	0.62	0.62	0.62	0.62	0.62	0.63	0.63	0.63	0.63	0.63	0.63	0.63
海南省	0.62	0.64	0.61	0.61	0.62	0.62	0.62	0.62	0.62	0.62	0.62	0.62	0.62	0.62	0.62	0.62	0.62	0.62	0.62	0.62
重庆市	0.61	0.62	0.62	0.63	0.62	0.63	0.63	0.63	0.63	0.63	0.63	0.63	0.64	0.64	0.64	0.64	0.64	0.64	0.64	0.64
四川省	0.62	0.62	0.61	0.62	0.62	0.62	0.63	0.63	0.63	0.63	0.63	0.63	0.63	0.63	0.63	0.64	0.64	0.64	0.64	0.64
贵州省	0.58	0.58	0.57	0.57	0.57	0.57	0.59	0.60	0.60	0.60	0.60	0.61	0.62	0.62	0.62	0.62	0.63	0.63	0.63	0.63
云南省	0.62	0.62	0.61	0.63	0.60	0.61	0.61	0.62	0.61	0.62	0.62	0.62	0.63	0.63	0.63	0.63	0.63	0.63	0.63	0.64
西藏自治区	0.65	0.65	0.65	0.65	0.65	0.65	0.65	0.65	0.65	0.65	0.65	0.65	0.65	0.65	0.65	0.65	0.65	0.65	0.65	0.65
陕西省	0.61	0.61	0.62	0.62	0.62	0.62	0.62	0.63	0.63	0.63	0.63	0.63	0.63	0.63	0.63	0.63	0.63	0.63	0.63	0.63
甘肃省	0.59	0.60	0.59	0.59	0.60	0.61	0.61	0.61	0.62	0.62	0.62	0.62	0.62	0.62	0.62	0.62	0.62	0.62	0.62	0.62
青海省	0.57	0.58	0.58	0.59	0.60	0.60	0.60	0.61	0.60	0.61	0.62	0.61	0.61	0.61	0.61	0.61	0.62	0.62	0.62	0.62
宁夏回族自治区	0.64	0.64	0.50	0.52	0.55	0.56	0.57	0.58	0.58	0.58	0.57	0.57	0.57	0.58	0.58	0.58	0.58	0.58	0.57	0.57
新疆维吾尔自治区	0.61	0.60	0.60	0.61	0.61	0.61	0.61	0.62	0.61	0.62	0.62	0.61	0.61	0.61	0.60	0.59	0.60	0.60	0.60	0.59

附表 10　绿色交通指数

地区	2001年	2002年	2003年	2004年	2005年	2006年	2007年	2008年	2009年	2010年	2011年	2012年	2013年	2014年	2015年	2016年	2017年	2018年	2019年	2020年
北京市	0.54	0.54	0.53	0.52	0.51	0.48	0.40	0.40	0.38	0.39	0.40	0.41	0.42	0.42	0.37	0.49	0.48	0.67	0.45	0.49
天津市	0.41	0.42	0.42	0.44	0.45	0.45	0.47	0.40	0.38	0.43	0.44	0.43	0.45	0.47	0.47	0.50	0.57	0.67	0.57	0.60
河北省	0.39	0.39	0.40	0.41	0.39	0.39	0.39	0.39	0.40	0.44	0.46	0.47	0.48	0.48	0.50	0.52	0.61	0.68	0.76	0.74
山西省	0.37	0.37	0.37	0.37	0.37	0.37	0.38	0.36	0.38	0.41	0.41	0.42	0.43	0.43	0.43	0.43	0.44	0.47	0.61	0.67
内蒙古自治区	0.36	0.36	0.35	0.34	0.33	0.33	0.34	0.33	0.34	0.38	0.39	0.40	0.41	0.42	0.42	0.48	0.43	0.46	0.48	0.48
辽宁省	0.40	0.40	0.40	0.40	0.39	0.40	0.40	0.40	0.42	0.48	0.49	0.51	0.52	0.54	0.54	0.65	0.66	0.69	0.64	0.68
吉林省	0.37	0.37	0.37	0.36	0.33	0.32	0.31	0.33	0.34	0.37	0.38	0.39	0.40	0.40	0.40	0.49	0.42	0.44	0.49	0.52
黑龙江省	0.34	0.34	0.33	0.33	0.34	0.35	0.34	0.34	0.34	0.37	0.38	0.39	0.42	0.44	0.43	0.46	0.53	0.56	0.49	0.50
上海市	0.51	0.51	0.52	0.52	0.54	0.54	0.55	0.55	0.51	0.65	0.65	0.65	0.61	0.63	0.64	0.72	0.68	0.75	0.82	0.98
江苏省	0.49	0.48	0.48	0.48	0.50	0.52	0.56	0.55	0.58	0.75	0.81	0.84	0.88	0.92	0.96	1.09	1.05	1.15	1.38	1.60
浙江省	0.45	0.47	0.49	0.51	0.52	0.54	0.57	0.54	0.64	0.79	0.83	0.84	0.87	0.90	0.96	1.04	1.25	1.34	1.39	1.53
安徽省	0.37	0.38	0.38	0.38	0.38	0.39	0.40	0.47	0.48	0.52	0.54	0.56	0.76	0.80	0.79	0.85	1.15	1.11	1.17	1.06
福建省	0.35	0.35	0.35	0.34	0.35	0.36	0.36	0.38	0.40	0.44	0.47	0.48	0.51	0.54	0.57	0.61	0.66	0.71	0.69	0.70
江西省	0.34	0.33	0.32	0.34	0.33	0.34	0.35	0.37	0.39	0.42	0.43	0.44	0.43	0.44	0.45	0.55	0.60	0.72	0.56	0.57
山东省	0.44	0.45	0.43	0.44	0.42	0.43	0.46	0.49	0.49	0.63	0.64	0.65	0.70	0.75	0.82	0.96	1.02	1.13	1.28	1.32
河南省	0.37	0.38	0.38	0.36	0.36	0.36	0.37	0.39	0.42	0.46	0.47	0.48	0.47	0.49	0.48	0.56	0.65	0.67	0.70	0.89
湖北省	0.38	0.35	0.34	0.35	0.34	0.33	0.32	0.36	0.39	0.46	0.47	0.49	0.50	0.53	0.56	0.72	0.59	0.60	0.74	0.72
湖南省	0.38	0.37	0.37	0.37	0.37	0.37	0.39	0.41	0.41	0.48	0.49	0.49	0.50	0.52	0.51	0.53	0.70	0.84	0.92	1.10
广东省	0.40	0.40	0.39	0.41	0.40	0.40	0.50	0.50	0.56	0.87	0.96	1.05	1.15	1.18	1.18	1.28	1.32	1.40	1.64	1.61

续表

地区	2001年	2002年	2003年	2004年	2005年	2006年	2007年	2008年	2009年	2010年	2011年	2012年	2013年	2014年	2015年	2016年	2017年	2018年	2019年	2020年
广西壮族自治区	0.35	0.34	0.33	0.33	0.33	0.33	0.34	0.38	0.39	0.42	0.44	0.46	0.47	0.48	0.49	0.52	0.57	0.60	0.71	0.75
海南省	0.32	0.38	0.33	0.32	0.34	0.35	0.36	0.34	0.35	0.37	0.39	0.40	0.36	0.40	0.40	0.40	0.39	0.41	0.41	0.47
重庆市	0.37	0.37	0.37	0.36	0.36	0.37	0.38	0.39	0.38	0.44	0.43	0.43	0.49	0.47	0.48	0.56	0.56	0.62	0.68	0.74
四川省	0.36	0.36	0.36	0.36	0.36	0.35	0.36	0.37	0.38	0.43	0.45	0.47	0.46	0.47	0.48	0.50	0.65	0.68	0.61	0.64
贵州省	0.32	0.32	0.32	0.32	0.32	0.31	0.31	0.31	0.32	0.34	0.34	0.34	0.35	0.37	0.36	0.37	0.41	0.41	0.39	0.40
云南省	0.37	0.36	0.36	0.36	0.35	0.35	0.34	0.31	0.32	0.36	0.39	0.39	0.42	0.43	0.45	0.45	0.46	0.45	0.45	0.48
西藏自治区	0.41	0.42	0.41	0.42	0.41	0.40	0.40	0.39	0.39	0.40	0.39	0.39	0.39	0.39	0.39	0.39	0.39	0.39	0.38	0.39
陕西省	0.35	0.34	0.34	0.33	0.33	0.33	0.32	0.34	0.34	0.39	0.39	0.40	0.40	0.41	0.41	0.46	0.49	0.64	0.68	0.63
甘肃省	0.32	0.33	0.33	0.33	0.33	0.33	0.34	0.33	0.33	0.34	0.35	0.36	0.34	0.36	0.36	0.39	0.57	0.71	0.41	0.42
青海省	0.34	0.35	0.34	0.34	0.35	0.35	0.34	0.32	0.32	0.33	0.33	0.34	0.33	0.33	0.34	0.34	0.33	0.34	0.31	0.31
宁夏回族自治区	0.38	0.38	0.32	0.30	0.32	0.33	0.33	0.36	0.38	0.39	0.40	0.40	0.41	0.41	0.41	0.41	0.46	0.43	0.41	0.41
新疆维吾尔自治区	0.34	0.34	0.34	0.34	0.32	0.32	0.32	0.34	0.36	0.39	0.37	0.37	0.37	0.37	0.37	0.36	0.38	0.40	0.39	0.38

附表 11　循环经济指数

地区	2001年	2002年	2003年	2004年	2005年	2006年	2007年	2008年	2009年	2010年	2011年	2012年	2013年	2014年	2015年	2016年	2017年	2018年	2019年	2020年
北京市	0.04	0.04	0.04	0.04	0.04	0.05	0.07	0.06	0.06	0.06	0.06	0.06	0.07	0.07	0.06	0.08	0.09	0.09	0.10	0.08
天津市	0.02	0.02	0.02	0.02	0.03	0.03	0.04	0.04	0.04	0.04	0.04	0.02	0.02	0.03	0.03	0.03	0.03	0.03	0.03	0.03
河北省	0.05	0.05	0.05	0.05	0.07	0.05	0.07	0.09	0.06	0.05	0.08	0.07	0.08	0.08	0.06	0.07	0.08	0.08	0.08	0.08
山西省	0.03	0.03	0.03	0.03	0.04	0.08	0.10	0.09	0.09	0.06	0.07	0.06	0.06	0.06	0.07	0.05	0.05	0.06	0.09	0.05
内蒙古自治区	0.02	0.02	0.02	0.02	0.02		0.04	0.04	0.05		0.05	0.06	0.07	0.05		0.06	0.07	0.07	0.07	0.04
辽宁省	0.06	0.06	0.06	0.06	0.05	0.08	0.08	0.09	0.07	0.08	0.10	0.09	0.09	0.09	0.10	0.09	0.09	0.09	0.10	0.10
吉林省	0.04	0.04	0.04	0.04	0.04	0.03	0.05	0.04	0.03	0.04	0.04	0.03	0.03	0.03	0.04	0.04	0.04	0.04	0.04	0.04
黑龙江省	0.04	0.04	0.04	0.04	0.05	0.05	0.06	0.05	0.05	0.04	0.04	0.06	0.04	0.03	0.06	0.05	0.05	0.05	0.05	0.06
上海市	0.02	0.02	0.02	0.02	0.04	0.06	0.06	0.06	0.06	0.08	0.04	0.06	0.07	0.09	0.07	0.10	0.14	0.15	0.08	0.10
江苏省	0.12	0.12	0.12	0.12	0.11	0.12	0.16	0.19	0.16	0.13	0.17	0.15	0.17	0.17	0.20	0.24	0.22	0.22	0.21	0.27
浙江省	0.09	0.09	0.09	0.09	0.10	0.10	0.13	0.12	0.12	0.13	0.14	0.16	0.19	0.22	0.20	0.20	0.17	0.17	0.20	0.16
安徽省	0.03	0.03	0.03	0.03	0.02	0.04	0.05	0.04	0.04	0.03	0.05	0.05	0.05	0.06	0.06	0.10	0.07	0.07	0.05	0.07
福建省	0.07	0.07	0.07	0.07	0.06	0.07	0.06	0.06	0.07	0.08	0.07	0.10	0.13	0.12	0.14	0.12	0.08	0.09	0.12	0.10
江西省	0.02	0.02	0.02	0.02	0.03	0.03	0.03	0.03	0.03	0.03	0.04	0.04	0.05	0.04	0.06	0.05	0.06	0.06	0.08	0.06
山东省	0.21	0.21	0.21	0.21	0.22	0.21	0.24	0.24	0.22	0.18	0.26	0.26	0.15	0.14	0.18	0.21	0.21	0.22	0.21	0.22
河南省	0.08	0.08	0.08	0.08	0.11	0.09	0.11	0.10	0.09	0.08	0.09	0.08	0.10	0.11	0.11	0.10	0.10	0.10	0.12	0.11
湖北省	0.07	0.07	0.07	0.07	0.08	0.06	0.07	0.08	0.07	0.06	0.06	0.07	0.07	0.07	0.09	0.16	0.10	0.11	0.11	0.11
湖南省	0.03	0.03	0.03	0.03	0.04	0.05	0.07	0.07	0.07	0.07	0.07	0.08	0.09	0.07	0.08	0.08	0.08	0.09	0.08	0.08
广东省	0.12	0.12	0.12	0.12	0.16	0.14	0.15	0.16	0.17	0.22	0.17	0.20	0.19	0.22	0.29	0.26	0.27	0.31	0.36	0.32

续表

地区	2001年	2002年	2003年	2004年	2005年	2006年	2007年	2008年	2009年	2010年	2011年	2012年	2013年	2014年	2015年	2016年	2017年	2018年	2019年	2020年
广西壮族自治区	0.02	0.02	0.02	0.02	0.03	0.04	0.06	0.08	0.06	0.05	0.05	0.05	0.06	0.05	0.05	0.05	0.05	0.05	0.06	0.05
海南省	0.01	0.01	0.01	0.01	0.01	0.01	0.01	0.01	0.01	0.01	0.02	0.02	0.01	0.01	0.02	0.02	0.02	0.02	0.02	0.02
重庆市	0.02	0.02	0.02	0.02	0.03	0.02	0.03	0.04	0.04	0.05	0.04	0.04	0.04	0.04	0.05	0.05	0.05	0.05	0.05	0.06
四川省	0.08	0.08	0.08	0.08	0.06	0.06	0.09	0.09	0.08	0.08	0.09	0.09	0.08	0.10	0.11	0.10	0.11	0.11	0.12	0.12
贵州省	0.02	0.02	0.02	0.02	0.02	0.03	0.02	0.03	0.03	0.03	0.04	0.03	0.03	0.03	0.03	0.03	0.04	0.04	0.04	0.04
云南省	0.02	0.02	0.02	0.02	0.03	0.02	0.03	0.04	0.03	0.04	0.05	0.08	0.05	0.06	0.06	0.05	0.04	0.04	0.05	0.06
西藏自治区	0.00	0.00	0.00	0.00	0.00	0.00	0.00	0.00	0.00	0.00	0.00	0.00	0.00	0.00	0.00	0.00	0.00	0.01	0.01	0.01
陕西省	0.02	0.02	0.02	0.02	0.06	0.04	0.05	0.06	0.07	0.07	0.13	0.10	0.07	0.06	0.06	0.06	0.05	0.07	0.07	0.05
甘肃省	0.02	0.02	0.02	0.02	0.01	0.02	0.05	0.04	0.04	0.03	0.03	0.04	0.02	0.03	0.02	0.04	0.03	0.03	0.03	0.03
青海省	0.01	0.01	0.01	0.01	0.01	0.01	0.01	0.01	0.01	0.01	0.01	0.02	0.01	0.01	0.02	0.03	0.00	0.01	0.01	0.01
宁夏回族自治区	0.01	0.01	0.01	0.01	0.01	0.01	0.01	0.02	0.01	0.02	0.02	0.02	0.02	0.02	0.02	0.03	0.02	0.02	0.02	0.02
新疆维吾尔自治区	0.02	0.02	0.02	0.02	0.02	0.02	0.03	0.04	0.03	0.03	0.05	0.05	0.05	0.05	0.04	0.04	0.05	0.05	0.04	0.04

附表 12 低碳农业指数

地区	2001年	2002年	2003年	2004年	2005年	2006年	2007年	2008年	2009年	2010年	2011年	2012年	2013年	2014年	2015年	2016年	2017年	2018年	2019年	2020年
北京市	0.10	0.12	0.18	0.16	0.13	0.12	0.13	0.11	0.11	0.13	0.12	0.13	0.14	0.21	0.21	0.25	0.33	0.39	0.46	0.52
天津市	0.06	0.06	0.07	0.08	0.08	0.09	0.09	0.09	0.09	0.10	0.11	0.11	0.10	0.10	0.10	0.09	0.08	0.08	0.08	0.07
河北省	0.03	0.03	0.03	0.03	0.03	0.03	0.03	0.03	0.04	0.04	0.04	0.04	0.03	0.03	0.03	0.03	0.03	0.03	0.03	0.03
山西省	0.04	0.04	0.04	0.04	0.04	0.04	0.05	0.05	0.05	0.05	0.05	0.05	0.04	0.04	0.04	0.04	0.04	0.04	0.04	0.04
内蒙古自治区	0.01	0.01	0.02	0.02	0.02	0.02	0.02	0.02	0.02	0.02		0.02	0.02		0.02	0.02	0.02	0.02	0.02	0.02
辽宁省	0.03	0.03	0.03	0.03	0.03	0.03	0.03	0.03	0.04	0.04	0.04	0.04	0.03	0.04	0.04	0.03	0.03	0.03	0.03	0.03
吉林省	0.02	0.02	0.02	0.02	0.02	0.02	0.02	0.01	0.01	0.02	0.02	0.02	0.02	0.02	0.02	0.02	0.02	0.02	0.02	0.02
黑龙江省	0.01	0.01	0.01	0.01	0.01	0.02	0.01	0.01	0.01	0.01	0.01	0.01	0.01	0.01	0.01	0.01	0.01	0.01	0.01	0.01
上海市	0.09	0.11	0.15	0.14	0.16	0.16	0.17	0.16	0.15	0.16	0.16	0.16	0.17	0.17	0.17	0.19	0.21	0.20	0.22	0.25
江苏省	0.03	0.03	0.04	0.03	0.04	0.04	0.04	0.04	0.04	0.04	0.04	0.04	0.04	0.04	0.04	0.04	0.04	0.04	0.04	0.04
浙江省	0.03	0.04	0.04	0.04	0.05	0.05	0.06	0.06	0.06	0.07	0.07	0.07	0.08	0.08	0.09	0.09	0.09	0.09	0.09	0.09
安徽省	0.02	0.02	0.03	0.02	0.03	0.02	0.02	0.02	0.02	0.02	0.03	0.03	0.03	0.02	0.02	0.02	0.02	0.02	0.02	0.02
福建省	0.03	0.04	0.04	0.04	0.05	0.05	0.06	0.06	0.06	0.07	0.07	0.07	0.08	0.08	0.08	0.09	0.00	0.08	0.09	0.08
江西省	0.02	0.02	0.02	0.02	0.02	0.02	0.02	0.02	0.03	0.02	0.02	0.02	0.02	0.02	0.02	0.02	0.02	0.02	0.02	0.02
山东省	0.03	0.03	0.03	0.03	0.03	0.03	0.04	0.03	0.03	0.03	0.03	0.03	0.03	0.03	0.03	0.03	0.03	0.03	0.03	0.03
河南省	0.03	0.03	0.03	0.03	0.03	0.04	0.04	0.04	0.03	0.04	0.03	0.04	0.03	0.03	0.03	0.03	0.03	0.03	0.03	0.03
湖北省	0.03	0.03	0.03	0.03	0.03	0.03	0.03	0.04	0.04	0.04	0.04	0.04	0.04	0.04	0.04	0.03	0.03	0.03	0.03	0.03
湖南省	0.02	0.02	0.02	0.02	0.02	0.02	0.03	0.03	0.03	0.02	0.03	0.03	0.03	0.03	0.02	0.02	0.02	0.02	0.02	0.03
广东省	0.04	0.04	0.05	0.05	0.05	0.06	0.06	0.07	0.07	0.07	0.07	0.07	0.08	0.08	0.08	0.08	0.08	0.08	0.08	0.08

续表

地区	2001年	2002年	2003年	2004年	2005年	2006年	2007年	2008年	2009年	2010年	2011年	2012年	2013年	2014年	2015年	2016年	2017年	2018年	2019年	2020年
广西壮族自治区	0.02	0.02	0.02	0.03	0.03	0.03	0.03	0.03	0.03	0.03	0.04	0.04	0.04	0.04	0.04	0.04	0.04	0.04	0.04	0.04
海南省	0.03	0.03	0.03	0.04	0.05	0.05	0.05	0.05	0.05	0.06	0.06	0.06	0.06	0.07	0.07	0.08	0.08	0.08	0.08	0.07
重庆市	0.02	0.02	0.02	0.02	0.02	0.03	0.03	0.03	0.03	0.03	0.03	0.04	0.03	0.03	0.03	0.03	0.03	0.03	0.03	0.03
四川省	0.02	0.02	0.02	0.03	0.02	0.03	0.03	0.03	0.03	0.03	0.03	0.03	0.03	0.03	0.03	0.03	0.03	0.03	0.03	0.03
贵州省	0.02	0.03	0.03	0.03	0.03	0.03	0.03	0.03	0.03	0.03	0.04	0.03	0.03	0.04	0.03	0.03	0.03	0.04	0.04	0.03
云南省	0.02	0.02	0.02	0.02	0.02	0.03	0.03	0.03	0.03	0.03	0.03	0.03	0.03	0.03	0.03	0.03	0.03	0.04	0.03	0.04
西藏自治区	0.00	0.00	0.00	0.01	0.01	0.01	0.01	0.01	0.01	0.01	0.01	0.01	0.01	0.01	0.01	0.01	0.01	0.01	0.01	0.01
陕西省	0.03	0.03	0.04	0.03	0.03	0.04	0.04	0.04	0.04	0.04	0.04	0.05	0.05	0.05	0.05	0.05	0.05	0.05	0.05	0.05
甘肃省	0.03	0.03	0.03	0.03	0.03	0.03	0.03	0.03	0.03	0.03	0.03	0.03	0.03	0.03	0.03	0.03	0.03	0.03	0.03	0.03
青海省	0.03	0.03	0.04	0.04	0.03	0.04	0.06	0.05	0.05	0.06	0.07	0.07	0.08	0.08	0.08	0.08	0.08	0.09	0.08	0.07
宁夏回族自治区	0.01	0.02	0.03	0.03	0.03	0.03	0.03	0.03	0.03	0.03	0.04	0.04	0.04	0.04	0.04	0.04	0.04	0.04	0.05	0.05
新疆维吾尔自治区	0.02	0.02	0.03	0.03	0.03	0.03	0.04	0.03	0.04	0.03	0.03	0.03	0.03	0.03	0.03	0.04	0.04	0.04	0.04	0.04

附表 13　生态碳汇指数

地区	2001年	2002年	2003年	2004年	2005年	2006年	2007年	2008年	2009年	2010年	2011年	2012年	2013年	2014年	2015年	2016年	2017年	2018年	2019年	2020年
北京市	0.01	0.05	0.05	0.05	0.03	0.03	0.03	0.04	0.04	0.04	0.04	0.04	0.05	0.05	0.05	0.06	0.06	0.06	0.07	0.07
天津市	0.00	0.01	0.01	0.01	0.01	0.01	0.01	0.01	0.01	0.01	0.01	0.01	0.01	0.01	0.01	0.01	0.01	0.01	0.01	0.01
河北省	0.10	0.40	0.43	0.40	0.39	0.38	0.39	0.41	0.40	0.40	0.41	0.32	0.32	0.34	0.35	0.39	0.39	0.42	0.41	0.41
山西省	0.09	0.35	0.34	0.33	0.32	0.35	0.36	0.33	0.34	0.35	0.37	0.35	0.36	0.37	0.38	0.40	0.42	0.44	0.46	0.46
内蒙古自治区	0.34	0.75	0.79	0.78	0.76	0.76	0.83	0.87	0.90	0.89	0.93	0.95	0.98	0.95	1.00	1.02	1.06	1.05	1.10	1.12
辽宁省	0.08	0.35	0.36	0.36	0.36	0.36	0.37	0.38	0.39	0.41	0.43	0.31	0.32	0.33	0.34	0.34	0.35	0.36	0.36	0.37
吉林省	0.12	0.28	0.29	0.27	0.27	0.28	0.28	0.28	0.28	0.29	0.30	0.18	0.20	0.20	0.22	0.23	0.24	0.25	0.26	0.27
黑龙江省	0.20	0.38	0.39	0.39	0.38	0.38	0.41	0.42	0.45	0.46	0.46	0.39	0.39	0.39	0.41	0.44	0.45	0.47	0.49	0.51
上海市	0.00	0.00	0.00	0.00	0.00	0.00	0.00	0.00	0.00	0.00	0.00	0.00	0.00	0.00	0.00	0.00	0.00	0.00	0.00	0.00
江苏省	0.02	0.06	0.07	0.06	0.06	0.07	0.08	0.08	0.08	0.08	0.08	0.06	0.07	0.07	0.07	0.07	0.07	0.07	0.07	0.07
浙江省	0.04	0.14	0.14	0.15	0.15	0.15	0.16	0.16	0.17	0.16	0.17	0.23	0.24	0.24	0.24	0.25	0.25	0.25	0.25	0.26
安徽省	0.04	0.15	0.15	0.13	0.13	0.13	0.14	0.14	0.15	0.15	0.15	0.12	0.14	0.14	0.16	0.15	0.16	0.16	0.16	0.17
福建省	0.06	0.11	0.12	0.11	0.12	0.13	0.14	0.14	0.14	0.14	0.18	0.25	0.26	0.26	0.29	0.30	0.31	0.31	0.32	0.32
江西省	0.06	0.24	0.26	0.24	0.25	0.26	0.29	0.32	0.32	0.33	0.33	0.34	0.36	0.36	0.39	0.41	0.42	0.43	0.43	0.44
山东省	0.05	0.23	0.26	0.25	0.24	0.25	0.25	0.29	0.29	0.30	0.31	0.23	0.24	0.25	0.26	0.25	0.26	0.26	0.27	0.28
河南省	0.06	0.27	0.28	0.28	0.27	0.27	0.26	0.31	0.33	0.30	0.30	0.23	0.24	0.24	0.25	0.25	0.25	0.26	0.27	0.26
湖北省	0.07	0.29	0.32	0.28	0.28	0.26	0.28	0.29	0.30	0.32	0.33	0.35	0.36	0.37	0.39	0.40	0.43	0.43	0.46	0.43
湖南省	0.07	0.19	0.24	0.23	0.21	0.21	0.21	0.21	0.23	0.24	0.27	0.27	0.27	0.28	0.31	0.32	0.34	0.35	0.35	0.36
广东省	0.06	0.13	0.12	0.12	0.12	0.12	0.12	0.13	0.13	0.14	0.15	0.14	0.15	0.15	0.19	0.19	0.19	0.19	0.20	0.20

续表

地区	2001年	2002年	2003年	2004年	2005年	2006年	2007年	2008年	2009年	2010年	2011年	2012年	2013年	2014年	2015年	2016年	2017年	2018年	2019年	2020年
广西壮族自治区	0.07	0.15	0.17	0.16	0.15	0.16	0.17	0.18	0.19	0.19	0.20	0.18	0.19	0.19	0.21	0.23	0.24	0.26	0.27	0.28
海南省	0.03	0.03	0.04	0.03	0.03	0.03	0.03	0.03	0.03	0.03	0.03	0.03	0.03	0.03	0.04	0.04	0.04	0.03	0.04	0.04
重庆市	0.04	0.13	0.17	0.13	0.14	0.13	0.15	0.15	0.16	0.19	0.19	0.19	0.20	0.21	0.23	0.24	0.25	0.25	0.26	0.27
四川省	0.27	0.52	0.54	0.50	0.49	0.49	0.54	0.59	0.58	0.58	0.58	0.60	0.63	0.64	0.71	0.77	0.81	0.79	0.81	0.83
贵州省	0.08	0.21	0.22	0.20	0.19	0.19	0.21	0.22	0.24	0.24	0.25	0.36	0.41	0.42	0.46	0.48	0.52	0.48	0.50	0.50
云南省	0.21	0.40	0.43	0.40	0.41	0.41	0.46	0.51	0.55	0.56	0.58	0.65	0.65	0.65	0.69	0.73	0.74	0.76	0.78	0.81
西藏自治区	0.27	0.35	0.37	0.36	0.35	0.35	0.35	0.36	0.37	0.37	0.37	0.38	0.41	0.41	0.40	0.38	0.39	0.39	0.39	0.40
陕西省	0.16	0.61	0.62	0.60	0.56	0.56	0.57	0.58	0.61	0.59	0.61	0.46	0.47	0.48	0.50	0.51	0.53	0.54	0.54	0.55
甘肃省	0.12	0.49	0.54	0.52	0.51	0.51	0.51	0.49	0.50	0.51	0.52	0.47	0.48	0.50	0.52	0.53	0.57	0.60	0.63	0.65
青海省	0.11	0.15	0.15	0.14	0.14	0.14	0.15	0.15	0.16	0.16	0.17	0.16	0.17	0.17	0.16	0.18	0.19	0.20	0.21	0.23
宁夏回族自治区	0.03	0.11	0.14	0.12	0.11	0.11	0.12	0.13	0.13	0.12	0.12	0.11	0.11	0.13	0.13	0.14	0.14	0.15	0.15	0.15
新疆维吾尔自治区	0.15	0.17	0.19	0.18	0.17	0.17	0.18	0.20	0.20	0.19	0.19	0.21	0.20	0.20	0.23	0.24	0.25	0.24	0.25	0.26

战 略 篇
Strategy Topics

B.3

坚持以习近平生态文明思想
引领"双碳"目标实现

徐海燕　鲍　晗*

摘　要： 党的二十大报告明确提出，积极稳妥推进碳达峰碳中和。新征程上，积极稳妥推进碳达峰、碳中和，必须坚持和加强党的全面领导，奋力开创人与自然和谐共生的中国式现代化新境界；必须把"双碳"工作纳入生态文明建设整体布局，以习近平生态文明思想为引领，坚持深邃历史观、绿色发展观、全民行动观、整体系统观、严密制度观和全球共赢观，立足新发展阶段、贯彻新发展理念、构建新发展格局，以攻坚克难的决心意志，深入推进生态文明建设，确保如期实现碳达峰、碳中和。

关键词： 碳达峰　碳中和　生态文明

＊ 徐海燕，中国社会科学院大学政府管理学院教授，中国社会科学院大学政治学研究所研究员、政治制度研究室副主任，主要研究方向为国际政治、中亚及俄罗斯研究；鲍晗，中国社会科学院大学政府管理学院，主要研究方向为国际政治、中亚及俄罗斯研究。

一 推进碳达峰碳中和是党中央的重大战略决策

（一）持续推进中国生态文明建设的重大战略决策

中国共产党一直心系国家和人民的根本利益，在不同历史时期审时度势，创造性地提出推进生态建设与绿色发展的战略决策。新中国成立初期，中国共产党带领人民同自然环境做斗争，寻求生产生活条件的改善，毛泽东同志提出加强林业绿化、大兴水利建设，推动农林牧副渔等产业的协调发展，发出"绿化祖国"的号召。改革开放以来，中国共产党高度重视植树造林，推动环保立法。邓小平同志提出发展生态农业的战略决策。江泽民同志重视生态环境保护，提出可持续发展的战略决策。胡锦涛同志提出坚持科学发展观。党的十八大以来，以习近平同志为核心的党中央把生态文明建设纳入中国特色社会主义事业"五位一体"总体布局，提出 2030 年前实现碳达峰、2060 年前实现碳中和的重大战略决策。党的二十大报告提出，协同推进降碳、减污、扩绿、增长，推进生态优先、节约集约、绿色低碳发展。实现"双碳"目标是新时代中国共产党推进生态文明建设的重大战略决策，充分彰显了百年大党始终坚持绿色低碳发展、促进人与自然和谐共生的责任与担当。

（二）推动经济社会绿色转型与高质量发展的必然要求

从理论上看，推进碳达峰碳中和是中国共产党领导生态文明建设的重大理论创新，也是推动经济社会转型与高质量发展的实践要求。党的十八大以来，以习近平同志为核心的党中央提出"绿水青山就是金山银山"的发展理念，并坚持理论创新与实践创新相结合，着力推动大气、水体、土壤等污染治理，成功探索出"天更蓝、山更绿、水更清"的中国式现代化道路。党的十八大以来，全国 74 个重点城市 $PM_{2.5}$ 平均浓度下降了 56%，重污染天数减少了 87%，其中，北京 $PM_{2.5}$ 从 2013 年的 89.5 微克/立方米下降到 2021 年的 33.0 微克/立方米，降低了 63.1%；中国 I~Ⅲ类优良水体断面比例提升了 23.3 个百分点，达到了 84.9%，已经接近发达国家水平；土壤环境质量总体保持稳定，土壤污染风险得到了基本管控。党的十八大以来的辉煌成就，充分展现了习近平生态文明思想的实践伟力与真理力量，生动彰显了以党的全面领导推进碳达峰、碳中和是加快经济社会绿色转型的必然要求。

（三）满足人民群众对优良生态环境期待的现实需要

从现实上看，中国共产党推进碳达峰碳中和不仅是环境问题，更是关系党的执政基础的重大民生问题和政治问题。中国共产党坚持生态惠民、生态利民、生态为民，下决心把环境污染治理好，把生态环境建设好，让人民群众呼吸上新鲜的空气、喝上干净的水、吃上放心的食物，使人民生活水平迈上新台阶，彰显新时代中国共产党人为中国人民谋幸福、为中华民族谋复兴的初心使命。当前，中国发展不平衡不充分问题依然突出，人民群众对优美生态环境的需求越来越强烈，实现"双碳"目标任务重、压力大。因此，必须积极稳妥推进碳达峰碳中和，从源头上减少能耗、碳排放和环境污染，才能不断满足人民群众对优良生态环境的强烈期盼，才能推进人与自然和谐共生的现代化建设。

（四）彰显主动承担国际减排责任的大国担当

从国际上看，控制碳排放以减缓全球气候变暖，是促进人类社会健康永续发展、人与自然和谐共生的重要全球性议题。中国作为应对全球气候变化的重要参与者、贡献者、引领者，主动承担碳达峰、碳中和国际责任，降低碳排放强度，推动构建全球气候治理新体系。党的十八大以来，中国单位 GDP 二氧化碳排放下降了34.4%，煤炭在一次能源消费中的占比下降到56.0%，是全球能耗强度降低较快的国家之一。当前，中国发展面临世界百年未有之大变局，承诺实现从碳达峰到碳中和的时间，远远短于发达国家所用时间。这就要求我国在推进碳达峰、碳中和的过程中，必须具有国际标准、全球视野，化压力为动力，在变局中开新局，充分彰显中国积极促进绿色低碳发展国际大合作、让人类命运共同体行稳致远的大国担当。

二 推进碳达峰碳中和必须坚持党的全面领导

（一）党的全面领导是核心力量

党的十八大以来，习近平总书记提出了"双碳"目标，彰显了以习近平同志为核心的党中央的卓越政治智慧、强烈使命担当以及领导核心力量。展望未来，我们必须坚持以习近平生态文明思想为指导，建设人与自然和谐共生的现代化。

（二）党的全面领导是最大优势

党的领导是中国特色社会主义最本质的特征，是中国特色社会主义制度的最大优势。推进碳达峰、碳中和必须把握好这个制度优势，将党的政治领导、思想领导、组织领导贯彻到"双碳"建设的全过程和各方面。发挥党的领导政治优势，确保党统揽全局、协调各方，确保全党令行禁止、步调一致，集中力量办大事，汇聚起推进碳达峰、碳中和的磅礴力量；发挥党的领导思想优势，把实现碳达峰、碳中和目标作为推动经济发展质量变革、效率变革和动力变革的重要抓手，善于用党的创新理论指导实践，自觉转变思维方式和工作方法，着力夯实思想之基；发挥党的领导组织优势，健全党的组织体系，完善党的组织方式，建设推进碳达峰、碳中和的高素质干部队伍和人才队伍。

（三）党的全面领导是根本保证

党的全面领导是推进生态文明建设的根本保证，也是推进碳达峰、碳中和的根本保证。必须加强党对碳达峰、碳中和的统一领导、统一部署、统一行动，把"双碳"目标纳入生态文明建设布局中来，以党内监督为统领，发挥各类监督主体的作用，压实主体责任，健全贯彻党中央重大决策部署督查问责机制，为碳达峰、碳中和目标实现提供坚强的政治保证。必须增强团结奋斗的强大政治凝聚力和发展自信心，集聚守正创新、共克时艰的强大力量，拿出抓铁有痕、踏石留印的劲头。

（四）加强党的全面领导开启推进碳达峰碳中和新征程

1. 以加强政治领导力为统领，把握碳达峰、碳中和的工作大局

习近平总书记强调，要把准政治方向，坚持党的政治领导。从政治上把握碳达峰、碳中和工作大局，坚持以党的政治建设为统领，深刻领悟"两个确立"的决定性意义，增强"四个意识"，坚定"四个自信"，做到"两个维

护",牢记"国之大者",推进生态文明体制改革,完善减污降碳激励约束政策,提高政治判断力、政治领悟力、政治执行力,彰显党把方向、谋大局、定政策、促改革的能力和定力。紧扣碳达峰、碳中和时代命题,立足富煤贫油少气的基本国情,以低碳技术创新、能源革命、建设新型能源体系为关键引擎,实现先立后破,而不能未立先破;以加快产业转型、发展低碳产业为关键抓手,实现稳中求进,而不能搞运动式"降碳"。

2. 以提升思想引领力为先导,夯实碳达峰碳中和的思想根基

要提升党的思想引领力,领会和把握习近平总书记关于碳达峰、碳中和的重要论述的核心要义与丰富内涵,领会和把握碳达峰、碳中和顶层设计和"1+N"政策体系的主要目标与重点任务,加强推进碳达峰、碳中和的战略性、系统性、前瞻性理论研究与思想武装,为推进碳达峰、碳中和提高思想认识、夯实理论基础、扛起政治责任。

3. 以培育群众组织力为抓手,践行碳达峰碳中和的服务宗旨

推进碳达峰、碳中和,离不开人民群众的广泛认同与组织参与。在服务宗旨上,必须站稳人民立场,为建设人与自然和谐共生的现代化夯实执政基础;在实现目标上,必须破解推进碳达峰碳中和的体制机制障碍,着力满足人民群众的良好生态环境需求;在推进方法上,必须注重策略方法运用,坚持全过程人民民主,坚持群众路线,坚持系统观念,组织动员全民参与,在增进民生福祉的同时推进碳达峰、碳中和。

4. 以增强组织号召力为保障,提升碳达峰碳中和的治理能力

习近平总书记强调,实现碳达峰、碳中和是一场硬仗,也是对我们党治国理政能力的一场大考。推进碳达峰碳中和正处于压力叠加、负重前行的关键期,应按照党中央碳达峰、碳中和顶层设计明确的时间表、路线图、施工图,科学分解目标任务,完善监督考核机制,加强基层党组织建设,提升推进碳达峰碳中和的工作能力和本领。

三　科学把握绿色发展与"双碳"目标的辩证关系

实现"双碳"目标,必须坚定不移走生态优先、绿色低碳的高质量发展之路。推动"双碳"工作,必须立足新发展阶段、贯彻新发展理念、构建新

发展格局、推动高质量发展，促进经济社会发展全面绿色转型。

绿色发展作为关系中国发展全局的一个重要理念、中国经济社会发展的一个基本理念，体现了我们党对经济社会发展规律认识的深化。绿色发展既是以效率、和谐、持续为目标的经济增长和社会发展方式，也是以绿色为价值取向的新发展理念，强调"绿水青山就是金山银山"。坚持绿色发展理念，实现"双碳"目标，必须正确把握绿色发展与"双碳"目标的关系，深入学习贯彻习近平新时代中国特色社会主义思想，自觉把生态文明建设摆在全局工作的突出地位，推动绿色发展、低碳发展、循环发展。

（一）充分认识绿色发展是实现"双碳"目标的必然选择

坚持绿色发展，推进"双碳"工作，是立足新发展阶段、贯彻新发展理念、构建新发展格局的内在要求，是掌握历史主动，解决突出问题所做出的重大战略决策。

推进"双碳"工作，是顺应技术进步趋势、推动经济结构转型升级的迫切需要。当前，中国工业碳排放占比较高，因此，实现"双碳"目标必须降低传统高耗能行业在国民经济中的比重，采用新的技术提高生产效率进行节能减排，建设智慧工厂和绿色工厂。此外，在全球产业链中，中国对传统能源依赖较强，对进口高精尖的科学仪器依赖较强，迫切需要从生产加工端向设计研发和产业升级端转移，实现创新驱动、绿色发展。

推进"双碳"工作，是满足人民群众日益增长的优美生态环境需求的重要途径。"双碳"目标的实现，将会形成环境保护与经济增长的动态平衡，形成绿色低碳循环发展的经济体系，使人民生活水平迈上新台阶。改革开放以来，中国经济社会发展取得举世瞩目的巨大成就。但应当看到，在经济快速发展的同时，我们也付出了沉重的资源环境代价。坚持绿色发展，早日实现"双碳"目标，才能满足人民群众对美好生活的希望和期盼。

推进"双碳"工作，是主动担当大国责任、推动构建人类命运共同体的迫切需要。作为世界第二大经济体，中国主动承担了应对气候变化的国际责任，为应对全球气候变化树立了典范。这对于全球气候治理具有积极的推动作用和重要的战略意义，展现了中国推动构建人类命运共同体的责任担当。新一轮工业革命的最显著的特征是实现碳排放量与经济发展的彻底脱钩，这与前三次工业革命有本质区别。实现绿色发展，有助于解决中国对化石能源大量依靠进口、污染严重、生产安全得不到保障等问题，推动中国经济高质量发展，保证国家安全，提升全球影响力。

（二）准确掌握科学方法，早日实现"双碳"目标

坚持绿色发展、实现"双碳"目标，必须立足中国制度优势、资源条件、技术潜力、市场活力，准确掌握科学方法。

坚持绿色发展、实现"双碳"目标，必须加强党的领导。习近平总书记强调，要加强党对"双碳"工作的领导，加强统筹协调，严格监督考核，推动形成工作合力。实现碳达峰、碳中和目标，是以习近平同志为核心的党中央统筹国内国际两个大局做出的重大战略决策，因此，必须坚持党对"双碳"工作的集中统一领导，确保全党团结统一、行动一致，紧扣目标分解任务，指导督促地方及重点领域、行业制定行动方案，科学把握工作节奏，稳妥有序推进"双碳"政策，达到经济强、生态美的有机统一。

坚持绿色发展、实现"双碳"目标，必须推动能源革命。要聚焦重点领域和关键环节，以"双碳"目标为牵引深化能源革命。尤其是在能源技术创新方面，推动煤炭清洁高效利用，支持超超临界燃煤机组灵活性改造，加快大数据、人工智能、5G等数字技术在能源领域的应用，有效促进新兴技术与绿色低碳产业深度融合。同时，在解决能源消费结构难题中，提升新能源安全稳定供应能力。大力实施风电、光伏倍增计划，加速建设抽水蓄能电站，有序发展其他可再生能源，多措并举提高新能源消纳能力，探索能源生产和消费新模式，提升绿色低碳发展质量。

坚持绿色发展、实现"双碳"目标，必须推进产业优化升级。节能减排是"达峰"手段，能源替代是"中和"途径，技术升级是"双碳"目标实现的关键。对应"双碳"工作节点，应科学评估能源结构、产业链安全、碳排基数、技术路线、社会成本、国际关系等因素，制定详细的实现路径。聚焦全社会、全行业，加快推进绿色低碳技术的全面应用，促进产业发展水平的整体跃升，建立绿色低碳的产业体系，保持净零排放。推进传统产业转型升级，打造低碳价值链、产业链和供应链，形成节约资源和保护环境的产业结构、生产方式、生活方式、空间格局。

　　坚持绿色发展、实现"双碳"目标，必须加快绿色低碳科技革命。围绕绿色低碳技术，既要加快研发近期实用性较强、市场需求大的高效率太阳能电池、可再生能源制氢、新型储能等节能降碳技术，也要有序布局远期实现深度脱碳必不可少的直接空气碳捕获、碳捕集利用与封存、零碳工业流程再造等技术。

　　坚持绿色发展、实现"双碳"目标，必须完善绿色低碳政策体系。加快推动绿色低碳发展，促进经济社会发展全面绿色转型，是一项关系全局的系统工程。绿色产业本身就是新的经济增长点，而且可以倒逼经济转型升级，使资源、生产、消费等要素在更高水平相匹配相适应。必须杜绝绿色发展和"双碳"工作"两张皮"，应强化系统集成，形成协同效应。将污染控制、自然生态保护、绿色低碳发展等内容纳入法律体系，为实现"双碳"目标提供制度保证。

四　立足基本国情，积极稳妥推进实现"双碳"目标

　　2022 年 3 月，习近平总书记在参加内蒙古代表团审议时指出，实现"双碳"目标是一场广泛而深刻的变革，也是一项长期任务，既要坚定不移，又要科学有序推进，并强调要"先立后破"，而不能"未立先破"。同时，习近平总书记还明确指出，我们既要有一个绿色清洁的环境，也要保证生产生活正常进行。

　　"双碳"目标即"2030 年前实现碳达峰，2060 年前实现碳中和"，是党中央基于对推动构建人类命运共同体的国际担当与推动中国经济社会实现可持续发展的深思熟虑而做出的重大战略决策。从碳达峰到碳中和，中国承诺的期限仅为 30 年。而完成同一进程，欧盟的承诺期限为 60 年，美国为 43 年，日本为 37 年。中国实现"双碳"目标必然面临发展模式转型、产业结构转变、能源结构调整等一系列严峻挑战。因此，我们应坚持以生态文明建设为引领，坚持立足基本国情，这样才能在绿色转型的过程中保证我们的生产生活正常进行。

（一）必须坚持以生态文明建设为引领

　　生态兴则文明兴，生态衰则文明衰。生态文明建设的实质就是以绿色可持续发展构建人与自然和谐共生的关系，从而推动生态、经济和社会的协调发

展。尽管当前中国生态环境质量持续好转并保持了稳中向好的发展态势，但"大量生产、大量消耗、大量排放"的生产生活方式并未发生根本转变。在人民日益增长的美好生态环境需要背景下，中国生态文明建设已进入集中力量解决生态环境突出问题的关键期、攻坚期、窗口期。

实现"双碳"目标必须在生态文明建设的整体布局下进行，必须秉持创新、协调、绿色、开放、共享的新发展理念，坚定不移地走生态优先、绿色低碳发展道路。生态优先是习近平生态文明思想的主题主线和发展导向，是提供更多的生态福祉和优质生态环境公共产品以满足人民日益增长的美好生活环境需要。绿色低碳发展在资源高效利用和能源绿色低碳基础上，从生产体系、流通体系、消费体系、基础设施体系、技术创新体系、法律法规政策体系六个方面确保经济社会高质量可持续发展。走生态优先、绿色低碳发展道路要正确处理好生态环境保护和经济社会发展的关系。生态环境可持续是经济社会可持续的重要条件，能够更好满足人民优美生态环境需要，为人民群众提供优美的清洁环境；经济社会可持续是生态环境可持续的关键保障，能够为人民群众在生产生活中积极从事环境保护提供物质手段。因此，走生态优先、绿色低碳发展道路就必须构建人与自然和谐共生关系，既要"绿水青山"，也要"金山银山"，既要在环境保护中推动经济社会发展，又要在谋求经济社会发展时保护环境。

（二）坚持立足基本国情

富煤、贫油、少气的基本国情决定了中国当前能源消费结构的基本特征。从能源种类来看，2020年煤炭和石油在中国能源消费总量中的占比分别为56.8%和18.9%，这也是导致中国当前碳排放总量和碳排放强度偏高的根源。从地区分布来看，传统工业区和能源重点产区是减污降碳压力较大的重点地区。从城乡消费来看，城市居民的汽车尾气排放和农村居民供暖、燃料燃烧都产生了较高的碳排放。但与此同时，2021年，中国清洁能源消费快速发展，可再生能源发电量稳步增长，已占全社会用电量的29.8%。

实现"双碳"目标必须根据基本国情积极稳妥推进绿色低碳转型，不能以牺牲人民群众利益换取减污降碳达标，更不能采取"一刀切"、运动式"降碳"和踩"急刹车"的极端方式。要坚持"先立后破，而不能够未立先破"

的原则，以创新驱动和绿色驱动推进碳达峰、碳中和工作，确保新能源能够安全可靠替代传统能源，不能扔掉"手里吃饭的家伙"再去找"新的吃饭家伙"。要将"自上而下"的顶层设计与"自下而上"的地方设计相结合，顶层设计应从整体出发进行系统谋划，做到"一盘棋"而非"一把尺"；地方设计应根据产业结构、资源禀赋的实际情况，综合考虑地区差异、行业差异、发展差异等因素进行统筹规划，因地制宜制定减排计划，科学有序推进碳达峰、碳中和的行动方案。

五　把"双碳"工作纳入生态文明建设整体布局

（一）坚持生态兴则文明兴、生态衰则文明衰的深邃历史观，以更高站位谋划推动"双碳"工作

生态环境是人类生存和发展的根基，生态环境变化直接影响着人类文明的兴衰演替。工业文明时代，人类在利用自然、改造自然、征服自然的过程中创造了巨大的社会财富，但与此同时，也加速了对自然资源的攫取，工业文明的负效应也开始凸显，区域性乃至全球性的环境污染、生态破坏、资源短缺等问题频频出现，人与自然的关系空前紧张，严重影响着人类未来生存。人类对大自然的伤害终将会伤及人类自身，而面对这一无法抗拒的规律，我们不能一味索取、利用，不讲保护、修复。实现"双碳"目标作为生态文明建设的重要工作，事关中华民族永续发展，事关人类文明兴衰，推动"双碳"工作意义重大而深远，因此，我们应以习近平总书记关于生态兴则文明兴、生态衰则文明衰的深邃历史观为指导，站在更高起点谋划推动生态文明建设。

推进"双碳"工作必须坚持深邃历史观。一是牢固树立长远战略眼光。深入体会习近平生态文明思想和习近平总书记关于碳达峰、碳中和工作的重要指示精神，深刻把握推进"双碳"工作的深远历史意义，进一步提高政治站位，切实增强做好"双碳"工作的历史责任感、使命感，以更高政治站位和深远历史眼光推进"双碳"工作。二是切实做好中长期规划。"双碳"目标并非简简单单就能实现，其需要一个全面的、持续的长期推进过程。应坚持全国"一盘棋"，以大格局、大思路谋划"双碳"工作，既要制定好远景目标和长

期规划，又要设置好短期目标和阶段性任务，以长远规划引领阶段性任务，以短期目标的完成支撑远景目标的实现。

（二）坚持"绿水青山就是金山银山"的绿色发展观，以经济社会发展绿色转型助推"双碳"工作

"双碳"工作是人类尊重自然、保护自然的重大战略举措，是推进中国经济社会高质量发展的内在要求，推进"双碳"工作要以绿色发展观为指导，推进经济社会发展与生态环境保护的协同共生。

推进"双碳"工作必须坚持绿色发展观，坚定不移地走生态优先、绿色低碳的高质量发展道路。一是加大生态保护和修复力度。强化国土空间规划和用途管控，严守生态保护红线，确保生态功能不降低、面积不减少、性质不改变；突出精准治污、科学治污、依法治污，严守环境质量底线，全力打好污染防治攻坚战；实施生态系统修复重大工程，着力提高生态系统自我修复能力，显著提升生态系统功能，有效发挥森林、湿地、海洋、土壤等生态资源的固碳作用，提升生态系统碳汇增量。二是推进发展方式绿色变革。优化调整能源结构，加快清洁能源对高碳能源的替代，构建清洁低碳安全高效的能源体系；加快产业转型，推动重点行业绿色低碳改造，提升新兴产业比重，推动互联网、大数据、人工智能等技术与绿色低碳产业深度融合，推动新兴产业成为引领绿色高质量发展的新动能，积极构建耗能排放低、科技含量高、环境污染少的生产方式，大幅提高经济发展绿色化水平。三是强化绿色低碳科技创新。着眼优化创新生态，深化科技体制改革，完善科技奖励、人才管理评价等机制，推进人才培养和交流平台建设，充分激发绿色低碳科技创新活力；强化低碳科技重点项目引领，聚焦碳捕集、利用与封存等前沿技术开发，力求在基础材料、关键器件和核心技术上有新的突破；鼓励并支持科研机构、高等院校和企业等单位加强"双碳"领域应用基础研究，创新研发低碳、零碳、负碳等技术与产品，努力形成一批具有国际竞争力的绿色创新成果。

（三）坚持全社会共同参与生态文明建设的全民行动观，以全民行动汇聚"双碳"工作的磅礴力量

习近平总书记指出，生态文明是人民群众共同参与共同建设共同享有的事

业，要把建设美丽中国转化为全体人民的自觉行动。优美的生态环境与每个人的日常生活息息相关，每个人都是生态环境的保护者、缔造者、享受者。生态文明建设若想发生质的改变，不仅需要依靠政府"自上而下"的战略布局与制度安排，也需要"自下而上"的全民行动。"双碳"工作是惠民利民为民的重大举措，与广大人民群众的日常生活紧密相关，人民群众既是"双碳"工作所营造的优美生态环境的享有者，也是推进"双碳"工作的参与者。"双碳"工作的推进需要以习近平总书记关于全社会共同参与生态文明建设的全民行动观为指导，引导推动广大人民群众积极投身到"双碳"工作中去。

推进"双碳"工作必须坚持全民行动观，充分调动各社会主体的积极性，以全民参与汇聚"双碳"工作的磅礴力量。一是增强全民绿色低碳意识。建立健全"双碳"工作宣传教育机制，坚持把绿色减碳纳入国民教育体系和各级领导干部培训教育体系，深入开展全民"双碳"知识宣传教育，切实增强广大人民群众的节约意识、环保意识、生态意识，让绿色低碳、勤俭节约的理念深入人心，努力营造全社会节能减排浓厚氛围。二是鼓励引导开展绿色低碳行动。制定多样化、创新性的激励措施，激发全民参与绿色低碳行动的内生动力，充分调动各社会主体参与"双碳"工作的积极性与主动性，推动形成绿色健康的消费模式和生活方式；积极使用节能、节水、节材产品，参加义务植树、生态环境保护宣传教育等绿色生活创建活动，倡导简约适度、绿色低碳的生活方式，以全民行动减少能源资源消耗和污染排放，真正使绿色、低碳、节约成为群众生活日常。三是建立公众参与机制。积极引导鼓励公众参与绿色低碳政策制定，为构建科学高效的"双碳"政策体系贡献力量；认真做好政府及企业的"双碳"信息公开工作，保障公众知情权，畅通监督渠道，发挥公众监督作用，有效促进公众与政府之间的双向信息互动，形成生态环境共建共治共享的新格局。

（四）坚持从系统工程和全局角度进行生态文明建设，以有效统筹推进"双碳"工作同步进行

习近平总书记强调，要从系统工程和全局角度寻求新的治理之道，必须统筹兼顾、整体施策、多措并举，全方位、全地域、全过程开展生态文明建设。推进生态文明建设，要用系统论的思想方法看问题，一定要"算大账、算长

远账、算整体账",把握好各要素之间的关系。坚持以习近平总书记关于从系统工程和全局角度进行生态文明建设的整体系统观为指导,既要统筹抓好碳达峰和、碳中和,又要处理好"双碳"与其他各项工作的关系,有效实现"双碳"工作与其他工作齐头并进、一体推进。

推进"双碳"工作必须坚持整体系统观,统筹有序做好"双碳"工作。一是正确把握碳达峰和碳中和的关系。碳达峰和碳中和两者紧密相连,不能简单地按时间先后顺序割裂看待和推进。碳达峰是碳中和的基础和前提,碳达峰的时间和峰值水平直接影响碳中和实现的时间和难度。碳中和是碳达峰的目的和约束,碳达峰是近期目标,碳中和是远景目标,碳中和是对碳达峰的紧约束,碳达峰行动方案应在碳中和愿景约束下确定。因此,推进"双碳"工作,应努力做到碳达峰和碳中和有效衔接、联动实施、协调推进,争取尽早达峰、努力削峰,为后期减排减轻压力、留足回旋余地,给碳中和留下更大空间。二是推动重点消费领域率先达峰。从能源结构来看,煤炭消费是碳排放最大的"贡献者",因此,煤炭消费领域力求率先达峰,为非化石能源或低碳能源的发展留出空间;从行业来看,有色金属、石化化工、建筑等行业和领域力争率先达峰,为其他行业二氧化碳排放留出空间;从地区来看,支持有条件的东部地区率先达峰,为中、西部地区的发展留出排放空间。三是统筹推进"双碳"工作与经济社会发展。坚持"先立后破",在不影响经济稳定增长的前提下,既要坚决遏制"两高"项目的盲目发展,又要制定积极稳妥、切实可行的减碳计划,先夯实节能减排基础,待时机成熟再强化去煤减碳,这样能够有效避免高碳锁定和高位达峰,确保经济增长不失速、不失效。坚决杜绝"先破后立",搞运动式"减碳",采取"一刀切""一锅端"等比较激进的措施,影响经济稳定发展和人民正常生活。

(五)坚持用最严格制度保护生态环境的严密制度观,以刚性制度约束保障"双碳"工作顺利推进

我们要以习近平总书记关于用最严格制度保护生态环境的严密制度观为指导,坚持问题导向,把制度建设作为重中之重,下好制度建设这一"先手棋",切实把"双碳"工作纳入制度化轨道。

推进"双碳"工作必须坚持严密制度观,加快制度创新,增强制度供给,

完善制度配套，用严格制度保障"双碳"工作顺利推进。一是加快构建"双碳"工作政策制度体系。强化"双碳"工作顶层设计，国家有关部门应研究制定推进"双碳"工作的实施意见，各地区各行业应根据意见要求分别制定具体行动计划，尽快形成碳达峰、碳中和"1+N"政策体系。要研究制定碳中和专项法律，及时修订节约能源法、电力法、煤炭法、循环经济促进法等，积极探索应对气候变化的创新性制度，尽快构建起一套保障"双碳"工作顺利进行的制度体系。二是严格制度执行。"双碳"相关制度一经形成，就要严格遵守，严格执行《环境保护法》《大气污染防治法》《节约能源法》等法律法规，严格执行国家关于环境监测的各项制度，依法惩治篡改监测数据等违法行为，在制度执行上绝不能做选择、搞变通、打折扣，坚决维护制度的严肃性和权威性，确保党中央关于"双碳"工作的决策部署落地生根见效。三是严格考核问责。认真落实领导干部"双碳"工作考核评价制度，加强对"双碳"制度执行情况的监督。

（六）坚持共谋全球生态文明建设的全球共赢观，以大国担当彰显"双碳"工作大国形象

推进"双碳"工作必须坚持全球共赢观。我国应同世界各国共同努力做好"双碳"工作。一是深度参与全球环境治理。严格履行《联合国气候变化框架公约》和《巴黎协定》，研究制定"双碳"相关标准规范，探索世界环境保护和可持续发展的解决方案，不断增强中国在"双碳"工作中的话语权和影响力，督促发达国家履行承诺，向发展中国家提供资金、技术、能力建设支持，积极引导国际秩序变革方向。二是加强与世界各国交流合作。积极开展与美欧等主要国家和地区的政策对话与务实合作，加强南南合作以及同周边日韩等国的合作，引导应对气候变化国际合作，推动建立公平合理、合作共赢的全球气候治理体系。三是推进绿色"一带一路"建设。深化"一带一路"建设，加强与各国在绿色基建、绿色技术、绿色装备、绿色服务等方面的交流和合作，推动中国新能源等绿色低碳技术和产品走出去，支持"一带一路"沿线主要国家从高碳化石能源向绿色能源转型，帮助发展中国家提高降碳减排能力，把"一带一路"建成绿色发展之路，让优美的生态环境造福沿线各国人民。

参考文献

［1］郝芳华：《价值·路径·体系：中国式现代化进程中的双碳教育》，《华中师范大学学报》（人文社会科学版）2023年第1期。

［2］董小君、石涛、唐蕊：《习近平关于"双碳"重要论述的理论渊源、核心要义与践行遵循》，《理论探索》2023年第1期。

［3］赵辰昕：《深入学习贯彻习近平生态文明思想　大力推动绿色低碳循环发展》，《环境与可持续发展》2022年第5期。

［4］宋国新、董雪：《中国"双碳"目标实现的主要挑战与路径选择》，《东北亚经济研究》2022年第6期。

［5］徐慧、刘希、刘嗣明：《推动绿色发展，促进人与自然和谐共生——习近平生态文明思想的形成发展及在二十大的创新》，《宁夏社会科学》2022年第6期。

［6］刘海英、蔡先哲：《推进"双碳"目标下生态文明建设的创新发展》，《新视野》2022年第5期。

［7］毛莹：《新时代生态文明思想引领"双碳"目标研究》，《国际公关》2022年第15期。

［8］罗琼：《习近平关于碳达峰碳中和重要论述：逻辑理路、价值意蕴与践行路径》，《治理现代化研究》2022年第4期。

［9］李军刚、毛心怡、何桂敏：《习近平关于实现碳达峰碳中和的重要论述及其时代价值》，《中南林业科技大学学报》（社会科学版）2022年第3期。

［10］吕巍：《以习近平生态文明思想领航绿色低碳高质量发展》，《人民政协报》2022年6月21日。

［11］周建池：《以习近平生态文明思想引领全市"双碳"工作行稳致远》，《当代党员》2022年第11期。

［12］佟玲：《习近平生态文明思想及践行研究》，博士学位论文，东北师范大学，2022。

［13］陈禹含：《马克思主义生态观视域下中国生态文明建设路径研究》，硕士学位论文，中共辽宁省委党校，2022。

［14］荆克迪、刘宜卓、安虎森：《中国绿色治理的基本理论阐释、内涵界定与多维面向》，《改革与战略》2022年第3期。

［15］刘志坚：《习近平生态文明思想研究述要》，《毛泽东邓小平理论研究》2022年第3期。

［16］天津社会科学院课题组：《科学推进碳达峰碳中和　坚定实现高质量发展》，

《求知》2022 年第 3 期。

[17] 邓力平、陈斌：《"碳达峰、碳中和"目标与绿色税收体系构建》，《税收经济研究》2022 年第 1 期。

[18] 张雪峰：《"双碳"目标下开发性金融助力福建省绿色发展的实践与思考》，《福建金融》2022 年第 1 期。

[19] 刘中：《坚持以习近平生态文明思想引领"双碳"工作》，《天津日报》2021 年 10 月 25 日。

[20] 董志明：《石家庄市认真践行习近平生态文明思想　努力为双碳目标贡献林业力量》，《河北林业》2021 年第 9 期。

[21] 韩正：《全面贯彻落实习近平生态文明思想　确保如期实现碳达峰碳中和目标》，《环境科学与管理》2021 年第 9 期。

[22] 贾君：《以习近平生态文明思想引领东北碳达峰碳中和工作》，《环境科学与管理》2021 年第 8 期。

[23] 李海涛：《深入学习贯彻习近平生态文明思想　全面有序推进碳达峰碳中和行动》，《黑龙江日报》2021 年 7 月 2 日。

[24] 陈存根：《践行习近平生态文明思想　推进绿色城市建设》，《中国生态文明》2021 年第 3 期。

[25] 央视快评：《把碳达峰、碳中和纳入生态文明建设整体布局》，《中国林业产业》2021 年第 3 期。

多能互补协同低碳可持续发展机制分析

潘　伟　谭青博　赵浩辰　李旭东　谭忠富*

摘　要： 本报告系统梳理了国内外多能互补协同运行发展的政策现状，多能互补系统的运行需求要素预测研究现状，协同运行优化研究，协同运行效应分析与评价模型研究等。并从多能互补协同运行的供需角度、绿色发展角度、能源生产效率角度等剖析了多能互补协同发展的价值和现实意义。本报告的最后提出了建立健全多能互补协同运行与绿证、碳排放市场交易机制等建议。

关键词： 低碳发展　多能互补　可持续发展

一　多能互补协同发展价值分析

（一）多能互补协同运行是未来能源供应与消费的综合形态

"十四五"可再生能源规划提出，多能互补协同运行的重点是分布式能源。多能互补包括供能类型之间互补、供能区域之间资源互补、用能替代方式之间互补、供能与用能之间时间互补等。用户用能呈多样化，如采暖业的热负荷、炼油业的电负荷、造纸业的蒸汽负荷、商场的冷负荷、工业锅炉的燃气负荷等。面向用户电、热（热水、蒸汽）、冷、气（燃气）等多种用能需求，可

---

* 潘伟，主要研究方向为能源电力经济管理；谭青博，蒙古 CITI 大学管理系在读硕士研究生，主要研究方向为能源电力经济管理；赵浩辰，华北电力大学经济与管理学院在读硕士研究生，主要研究方向为能源电力经济管理；李旭东，华北电力大学经济与管理学院在读博士研究生，主要研究方向为能源电力经济管理；谭忠富，华北电力大学经济与管理学院教授，主要研究方向为能源电力经济管理。

以通过电采暖、电制冷、电转气、储能（蓄热蓄冷储气储电）、电动汽车、客户群需求响应与风电、光伏发电、小水电、地源热、秸秆发电、天然气冷热电三联供等互补来实现能源梯级综合利用。可见，多能互补协同运行是未来能源供应与消费的综合互补形态，即根据客户的能源利用需求（电力、蒸汽、采暖、制冷），凭借天然气冷热电三联供、储能与需求响应技术等，充分开发利用太阳能、风能、地热能、生物质能等，实现经济、环境、生态之间的协调发展。

（二）多能互补协同运行有助于消纳清洁发电并减少环境污染排放

《能源发展"十三五"规划》全文 7 次提及多能互补：构建多能互补供需协调的智慧能源系统；推进多能互补形式的大型新能源基地开发；鼓励具备条件地区开展多能互补集成优化的微电网示范应用；构建多能互补分布式发电示范工程等。中国煤炭消费中约有一半用来发电，其排放量仍然占全社会总排放量的一半；中国雾霾治理措施严厉，2019 年北京 $PM_{2.5}$ 浓度 41 微克/立方米，比之前有了非常大的下降，但发达国家大型城市 $PM_{2.5}$ 浓度在 20 微克/立方米以下。中国水电、风电、光伏发电装机容量均位居世界第一，但却存在严重的弃水、弃风、弃光问题（如 2018 年水电、风电、光伏发电装机容量分别为 3.52 亿千瓦、1.84 亿千瓦、1.74 亿千瓦，但全国弃水电量为 691 亿千瓦时、弃风电量为 277 亿千瓦时、弃光电量为 54.9 亿千瓦时；2019 年新疆风电弃风率为 13.9%、弃风电量为 66.1 亿千瓦时，甘肃弃风率为 7.6%、弃风电量为 18.8 亿千瓦时）。随着清洁能源发电装机的不断增加，我国需要抓紧研究"风光水火"电打捆互补外送，防止清洁发电弃能情况的进一步加剧。

（三）多能互补协同运行有助于减少发电与电网的投资冗余

电力系统成本中 10% 是为了满足仅占 1% 时间边际需求而发生的。每年，峰值电力负荷中约 5% 是在约 50 小时内发生的，其余 8700 多小时只能闲置。为满足新增用电需求，要么建设集中式发电大机组供应，以满足未来多年的电力需求，要么分期建设满足较短年份的分布式电源。在用电需求低速增长阶段，选择分布式电源供应可以灵活跟踪用电需求变化，降低集中式发电带来的容量投资冗余。电力需求一般存在季节性紧缺、时段性紧缺问题，为了解决短暂尖峰时段的用电缺口，发电与电网不得不增加容量等来应对。如果用分布式光伏、风电来满足部分超标的用电需求（上午10点到12点用电高峰），就可以延缓或者避免为满足短时尖峰负荷而引起的发电、变电站、输电线路的扩容。另外，通过尖峰电价、可中断电价等可以引导用户资源与发电资源进行互补，如电蓄冷、电蓄热、电动汽车充电等在特定时间转移峰荷从而避免或减少电力投资，同时又消纳了新能源发电。

（四）多能互补协同运行有助于促进能源成本进一步下降

基于"风光水火"电的出力互补性，利用存量跨区输电通道，可打捆送出更多的可再生能源电力。如云南水电装机比重近70%，水电丰枯期出力与"夏小冬大"负荷特性不匹配，造成水电丰水期弃水较严重；而广东、贵州以火电为主，广东、贵州与云南通过水电、火电类型间互补及区域间互补，既能减少弃水又能节约煤炭资源；类似，内蒙古火电、风电打捆向华北输送，甘肃风电、光伏发电、火电互补打捆向江西输送等。与集中式发电远距离传输相比，分布式新能源发电不仅可以就地"自发自用"，减少输电过程损耗（线损），还可以利用"余量上网"，不足的从"大网购电"；对于城市产业园区，以燃气分布式冷热电三联供为核心，互补整合光伏发电、小风电、地源热泵、污水源热泵等，利用用电低谷可以将电力转换成制冷制热制气并进行储能（蓄冷储热储气储电），继而可以实现连续供冷供热供电供气即多能互补转换。美国2009~2019年各类能源发电平准化成本数据显示，天然气调峰电厂成本下降了30%，核电成本（不计退役拆除成本）上升了26%，煤电成本下降了2%，天然气冷热电三联供成本下降了32%，地面光伏成本下降了89%，地热发电成本上升了20%，陆上风电成本下降了70%，带储能的塔式光热发电成本下降了16%。因此，中国可以利用"风光水火"电互补打捆输送到园区，而园区开发光伏发电、风电、地热等，并结合冷热电三联供、蓄能、电采暖、电锅炉、电动汽车充放电等形成"冷热电气"互补，实现综合降低能源成本。

（五）多能互补协同运行有助于能源生产与消费效率的提升

中国能源规划的国家层面与地方层面出现一定的不吻合，可再生能源规划同总体能源规划之间、电源与电网规划之间存在一定的脱节，火电与煤炭、电网与发电、传统发电与新能源发电关系不顺畅，能源运行市场化机制尚未健全，政策交叉重叠落地性效果不明显，出现了较严重的"火电亏损"和"可再生能源限电"并行现象。

为实现中国能源革命战略目标，以可再生能源为主体的非化石能源是决定力量。能源生产侧要侧重于开发光伏发电、风电和其他能源互补协同运行，能源消费侧要侧重于冷热气等多种用能类型之间互补（用能替代，以电代油、以电代煤）、用能时段之间互补（削峰填谷），以不同品位能量实现梯级化利用（园区工厂尾气余热余压循环利用），最大限度消纳新能源发电，提高供能与用能效率。

（六）多能互补协同运行有助于冲破"冷热电气"各自垄断体制

多能互补运行需要"风光水火"电、"源荷储"（冷源、热源、电源、气源，冷负荷、热负荷、电负荷、气负荷，蓄冷、蓄热、储电、储气）、"冷热电气"的各主体、各业务的协同。因此，需要打破各主体隶属的行业之间、所在的地域之间的垄断壁垒（"行业分割、地域分块"），打通电、热、冷、气多种能源系统间的技术壁垒、市场壁垒和体制壁垒，跨界融合"冷热电气"供应与需求，推动能效提升和新能源消纳。

随着电网企业购售电业务的脱离，清洁能源发电的消纳与电网企业利益无关，有利于清洁能源发电的消纳。类似，热力、燃气垄断管理体制也会被冲破。因此，本报告基于多能互补系统中能源互补的耦合机制及对清洁能源的高效利用，结合"风光水火"电互补、"冷热电气"互补、"源荷储"互补等多维互补机制，考虑资源与负荷的时空特征，引入电力市场的多级交易，构建了"风光水火"与"冷热电气"联合调度优化模型、多主体合作效益分配优化模型、多能互补协同运行多维度效应分析模型共同组成的多能互补协同优化运行体系，为清洁能源的进一步消纳提供理论支撑。

二 能源供给侧与需求侧协同发展机制分析

（一）"冷热电气"不同类型能源管理体制交织下的协同运行机制

目前，电能主要由煤气、燃气燃烧形成蒸汽，蒸汽做功再形成发电，然后电转热（冷）得以消费，转换环节能量损失大；若集中式发电和光伏发电、风力发电互补运行，就可以提高新能源发电比例，节约化石能源消耗，减少环境污染物排放。然而燃气公司、热力公司与电力公司隶属于不同的管理体制，燃气经营与热力经营属于垄断，传统发电经营属于竞争，新能源发电经营属于管制，电网大部分输配电经营属于管制，电网新增配电经营属于竞争，因此，"冷热电气"互补协同运行需要在混合管理体制中进行。此外，电力价格、燃气价格与热力价格属于管制，新能源发电价格属于管制，传统电力价格属于市场，储能充放价格尚未形成，热力、电力、制冷、燃气需要设计相互转换的峰谷价格等。可见，多能混合管理体制下需要多能规划统筹化、多能调度统一化、交易价格分类化等。

（二）"多能互补多荷并存多储互济"的价格链传递机制

产业园区或商业楼宇群等的多能互补运行涉及天然气冷热电三联供、光伏发电、风电、热力、电源热、天然气、燃油、储能、车充电等，但多能之间互补、置换、转换过程中的成本传递关系尚未清晰。多能互补需要研究不同能源不同时段的互补互济价格链传递机制，如冬季取暖及工业用热，原来采用煤锅炉制热、燃气锅炉制热现替换为电锅炉制热，用电电价变为电制热的生产成本，会形成新的热价；低谷废弃的风电，电解水形成氢，氢与二氧化碳合成形成甲烷可燃气，会形成新的燃气价格；用电低谷时段进行储电，用电高峰时储能进行放电，需要研究储能峰谷分时电价。分布式电源、电动汽车的加入导致需求侧也产生了新的波动，为了提升能源系统的运行性能，需要通过价格链引导清洁能源与常规能源互补运行。通过分时电价鼓励终端用户将电力消费转移到非高峰时段，特定时间、特定地点按需引导负荷转移，效率更加直接。可见，构建横向多能互补、纵向"源荷储"协调的价格链关系分析模型迫在眉睫。

（三）"冷热电气横向互补""源荷储纵向协调"的交易机制

新能源发电与用电负荷均具有一定的随机性和波动性，需要借助稳定性电源发电才能实现发用电实时平衡。基于来风、来光的时间特征、季节特征，优化配置火电、水电对风电、光伏发电的调峰深度；优化新能源发电时序及各类稳定性电源出力，实现风光、风水、风火、风光水火的打捆消纳配比，联合调度"风光水火"电从发电基地外送到市中心，形成互补互济效应。城市除远距离运输进来的电力之外，新能源发电逐渐增多，交易中心需要购买园区供需双侧提供的调峰服务（抽水蓄能、电蓄冷、电蓄热、电制气储气等）形成移峰错峰等，实现新能源发电（光伏发电、风电）的有效消纳。交易调度由传统的"风光水火"电调度扩展为"冷热电气"（电制热、电制冷、电制气）、传统机组调峰调频（起停、备用）、可中断负荷（用户需求响应）、储能（蓄冷蓄热储气）、黑启动等联合调度。为此，需要构建"风光水火"电、"冷热电气"、"源荷储"的联合调度优化模型。

（四）多能互补协同运行与绿证、碳排放市场交易机制

多能互补协同运行机制研究涉及传统火电获得的计划发电权指标，涉及引导可再生能源发展的绿证指标，涉及引导火电、水电、风电、光伏发电等进行发电置换的碳排放初始权分配，涉及绿色证书指标、排放许可指标、发电权指标在市场上进行组合交易。为了减少弃风弃光，火电调峰产生的碳排放费用、启停成本、煤耗率上升后的燃料成本等需要在多主体之间进行合理分摊，新能源发电带来的绿证指标、排放权指标、发电权置换等带来的收益也需要进行合理分配。基于上述要素可以构建水电与火电、风电与火电、光伏发电与火电置换交易机制分析模型。

（五）"源网荷储"能源多环节各主体合作机制

提高新能源比例，推进源头减碳；发展储能与能源转换以消纳新能源；从工业、交通、建筑部门着手，提高终端电气化水平，节能提效；推动虚拟电厂、综合能源、分布式电源、微网、储能多元融合，促进新能源就地消纳。新能源发电扩大了负荷峰谷差，增加了系统调投资，增加了提供辅助服务的火电煤耗成本。具备需求响应能力的电力用户集中在一起，作为整体参与需求响应，用户在用电高峰时弃电/让电相当于发电减少出力，在用电低谷时用电相当于发电增加出力。新能源发电替代传统能源发电会提高资源效率，如天然气冷热电三联供机组与光伏发电、风电、地热、储能等互补运行，大大减少了化石燃料消耗。用户群需求响应在用电高峰时让电等同于备用发电机组减少出

力，在用电低谷时多用电可以减少备用发电机组启停，降低发电成本；平缓负荷曲线也会使电网网损下降；为了减少弃风弃光，随机性的光伏发电、风电可以直接制热、制冷、制气并进行蓄冷蓄热储电储气，也可以在用能高峰时段进行冷热电气的生产成本共享。结合辅助新能源发电的火电调峰调频机组的上网电量电价、新能源发电的电量电价等，基于合作博弈理论构建"源网荷储"互补运行的多主体合作激励机制。

（六）"煤电油气氢"转换多主体合作机制

中国电能在终端用能中的占比将达到 70% 以上，其中 80% 以上的电量将来自非化石能源。新型能源体系需要能源消费的电气化、电力消费的清洁化，需要在交通、建筑、石化、钢铁、有色金属、造纸等高耗能领域推进"以电代煤""以电带油""以氢带油""以电代气"。以新能源就地开发为导向，通过智能建筑、智能家居、车联网、需求响应等技术手段促进用户"以电代煤、以电代油、以电代气、以氢代油"，可以实现"用热用冷用气用电用氢"的互补，在更好地消纳新能源的同时减少碳排放。工业园区内分布式能源、可调负荷（用户）、储能等，通过供需价格响应可以聚合成一个虚拟能源供应体，其作为整体参与互补互济的热力市场、燃气市场、电力市场、氢市场，并可通过市场确立合作利益分配机制。

三 国内外多能互补协同低碳项目发展启示

坦福校园多能互补系统利用电网对校园供电的同时，采用热泵、太阳能发电与余热回收进行联合供热，再采用燃气机组冷热电三联供；相比原有系统，实现了 50% 减排指标，提高了 52% 能效。荷兰电力供需匹配项目、欧盟 Fenix 项目、丹麦 Edison 项目建立需求响应补偿激励措施，即尖峰电价、峰谷分时电价引导电力用户和分布式电源出力匹配；由负荷聚合商（售电商）汇聚分布式发电、储能、柔性可中断负荷等进行互补，参与电能市场、辅助服务市场、碳排放市场等互补交易获取收益；通过互补用电来避峰用电，降低用能成本。美国 Opower 公司分类列示用户的制冷、采暖、用电、用气等能耗，提供相近用户能耗的横向纵向对比；对用户用能数据进行挖掘以便后续用能过程改进提升，促进综合用能精准投资；累计帮助用户减少使用电量超 90 亿度，减少用电成本超 10 亿美元，减少二氧化碳排放超 120 亿磅。日本东京电力公司融合电力、燃气、热电联产、氢能、蓄电池、电气化热泵、地源热泵等设施，实现供应侧多能互补；为客户提供电力、燃气、采暖、制冷、电动汽车充放电、智能家居的供需双侧互补方案；提供电力、燃气、冷热的组合价格和用能设备匹配的用能互补方案；客户不需要进行初始投资，设备的花销以服务费形式摊销到其全生命周期。奥迪公司在德国建成了工业级的早期电制气工程（容量 6MW，电解水制氢，氢气与二氧化碳合成甲烷），将电制气并入天然气网络直接向天然气公司出售多余的甲烷（将可再生能源转化为甲烷的效率为 50%~70%，再经过燃气机组将甲烷转化为电的效率为 30%~38%，如果将电转气与热电联供结合，总体效率可达 40%~50%）。德国意昂集团的业务涵盖电力和天然气的生产、输配、销售等各个环节，如开发水力、风力、光伏、光热、生物能源等进行冷热电气互补，电能自发自用，多余上网参与电力交易。德国"E-Energy 计划"在 6 个综合示范区扩大分布式能源生产规模，推进电动交通新型充电模式，高比例可再生能源与电力市场实时电价、储能、电动汽车、用户需求响应互补结合。德国 RegModHarz 项目建设 2 个光伏电站、2 个风电场、1 个生物质发电厂、1 个抽水蓄能电站；互补运行光伏、风电、生物质发电、电动汽车和用户侧储能构成了"虚拟电厂"，平抑了风电、光伏功率输出的波动性；参与电力现货市场获得用能价格信号，引导多种能源的转换储存，达到用能成本最优化且实现 100% 清洁能源供能。

中国国家级、省级工业园区分别达 552 个、1991 个，各类园区集中了 70% 工业用能。从用能形式来看，工业园区和公共建筑群具有电、冷、热等多种能源需求，存在较大的多能互补、集成提效空间。协鑫智慧能源公司在苏州工业园区打造多能互补集成优化示范工程，包括两个天然气热电联产中心、3 个区域能源中心、10 个分布式能源（天然气、储能、地源热泵等），1000 辆电动汽车等，形成了超过 100 万千瓦的清洁能源系统和"六位一体"多能源微网。天然气热电冷系统、光伏发电、风能发电、储能技术、节能技术和低位热能有机融合，实现能源梯级利用，能源综合效率达到 70%；为商业区、工业区、住宅区等不同用户提供蒸汽、热水、直流电、交流电、空调制冷、储能等；利用浅表地热资源和屋顶热资源转化为供暖空调系统和热水，各热源物理阶梯接入与可再生能源互补利用，实现冷、热负荷需求与供能匹配；供能侧与需求侧双向调峰，相比于单侧调峰，调峰设备容量可以减少一半。新奥集团打破传统能源分项规划模式，进行源、网、荷、储整体优化布局；进行园区多区块多能统一调度，发挥区块间多能互补协同效应，提升可再生能源清洁能源利用率；打破能源"竖井"，冷、热、电、气一体化供应，电网、热网、气网互联互通，形成光伏、地热、燃气、余热、储能等多能互补高效集成，梯级利用，就近消纳提高能效；已为全国300多个园区、城市综合体提供清洁能源整体解决方案服务；泛能网技术先后在湖南长沙黄花机场、山东青岛中德生态园、上海腾讯数据中心、河北廊坊生态城、株洲神农城项目、江苏盐城亭湖医院等实施应用，能源综合利用效率达80%以上，减排各类污染物50%以上。上海电力大学临港新校区在960亩的校园中，建设了10栋公寓楼的空气源热泵辅助太阳能热水系统、约2兆瓦屋顶光伏发电系统、300千瓦风力发电系统、1套混合储能系统、49千瓦光电一体化充电站（车棚可利用光伏发电直接为电动车充电）以及一体化智慧路灯（路灯集成了照明、通信、监控、充电桩功能）；光伏发电"自发自用，余电上网"，利用风力发电实现风光互补；空气源热泵、太阳能光热互补形成制热水装置；光伏、风电、储能、太阳能热水器、空气源热泵互补一体智能管控，满足学校电、冷、热（含热水）、气需求。广州大学城面积18平方公里，包括10所大学和1座中央商务区，可容纳14万大学生和11万名其他员工，配备2台燃气蒸汽轮机发电机组和2台中压、低压蒸汽余热锅炉。电负荷白天的需求远大于热负荷和冷负荷需求，但晚上消耗较小；冷负荷存在季节与昼夜不平衡，制冷时间基本为每年5月至11月；热负荷存在季节与昼夜不均衡，冬季热负荷需求较大，而夏季热负荷需求较小，18~24点的热负荷较高，0~18点的热负荷较小。通过非补燃双压余热锅炉回收燃气机的高温烟气，生产中压蒸汽和低压蒸汽，中压蒸汽进入抽凝式汽轮机发电；余热锅炉生产高温热煤水作为生活热水，满足热水热负荷需求；吸附式空调制冷器利用富余的热媒水及汽轮机抽气，满足冷负荷需求。国网客服中心北方园区，集生产、办公、生活为一体，总建筑面积达14.28万平方米，该园区以电能为唯一外部能源，包括光伏发电、地源热泵、冰蓄冷、太阳能空调、太阳能热水、储能微网、蓄热式电锅炉7个子系统，规模化高效利用区域内可再生能源，对园区冷、热、电、热水进行综合分析、统一调度、多种能源综合协调供应；每年节约运行费用超过千万，实现了100%电能替代，能源自给率超过50%。

俄乌冲突导致欧洲能源供应紧张，能源价格暴涨，通货膨胀率达到高位，经济社会稳定受到影响。中国需要构建以可再生能源资源为依托、多能互补的综合能源供应体系，保障能源安全和经济安全。新型能源体系构建需要研究多维度互补运行方式。

（一）传统能源与新能源互补运行

发挥煤电对新能源电力的基础性和调节性作用，循序渐进推动化石能源减量替代和减碳降碳。针对宾馆、学校、医院、写字楼、商场及"冷热电气"需求较大的工业园区、产业园区、大型商务区等，太阳能、风能、燃气轮机、燃料电池、地热能、工厂的尾气余热余压废水等可发展为分布式能源，但其往往具有间歇性、波动性及低能流密度性，因此，需要通过多能互补来使用。在楼宇群及园区中，夏季可优先采用联供系统发电，并采用溴化锂制冷系统进行供冷，不足部分采用电空调供冷；冬季供暖时，可优先采用烟气余热进行供热。虚拟电厂指通过信息通信和智能控制技术将可调负荷、电动汽车、分布式电源和储能等整合成一个可控的聚合体，参与电网运行，以实现供需双侧资源的优化配置。

（二）热力网、电网、燃气网与氢网互补运行

能源系统的发展演变分为：化石能源主导阶段、多种能源并存阶段与清洁能源主导阶段。其中，多种能源并存阶段以多种能源网络协调互补为主要特征，以电网为核心，与气网、热力管网、氢网进行耦合，提高清洁能源比例和能源利用效率。分布式能源所生产的电、热（冷）、气、氢，可以连接到电力网、热力网、燃气网、氢网，实现网端互补即电力、热力、燃气、氢能的互联互通。以天然气冷热电三联供为核心，整合分布式光伏、地源热泵、污水源热泵，利用峰谷价差进行用能时间转移或者转换实现削峰填谷；由"供电""供热""供冷""供气""供氢"单独运行发展到"供电+供热+供冷+供气+供氢"联合运行；单纯的电厂型独家投资经营发展为多主体混合投资经营，打破供热、供电、供气的各自行业垄断；突破以往供电、供气、供冷、供热、供氢等独立运行方式，实现多能互补协同运行。

（三）"源网荷储"能源多环节互补运行

通过冷热电三联供系统辅助风电光伏直接制热制冷制氢即源端互补，提高低品位热能的利用率与新能源利用率。传统的供能方式一般通过各类能源独立管网分别对用户进行能源供应，满足园区、楼宇等用户的电力、热力（冷）、蒸汽、燃气等多种能源需求；各类用能负荷高峰一般不会同时出现，可利用非同时使用系数来优化设备容量即荷端互补。利用新能源发电，没有燃烧没有排烟，且不用远距离输送热量；将光伏发电、风能发电与储冷储热储电储气储氢结合为一体即源储互补。根据使用时间、功率等运行特性负荷可以分为固定负荷（指使用时间和功率比较固定、不能进行调度的负荷，如照明、电冰箱、电炊具等）、时移负荷（指使用时间可以根据需要平移到别的时段，但功率比较固定的负荷，如洗衣机、电动汽车、电热水器等）和可调负荷（指功率可以根据需要进行调节，但使用时间比较固定的负荷，如空调等）。调整时移负荷与可调负荷，使用电时间与风电、光伏出力时间吻合，实现源荷互补。园区里储能站、屋顶新能源发电站、电动汽车充电站与电网相连，光伏发电自发自用多余上网，不足时从电网购买，可形成"源网荷储"互补。

（四）一次能源与二次能源互补运行

新型能源体系通过源网荷储耦合等方式，推动煤油气与风光水电等一次能源、电热氢等二次能源转换融合。"冷热电气氢"互补中的"电"涉及煤制电、煤制热、电制热、电制冷、电制气、电制氢，蓄冷蓄热储气储氢，意味着二次能源与一次能源耦合。一次能源中，煤炭石油市场化程度较高，其他如水电、风电、光伏市场化程度较低；二次能源中，煤电市场化程度较高，其他如热力、氢能市场化程度较低。"冷热电气氢"中"电"的市场化程度较高，"冷热气氢"的市场化程度较低，能源交易需要考虑过渡过程中的"有计划有市场"特征。多能互补运行需要研究"风光水火核"电互补打捆跨区输送，涉及区域间新能源发电配额、碳排放配额、税收、用户差别电价等。多能互补协同运行也涉及"煤电油气""冷热电气""风光水火核"多级多类市场，因此需要对新能源发电调峰调频服务的成本进行分析，需要对多主体消纳新能源的共生效益及多主体共享分配进行分析，并在此基础上，需要对新能源发电、电制热/电制冷/电制气、储电储气蓄冷蓄热储氢、用户需求响应等进行联合调度；同时需要考虑资源与负荷的时空特征，引入能源市场的多类多级交易，对"煤电油气""风光水火核""冷热电气氢""源网荷储"进行联合调度并构建多主体合作效益分配机制。

（五）集中式能源和分布式能源互补运行

能源基地电力集中外送和分布式能源就地消纳相结合，可以实现传统能源与新能源互补最大化利用。多能互补需要集中式能源、分布式能源、储冷储热储电储气储氢设备、可调节负荷等互补协同运行，形成梯级利用，满足用户"高中低"多品位能源需求。集中式发电要大规模的集中式输配电网，其需要巨额投资和长时间周期回收，分布式发电直接接在负荷侧，可以弥补集中式发电的局限性。分布式发电与集中式发电相结合可提高电力系统运行的灵活性、可靠性和安全性。分布式能源靠近用户端，减少了电力生产和运输过程的损耗。集中式供能在用电峰谷差大的情况下，为了满足尖峰负荷而增加化石能源装机容量，设备利用小时数低，投资的经济性差。而分布式能源系统无须建设输变电设施和长距离管道，可减少投资成本和维护成本。

（六）多类能源价格体系融合

"风光水火核""煤电油气""冷热电气氢"参与的能源市场可分为碳市场、绿电市场、电力市场、热力市场、燃气市场、氢市场，彼此存在着交易品种、交易量、交易价的关联；不同的市场存在着不同的价格体系，不同市场价格体系之间相互影响。中国煤电机组发电量与电价已经全面市场化，正在逐年减小水电风电光伏机组基数电量比例，增大市场竞争电量比例；机组基数内电量执行标杆电价，基数外的竞争电量需要按照竞争形成发电企业与用户的市场交易价格。发电企业与用户的交易一部分由政府制定年度批复电价，一部分由用户与发电商直接协商形成年度协商电价，一部分由用户或售电商与发电商每月集中竞价形成月度交易电价，一部分由用户与发电商日前集中竞价形成当日24小时交易电价。电力供需双侧按照交易周期参与年度、月度、日前和日内交易，结算方式按照双边协商或者集中竞价，交易范围可分为省内交易、跨省交易和跨区交易；在实时调度时再将年交易电量分解为月度调度电量，月度电量再分解为日前调度电量，日前电量再分解为日内调度电量即小时调度电量，小时电量再分解为每刻钟调度电量，从而形成机组日前、日内发电曲线计划。多能互补运行涉及"煤电油气""冷热电气""源网荷储""风光水火核"电的交叉，需要研究"冷价/热价/电价/气价/氢价""风电价/光伏价/水电价/火电价/核电价""燃气价/煤炭价/油价/电价/氢价"的交叉。

参考文献

［1］孙宏斌、郭庆来等：《能源互联网：理念、架构与前沿展望》，《电力系统自动化》2015 年第 19 期。

［2］姚建国、高志远等：《能源互联网的认识和展望》，《电力系统自动化》2015 年第 23 期。

［3］韩董铎、余贻鑫：《未来的智能电网就是能源互联网》，《中国战略新兴产业》2014 年第 22 期。

［4］严太山、程浩忠等：《能源互联网体系架构及关键技术》，《电网技术》2016 年第 1 期。

［5］贾宏杰、穆云飞等：《对中国多能互补系统发展的思考》，《电力建设》2015 年第 1 期。

［6］戚艳、刘敦楠等：《面向园区能源互联网的多能互补服务关键问题及展望》，《电力建设》2019 年第 1 期。

［7］杨经纬、张宁等：《面向可再生能源消纳的多能源系统：述评与展望》，《电力系统自动化》2018 年第 4 期。

［8］唐学用、赵卓立等：《产业园区综合能源系统形态特征与演化路线》，《南方电网技术》2018 年第 3 期。

［9］李庆生、周长城等：《产业园区多能互补技术发展方向研究》，《南方电网技术》2018 年第 3 期。

［10］孙伟、鲍毅等：《基于改进极限学习机的电力需求预测研究》，《计算机与数字工程》2019 年第 4 期。

［11］李琦、赵峰：《基于气温与日期类型的改进 BP 网络热负荷预测》，《系统仿真学报》2018 年第 4 期。

［12］邹莉娜、雷凯等：《中国天然气消费影响因素及对策》，《西安工业大学学报》2015 年第 9 期。

［13］徐航：《综合能源系统中的综合需求响应策略研究》，硕士学位论文，浙江大

学，2019。

[14] 马建鹏、龚文杰等：《基于 Copula 理论与 KPCA-GRNN 结合的区域多能互补系统多元负荷短期预测模型》，《电工电能新技术》2019 年第 29 期。

[15] 张涌新、沈弘等：《多能互补系统负荷特性分析及应用研究》，《电力建设》2018 年第 9 期。

[16] 朱瑞金、郭威麟等：《考虑天然气和电负荷之间相关性的短期电负荷预测》，《电力系统及其自动化学报》2019 年第 8 期。

[17] 陈飞翔、胥建群等：《能源互联网系统用户侧冷热负荷预测模型研究》，《中国电机工程学报》2015 年第 14 期。

[18] 王南：《多能源微电网系统的负荷预测及优化运行研究》，硕士学位论文，东北大学，2014。

[19] 艾欣、陈政琦等：《基于需求响应的电-热-气耦合系统综合直接负荷控制协调优化研究》，《电网技术》2019 年第 4 期。

[20] 赵峰、孙波等：《基于多变量相空间重构和卡尔曼滤波的冷热电联供系统负荷预测方法》，《中国电机工程学报》2016 年第 2 期。

[21] 史佳琪、谭涛等：《基于深度结构多任务学习的园区型多能互补系统多元负荷预测》，《电网技术》2018 年第 3 期。

[22] 翟晶晶、吴晓蓓等：《基于径向基函数神经网络的多能互补系统多元负荷短期预测》，《电力需求侧管理》2019 年第 4 期。

[23] 朱少杰、刘皓明等：《含多个能源站的区域多能互补系统建模及协同优化运行策略》，《电力需求侧管理》2019 年第 4 期。

[24] 李晓露、单福州等：《考虑热网约束和碳交易的多区域多能互补系统优化调度》，《电力系统自动化》2019 年第 19 期。

[25] 徐航、董树锋等：《考虑能量梯级利用的工厂多能互补系统多能协同优化》，《电力系统自动化》2018 年第 14 期。

[26] 王仕俊、平常等：《考虑共享储能的社区多能互补系统协同优化研究》，《中国电力》2018 年第 8 期。

[27] 盛晏、杨锦成等：《基于需供互动的多能互补系统优化调度研究》，《电力需求侧管理》2019 年第 6 期。

[28] 李良余、马守达等：《基于经济性和环保性的区域多能互补系统优化调度研究》，《上海电力学院学报》2019 年第 5 期。

[29] 邓明辉、蒋云松等：《电力用户侧参与的多能互补系统优化调度》，《电力系统及其自动化学报》2019 年第 5 期。

[30] 陈中豪、林晓明等：《社区级多能互补系统多目标模糊日前优化调度模型》，《广东电力》2019 年第 1 期。

[31] 胡枭、尚策等：《考虑能量品质的区域多能互补系统多目标规划方法》，《电力

系统自动化》2019 年第 19 期。

[32] 张涛、章佳莹等：《计及用户行为的电—气—热多能互补系统日前经济调度》，《电力系统自动化》2019 年第 11 期。

[33] 徐晨博、薛友等：《计及可转移负荷的电—气多能互补系统多目标优化》，《电力科学与技术学报》2019 年第 3 期。

[34] 蒋猛、黄宇等：《基于改进 NSGA-II 算法的电—气—热多能互补系统多目标优化》，《发电技术》2018 年第 2 期。

[35] 曾鸣、韩旭等：《基于 Tent 映射混沌优化 NSGA-II 算法的多能互补系统多目标协同优化运行》，《电力自动化设备》2017 年第 6 期。

[36] 于壮状、曾鸣等：《基于分层次 DBSCAN-VBSO 算法的区域多能互补系统两阶段调度优化》，《电力自动化设备》2019 年第 12 期。

[37] 荀挺、雷胜华等：《区域多能互补系统的多目标最优潮流算法研究》，《智慧电力》2019 年第 9 期。

[38] 曾鸣、刘英新等：《多能互补系统建模及效益评价体系综述与展望》，《电网技术》2018 年第 6 期。

[39] 周鹏程、吴南南等：《多能互补系统建模仿真规划调度及效益评价综述与展望》，《山东电力技术》2018 年第 45 期。

[40] 张璐、张斌等：《基于正态分布区间数的多能互补系统效益评价研究》，《南方能源建设》2015 年第 2 期。

[41] 韩中合、祁超等：《分布式能源系统效益分析及综合评价》，《热力发电》2018 年第 2 期。

[42] 白牧可、唐巍等：《用户侧多能互补系统评估指标体系及其应用》，《分布式能源》2018 年第 4 期。

[43] 黄伟、郭兆蕊等：《多主体利益协调的区域多能互补系统综合评价》，《电力建设》2019 年第 4 期。

[44] 王含、郑新等：《储能式地热能多能互补系统效益分析》，《建筑节能》2019 年第 3 期。

[45] 杜琳、孙亮等：《计及电转气规划的多能互补系统运行多指标评价》，《电力自动化设备》2017 年第 6 期。

B.5
优化能源结构实现低碳经济可持续发展

娄 伟 李叔豪*

摘 要: 本报告系统梳理了能源结构优化与低碳经济的关系，总结了低碳经济可持续发展的模式，深入分析了新发展阶段能源结构优化面临的挑战与机遇等，阐述了优化能源结构对实现"双碳"目标的价值和现实意义。本报告还提出了能源结构转型要充分借助"新型举国体制"优势、能源结构转型工作要同国家安全战略密切结合起来等建议。

关键词: 低碳经济 能源结构 "双碳"目标

一 中国能源结构特征及变化情况

"双碳"目标是国家根据社会发展实际提出的重大决策，事关中华民族永续发展。但是作为全球最大的发展中国家，中国的经济发展正处于能源需求和二氧化碳排放上升的阶段，实现"双碳"目标的难度远远大于其他国家。

(一)中国能源结构的变化情况

改革开放以来，中国一次能源主要是原煤，占比最高接近80%。2009年，中国超越美国成为世界上最大的能源消费国，为减少化石能源消费带来的污染物排放量，中国开始重视发展太阳能、风能、生物质能等可再生能源。

---

* 娄伟，博士，中国社会科学院生态文明研究所副研究员，主要研究方向为能源经济；李叔豪，中国社会科学院生态文明研究所在读硕士研究生，主要研究方向为环境经济、能源经济。

2014 年 11 月，国务院办公厅印发了《能源发展战略行动计划（2014—2020）》，提出"降低煤炭消费比重，提高天然气消费比重，大力发展风电、太阳能、地热能等可再生能源，安全发展核电""到 2020 年，非化石能源占一次能源消费比重达到 15%；天然气比重达到 10% 以上；煤炭消费比重控制在 62% 以内"。[①]

2000 年以来，中国天然气、水电、核电、风电等清洁能源的消费占比逐年提升，已由 2000 年的 9.5% 提升至 2020 年的 24.3%，这为中国能源低碳转型，实现 2025 年非化石能源占比 20% 左右、2030 年达到 25% 左右、2060 年80% 以上的目标奠定了良好基础。[②]

"十三五"期间，中国能源结构持续优化，在原油产量，天然气产量，非化石能源消费占比，煤炭消费占比，水电、风电、太阳能发电、核电装机容量等方面低碳转型效果显著（见表 1）。

表 1　中国"十三五"期间能源发展的主要成就

指标	2015 年	2020 年	均/累计
能源消费总量（亿吨标准煤）	43.4	49.8	2.8%
其中：煤炭消费占比（%）	63.8	56.8	[−7.0]
石油消费占比（%）	18.0	18.9	[0.6]
天然气消费占比（%）	5.0	8.4	[2.5]
非化石能源消费占比（%）	12.0	15.9	[3.9]
一次能源生产量（亿吨标准煤）	36.1	40.8	2.5%
发电装机容量（亿千瓦）	15.3	22.0	7.5%
其中：水电（亿千瓦）	3.2	3.7	2.9%
煤电（亿千瓦）	9.0	10.8	3.7%
气电（亿千瓦）	0.7	1.0	8.2%
核电（亿千瓦）	0.3	0.5	13.0%
风电（亿千瓦）	1.3	2.8	16.6%
太阳能发电（亿千瓦）	0.4	2.5	44.3%

---

① 《国务院办公厅关于印发能源发展战略行动计划（2014~2020 年）的通知》，中国政府网，http://www.gov.cn/zhengce/content/2014-11/19/content_9222.htm，2014 年 11 月 19 日。
② 中国信息通信研究院：《2021 年数字碳中和白皮书》，2021。

指标	2015 年	2020 年	均/累计
生物质发电（亿千瓦）	0.1	0.3	23.4%
西电东送能力（亿千瓦）	1.4	2.7	13.2%
油气管网总里程（万公里）	11.2	17.5	9.3%

注：①［ ］内为五年累计数；②水电包含常规水电和抽水蓄能电站。
资料来源：《"十四五"现代能源体系规划》。

中国能源结构的变化情况如表 2、表 3 所示。

表 2　2011~2020 年中国能源消费总量及构成

单位：万吨标准煤，%

年份	能源消费总量	占能源消费总量的比重			
		煤炭	石油	天然气	一次电力及其他能源
2011	387043	70.2	16.8	4.6	8.4
2012	402138	68.5	17.0	4.8	9.7
2013	416913	67.4	17.1	5.3	10.2
2014	428334	65.8	17.3	5.6	11.3
2015	434113	63.8	18.4	5.8	12.0
2016	441492	62.2	18.7	6.1	13.0
2017	455827	60.6	18.9	6.9	13.6
2018	471925	59.0	18.9	7.6	14.5
2019	487488	57.7	19.0	8.0	15.3
2020	498000	56.8	18.9	8.4	15.9

资料来源：2011~2020 年《中国统计年鉴》。

表 3　2011~2020 年中国一次能源生产总量及构成

单位：万吨标准煤，%

年份	一次能源生产总量	占一次能源生产总量的比重			
		原煤	原油	天然气	一次电力及其他能源
2011	340178	77.8	8.5	4.1	9.6
2012	351041	76.2	8.5	4.1	11.2
2013	358784	75.4	8.4	4.4	11.8

续表

年份	一次能源生产总量	占一次能源生产总量的比重			
		原煤	原油	天然气	一次电力及其他能源
2014	362212	73.5	8.3	4.7	13.5
2015	362193	72.2	8.5	4.8	14.5
2016	345954	69.8	8.3	5.2	16.7
2017	358867	69.6	7.6	5.4	17.4
2018	378859	69.2	7.2	5.4	18.2
2019	397317	68.5	6.9	5.6	19.0
2020	408000	67.6	6.8	6.0	19.6

资料来源：2011~2020年《中国统计年鉴》。

2021年，中国一次能源生产总量达到43.3亿吨标准煤，同比增长6.3%，增速较上年提高3.8个百分点。煤、油、气产量稳步提高，原煤产量41.3亿吨，创历史新高。原油产量1.99亿吨，连续3年持续稳定增长。天然气产量2076亿立方米，连续5年增产超过100亿立方米。电力生产增长较快，全年新增发电量超过7500亿千瓦时，创历史新高。能源储运设施建设稳步推进，主要煤运通道运输能力持续加强，跨地区输电通道布局不断完善，储气库、LNG接收站规模稳定增长，油气管网互联互通进一步增强。

2015~2021年中国一次能源生产总量及同比增速情况如图1所示。

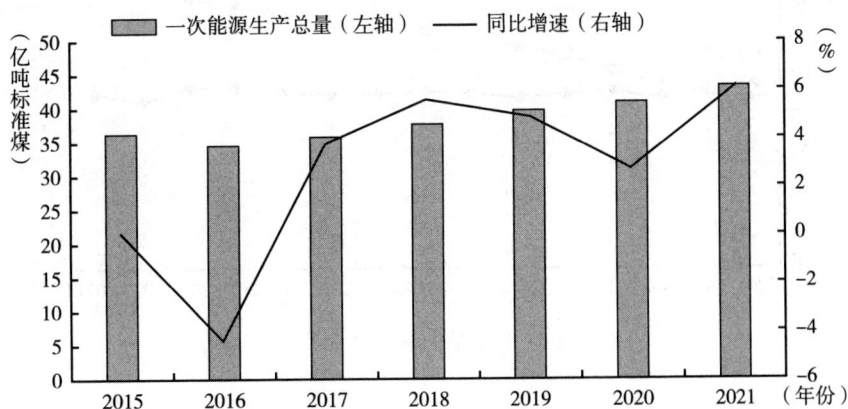

图1　2015~2021年中国一次能源生产总量及同比增速

资料来源：2015~2021年《中国统计年鉴》。

2021 年，中国能源消费增长较快，全年能源消费达 52.4 亿吨标准煤，同比增长 5.2%，增速比上年提升 3.0 个百分点。能源消费结构进一步优化，非化石能源消费占比较上年提高 0.7 个百分点。此外，能耗强度和碳排放强度持续下降，可再生能源发展迈上新台阶，化石能源消费合理控制。

（二）中外能源结构的对比情况

全球能源消费仍然以化石燃料消费为主，化石能源消费占全球能源消费总额的80%以上。近年来，可再生能源的份额虽然有所提高，但仅占全球能源消费总额的6%左右，化石能源占比过高的现状仍不可忽视。

作为世界上的两个能源消费大国，中国和美国的能源消费结构有所不同。从 2007~2021 年的中美能源消费对比可以看出，美国能源消费总量基本稳定，而中国能源消费总量在过去 15 年中呈持续上升趋势，2021 年的能源消费量是2007 年的 1.7 倍，并在 2009 年超越美国成为世界上最大的能源消费国（见图2）。中国国家统计局的统计数据显示，2021 年，中国全年能源消费总量为52.4 亿吨标准煤，同比增长 5.2%，增速比上年提升 3.0 个百分点。[①]

从中美两国各类能源的消费占比来看（见图 3 和图 4），美国的主要能源

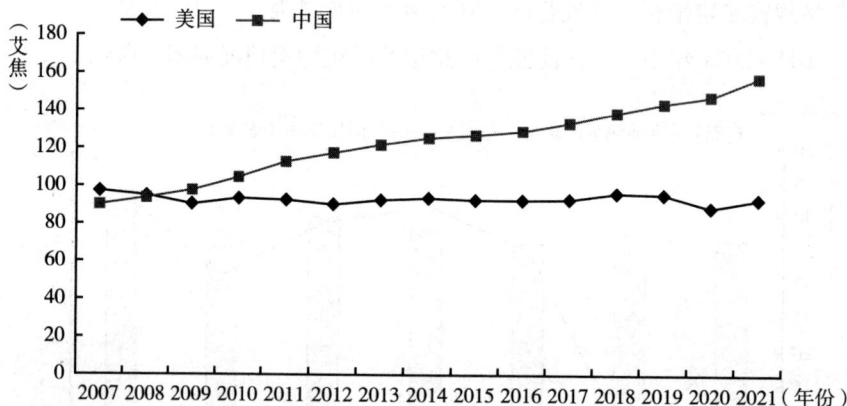

图 2　中美能源消费总量对比

---

① 国家统计局：《中华人民共和国 2021 年国民经济和社会发展统计公报》，http：//www.gov.cn/xinwen/2022-02/28/content_ 5676015. htm ，2022 年 2 月 28 日。

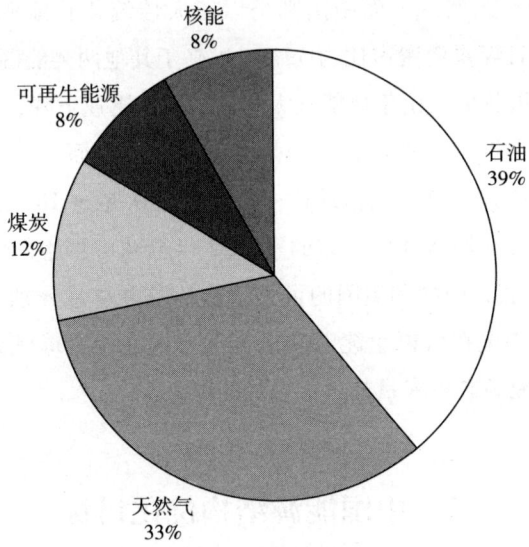

图 3　2021 年美国各类能源消费占比情况

资料来源:《BP 世界能源统计年鉴 2022》。

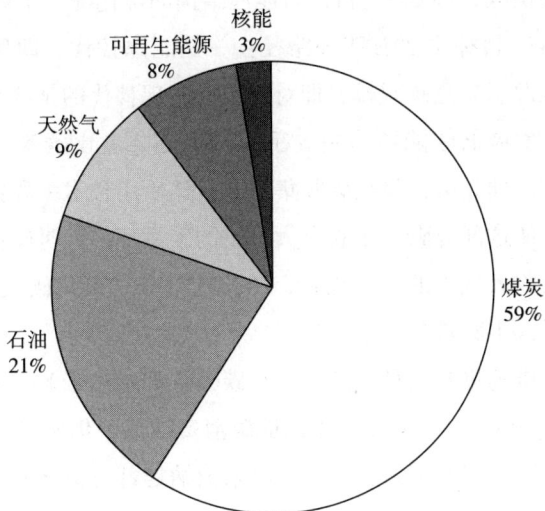

图 4　2021 年中国各类能源消费占比情况

资料来源:《BP 世界能源统计年鉴 2022》。

消费种类为石油和天然气，而中国则仍以三大传统化石能源（煤炭、石油、天然气）为主，且煤炭消费占比为59%，远高于其他两类能源消费量。

在新能源发展领域，由于风能和太阳能的成本迅速下降，可再生能源在世界某些地区再次占据主导地位，特别是在电力使用方面。2021年，可再生能源（风能和太阳能）在全球电力结构中的份额首次超过10%。21世纪全球可再生能源政策网络（REN21）发布的《2022年全球可再生能源现状报告》显示，截至2021年底，中国和美国的可再生能源发电总量分别位居世界第一和第二。2021年，中国在可再生能源装机容量方面处于全球领先地位，成为全球第一个可再生能源装机容量超过1太瓦的国家。[①]

二 中国能源结构优化目标

（一）中国"双碳"目标对能源结构优化的要求

2021年中国二氧化碳排放总量超过119亿吨，碳达峰、碳中和目标实现面临前所未有的挑战，"双碳"目标对能源结构的优化提出了更高的要求。

实现"双碳"目标主要有四种路径：一是能源替代，即用清洁能源来替代传统的化石能源；二是碳减排，即对于难以实现替代的某些领域，以节约能源、提高能效、发展低碳能源为主要手段，降低二氧化碳等温室气体的排放量；三是碳封存，即先将二氧化碳收集起来，然后用技术手段把收集到的二氧化碳储存起来，使这部分碳完全脱离大气中的碳循环；四是碳循环，即利用化学和生物手段吸收大气中的二氧化碳，并让这部分二氧化碳发生转换与循环，碳循环主要包括人工碳转化和森林碳汇。

作为降碳减排的重要途径，碳封存与碳吸收都不可或缺。《中国能源电力发展展望2021》显示，到2060年中国能源消费结构中仍然可能有20%左右的化石能源消费，这就需要碳封存与碳吸收来消纳这部分碳排放。《中国二氧化碳捕集利用与封存（CCUS）年度报告（2021）》指出，CCUS技术是目前实

---

① REN21, *Renewables 2022 Global Status Report*, https：//www.ren21.net/wp－content/uploads/2019/05/GSR2022_ Full_ Report.pdf，2019.

现化石能源低碳化利用的唯一技术选择，碳中和目标下中国 CCUS 减排需求
为：2030 年 0.2 亿~4.08 亿吨，2060 年 10 亿~18.2 亿吨。而在碳吸收方面，
刘珉、胡鞍钢的研究结果显示，2020~2060 年，中国新增碳汇能力将达 227.4
亿吨二氧化碳，堪称世界最大的碳汇能力国，将为我国 2060 年实现碳中和作
出积极贡献。[①] 但是目前全国森林每年的固碳量为 4.34 亿吨，[②] 与每年的百亿
吨二氧化碳排放量相差甚远。从现在到实现碳中和，这个过程的总碳汇潜力预
计仅相当于同期碳排放量预测值的 10% 左右，碳减排仍面临着巨大的缺口，
亟须结合相应的减排增汇措施以实现碳减排的目标。

实现"双碳"目标，还需要加大碳减排与能源替代的力度。2012~2019
年，煤炭在中国的能源结构中所占份额大约下降了 10 个百分点，但煤炭仍然
是中国主要的一次能源来源。国家发改委与国家能源局印发的《能源生产和
消费革命战略（2016—2030 年）》显示，若想实现碳达峰，2021~2030 年能
源消费总量需要控制在 60 亿吨标准煤当量以内。[③] 国际可再生能源机构
（IRENA）指出，为实现碳达峰和碳中和目标，中国必须缩减煤炭的使用量，
同时部署和使用可再生能源发电，加快扩大可再生能源规模，并辅以可持续使
用生物能源、氢能以及合成燃料等。[④]

（二）中国"十四五"能源结构优化的目标

在实现"双碳"目标的过程中，中国也在稳定推进能源结构优化工作。
《"十四五"现代能源体系规划》提出以下目标：到 2025 年，国内能源综合生
产能力达到 46 亿吨标准煤以上，原油产量回升并稳定在 2 亿吨水平，天然气
产量达到 2300 亿立方米以上，非化石能源消费比重提高到 20% 左右，非化石
能源发电量比重达到 39% 左右；在能源供给侧，到 2025 年非化石能源发电量
比重达到 39% 左右，"十四五"期间提高 5.8 个百分点。《"十四五"现代能源

---

① 刘珉、胡鞍钢：《中国创造森林绿色奇迹（1949—2060 年）》，《新疆师范大学学报》（哲学社会科学版）2022 年第 3 期。
② 国家林业和草原局：《中国森林资源报告（2014—2018 年）》，中国林业出版社，2019。
③ 高虎：《"双碳"目标下中国能源转型路径思考》，《国际石油经济》2021 年第 3 期。
④ IRENA，*China's Route to Carbon Neutrality: Perspectives and the Role of Renewables*，https://www.irena.org/publications/2022/Jul/Chinas-Route-to-Carbon-Neutrality，2022.

体系规划》对水、核、风、光等非化石能源发电做出统筹安排，要求加快发展风电、太阳能发电，因地制宜开发水电、生物质发电，积极安全有序发展核电，力争 2025 年常规水电装机容量达到 3.8 亿千瓦，核电运行装机容量达到 7000 万千瓦。

三　中国新发展阶段能源结构优化面临的挑战与机遇

优化能源结构同国内外政治环境、经济形势、技术进步情况及生态环境状况等要素密切相关。在新发展阶段，中国面临的国际形势日趋复杂，这给中国能源结构优化工作带来了更多的挑战，但同时，科技革命等因素带来了一些新的机遇。

（一）新发展阶段能源结构优化面临的挑战

新发展阶段，中国在优化能源结构过程中，面临的挑战分为内部挑战与外部挑战两大方面。在内部挑战方面，第一，中国能源结构长期以化石能源为主，形成了较强的路径依赖，化石能源的消费和供应占据了能源体系的主导地位，能源转型的成本和阻力较大。第二，中国可再生能源发展虽然取得了显著的成就，但仍然面临着技术、经济、市场等方面的瓶颈制约，需要在提高可再生能源的比重和效率的同时，促进可再生能源的可持续发展。在外部挑战的方面，世界大变局导致全球政治经济格局发生深刻调整，国际能源市场波动加剧，能源安全风险增加，能源合作机制受到冲击，中国能源转型的外部环境变得更加复杂和不确定。同时，新冠肺炎疫情对全球能源需求和供应产生了巨大的影响，能源消费结构和能源产业结构发生了变化，能源转型的节奏和路径也面临着调整，中国能源结构优化的任务更加紧迫和艰巨。

一是对原有化石能源的路径依赖。中国"富煤、贫油、少气"的能源特点决定了其以煤炭为主的能源消费结构。近年来，随着能源结构优化力度的加大，煤炭在中国一次能源消费结构中的比重有所下降，但 2021 年仍占全国能源消费总量的 56%。虽然未来 10 年能源结构将进一步优化，预期 2030 年非化石能源比重进一步优化至 25%，煤炭消费比重降至 45% 左右，但短期内以煤炭为主的能源消费结构依然难以改变，多数的经济活动仍将依赖化石能源，如果能源结构转型操之过急将会直接威胁到能源安全。

二是可再生能源发展面临瓶颈制约。受经济周期变化导致的能源供求关系变化，以及部分地区电力外送能力不足等因素影响，西部地区作为可再生能源富集地区对水、光、风等清洁能源的利用明显不足，浪费较为严重。未来，随着光伏发电装机规模等的进一步扩大，可再生能源大规模消纳问题会更加突出。同时，由于煤炭价格持续走低，风电、光伏发电等市场竞争力逐渐减弱。

目前，中国的水电、风电、光伏发电累计装机规模均居世界首位，随着可再生能源装机规模的扩大，财政补贴缺口较大、补贴拖欠时间长等问题将日益凸显。在政策引导下，2021年中国平均弃风率为3.1%，弃光率为2%，虽然均有所下降，但尚未找到彻底解决弃风弃光的办法。"十四五"时期，可再生能源将初步具备与化石能源平价竞争的条件，大规模补贴带来的低价将不再继续。

三是世界大变局给中国能源绿色低碳转型带来压力。深入推动能源绿色低碳转型的核心问题是市场化。如果不能充分调动市场的积极性，单靠政府强力推动带来的能源绿色低碳转型工作不仅难以深入，同时也是不可持续的。在利用市场机制推动能源绿色低碳转型方面，核心问题又归到如何降低使用成本层面，能源绿色低碳转型的成本问题主要体现在两大方面。一是替代原有化石能源设施设备的成本高。由于长期依赖化石能源，中国大量的能源基础设施对新能源并不友好，例如，中国拥有大量汽油柴油汽车、燃气管道及火力发电厂等，要对这些设施设备进行替代，不仅存在淘汰原有设施设备时的成本问题，也面临购买新设备及建设新设施带来的成本问题，大多数企业在绿色低碳转型过程中面临较大的经济压力。二是新能源的使用成本较高。受市场不成熟、技术不成熟等因素的影响，可再生能源电力等新能源的市场竞争力有待进一步提升。

在世界大变局背景下，中国新发展阶段的能源绿色低碳转型工作是"国家安全背景下的绿色低碳转型"，是"国家安全背景下的市场化"。在国家安全诉求下，能源绿色低碳转型的内在逻辑是"更快的转型速度，以及更平稳的转型过程"，这对中国能源的绿色低碳转型工作提出了更高的要求。快速、平稳地推进能源绿色低碳转型的市场化，需要找到符合中国特色的市场化路径，并发挥中国"集中力量办大事"的体制优势。在政策制定方面，既要传承已有的且被证明是行之有效的政策工具，也需要充分考虑中国"新发展阶段、新发展理念及新发展格局"的战略导向，以及智慧时代等时代特征，积极创新政策工具。

四是疫情对能源结构优化的冲击。2020年，新冠肺炎疫情给社会、经济和人们的生活带来了巨大冲击。国家统计局初步核算的数据显示，2020年第一季度GDP同比下降近7%，这是中国经济自1976年来首次出现负增长。相应的，作为经济运行至关重要的基础环节，中国的能源结构调整的步伐也因这场疫情发生深刻的变化。近年来，中国的能源结构一直在进行优化。中国的煤耗占比从近20年来的最高位——2007年的72.5%，下降到2020年的56.8%。新能源产业的发展也如火如荼，可再生能源发电累计装机容量突破10亿千瓦大关，与2015年相比实现翻番。

五是乡村可再生能源的利用方式需要进一步优化。中国乡村地区拥有丰富的生物质、太阳能、风能等资源，可再生能源在农村居民生活用能中的占比较大。但由于中国农村地域广阔、人口分散、经济水平不高等，农村可再生能源项目多以小型化、分散化为主，缺乏规模效应和集中管理。例如，沼气工程多以家庭池为主，难以形成规模化供气网络；太阳能工程多以家庭热水器为主，难以实现电热联供；风力发电工程多以小型风机为主，难以并网发电。随着"乡村振兴"战略的推进，农村能源消费必将持续增长，因此能源利用方式需要进一步优化。

（二）新发展阶段能源结构优化面临的机遇

在新发展阶段，中国能源结构优化工作面临的发展机遇主要体现在以下方面。

一是国家安全战略给能源结构优化带来的机遇。在世界大变局背景下，单边主义、孤立主义等逆全球化思潮泛滥，中国面临着较严峻的国际环境。中国能源的对外依存度非常高，其中，石油对外依存度高达70%以上，天然气对外依存度也超过40%，这给中国的能源安全及国家安全带来很大的挑战。2021年我国天然气进口1.2亿吨，对外依存度约为45%，高于2019年与2020年水平；石油进口5.13亿吨，对外依存度虽有下降但仍达到72%，远超国际警戒线水平。原油对外依存度的下降发生在成品油及化工轻油需求恢复性增长的情形之下，这并不意味着原油对外依存度从此出现拐点，高对外依存度会使中国的能源供应问题更加突出。

当前，全球能源格局正处于深度调整期，中国石油进口国虽然有 40 余个国家，但大多位于中东、非洲一带，而这些地区的政治军事格局一直处于动荡时期，国际政治局面也是摩擦不断，对于中国经济系统的稳态以及能源安全造成严重威胁。中东、中亚等地区的国家油气出口财政收支平衡对油价依赖很高，在油气价格不稳定的背景下，中国能源安全未来面临的不确定性风险将持续增加。[①] 因此，中国的国家安全问题就成为中国制定各类政策需要重点考量的因素。推动能源的绿色低碳转型，大力开发可再生能源等新能源，不仅是保护环境及实现碳达峰碳中和目标的需要，也是保护能源安全及国家安全的需要，具有重要的现实意义。

二是实现"双碳"目标的过程也是能源结构优化的过程。2021 年，中国GDP 达到 114 万亿元，二氧化碳排放量约为 119 亿吨，碳排放增长的趋势将会持续至 2030 年，因此，在能源结构不发生改变的情况下 2060 年实现碳中和绝无可能。若想实现碳中和，中国二氧化碳排放量需要较目前下降 70% 以上，非化石能源消费占比则需由目前的 16% 左右提升到 80% 以上，化石能源的大量削减与非化石能源的增长都需要能源结构的调整。

三是能源结构优化也会带来新的市场经济效益。中国目前基于能源结构优化所推动的绿色转型意味着发展模式的转变，优化能源结构，特别是推广新能源，可以促进能源产业的技术创新和结构调整，提高能源的利用效率和服务水平，降低能源的生产成本和环境成本，增强能源产业的竞争力和发展潜力，实现"换赛道"发展。中国的新能源产业不仅包括新能源汽车和新能源发电，还涉及新能源储存、新能源网络、新能源材料等相关领域和产业链。随着新能源产业的发展，中国将加强新能源产业的配套和协同、提高新能源产业的综合效益和附加值。

四是社会环境也会随着能源结构优化而得到改善。首先，优化能源结构有利于减少化石能源的消耗，降低温室气体的排放，提升中国在国际气候治理中的地位和影响力。中国是世界上最大的能源消费国和温室气体排放国，能源结构的优化对于实现中国的碳达峰和碳中和目标，以及履行《巴黎协定》的承

---

① 刘建国、朱跃中：《近中期中国能源安全面临的新形势新挑战及建议》，《国际石油经济》2021 年第 2 期。

诸具有重要的意义。优化能源结构不仅有利于中国应对气候变化的挑战，也有利于中国推动全球气候治理的进程，为建设人类命运共同体做出贡献。其次，优化能源结构有利于改善空气质量，减少污染物的排放，保护人民的健康，提高生活的质量和幸福感。中国能源结构中煤炭的比重较高，是造成大气污染的主要原因之一。优化能源结构，增加清洁能源的使用，可以有效地减少煤炭的消耗，降低二氧化硫、氮氧化物、颗粒物等污染物的排放，改善雾霾等空气质量问题，提高人民的生活水平。近年来，中国通过不断优化调整能源结构，取得了显著的环境效益。2021年全国339个地级及以上城市中有218个城市环境空气质量达标。总之，优化能源结构不仅有利于中国实现绿色发展，也有利于中国实现人与自然的和谐共生，构建生态文明。

四　中国新发展阶段优化能源结构的政策选择

在新发展阶段，中国能源绿色低碳转型进入重要窗口期，能源结构优化工作更加重视以维护国家安全为导向，从追求数量增长阶段进入高质量发展阶段，优化能源结构的手段也更加重视发挥市场机制的作用。

（一）中国优化能源结构的政策脉络

新中国成立初期，中国能源产业基础十分薄弱，能源生产水平低下、能源供给不足，因此新中国能源建设的首要任务是恢复以前留下的能源设施，打好国家能源工业的基础。基于中国"富煤贫油少气"的能源资源禀赋，新中国成立初期，原煤占能源生产总量的比重高达96.3%，其他品种原油仅占比0.7%，水电占比3%。同时，中国也在积极开发各种可再生能源，先后对小水电、沼气池等可再生能源进行利用。总体来看，在改革开放之前，由于技术、资金等方面的制约，中国的可再生能源开发技术水平不高，对环境改善发挥的作用也有限。可再生能源政策的重点在于补充农村燃料的缺口，但我国并没有形成系统的可再生能源政策体系，政策手段也较为单一。①

---

① 谢治国、胡化凯、张逢：《建国以来我国可再生能源政策的发展》，《中国软科学》2005年第9期。

改革开放后，中国在不断加大能源资源开发和基础设施建设力度的同时，还更加重视能源发展的质量和效率，从"六五"计划到"十五"计划，逐步提出提高经济效益和能源效率，坚持节约优先、开发与节约并重，积极发展新能源，推动能源技术进步，提高能源利用效率。1979 年，国家制定了太阳能科技发展规划，并强化了风能、地热、潮汐能等的研究开发和试验工作。1994 年以后，中国的能源政策从注重发展规模转向注重工业增长效益。1998 年后进一步明确重视中、西部的基础设施和能源基地建设，重点加快新能源产业的发展。但与增加能源建设投资政策的力度及其采取的有效措施相比，调整能源结构的政策力度不够。

21 世纪以来，中国面临着资源紧缺和生态环境恶化的严峻挑战，因此，我国坚持节约资源和保护环境的基本国策，积极转变经济发展方式，不断加大节能力度，将单位 GDP 能耗指标作为约束性指标写入多个国民经济和社会发展五年规划纲要，相继制定了《能源发展战略行动计划（2014—2020 年）》《能源生产和消费革命战略（2016—2030 年）》等纲领性文件。[①]

（二）新发展阶段中国优化能源结构的政策导向

在新发展阶段，中国优化能源结构的政策导向主要体现出以下特点。

一是更加重视能源结构优化过程中的能源安全问题。在能源转型中，中国极其重视能源供应安全。2021 年 12 月的中央经济工作会议指出，实现碳达峰、碳中和是推动高质量发展的内在要求，要坚定不移推进，但不可能"毕其功于一役"。要立足以煤为主的基本国情，抓好煤炭清洁高效利用，提高新能源消纳能力，推动煤炭和新能源优化组合。要狠抓绿色低碳技术攻关。要创造条件尽早实现能耗"双控"向碳排放总量和强度"双控"转变，加快形成减污降碳的激励约束机制，防止简单层层分解。要确保能源供应，大企业特别是国有企业要带头保供稳价。要深入推动能源革命，加快建设能源强国。中国能源转型中的能源安全主要分为两个角度：其一是能源供应整体稳定可靠；其二是"能源的饭碗端在自己手里"，降低进口依赖度。

---

① 国家统计局：《能源发展实现历史巨变 节能降耗唱响时代旋律——新中国成立 70 周年经济社会发展成就系列报告之四》，http://www.stats.gov.cn/tjsj/zxfb/201907/t20190718_ 1677 011.html，2019 年 7 月 18 日。

二是加快推进能源结构的绿色低碳化转型。中国正在加快推动能源结构的绿色低碳化转型，以应对 21 世纪以来全球能源和气候变化的新形势。中国新能源技术不断进步和降价，风能和太阳能等可再生能源发展迅速，规模扩大了数十倍。《巴黎协定》得到国际社会的广泛认可和参与，中国和欧盟、美国、日本等 130 多个国家和地区都提出了实现碳中和的目标，清洁低碳能源发展面临新机遇。

"十三五"时期，中国在优化能源结构方面取得了显著成效，低碳转型步伐加快，非化石能源消费比重提高到 15.9%，煤炭消费比重降低到 56.8%。"十四五"时期中国将同时推进能源低碳转型与供给保障，加快调整适应新能源大规模发展的能源系统，促进形成绿色发展方式和生活方式。

三是能源系统多元化迭代蓬勃演进。中国正在加快推动能源系统的多元化迭代演进，以适应能源形态的快速变革和低碳转型的需求。能源系统越来越分散化、扁平化、去中心化，分布式能源发展迅猛，能源生产由集中式向分散式并重转变，系统模式由大基地大网络为主向与微电网、智能微网并行转变，提高了新能源的利用效率和经济性。新型储能和氢能有望规模化发展并引领能源系统形态的根本性变革，构建新型电力系统的条件日益成熟，新型电力系统将以新能源为主要组成部分。能源转型技术路线和发展模式也呈多样化的特征。

（三）对策建议

在世界大变局背景下，深化中国的能源结构优化工作，应在政策制定过程中重视以下几个方面。

一是能源结构转型工作要同国家安全战略密切结合起来。在国际局势日趋紧张的大背景下，中国需要加快能源自给的进程，这同中国能源绿色低碳转型工作是一致的。在政策导向方面，应通过明确禁止燃油车上市时间、控制"煤改气"的规模等途径加快石油、天然气的替代进程，降低对外依存度。对于煤炭，从国家安全的角度来看，主要工作不应是大规模及快速地替代，更不是无煤化，而是提升清洁化利用能力。近年来，中国经过大规模控制散煤的使用，以及不断提高热电厂等煤炭消费大户的清洁利用技术水平，煤炭消费带来的环境污染问题已有很大的改善。

　　二是能源结构转型要充分借助"新型举国体制"优势。"十四五"规划纲要提出健全社会主义市场经济条件下新型举国体制。举国体制是指中国"集中力量办大事"的体制优势,"新型举国体制"主要体现在创新驱动、合作共赢等新发展理念,以及解决"掐脖子"难题的重点技术攻关等方面。在世界新变局背景下,推动能源的绿色低碳转型工作,在政策制定方面,需要重点解决新能源的市场机制以及关键技术攻关等问题,有利于抓住新能源革命的契机,实现"弯道超车"甚至"换道超车"。

　　三是完善市场化机制需要处理好"政府依赖"现象。在中国社会经济发展过程中,有一个特点比较明显,就是企业界都紧盯政府的政策导向,一旦国家大力支持特别是有资金支持时,很多企业都"一窝蜂"地涌向该方向或领域。这种"政府依赖"行为的优点是有利于发挥政府的引导作用,缺点是市场机制较难真正发挥作用。中国能源绿色低碳转型工作属于政府主导型工作,若想较好地发挥市场的推动作用,在政策导向上,政府应重点完善"负面清单",告诉企业什么"不能做",至于"做什么"及"怎么做"问题则更多的交给企业决定。

　　四是完善各行业能源结构转型的标准体系。绿色低碳转型涉及不同的行业,各行业在转型过程中面临的问题非常具体,其中较重要且具有共性的问题是绿色低碳转型标准的完善。没有规范的行业标准甚至国家标准,绿色低碳转型工作就容易流于形式,甚至陷入混乱。在绿色低碳转型的标准方面,既要鼓励各行业及各地区结合国内外的案例和经验,加快完善各自的标准及规范体系——"行标"及"地标",也需要重视完善相应的"国标"。

　　五是结合科技文明背景,推动能源结构转型工作。当前,世界正处于从信息时代向科技时代的转换阶段,要推动能源的绿色低碳转型就不能离开时代大背景。在利用大数据的过程中,企业往往需要使用电力系统的用电数据、政府的能源使用数据、各类行业数据以及国家各部委的宏观经济数据等,如何安全、准确、有效地获取这些数据,并合理地、合规地使用数据,不仅面临很大的挑战,也存在一定的安全风险。在政策导向方面,应从国家层面进一步完善数据使用的相关政策及体制机制。

参考文献

［1］《国务院办公厅关于印发〈能源发展战略行动计划（2014—2020）〉的通知》，中国政府网，http：//www. gov. cn/zhengce/content/2014-11/19/content_ 9222. htm，2014年11月19日。

［2］中国信息通信研究院：《2021年数字碳中和白皮书》，2021。

［3］国家统计局：《中华人民共和国2021年国民经济和社会发展统计公报》，http：//www. gov. cn/xinwen/2022-02/28/content_ 5676015. htm，2022年2月28日。

［4］REN21，*Renewables 2022 Global Status Report*，https：//www. ren21. net/wp-content/uploads/2019/05/GSR2022_ Full_ Report. pdf，2019.

［5］刘珉、胡鞍钢：《中国创造森林绿色奇迹（1949—2060年）》，《新疆师范大学学报》（哲学社会科学版）2022年第3期。

［6］国家林业和草原局：《中国森林资源报告（2014—2018年）》，中国林业出版社，2019。

［7］高虎：《"双碳"目标下中国能源转型路径思考》，《国际石油经济》2021年第3期。

［8］IRENA，*China's Route to Carbon Neutrality：Perspectives and the Role of Renewables*，https：//www. irena. org/publications/2022/Jul/Chinas-Route-to-Carbon-Neutrality，2022.

［9］IEA，*An Energy Sector Roadmap to Carbon Neutrality in China*，https：//iea. blob. core. windows. net/assets/9448bd6e-670e-4cfd-953c-32e822a80f77/AnenergysectorroadmaptocarbonneutralityinChina. pdf.

［10］刘建国、朱跃中：《近中期中国能源安全面临的新形势新挑战及建议》，《国际石油经济》2021年第2期。

［11］谢治国、胡化凯、张逢：《建国以来中国可再生能源政策的发展》，《中国软科学》2005年第9期。

［12］国家统计局：《能源发展实现历史巨变 节能降耗唱响时代旋律——新中国成立70周年经济社会发展成就系列报告之四》，http：//www. stats. gov. cn/tjsj/zxfb/201907/t20190718_ 1677011. html，2019年7月18日。

B.6
有序实现能耗"双控"向碳排放"双控"转变的技术创新研究

刘平阔 韩雪 赵瑞琦*

摘　要： 随着中国"双碳"战略纵深推进，2021年中央经济工作会议提出了创造条件尽早实现能耗"双控"向碳排放"双控"转变。本报告总结了"双控"相关的技术条件，并从制度、经济、社会三个角度阐述了影响技术创新的因素和转变存在的必要性。在此基础上，根据"方针—技术—机制—合作"路径体系与时空布局提出了支持以技术创新为导向，实现有序转变的系统性方案。分析表明，碳排放"双控"是能耗"双控"在技术控碳、降碳方向上的延伸；为提升有序转变的技术创新效率，中国需要克服当前在制度、经济、社会方面存在的不足；从路径体系上，中国应构建体系化制度方针，完善技术创新体系，设计配套碳市场机制，并提升国际合作的深度；从时空布局上，应利用管理技术做好"双控"制度的有序衔接。

关键词： 碳排放"双控"　能耗"双控"　"碳中和"目标

一　引言

（一）研究背景

能耗"双控"是指：①在总量控制层面，对国民经济各部门在一定时期

---

* 刘平阔，博士，上海电力大学经济与管理学院副教授、研究生导师，主要研究方向为能源转型与产业发展动力机制、能源数字化转型与优化决策；韩雪，上海电力大学经济与管理学院在读硕士研究生，主要研究方向为能源数字化转型；赵瑞琦，上海电力大学经济与管理学院在读硕士研究生，主要研究方向为能源系统优化决策。

内的能源消费总量进行控制；②在强度控制层面，对一定时期内国内生产总值能耗进行控制。碳排放"双控"是指：①在总量控制层面，对国民经济各生产生活环节在一定时期内的碳排放总量进行控制；②在强度控制层面，对单位国民生产总值所带来的二氧化碳排放量进行控制。

基于对国际发展格局的审视和对国内发展形势的把握，有序实现能耗"双控"向碳排放"双控"转变的重要意义和作用可概括为3个方面：首先，有利于鼓励和推动可再生能源更进一步地加快发展，兼顾供给侧与需求侧，加快能源结构优化；其次，有利于实现过程优化导向的监管，增加经济社会活动与能源环境绩效之间关系协调的灵活性；最后，有利于统筹发展和节能减排，统筹能源安全和绿色低碳转型，满足能源消费的合理增长。因此，该转变也成了世界各国实现碳中和目标的重要举措。

1. 国外碳中和部署情况

近年来，全球能源危机与极端气候事件频发，越来越多的国家将碳中和升至国家级战略并提出一系列的针对措施。NetZero Tracker 数据显示，截至 2022 年初，全球已有 136 个国家制定了碳中和目标，主要经济体碳达峰与碳中和时间点及跨度存在明显差异（见图1）；同时，截至 2022 年初，碳中和目标已覆盖了全球 88% 的温室气体排放、90% 的世界经济体量和 85% 的世界人口。[①] 下面，本报告展示了具有代表性的经济体的碳中和目标与措施。

（1）欧盟是最早提出碳中和的经济体。欧盟战略取向以碳中和为核心，引领经济社会转型；制定严格的碳减排目标并完成立法，影响着全球碳排放规则标准。就技术创新而言，其主要举措为"产品领先+自主制造"。

（2）美国作为世界第一大经济体于 2007 年实现碳达峰。美国对碳中和战略的取向受政治驱动而转变，主要以行政手段推动碳中和。就技术创新而言，主要举措为"成本优势+自主制造"。

（3）日本和韩国相继提出 2050 年碳中和目标。日韩的战略取向均将碳中和视为经济增长的机会和工具，制定目标路线图并关注新兴低碳行业增长。就

---

① 博鳌亚洲论坛：《博鳌亚洲论坛可持续发展的亚洲与世界 2022 年度报告：绿色转型亚洲在行动》，对外经贸大学出版社，2022。

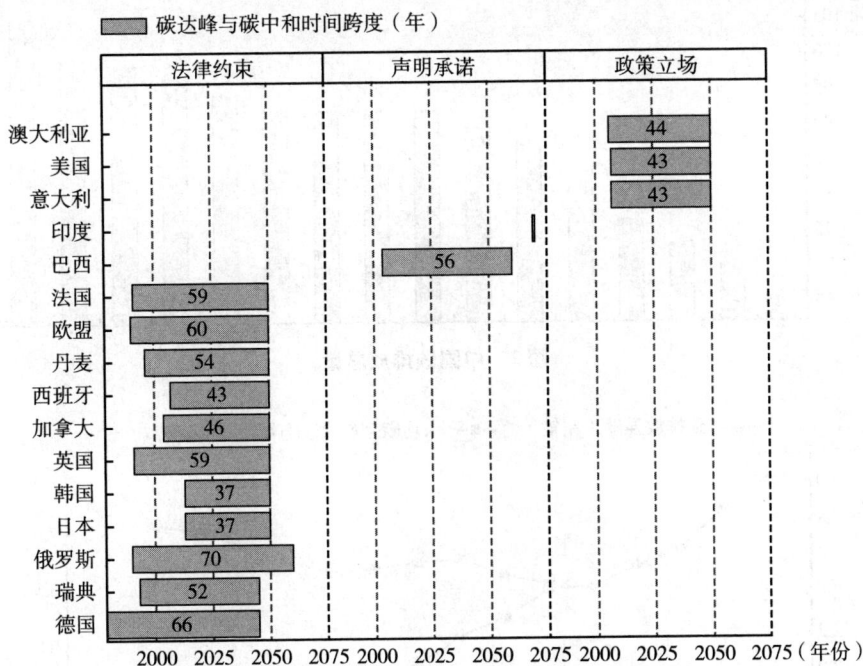

图1 主要经济体碳达峰与碳中和时间点及跨度

注：灰色条数字代表各国碳达峰到碳中和的时间跨度，单位为年；其中，印度仅公布碳中和时间，为2070年。

资料来源：https://eciu.net/netzerotracker。

技术创新而言，主要举措为"先进技术+国际合作"。

2. 中国碳中和进展情况

英国石油公司（BP）2022年的数据显示，2021年中国碳排放总量为105.23亿吨，较2020年增加了5.487亿吨，增长率为5.5%（见图2）。2021年全球碳排放量为338.84亿吨，其中，碳排放量占比前5的国家依次为：中国（占比31.1%）、美国（占比13.9%）、印度（占比7.5%）、俄罗斯（占比4.7%）、日本（占比3.1%）；但就人均碳排放而言，中国处于增速放缓阶段。2021年中国人均碳排放量为7.4吨（见图3），中国已有多数城市人均碳排放量低于全国平均水平。

从宏观规划政策来看，为有序实现"碳中和"目标，中国对2030年、

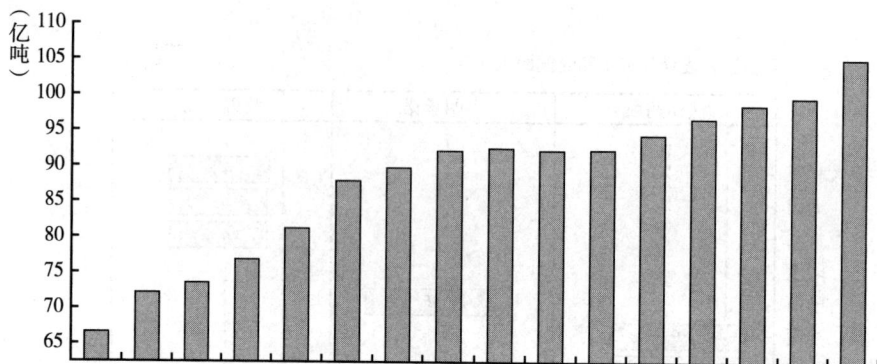

图 2　中国碳排放总量

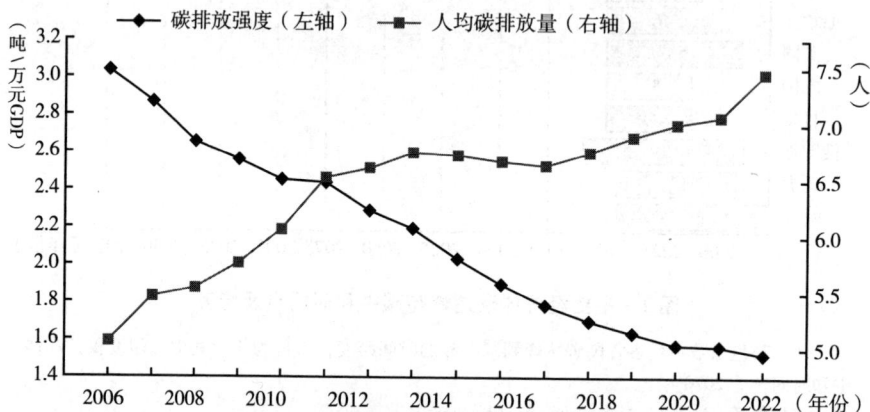

图 3　中国碳排放强度及人均碳排放量

注：碳排放强度等于单位 GDP 的二氧化碳排放量。本报告 GDP 以 2006 年为基期进行换算。

2060 年能源结构进行了明确的规划与设定（见图 4）。《中华人民共和国国民经济和社会发展第十一个五年规划纲要》首次将"单位国内生产总值能源消耗"划分为约束性指标，明确要求"2010 年单位 GDP 能耗比 2005 年降低 20% 左右，主要污染物累计排放总量减少 10%"；此时，能耗"双控"是推动中国构建以高能效低能耗、"节能减排"为特征的环境友好型社会的重要手段。"十二五"期间（2011~2015 年），能耗"双控"被确立为中国节能工作的主要方针。"十三五"期间（2016~2020 年），中国能耗强度已累计下降 11.4%，并形成了相对完善的能耗"双控"政策体系。"十四五"期间

（2021~2025 年），为加快碳中和进程，能耗"双控"被赋予向碳排放"双控"转变的新内涵，并在十三届全国人大四次会议、2021 年中央经济工作会议中进一步明确。同时，基于国家战略规划和各部门发布的政策，各地区、各重点减排行业也相继因地制宜发布一系列文件为碳达峰、碳中和"1+N"政策体系的部署提供重要支撑。

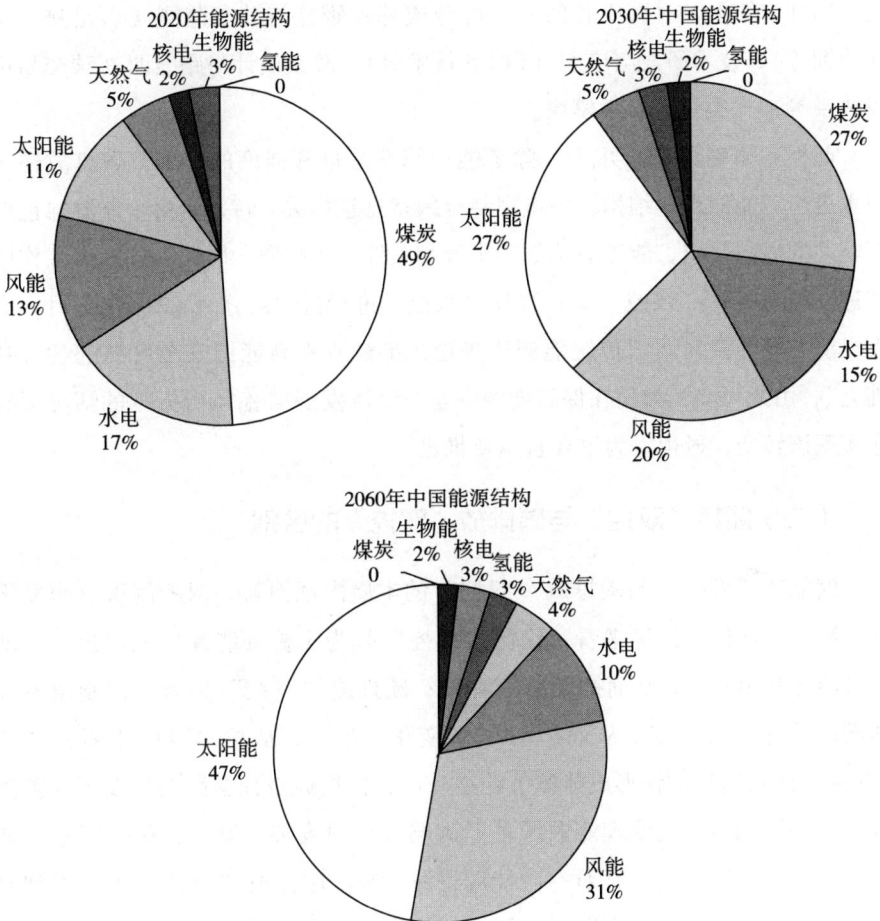

图 4　碳中和状态下的能源结构

资料来源：《中国 2030 年能源电力发展规划研究及 2060 年展望》。

从科学创新的角度来看，碳中和相关研究也受到学者的广泛关注。2007~2016 年是碳中和研究的发展期，该时期的研究重点主要在提升能源效率与使用可再生能源方面，同时，探索碳捕集、利用与封存（Carbon Capture, Utilization and Storage，CCUS）技术的可行性与基础理论。2017~2021 年，党的十九大报告明确提出中国要引导应对气候变化的国际合作，成为全球生态文明建设的重要参与者、贡献者、引领者，碳中和研究也随之进入爆发期。此时研究侧重于构建多种能源模型和不同政策场景以进一步强化能源行业与气候目标的协同性。综上，对碳中和的研究可分成基础研究与动态监测（碳足迹、生命周期等）、技术研发与应用（CCUS 技术等）、政策设计与路线图（碳交易市场体系等）三类重大科学模块。

此外，相关研究表明，[1][2] 除了能源消费总量和强度的约束，碳排放还与技术进步、能源产业结构、环境规制等因素息息相关。特别是由于能源绿色低碳转型的溢出效应，能源消费与碳排放相关性逐步减弱。因此，在未来工作中需进一步将能耗"双控"与碳排放"双控"进行科学区分。2021 年 12 月，中央经济工作会议强调"传统能源逐步退出要建立在新能源安全可靠的替代基础上"，由此可知，如何在保障能源安全与经济发展"稳字当头"的情况下有序实现该转变，显得尤为重要且亟待推进。

（二）能耗"双控"与碳排放"双控"的区别

就能耗"双控"与碳排放"双控"的本质内涵而言，两者侧重点明显不同。第一，从行动目标来看，能耗"双控"是为了提升能源投入产出比，即提升能源利用效率，从而推动节能降耗；碳排放"双控"是为了控制温室气体碳排放总量与强度，从而应对气候变化。第二，从根本目的来看，能耗"双控"的目的是加快形成能源节约型社会，促进经济社会高质量发展；碳排放"双控"的目的是实现能源绿色低碳与高质量发展。第三，从控制对象来看，能耗"双控"主要针对一次能源进行管控；碳排放"双控"可以做到对常规能源与新能源的统筹布局。第四，从适用范围来看，能耗"双控"属于碳排放"双控"的重要组成部分，且重点作用于传统化石能源领域。

---

[1] 张中华等：《能源需求与碳排放驱动因素分解模型发展评述》，《生态经济》2019 年第 4 期。
[2] Lin, B., Long, H., "Emissions Reduction in China's Chemical Industry-based on LMDI", *Renewable and Sustainable Energy Reviews*, 2016, 53.

二 技术领域的基本现状

（一）能耗"双控"的技术特征

1. 化石能源高能效与循环利用技术

根据国家能源局数据，2030 年我国仍有 75% 左右的能源消费需要依靠化石能源来满足，因此，化石能源能效提高与循环利用技术是最有效的碳减排方式。我国化石能源高效能与循环利用技术现状如表 1 所示。

表 1 化石能源高效能与循环利用技术现状

技术类型	技术内容		所处状态	主要应用场景
清洁煤开采与转化技术	壁式、柱式开采		国际领先；规模化应用	煤炭开采
	增压流化床燃烧联合循环		国际领先；规模化应用	先进燃煤发电
	煤气化联合循环		国际领先；规模化应用	
	煤气化燃料电池联合循环		国际领先；规模化应用	
	低碳燃料共燃技术		小规模示范；需要进一步技术研发	
	煤气化		规模化应用	煤清洁化工
	煤液化		规模化应用	
	分质分级转化技术		规模化应用	
油气勘探与转化技术	非常规油气勘探与开发技术		自主研发；小规模示范；综合达到国际先进水平	油气勘探
	乙烷制乙烯成套技术		自主研发；小规模示范；关键指标达到先进水平	石油清洁化工
	低氮燃烧技术	分级燃烧、烟气再循环	规模化应用	燃气发电
		MILD 燃烧、催化燃烧	需要进一步技术研发	
	低氢燃烧技术		技术基础薄弱	先进燃气

由表 1 可知，第一，中国在煤炭高效利用领域部分技术引领全球发展，整体上进入高效安全开发与清洁利用阶段。在先进燃煤发电应用场

景中，低碳共燃技术主要分为煤与生物质共燃、煤与氨燃料共燃。其中，煤与氨燃料共燃技术取得了世界性突破，并进行了项目小规模示范，但总体仍然处于需要资金与政策支持的技术研发阶段，暂不具备竞争力。在煤清洁化工场景中，煤气化在中国有最好的生产流程实践，技术已较为成熟。

第二，石油和天然气产生的碳排放较低，我国油气勘探与转化技术整体处于国家自主创新阶段且在关键指标上能够达到国际先进水平。2021年中国原油进口对外依存度达72%，天然气对外依存度达44%。同时，中国油气多处于盆地、岩层等复杂地质中，以川南地区为例，埋藏深度大于3500米的页岩气资源量约为8.3万亿立方米，占地区总资源量的86.5%。因此，页岩气、煤层气等非常规油气的勘探技术是化石能源高效利用的重要基础。中国在油气勘探领域形成了一套具有中国特色的理论，但在天然气燃烧场景中，MILD燃烧、催化燃烧等新技术的反应机理、燃烧特性还需要进一步验证；此外，催化剂的性能仍是研究低氮催化燃烧技术的瓶颈。

2. 重点领域节能技术

重点用能行业的许多环节尚存减排空间，是能效提高与绿色低碳发展的重要方向。重点领域节能技术现状如表2所示。

表2　重点领域节能技术现状

技术类型		技术内容	所处状态	主要应用场景
农业领域	种植业	稻田甲烷减排技术	技术推广；建立专利保护	种植
		农田氧化亚氮减排技术	理论研究阶段	
		农作物秸秆还田固碳、能源化利用技术	传统技术规模化应用	废物利用
	畜牧业	畜禽粪便管理温室气体减排技术	传统技术规模化应用	
	渔业	零碳排放船舶	小规模示范	捕捞
		渔业综合养殖碳汇技术	小规模示范	养殖

技术类型	技术内容			所处状态	主要应用场景
工业领域	钢铁	氢能炼钢技术		技术基础薄弱	钢铁制造
		内部除尘技术		规模化应用	残渣处理
		高炉渣等废料综合利用技术		传统技术规模化应用；需要研发新型综合利用技术	
	水泥	新型干法水泥技术		关键指标达到国际先进水平；规模化应用	水泥制造
		纯低温余热发电技术		技术基础薄弱	残渣处理
	纺织	新型双缸无管路印染技术		关键指标达到国际先进水平；建立专利保护	织物制造
		印染废水分离技术		规模化应用	废水处理
交通领域	汽车	自动驾驶技术		低级自动辅助系统规模化应用；高级自动驾驶系统小规模示范	新能源汽车
		电池储能技术	碱性电池	自主研发；规模化应用	
			燃料电池	需要进一步技术研发	
建筑领域	绿色建材	绿色保温隔热、防水材料		小规模示范；需要进一步技术研发	建造材料
	建筑节能	智能建筑、光储灵活集成、微电网、分布式能源供应		小规模示范；需要进一步技术研发	建筑用能
		热能减排技术		小规模示范	建筑供暖

由表 2 可知，第一，农业领域——农业领域碳排放量稳定，经营方式尚未发生根本改变。政策引导比重较大，整体上处于由传统技术向低碳化改造的前期阶段。在种植场景中，稻田甲烷减排技术的应用可以减少水稻生长过程中 30%～60%的 CH_4 排放量，目前中国水稻研究所已在全国范围内推广这项技术，其应用前景广阔。

第二，工业领域——工业领域碳锁定效应明显，是最主要的重点领域碳排放部门，整体上处于由传统技术向低碳化改造的中期阶段。传统技术已在中国钢铁、水泥、纺织领域广泛应用，但新型减污降碳技术仍然存在成本高、效果未达预期等障碍，需要进一步的研发。钢铁产业的氢能炼钢技术被认为是根源性深度脱碳的革命技术，并在探索"煤基氢冶金理论"方面取得了阶段性进展。但当前受到制氢环节尚未脱碳、储运成本高的影响，新型减污降碳技术的市场竞争力较弱，只进行产业园区示范，尚不能部署大规模应用。

第三，交通领域——交通领域是碳排放的主要来源之一，也是碳排放长期趋增的领域，整体上进入研发持续投入与产品推广阶段。新能源汽车行业部分技术成熟，能够依靠自主研发缩小与国际领先技术的差距，具备一定的市场竞争力，但当前仍然面临芯片供应不足、原材料依然维持高位以及配套基础设施建设不足等问题。

第四，建筑领域——建筑领域碳排放数量稳定，是中国碳排放主要部门之一，整体上处于由传统技术向低碳化改造的中期阶段。建筑领域当前主要以政策引导为主，政策方针是提高建筑能效的主要推动力。供暖场景中，热能减排技术是实现能量阶梯利用，开展清洁供暖的重要技术，并且为中国因地制宜经济性供暖提供了技术支撑。当前，建筑节能技术的难点在于已有建筑的改造成本高，而新型绿色建筑又不具备普适性技术研发能力。

（二）碳排放"双控"的技术特征

1. 零碳排放技术

（1）直接清洁能源

目前，直接清洁能源主要包括水电、核电、风电和光伏。其中，风电与光伏所占装机容量逐年递增，2021年两者之和占直接清洁能源装机的比重为58.8%。

由表3可知，中国在直接清洁能源领域技术成熟，自主研发实力强，在国际市场中所占份额较大，整体上已经进入规模化部署和清洁利用阶段。中国水电是清洁电力行业的支柱，相关技术综合达到国际领先水平。2021年，在直接清洁能源发电量中，每10度清洁电力中就有约4.9度来自水力发电。水电未来的技术重点在于推进流域水风光多能互补一体化，实现水电、新能源、输电通道"1+1+1>3"综合效益最大化。2021年中国核电5%的装机容量占比支撑了15%的直接清洁能源发电量。核反应堆技术与核燃料循环技术综合达到国际先进水平。在核能发电场景中，自主研制的核燃料元件开始批量化生产，技术实现工业规模化应用，我国核燃料循环产业规模位居世界前列。风电产业是中国具有国际竞争力的零碳技术产业之一，能够与国际领先水平"并驾齐驱"。在可再生能源发展行动中，中国实现了风电产业由弱到强的跨越式发展，建立了世界最大规模的风电供应产业体系。中国是全球领先的光伏电池板制造大国。全球前十大高纯晶硅企业中，中国企业凭借自主创新技术占比

70%，具备雄厚的国际市场竞争实力。风电与光伏未来的技术难点在于如何在成本约束下突破消纳并网、有效调配的发展瓶颈以及降低由风、光发电长距离输送导致的不确定性对电网安全造成的冲击。

（2）间接清洁能源

除了直接清洁能源，氢能作为间接清洁能源的代表，在众多领域展现出良好的应用前景（见表3）。中国在氢能领域起步较晚，整体上处于新技术研发和现有技术小规模示范阶段。在制氢场景中，正在探索风力、光伏等可再生能源制氢。在储运场景中，高压气态储氢技术成熟，但固态、有机液体储氢技术尚不能支持商业化推广，处于技术研发或小规模示范阶段。在终端应用场景中，考虑优先将氢能用于难以脱碳的工业重点减排领域，如钢铁还原、碳氢燃料合成等。氢能未来的技术难点在于如何提高清洁能源制氢效率，并降低全产业链的成本。

表 3 零碳排放技术现状

技术类型	技术内容		所处状态	主要应用场景
直接清洁能源	水电	季节性抽水蓄能技术	建造技术国际领先	发电
		泄洪消能技术	国际领先；规模化应用	
	核电	核反应堆技术	综合达到国际先进水平；规模化应用	
		核燃料循环		
	风电	大型风电关键设备研发	国际领先；规模化应用	生产制造
		大数据并网技术	规模化应用	发电
		风电场优化调度控制技术		
	光伏	太阳能硅晶制造	基本实现国产规模化应用；量产技术国际领先	生产制造
		太阳能电池制造		
		智能光伏发电技术	规模化应用	发电
间接清洁能源	氢能	电解水	部分技术达到国际先进	制氢
		煤制氢	国际领先	
		甲烷重整	小规模示范	
		生物质制氢	理论研究阶段	
		高压存储	商业化推广	储运
		固态存储	技术基础薄弱；小规模示范	
		管道运输	小规模示范	
		罐车运输	规模化应用	
		燃料电池	技术基础薄弱	终端应用
		工业还原	小规模示范	

2. 负碳排放技术

中国能源消费在短时间内仍然需要化石能源的参与，为实现二氧化碳净零排放，负碳排放技术不可或缺。负碳排放技术主要包括技术固碳和生态固碳两种方式，即碳捕集、利用和封存（CCUS）技术与农林碳汇。负碳排放技术现状，如表4所示。

表4　负碳排放技术现状

技术类型	技术内容	所处状态	主要应用场景
碳捕集、利用和封存（CCUS）技术	燃烧前捕集	小规模示范；需要进一步技术研发	碳捕集
	富氧燃烧捕集	小规模示范	
	燃烧后捕集	技术成熟；规模化应用	
	生物质碳捕集与封存（Bio-Energy with Carbon Capture and Storage，BECCS）技术	技术基础较好；小规模示范	
	直接空气碳捕集与封存（Direct Air Capture and Storage，DACCS）	技术基础薄弱；需要进一步技术研发	
	CO_2融入混凝土进行矿化	技术基础薄弱；需要进一步技术研发	碳利用
	化学合成氨技术		
	盐水层封存技术	小规模示范；需要进一步技术研发	碳封存
	CO_2驱油提高采收率（CO_2_Enhanced Oil Recovery，CO_2_EOR）技术		
农林碳汇	竹木制品固碳	小规模示范	固碳
	碳库核算技术	进一步研究	碳核算

第一，中国碳捕集、利用和封存技术起步较晚，整体上处于从小规模示范到商业化应用的过渡阶段。在碳捕集场景中，燃烧后捕集技术最成熟，已经广泛应用于国内火电厂。但在碳利用场景中，碳捕集、利用和封存技术基础最为薄弱，任何一种具体利用方式，都存在经济性和规模性不足的问题，目前对负

碳排放的贡献十分有限。在碳封存场景中，二氧化碳驱油技术较为成熟，在一体化技术攻关和规模化应用方面取得了积极进展。[①]

第二，生态固碳技术整体上处于由常规植树造林向增汇新技术改造的起步阶段。生态固碳主要包括两种途径：海洋碳汇与农林碳汇。相比于海洋生态系统，农林生态系统的碳库更容易精准测算。未来，生态固碳技术的主要研究方向为森林增汇、树种选育更新、竹本产品固碳等关键技术，同时还应完善森林碳汇计量检测体系，如湿地、竹木制品的碳库核算方法，为增强碳汇能力、提高碳汇监测精准性打下良好基础。

（三）"双控"管理的技术特征

1. "双控"过程前管理

"双控"过程前管理与监管技术主要涉及总量和强度指标的设置与分配。"双控"指标设置与分配管理技术的特征如表 5 所示。

表 5　"双控"指标设置与分配管理技术的特征

涉及方面	能耗"双控"	碳排放"双控"
管理内容	能源、电力消费的总量与强度	国家层面： 根据 IPCC 国家温室气体清单
		省级层面： 根据国家发展和改革委员会编制的《省级温室气体排放清单编制指南（试行）》
管理落实主体	国家与省级政府	省、市级政府与重点用能单位
管理方式	目标责任制	
	煤炭消费中长期控制"双目标管理"	"可再生能源利用+重点行业"、产品控制目标

由表 5 可知，在"双控"过程前存在两条管理技术路径，一是完善能耗"双控"管理制度；二是由能耗"双控"管理逐步向碳排放"双控"管理过渡。就管理内容来看，碳排放"双控"是能耗"双控"指标分解内容范围的

[①]　袁士义等：《二氧化碳捕集、驱油与埋存产业化进展及前景展望》，《石油勘探与开发》2022 年第 4 期。

扩展。碳排放"双控"不仅涵盖能耗"双控"的管理内容，还拓展到温室气体排放管理。就管理落实主体而言，碳排放"双控"鼓励更多主体参与，将管理技术权限下放至省、市级政府与重点用能单位。就管理方式来看，两者均采用目标责任制，但碳排放"双控"目标趋于严格，不仅覆盖多种行业，而且更加侧重于对可再生能源的鼓励。

2. "双控"过程中管理

能耗"双控"在过程中将节能监测放在最突出的位置，对能源消费从源头把控，并强化提前评估，其监管手段以现场监测为主，自查、抽查为辅。

在碳排放"双控"过程中，碳核算是最主要的任务，需要对各地区能耗总量与强度、非化石能源及可再生能源消费比重、能源消费碳排放系数等进行精准核算，其监管手段以核算体系为主，现场监测为辅。

"双控"过程中的管理与监管处于以完善碳排放管理为重点任务的阶段，未来工作难点在于减小由低位热值、碳排放因子等参数引起的碳数据核算误差，对碳排放进行精细化监管。

3. "双控"过程后管理

"双控"过程后的管理以考核为主。能耗"双控"的考核目标坚持"强度优先，总量合理"，即以强度为导向进行考核，对强度达标且发展快的地区，增强管理弹性。

目前，碳排放"双控"的考核目标以碳排放强度控制为主，为避免地区"攀高峰"现象，未来需要将碳排放总量作为约束性指标，实现对碳排放总量控制考核的转变。

"双控"过程后的管理处于探索碳排放"双控"考核监管的初级阶段。能耗"双控"与碳排放"双控"在考核手段侧重点上存在明显差异：能耗"双控"采用统一的考核方式，注重地区之间的可比性；碳排放"双控"采用地区与行业并重的考核方式，注重地区、行业之间的差异性。

三 影响技术创新的问题诊断

由以上分析可知，从短期来看，有序实现能耗"双控"向碳排放"双控"转变的技术创新内容不断增多、形式不断丰富、作用不断加强；从长期来看，有序转变是一场涉及制度、经济、社会等的系统性工程，其高度复杂性决定了单独依靠技术创新驱动很难实现，因此，需要对现有发展体系进行一揽子改革。在制度层面，需要实现对技术创新的驱动；在经济层面，需要为技术市场的形成与扩张营造良好环境；在社会层面，需要减少技术创新的不确定性并形成良性循环。但当前，我国在制度、经济、社会层面与支撑技术创新目标的实现还有一定的差距，具体体现在以下三方面。

（一）制度层面的原因分析

1. 制度的适应性问题

在能耗"双控"制度阶段，中国出现了"煤荒""电荒"以及政策失灵等一系列问题，对"双控"技术创新的指导作用减弱，证明能耗"双控"制度并不适应中国现阶段经济社会的高质量发展。此外，能耗"双控"制度在能源领域发力的同时，将可再生能源也纳入能源消费总量的管控范围，阻碍了技术创新的发展，证明能耗"双控"制度并不符合当前中国能源绿色低碳转型的要求。

碳排放"双控"制度则更具目标导向，不仅放松了管制，降低了过程成本，还加强了技术市场监管，规范了技术行为标准。因此，从制度适应性的角度看，实现能耗"双控"向碳排放"双控"转变，对能源体制改革、技术创新具有重要的意义。

2. 政策的效力问题

经过实践验证，在实现有序转变的技术创新过程中，能耗"双控"制度存在一些障碍与政策短板。

（1）能耗"双控"制度体系不够完善。完成能耗"双控"工作需要把握"增效"和"减排"两条技术主线，而其关键在于指标的设置，即分解落实管理技术。之前的政策文本对中国各地区、各行业、各群体和未来各个阶段的能源消费底数、能耗"双控"边际成本和承受能力没有明确规定；在目标分解过程中，没有对区域进行差异化指标分配，出现了"诸侯经济"的现象，导致了一定程度的资源错配，降低了能耗"双控"的政策精准性和实施有效性。

（2）能源法制体系不健全，技术立法政策针对性不强。中国现有能耗"政策"多数以规划、意见为主。虽然在2016年修改了《中华人民共和国节约能源法》，但围绕低碳技术发展的法律仍然欠缺，尚不能利用法律的强制力规范技术标准和技术认证体系。

3. 管理的规范问题

（1）在能耗"双控"政策执行过程中，管控对象范围有待合理设定。考核部门通常将"原料用能"作为耗能企业自身节能减排任务的一部分，但这部分能源产品只有约20%的碳元素形成二氧化碳并排放至大气。因此，"原料用能"作为能耗"双控"任务的一部分，约束了能源产业"双控"技术的创新与升级。

（2）在能耗"双控"管理过程中，手段方式单一导致了运动式"减碳"问题凸显。虽然"十三五"规划以来，中国能耗强度呈累计下降趋势，但早期对于能耗管控采取的办法，出现了管理缺乏弹性和灵活性、估算方法笼统等问题，部分优质项目面临"不批、不建"的窘境，从而阻碍了传统能源以结构优化为导向的技术升级，以及高比例、大规模可再生能源绿色替代的技术创新进展。

（二）经济层面的原因分析

1. 经济稳定性问题

能耗"双控"制度对大宗商品供给等高耗能产业组施行限电限产措施，范围波及中、低耗能产业，严重影响了产业供给的稳定性。同时，将可再生能源电力消纳量纳入能源消费总量考核，限制了可再生能源技术的创新发展，增加了燃煤发电压力，使得煤价高企、煤电价格出现倒挂，与国民经济"稳字当头、稳中求进"的总基调相悖。

而碳排放"双控"是减轻产业供给压力、激励清洁能源技术创新的必要手段。基于碳排放"双控"制定统一的碳排放标准值，完善"双控"过程中的管理技术，不仅减轻了供给企业降耗压力，而且精准区分了传统化石能源与非化石能源碳排放，实现清洁能源项目需求大幅释放。因此，碳排放"双控"制度更有利于经济的稳定，从而营造良好的技术市场循环。

2. 经济平衡性问题

2021年，中国剩余探明可采的煤炭储量为2078.85亿吨，石油储量为36.89亿吨。[①] 其中，西北地区煤炭储量的全国占比超50%，石油储量占比超

① 中华人民共和国自然资源部：《中国矿产资源报告2022》，https：//www.mnr.gov.cn/sj/sjfw/kc_19263/zgkczybg/202209/P020220921322248251216.pdf。

40%，是中国高度聚集的化石能源产业基地。而严格的能耗"双控"制度限制了西北地区煤化工、石油产业的技术创新升级，削弱了原料采购、二氧化碳封存、化工生产再利用的技术规模优势。

以碳排放"双控"进行"换道领跑"，可以创造性地实现风力、光伏充沛的西部地区企业就近布局，使得可再生能源和其他清洁能源技术在西部壮大，进而降低当地工业碳排放强度并扩大就业税收。因此，碳排放"双控"制度对加快西北地区参与碳市场建设、技术创新发展形成新格局具有重要意义。

3. 碳市场建设问题

能耗"双控"制度对常规能源发电的限制容易造成碳市场中碳配额需求增加、碳价格上升等问题，不利于优化配置减排空间资源以及降低减排目标实现的技术成本。

碳排放"双控"制度不仅可以倒逼高排放行业规划更清晰的减碳路线图，以明确地预期参与碳市场交易，还能为碳减排释放价格信号，提供经济激励机制，进而增强整个碳交易市场的灵活性。中国经济仍处于中高速发展时期，电力市场化存在一定区域、交易品种的局限，这些客观条件决定了初期的全国碳市场总体建立在碳排放强度控制基础上。① 因此，碳排放"双控"制度是加快碳市场建设、提升"双控"管理技术水平的重要保障之一。

（三）社会层面的原因分析

1. 能源安全的压力

（1）国内因素——碳排放"双控"制度未将可再生能源和原料用能纳入能源消费总量控制，这增强了能源供给侧与需求侧的联动，有利于释放更多新能源项目，加快构建以新能源为主体的新型电力系统，将国内能源电力供需不稳定因素对能源安全的影响降到最低。

（2）国际因素——俄乌冲突、北溪 2 号天然气管道泄漏等事件加剧全球能源市场供需紧张，更加凸显了保障本土能源安全的重要性。碳排放"双控"制度突出控制化石能源消费的政策导向，推动煤炭清洁高效利用和终端用能清洁替代技术创新，加快构建清洁低碳安全高效的能源体系，以缓解国际形势不

---

① 张希良、张达、余润心：《中国特色全国碳市场设计理论与实践》，《管理世界》2021 年第 8 期。

稳定因素对中国能源安全的冲击。

因此，由能耗"双控"向碳排放"双控"转变，通过"两个构建"提升能源安全，减少技术创新的不确定性，助力"双循环"新发展格局形成与"双碳"目标实现。

2. 生态环境保护的压力

近年来，中国由气候变化引发的自然灾害逐渐增多，如四川极端高温、河南特大暴雨、广州严重干旱等，呈现出频次高、极端性突出、灾害后果偏重等特点。2021年，全国各种灾害造成直接经济损失3340.2亿元。

由于零碳能源占能源结构比重提升，能源消费与碳排放总量的相关性逐渐减弱，能源转换、利用对生态环境造成的影响相应地减少或消除，能耗"双控"制度对生态环境的保护力度逐渐减弱。

而碳排放"双控"制度采用碳排放核算技术体系，对生态环境的保护没有能源种类上的差异，不同种类能源的碳排放对生态环境影响相同。因此，生态环境保护的压力倒逼能耗"双控"向碳排放"双控"技术创新转变。

3. 城市化"阶段性"效应

中国已有部分城市突破城市化与能耗强度关系"拐点"进入新阶段，实现了经济增长与能源消费脱钩。但能耗强度没有从投入要素的角度隐含城市化所面临的"碳排放"这一新约束条件。[①]"双碳"目标既定，碳排放空间成为比劳动力、资本、土地等资源更稀缺的生产要素。

碳排放"双控"直接反映城市化进程中稳定控碳、降碳的目标，并将"双控"技术升级和经济增长融为一体。因此，由能耗"双控"制度替换为碳排放"双控"制度，是当前城市"阶段性"效应的必然要求。

四 技术创新导向的有序转变方案

（一）以技术创新为导向的有序转变路径与步骤

中国能源体制革命进入深水区，需要进一步将过去节能减排的技术创新战

---

① 王巧然：《城市化对碳生产率的阶段性效应及其区域分异特征研究——来自中国地级市的证据》，《技术经济》2021年第12期。

略调整为以减污降碳为重点方向的战略，实现由能耗"双控"向碳排放"双控"转变。有效的制度体系是基础，科学的技术创新是前提，可靠的机制保障是关键。因此，构建以技术创新为导向的"方针—技术—机制—合作"转变路径，可为实现有序转变提供有力支撑。

1. 有序转变的制度方针

中国二元经济发展结构导致了"双控"制度方针不完善，出现了法律规制缺失、碎片化等问题，阻碍了制度对技术创新的驱动作用。因此，简单地依靠能耗"双控"调整无法实现，更多地需要"先立后破"，在"碳中和"进程中自上而下构建新的碳排放"双控"制度。有序转变的制度方针设计如图5所示，国家与地区减排指标分配思路如图6所示。

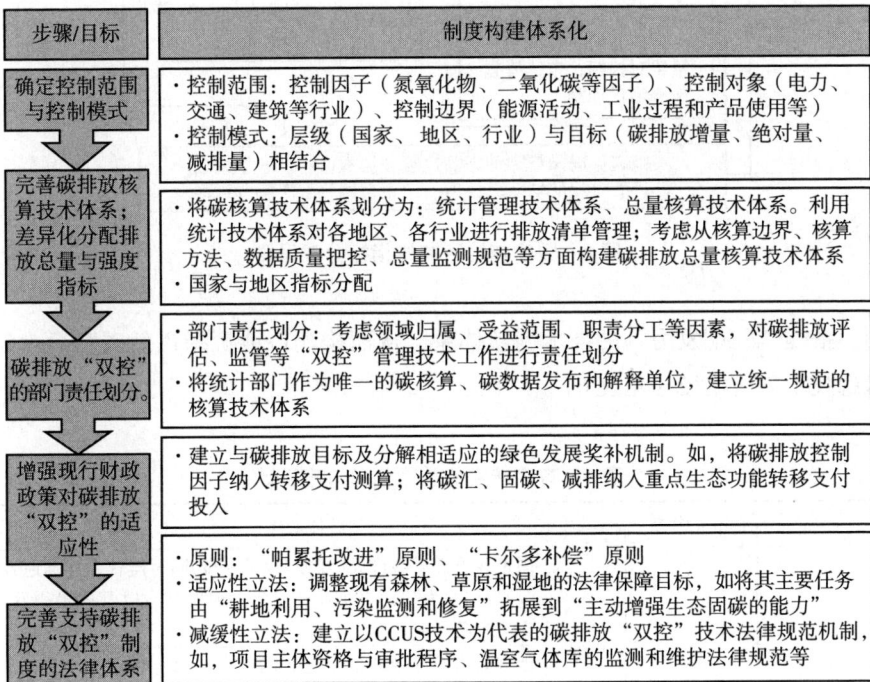

步骤/目标	制度构建体系化
确定控制范围与控制模式	·控制范围：控制因子（氮氧化物、二氧化碳等因子）、控制对象（电力、交通、建筑等行业）、控制边界（能源活动、工业过程和产品使用等） ·控制模式：层级（国家、地区、行业）与目标（碳排放增量、绝对量、减排量）相结合
完善碳排放核算技术体系；差异化分配排放总量与强度指标	·将碳核算技术体系划分为：统计管理技术体系、总量核算技术体系。利用统计技术体系对各地区、各行业进行排放清单管理；考虑从核算边界、核算方法、数据质量把控、总量监测规范等方面构建碳排放总量核算技术体系 ·国家与地区指标分配
碳排放"双控"的部门责任划分	·部门责任划分：考虑领域归属、受益范围、职责分工等因素，对碳排放评估、监管等"双控"管理技术工作进行责任划分 ·将统计部门作为唯一的碳核算、碳数据发布和解释单位，建立统一规范的核算技术体系
增强现行财政政策对碳排放"双控"的适应性	·建立与碳排放目标及分解相适应的绿色发展奖补机制。如，将碳排放控制因子纳入转移支付测算；将碳汇、固碳、减排纳入重点生态功能转移支付投入
完善支持碳排放"双控"制度的法律体系	·原则："帕累托改进"原则、"卡尔多补偿"原则 ·适应性立法：调整现有森林、草原和湿地的法律保障目标，如将其主要任务由"耕地利用、污染监测和修复"拓展到"主动增强生态固碳的能力" ·减缓性立法：建立以CCUS技术为代表的碳排放"双控"技术法律规范机制，如，项目主体资格与审批程序、温室气体库的监测和维护法律规范等

图5 有序转变的制度方针设计

2. 有序转变的技术创新

实现有序转变的技术创新需要积极整合各级政府、高校、企业等知识、人才资源，形成研发合力；同时，从能源供应端、能源消费端、固碳端三个方

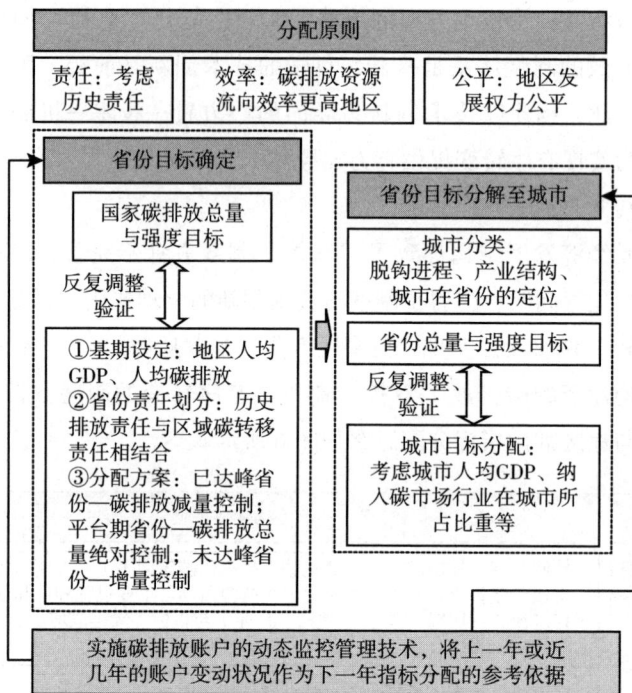

图6　国家与地区减排指标分配思路

面，搭建"三端发力"的技术创新体系，从而构建以能源绿色低碳革命为统筹的技术创新路径（见表6）。

表6　有序转变的技术创新方案设计

目标	相关内容		具体做法
构建以能源绿色低碳革命为统筹的技术创新路径	推进主体技术创新协同	政府	国家政府提供碳排放"双控"政策支持，同时监管并规范地方政府行为；为高校与企业建立专项研发基金以及技术研发、交流示范平台
			地方政府发挥当地技术优势，提供良好的资金引入环境，保证当地碳排放"双控"技术示范项目平稳运行，进而提高项目示范的影响力
		高校	围绕碳排放"双控"技术开设相关专业、展开基础研究，同时将创造的碳排放"双控"相关知识转移至企业
		企业	建立企业间的碳排放"双控"技术示范平台，进行成果转化示范；充分利用国有与私营企业自身优势，开展"双控"技术创新的长期合作

目标	相关内容		具体做法
构建以能源绿色低碳革命为统筹的技术创新路径	搭建"三端发力"的技术体系	能源供应端	挖掘跨部门、跨行业的减排潜力,将节能与零、负碳排放技术耦合应用,如"氢+电"取代煤炭的工艺过程,推广无碳新工艺
		能源消费端	水泥、钢铁、交通等重点产业根据自身技术现状制定详细的碳排放"双控"技术路线图,并进行全生命周期分析,如在煤基产品消费环节引入负碳排放技术,控制、治理、利用污染物排放,实现煤基副产品清洁化消费
		固碳端	利用技术创新进行树种选育更新,提升竹本产品固碳效率、湿地保护修复能力,扩大"碳循环";选择合适的固碳技术评价体系,如对自愿减排的项目直接对接国际标准,而符合IPCC额外性技术要求的项目,进入国家 CCER 项目体系进行碳排放配额的抵减

其中,国有企业在中国能源重点工业领域处于主导地位,而私营企业拥有较高的转型灵活性与市场敏锐度。因此,应如图 7 所示,充分结合两者优势,提高技术创新效率,推动有序转变。

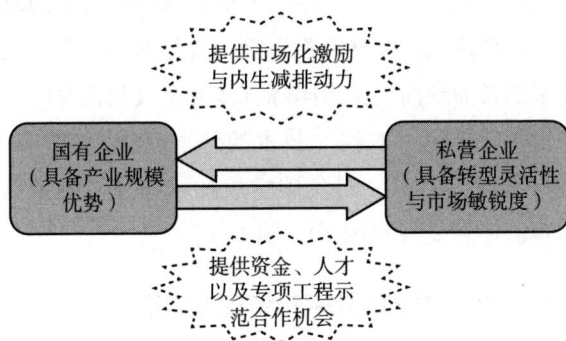

图 7　国有企业与私营企业协同机制

3. 有序转变的市场机制

从"双控"相关管理技术与监管手段来看,根据中国国情,初期的碳市场基于碳排放强度控制,而国际碳市场均基于碳排放总量控制,未来需要做好与国际碳市场的衔接。因此,实现有序转变的市场机制设计需要重构基于碳排放总量为管理内容的碳市场,具体做法如图 8 所示。

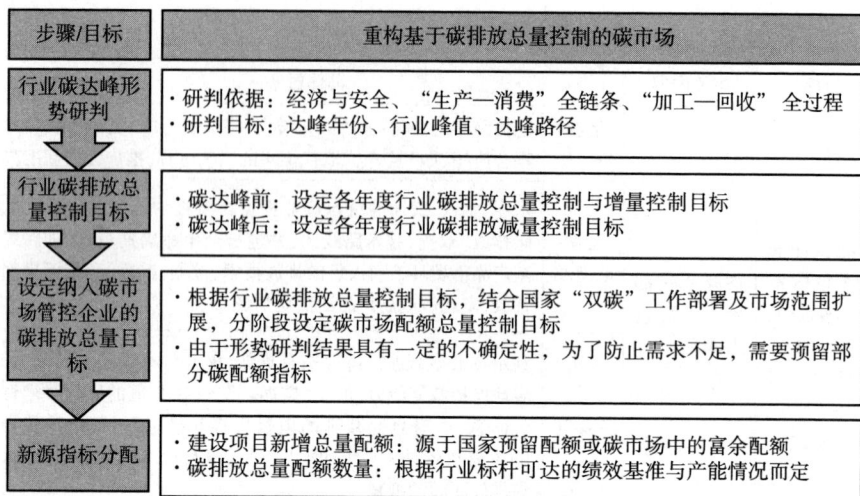

图8　有序转变的市场机制方案设计

4. 有序转变的国际合作

实施碳排放"双控"主要以大国责任和贡献为主，因此实现有序转变的过程需要加强各国的对话与合作。中国可考虑自身不同技术的成熟程度，对不同国家采取适宜的合作模式，并从合作原则、合作基础、合作领域、合作模式四个方面，以技术创新为导向，提出国际合作方案（见图9）。

其中，基于不同碳排放"双控"技术的基本现状，对零碳排放技术构建"共建共享+合作一体化"模式；对负碳排放技术构建"投资共赢+合作一体化"模式，以实现有序转变（见图10、图11）。

（二）以技术创新为导向有序转变时空布局

1. 有序转变的时间布局

（1）阶段一：起步期

以能耗"双控"为主，但需要根据过去实践经验，对控制范围、管理方式进行调整。该阶段，碳排放"双控"的定位以强度控制为主，总量控制为辅。因此，应根据国家、地区、行业内部因素合理设置能耗约束性指标，并进一步细分原料用能品种、用途，并对原料用能范畴进行精细化界定，优化控制管理与监管技术方式，允许能源消费总量保持合理弹性。

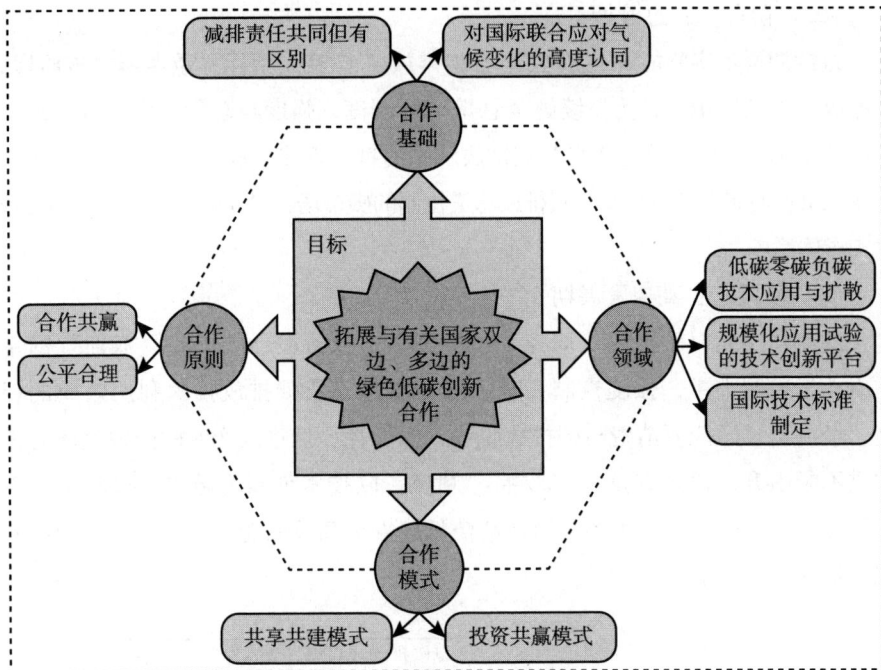

图 9　有序转变的合作方案设计

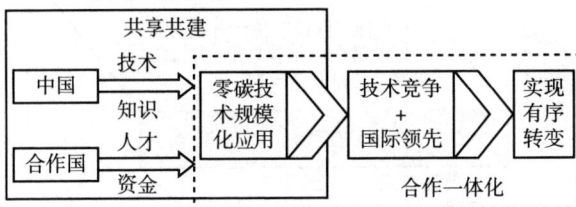

图 10　零碳排放技术国际合作模式

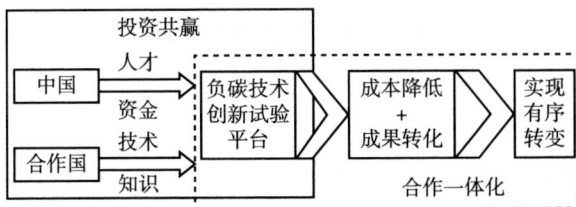

图 11　负碳排放技术国际合作模式

（2）阶段二：过渡期

过渡期逐步实施能耗"双控"与碳排放"双控"指标并重考核。该阶段，碳排放"双控"的定位为持续健全总量控制制度，强度与总量互为支撑。随着零碳技术不断升级，能耗水平与碳排放水平的耦合逐步减弱，因此，需要完善碳排放总量控制制度，重构基于碳排放总量控制的碳市场，建立碳排放总量控制的技术支撑体系。

（3）阶段三：高速发展期

高速发展期以碳排放"双控"指标为主。该阶段，碳排放"双控"的定位以总量控制为主，强度控制为辅。随着零碳、负碳排放技术利用效率的提高，经济增长、能源消费与碳排放脱钩，低能耗、低排放产业的国内生产总值比重不断上升，通过碳排放"双控"制度，以技术创新为导向，推动构建以新能源为主体的新型电力系统以及清洁低碳安全高效的能源体系，助力中国实现"碳中和"目标。

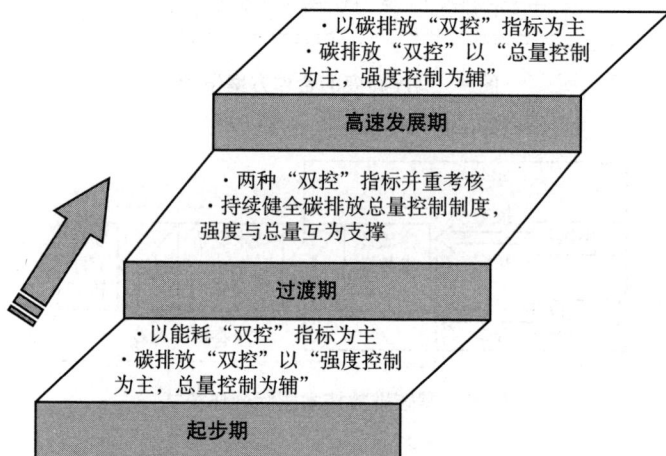

图 12　有序转变的时间布局

2. 有序转变的空间布局

（1）指标分解与分配

构建科学合理的碳排放"双控"目标分解技术体系。利用数字技术进一步细化典型地区、典型能源产品、非二氧化碳的温室气体排放因子测算，健全碳核算技术体系；省级政府结合该地区外部定位、内部经济发展水平与产业结构布局等情况，遵循因地制宜、科学合理的指导思想，将指标分解至各下级单位；地区碳排放总量控制与碳排放强度考核相衔接，构建权责清晰的制度体系和法规体系。

（2）重点区域的选取

选取适宜的地区和行业开展碳排放"双控"试点工作，积累经验，扩大"示范效应"。在地区选择方面，可以选取经济发展水平高、具有良好零碳或负碳技术布局基础的地区作为试点，高质量城市化能够减少经济发展对碳排放的影响，保证地区具备实现有序转变的技术条件。在行业选择方面，可以选取具有减排成本低、碳排放数据易于获取等特点的行业，保证行业碳数据具备准确性与可比性。

（三）技术创新与扩散的绩效预期

碳排放"双控"的技术创新将加快推进中国能源绿色低碳与高质量发展。在有序转变进程中将实现，第一，化石能源清洁高效利用。煤炭消费将实现稳中有降与兜底保障，石油回归原料属性，天然气依托其燃烧性质优势成为零碳能源的"最佳伙伴"。第二，零碳排放技术快速发展，电能替代技术逐渐推广。绿色电力和清洁氢能成为新型电力系统的主体，基本实现新型电力系统结构的转变，同时非化石能源基本具备作为"稳定电源"的条件。

碳排放"双控"的技术创新将成为实现生态文明建设的重要内容。在有序转变过程中将实现，第一，零碳排放技术在一定程度上可治理生态环境。例如，以"零碳能源+"治理沙漠、戈壁、荒山、沉陷区等土地，基本实现新能源开发与生态保护及治理的有机融合。第二，负碳排放技术在一定程度上可修复生态环境。负碳排放技术将社会经济活动中产生的碳排放加以转化、利用，从而大幅提高生态碳治理成效，成为中国生态文明建设的重要支撑。

"双控"相关管理与监管的技术创新将成为应对气候变化管理体系的重要组成。在有序转变过程中将实现，第一，科学地、差异化地分配碳排放总量指标；第二，基本建立统一规范的碳核算体系；第三，完善基于碳排放总量控制的考核制度。

五 结论与启示

中国能源产业经历了四十多年的快速增长，建立了全球最为庞大、复杂的能源系统。同时也表明了能源体制下的制度转变不可一蹴而就，需要"先立后破"，走出一条符合中国实际的转变之路。本报告综述了能耗"双控"向碳排放"双控"转变涉及技术领域的基本现状，对影响技术创新的制度、经济、社会因素进行问题诊断，并基于路径体系、时空布局提出以技术创新为导向的有序转变系统性方案，总结的重要结论有以下三点。

首先，就技术创新而言，碳排放"双控"是能耗"双控"的延伸和发展。中国步入了"两高"行业结构性转型关键时期，然而经济发展与能源消费、碳排放量尚未完全脱钩，能耗"双控"可支撑行业"低位达峰"，但很难满足"碳中和"要求。因此，碳排放"双控"技术创新对后续目标实现尤为重要。未来需要建立碳排放"双控"技术创新的标准和国际认证，做好两类"双控"技术的相互衔接。

其次，就影响技术创新的因素来看，第一，能耗"双控"制度在政策效力、执行与管理方面出现了与"稳字当头、稳中求进"总基调不相适应的情况，对技术创新的驱动作用明显减弱；而碳排放"双控"制度对当前能源体制更具适应性。第二，碳排放"双控"稳定产业供给、协调区域发展、控碳目标明确的优势更有利于经济的稳定以及碳市场建设，可为技术创新营造良好的市场环境。第三，碳排放"双控"制度提高社会能源安全意识、对生态环境保护的无差异性、强调城市碳排放约束等特征对形成技术创新的良好循环具有重要意义。

最后，以技术创新为导向通过"方针—技术—机制—合作"转变路径体系和时空布局设计有序转变的系统性方案。就路径体系而言，差异化分配碳排放指标和确立规范的法律体系是碳排放"双控"制度驱动技术创新的两大关键步骤；技术创新主体之间通过分工与合作提升碳排放"双控"技术创新的有效性和创造性，加速有序转变的实现；设定纳入碳市场企业的总量管理目标是实现碳排放"双控"管理技术转变的关键；基于当前技术领域的基本特征，开展"共建共享+合作一体化"模式与"投资共赢+合作一体化"模式，与合作国形成稳定、高质量的合作伙伴关系。就时空布局而言，碳排放"双控"的定位随时间不断演化，因此，应利用碳排放"双控"相关的管理技术与监管手段，做好特定阶段的任务衔接工作，进而实现有序转变和"双碳"目标。

参考文献

［1］陈诗一、祁毓：《"双碳"目标约束下应对气候变化的中长期财政政策研究》，《中国工业经济》2022 年第 5 期。

［2］魏一鸣、余碧莹、唐葆君等：《中国碳达峰碳中和路径优化方法》，《北京理工大学学报》（社会科学版）2022 年第 4 期。

［3］吴滨、高洪玮：《能耗"双控"政策的碳减排效应分析》，《中国能源》2021 年第 6 期。

［4］谢典、高亚静、芦新波等：《能耗"双控"向碳排放"双控"转变的实施路径研究》，《综合智慧能源》2022 年第 7 期。

［5］陈诗一、祁毓：《实现碳达峰、碳中和目标的技术路线、制度创新与体制保障》，《广东社会科学》2022 年第 2 期。

［6］赵守国、徐仪嘉：《中国西北地区碳达峰碳中和实现路径研究》，《西北大学学报》（哲学社会科学版）2022 年第 4 期。

［7］谭显春、郭雯、樊杰等：《碳达峰、碳中和政策框架与技术创新政策研究》，《中国科学院院刊》2022 年第 4 期。

［8］刘仁厚、杨洋、丁明磊等：《"双碳"目标下中国绿色低碳技术体系构建及创新路径研究》，《广西社会科学》2022 年第 4 期。

［9］刘牧心、梁希、林千果等：《碳中和驱动下 CCUS 项目衔接碳交易市场的关键问题和对策分析》，《中国电机工程学报》2021 年第 14 期。

［10］杨莉莎、朱俊鹏、贾智杰：《中国碳减排实现的影响因素和当前挑战——基于技术进步的视角》，《经济研究》2019 年第 11 期。

［11］林伯强、徐斌：《研发投入、碳强度与区域二氧化碳排放》，《厦门大学学报》（哲学社会科学版）2020 年第 4 期。

［12］谷宇辰、张达、张希良：《关于完善能源消费"双控"制度的思考与建议——基于"十三五"能源消费变化的研究》，《中国能源》2020 年第 9 期。

［13］Shahzad, S. J. H., Kumar, R. R., Zakaria, M., et al., "Carbon Emission, Energy Consumption, Trade Openness and Financial Development in Pakistan: a Revisit", *Renewable and Sustainable Energy Reviews*, 2017, 70.

［14］Ehigiamusoe, K. U., Lean, H. H., Smyth, R., "The Moderating Role of Energy

Consumption in the Carbon Emissions-income Nexus in Middle-income Countries", *Applied Energy*, 2020, 261.

[15] Usman, M., Radulescu, M., "Examining the Role of Nuclear and Renewable Energy in Reducing Carbon Footprint: Does the Role of Technological Innovation Really Create Some Difference?", *Science of The Total Environment*, 2022, 841: 156662.

[16] Kang, J. N., Wei, Y. M., Liu, L., et al., "Observing Technology Reserves of Carbon Capture and Storage via Patent Data: Paving the Way for Carbon Neutral", *Technological Forecasting and Social Change*, 2021, 171: 120933.

[17] Ko, Y. C., Zigan, K., Liu, Y. L., "Carbon Capture and Storage in South Africa: A Technological Innovation System with a Political Economy Focus", *Technological Forecasting and Social Change*, 2021, 166: 120633.

[18] Schaube, P., Ise, A., Clementi, L., "Distributed Photovoltaic Generation in Argentina: An Analysis Based on the Technical Innovation System Framework", *Technology in Society*, 2022, 68: 101839.

[19] Shubbak, M. H., "The Technological System of Production and Innovation: The Case of Photovoltaic Technology in China", *Research Policy*, 2019, 48 (4).

[20] Markard, J., "The Life Cycle of Technological Innovation Systems", *Technological Forecasting and Social Change*, 2020, 153: 119407.

科技篇
Science and Technology Topics

B.7

第二代区块链技术在碳市场中的应用探究

刘　涛*

摘　要： 碳市场通过交易排放权实现碳减排，在碳减排中有着重要的作用。本文回顾了中国的碳排放权交易市场的管理制度、发展现状和面临的挑战，并根据第二代区块链技术，探讨了基于区块链技术构建碳市场的可行性与运行机制及原理，同时，也探讨了智能合约技术和 NFT 技术在碳交易和碳资产管理中的作用，为确保区块链技术体系下碳市场合理运行提出了建议。

关键词： 区块链技术　碳市场体系　碳金融衍生品

一　引言

碳市场通过交易排放权实现碳减排，在碳减排中有着重要的作用。碳市场

---

* 刘涛，数量经济学博士，河北科技大学经济管理学院讲师，主要研究方向为区块链技术、市场体系。

通过碳排放权的交易，使得高排放企业面临经济上的压力，迫使其寻求减少排放的途径，从而实现减排目标。同时，碳市场也为低排放企业提供了通过减排获得经济效益的机会，同样也激励减排行为。总体而言，碳市场可以有效促进经济体减排，为应对气候变化做出贡献。

《京都议定书》是碳市场发展的重要标志。该文件中包含了两种非常重要的体系机制：碳排放交易体系和碳信用机制，它们的市场性质有所不同。碳排放交易体系在每个周期内设定了一个总排放量，并通过某种方式分配给每个企业，每个企业在每个周期都必须维持其最大排放权。如果企业在一个周期内的排放量在承诺的范围内，该企业可以出售其剩余的配额；如果超出范围，则该企业必须购买排放权，否则将面临罚款。这就是碳排放交易体系中碳排放权的交易。相对于碳排放交易体系，碳信用机制更类似于场外市场。碳排放交易体系只是规范那些强制排放的企业，而碳信用机制还包括那些通过技术创新获得了减排效果但不属于强制排放范围的企业，例如森林碳汇。在碳信用机制下，这些企业每年都必须有一定的减排量。

二 中国碳市场发展现状

中国的碳排放权交易系统是国家为促进绿色发展而设立的。在该系统中，政府部门、企业和公民可以通过国家设立的碳排放交易平台进行排放权交易。通过购买排放权，企业可以增加其碳排放量；而当企业的排放量低于其配额时，可以通过出售多余的排放权实现收益。碳排放权交易的发展对于降低中国的碳排放量具有积极推动作用。它不仅有利于促进碳排放的控制与节约，还有助于推动中国的经济发展与技术进步。然而，中国的碳市场仍存在监管不足、市场透明度低等问题。为此，中国政府正在不断加强碳市场监管并提高交易透明度，以最大限度地促进碳市场健康发展。

（一）中国碳市场管理制度

在中国，碳市场采用 MRV 制度以对重点排放单位的年度温室气体排放量进行监测、报告和核查。这主要是为了保证配额分配、企业履行清缴、碳排放权交易的公正性。MRV 是 Monitoring Reporting Verification 的缩写，是指在碳市场中，对重点排放单位的年度温室气体排放量进行监测、报告与核查的制度。其主要依据文件有《"十二五"控制温室气体排放工作方案》、《全国碳排放权交易管理办法（试行）》和上海、北京、广州、深圳等地方碳市场的地方性碳排放权交易管理办法。

这一制度，可以确保配额分配、企业履约清缴和碳排放权交易等的公平，使碳市场平稳有序运行，并实现降低重点行业碳排放的目的。

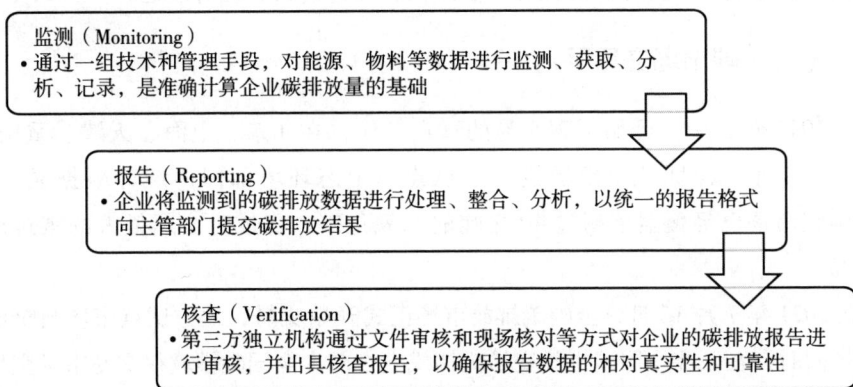

> 监测（Monitoring）
> • 通过一组技术和管理手段，对能源、物料等数据进行监测、获取、分析、记录，是准确计算企业碳排放量的基础
>
> 报告（Reporting）
> • 企业将监测到的碳排放数据进行处理、整合、分析，以统一的报告格式向主管部门提交碳排放结果
>
> 核查（Verification）
> • 第三方独立机构通过文件审核和现场核对等方式对企业的碳排放报告进行审核，并出具核查报告，以确保报告数据的相对真实性和可靠性

图 1　MRV 制度体系

西方国家的碳市场拥有比较成熟的 MRV 体系。然而，中国在管理机制、数据基础、政策实施背景和需求方面与欧盟、美国存在明显的差异，因此，在借鉴国际先进经验的同时也必须考虑本国特殊情况。自 2011 年开展低碳试点以来，国内已经建立了 8 个碳排放权交易试点地区，经过近 8 年的实践，各试点地区已经建立了相对成熟的 MRV 体系，为建立全国统一的碳市场提供了丰富的经验。[①] 然而中国碳市场的 MRV 制度实施仍然面临较为严峻的挑战。

2015 年，国家质量监督检验检疫总局、国家标准化管理委员会公布了《工业企业温室气体排放核算和报告通则》以及第一批 10 个行业的相应标准。但在计算碳排放量时，不同行业需采用不同的方法，目前生态环境部只针对发

---

① 《建立温室气体排放 MRV 管理机制助力中国碳市场》，http：//www. wri. org. cn/mrvcarbonmarket。

电行业发布了相关指南，而国家发改委公布的方法学仅涵盖 24 个行业，这与当前碳交易的要求存在一定差距，需进一步完善。

2022 年 3 月，生态环境部公开了部分核查机构存在的问题，如协助企业作假碳排放数据等。这显示出当前核查机构的独立性亟待改进，相关部门应该出台法规确定核查机构的核查任期、核查费用以及非核查业务等。

碳核算和核查涉及多个行业和企业，各行各业工艺流程和企业特征都大有不同，相关人员很难同时处理多个行业的核算和核查工作。此外，国内教育体系尚未涵盖碳核算内容，因此，当前碳核算和核查人员相对匮乏。

（二）碳市场交易平台

2011 年，中国开始了碳交易的试点工作，在北京、上海、天津、重庆、湖北、广东、深圳 7 个地区进行了试点。生态环境部门的统计数据显示，中国碳市场已经覆盖了超过 40 亿吨的二氧化碳，将成为全球最大的碳排放市场。

2021 年 7 月 16 日，全国碳排放市场正式开始交易，地方试点市场与全国市场同时存在。在全国碳排放交易机构成立之前，全国碳排放权交易市场交易中心设在上海，碳配额登记系统位于武汉，企业在湖北注册登记账户，在上海进行交易。电力行业是第一个纳入全国碳市场的行业，已经有超过 2000 家的重点排放单位参与其中，这些企业的碳排放总量超过 40 亿吨二氧化碳。截止到 2021 年 12 月 31 日，全国碳市场的配额履约率为 99.5%，共有 1833 家单位按期完成配额缴纳，另有 178 家单位完成部分配额缴纳。根据各地区的履约情况，海南、广东、上海、湖北、甘肃 5 个地区完全按期足额完成了配额缴纳。[①]

目前，全国碳市场采用相对总量控制的方式：以纳入的重点排放单位的发电总量为基准，计算每个企业的碳排放配额。为了避免在碳排放交易的初期给企业带来过多的负担，目前碳排放配额与发电总量有关。

就碳市场平台运行现状来看，碳市场活跃度不足的问题较为突出。一

① 《全国碳排放权交易市场第一个履约周期报告》，中华人民共和国生态环境部网站，https://www.mee.gov.cn/ywgz/ydqhbh/wsqtkz/202212/P020221230799532329594.pdf，2022年12月。

方面，较高的市场准入门槛导致参与者数量不足，从而降低了市场的活跃度。另一方面，覆盖行业和参与主体单一。试点碳市场以工业为主，而全国碳市场初期仅纳入电力行业，其他排放 60% 的行业未被纳入统一管理。因此，为了激活碳市场，需要降低入场门槛。同时，在试点碳市场中，机构投资者和个人投资者可以参与碳交易，但全国碳市场的主要参与者是履约企业。碳市场对碳交易公司、金融机构和个人投资者等市场主体的开放尚未实现。此外，技术问题、市场信心不足等问题，都可能影响到碳市场的活跃度。

（三）碳市场交易产品

中国碳市场上有多种交易产品，其中包括：碳排放权、碳抵消基金、碳抵消债券等。这些产品的目的是帮助行业和机构实现碳减排目标，同时实现对碳排放权的投资和管理。

1. 碳排放权

碳排放权是指由政府或监管机构颁发许可证，允许持有人在特定的时期内排放指定数量的温室气体（如二氧化碳）。这些许可证通常用于解决温室气体排放的问题，即限制大量排放，同时为减少排放量的企业和行业提供奖励。碳排放权可以通过碳排放交易系统进行买卖，允许有需要的行业购买排放许可证，而减少排放的行业可以出售多余的排放许可证。

中国碳排放权交易的基本原则是通过实施让行业购买排放权的机制，实现碳排放量的减少。在中国，碳排放权的数量是通过国家定义的行业排放标准计算得出的，每个行业必须遵守相应的排放标准，如果该行业的排放量超过了标准，则需通过购买排放权或降低排放量来弥补。

不同行业的排放标准具有差异性，这取决于该行业的特殊情况，例如，电力行业的排放标准可能比制造业的排放标准更加严格，这是因为电力行业的碳排放量通常比制造业更高。

2. 主动减排项目

主动减排项目是指主动采取措施减少温室气体排放，从而减缓气候变化的项目。这些项目通常包括使用可再生能源代替石化燃料、提高能源效率、减少工业生产过程中的排放、实施节能措施等。通过减少温室气体排放，主动减排项目可以起到改善环境和促进可持续发展的作用。

3. 碳金融衍生品

碳相关金融产品是指通过金融手段来支持和解决碳排放问题的金融产品。碳相关金融产品的定义涵盖了碳排放权交易、碳抵消和碳信用，以及支持主动减排项目的碳金融等。

近年来，随着全球对应对气候变化的重视，碳相关金融产品的发展取得了快速增长。随着碳排放权交易市场逐渐壮大，碳抵消和碳信用逐渐被认可为有效的解决碳排放问题的方法。同时，越来越多的金融机构和投资者也开始关注碳相关金融产品，并加入碳金融领域。总体而言，碳相关金融产品的发展前景良好，但同时也存在一些挑战，如标准缺乏统一、监管不足等，需要金融机构和相关政府部门加强合作，解决这些问题。

三　中国碳市场面临的主要挑战

碳市场中的碳价仅表征企业在短期内对碳排放配额的需求，却未体现碳市场长期的供需关系。因此，碳价信号在引导节能减排和低碳投资方面尚有不足，碳价信号尚不具备足够的引导力，无法真正对节能减排和低碳投资产生有效的影响。

而碳价水平仅反映了控排企业在短期内对配额的需求，未能充分反映减排成本，导致了碳价与减排成本的背离。在中国的碳市场中，由于控排企业的交易特征，市场价格无法反映减排成本，减排成本对碳价的影响得不到有效体现。控排企业以履约为主要目的参与市场，导致履约期的碳交易量显著高于非履约期的碳交易量，市场调节作用也相应较弱。同时，市场流动性不足，控排企业无法得知碳配额的真实价值，交易意愿不强，因此，形成了一个不利于市场发展的恶性循环。

由于配额总量设定不能体现配额的稀缺性，市场上的碳价往往过低。如果配额总量设定较为宽松，且分配数量超过了实际排放需求，则会造成配额过度分配，导致配额价格低迷甚至无交易。中国碳配额总量设定较为宽松，因此很难通过二级市场激励企业积极参与节能减排。

碳价的差异性导致跨区域交易困难。部分试点市场的碳价过低，并未真实反映减排单位的减排成本和收益。国际市场上，以 2021 年 6 月国内碳市场开市价格 48 元/吨为例，这一价格未达到欧盟碳市场开市价格的一半，中国碳价处于较低水平。从国际碳市场的发展经验看，国家和地区之间碳市场的衔接可以更有效地统一碳价，提高减排效率，降低减排成本。碳市场的融合不仅需要统一全国碳市场，还需要融入国际碳市场。

四　通过区块链技术改善碳市场建设

区块链技术是近年来热门的技术之一。区块链技术的发展历程比较短，但它在这一时期内却取得了长足的进展，随着技术的不断提高和成熟，区块链技术正在向着更多的应用领域拓展。一些公司已经开始将区块链技术应用于供应链管理、金融、医疗健康、身份认证等领域，以提高效率和安全性。

以以太坊为代表的第二代区块链技术以更高的效率、更强的安全性、更完善的规范、更多的应用场景为特点，支持智能合约和去中心化应用（DApp）的开发。同时，第二代区块链还加入了一些新的技术，如智能合约、去中心化自治组织（DAO）等，使得区块链技术更加灵活和通用。目前，第二代区块链技术已经在许多领域得到了广泛应用，并有望继续推动区块链技术的发展。其中智能合约技术和非同质数字资产技术将对未来碳市场建设产生重大影响。[1]

（一）智能合约技术

智能合约技术基于以太坊虚拟机实现去中心化应用。智能合约是一段被存储在区块链网络上的数字代码，它捕捉了一组特定的业务规则，如交易规则、执行条件、付款等，并且自动执行所有规则。智能合约技术具有可靠性和去中心化的优势，因此在许多应用场景中，如股权众筹、金融服务等具有巨大的潜力。具体优势如表 1 所示。

---

[1]　Vitalik Buterin：《以太坊白皮书》，https：//ethereum. org/zh/whitepaper/，2015。

表 1　碳市场智能合约技术优势

自动执行	智能合约技术可以自动执行碳交易,无须人工干预,提高交易的效率和透明度
降低交易成本	智能合约技术可以减少人工管理成本,降低交易成本
加强安全性	智能合约技术可以加强交易安全性,防止非法操作,保证交易数据的可靠性
提高透明度	智能合约技术可以提高碳市场透明度,披露交易数据,便于监管和稽查
支持多方参与	智能合约技术的快速数字认证可以支持较多主体参与碳市场交易,提高市场活跃度

通过在区块链上使用智能合约技术,可以自动执行国家规定的碳排放限额政策。智能合约是一种可以自动执行的计算机代码,它可以根据特定的规则来处理交易,确保碳排放量不超过限额。

(二)非同质数字资产技术

NFT(Non-Fungible Token)指非同质数字资产,这些数字资产可以用于代表艺术品、收藏品、游戏道具等。NFT 技术的意义在于,它允许数字资产的产权和所有权进行去中心化的管理,提高数字资产交易的安全性,同时还能在数字空间内进行数字资产的转移和销售。它还可以作为游戏和虚拟世界的交易所,以数字化的方式代表和保存实体资产的价值。

智能合约和 NFT 都是基于区块链技术的应用,但它们的功能不同。从技术上讲,碳相关交易产业的 NFT 是一种数字资产,是各类碳交易产品数字加密的产权标志。智能合约是一种可编程的自动执行的代码,可在区块链网络上执行自动化的财务交易。智能合约可以定义交易的条件和执行动作,因此可以被广泛用于碳市场的平台构建,如去中心化碳产品交易所、碳相关代币发行、去中心化碳金融衍生品开发等。智能合约主要用于碳产品交易的自动化执行,而 NFT 则是一种数字资产,主要用于记录和交易数字内容的所有权。但它们都基于区块链技术,因此,可以结合使用,实现更多的功能。相对于机构认定的碳资产,NFT 碳资产的优势如表 2 所示。

表 2　NFT 技术优势

可追踪性	NFT 作为一种独特的数字资产,可以通过区块链技术实现每一个资产的可追踪;这使得碳市场更加透明,每一个交易都可以在区块链上展示
便捷的交易	NFT 的交易是在数字环境下实现的,这简化了交易的流程,可以避免传统交易中的技术障碍,提高了交易的效率
开放的交易平台	NFT 的交易平台是公开的,不存在任何门槛限制,使得碳市场更加开放
经济效益	NFT 可以通过数字环境下的交易提高碳市场的经济效益,使得碳市场可以更加高效地吸引到更多的投资者

五　智能合约技术和加密数字资产的碳市场体系设计

区块链技术的透明度和不可篡改性可以提供一个可信的碳交易环境。碳交易系统通过区块链技术实现数据共享和验证,确保交易信息的准确性和完整性。这些信息可以用于实时追踪每个碳排放单位的碳排放数据,确保碳排放数据的真实性和可靠性。区块链技术可以提供更加有效和便捷的碳交易渠道。碳市场体系通过区块链技术实现数字资产化,从而可以提供更加简单和快捷的碳交易方式。同时,通过区块链技术实现的碳交易系统可以提供更加灵活的碳交易模式,从而更好地满足不同用户的需求。

(一)体系设计

碳市场体系中应该包含碳排放源(如工厂、电力公司)、投资者、监管机构和交易平台,通过加密账户来确定参与者的身份并确保参与者的安全。同时,建立半去中心化的碳相关加密数字资产发放与认证管理体系,碳排放权可以用加密数字资产形式交易,也可以在碳市场体系中通过加密数字资产来实现碳排放权的交易。

通过设计基于共识算法的碳排放 MRV 制度确保碳排放数据的可信性。在碳市场体系中,碳排放数据是交易的基础,因此需要可靠的碳排放数据管理机构来收集和确认数据。

以智能合约的不可篡改特性，管理碳排放权的交易和记录。碳市场体系可以通过智能合约实现自动化交易，从而提高市场交易效率，降低交易过程中的认定和中介成本。

通过内部代币支付燃料费方式，确保监管机构参与碳去中心化应用网络，碳市场体系需要监管机构作为网络基础算力提供者，以确保市场运作的透明和公平。

碳市场体系要具备精确监测碳排放的能力，以保证交易产品的数据真实性。通过参与者共识机制，实现对碳排放的准确监测和评估，并在此基础上建立加密数字资产框架；通过智能合约和加密数字资产技术，建立碳交易的核心框架，以保证交易的安全性和透明度。同时优化交易流程，利用智能合约技术，优化碳市场交易的流程，提高效率，简化操作步骤。

（二）关键技术要点

基于区块链技术的碳市场体系需符合国家碳交易标准，因此，需要确保碳交易流程透明且数据可靠，这可以通过在碳交易平台使用区块链技术来实现。区块链技术可以确保碳交易信息的完整性和不可篡改性，从而提高碳交易的透明度。此外，区块链技术也可以确保碳交易的数据准确性，通过使用智能合约来自动执行碳交易过程。

1. 通过加密方式确保碳交易符合国家规范

碳交易平台需要严格遵循国家碳交易标准，确保碳交易的合法性和可持续性。通过使用区块链技术，碳交易流程的透明度和数据准确性将得到提高；同时也可以通过严格遵循国家碳交易标准，确保碳交易的合法性和可持续性，从而让基于区块链技术的碳市场体系符合国家碳交易标准。

2. 通过区块链网络广播确保交易公开透明

区块链技术还可以在碳市场体系中提供透明和公正的交易渠道，通过记录碳排放交易数据，确保交易数据的真实性和可靠性，从而确保碳市场体系符合国家碳排放限额政策。

3. 确保区块链碳市场高效便捷

区块链技术可以提高碳市场体系的效率和适用性。碳市场体系通过区块链技术实现数据的实时共享和验证，从而可以提高碳交易的效率。区块链技术可以提供更加有效和便捷的碳交易渠道。碳市场体系通过区块链技术实现数字资产化，从而可以提供更加简单和快捷的碳交易方式。同时，通过区块链技术实现的碳交易系统可以提供更加灵活的碳交易模式，从而更好地满足不同用户的需求。

碳交易系统通过区块链技术实现数据共享和验证，确保交易信息的准确性和完整性。这些信息可以用于实时追踪每个碳排放单位的碳排放数据，确保碳排放数据的真实性和可靠性，减少交易验证环节的各类手续。

（三）实施步骤

在建立碳市场体系初期，智能合约可以在区块链网络上自动执行碳排放限额的判断，并且自动执行碳排放单位超出限额的处理，如罚款或者碳信用扣分等。

开展渠道建设。区块链技术还可以在碳市场体系中提供透明和公正的交易渠道，通过记录碳排放交易数据，可以确保交易数据的真实性和可靠性，从而确保碳市场体系符合国家碳排放限额政策。

确保区块链网络运行。通过创建不可篡改的数字记录来确保碳排放数据的可信性。每一个碳排放交易都被记录在区块链上，形成一个公共、透明、安全的数据库。这使得政府和监管机构可以在任何时候查询碳排放数据，确保碳排放单位遵守国家规定的限额。

六　确保区块链碳市场符合国家碳中和发展目标

（一）符合国家碳排放限额政策

通过区块链技术，可以实时追踪每个碳排放企业的碳排放数据，确保所有碳排放企业的碳排放不超过国家规定的限额。碳排放数据是碳市场交易的核心，也是决定碳产品价值的关键。因此，确保碳排放数据的真实可信性是建立基于区块链技术的碳市场体系的前提。

一方面，实施严格的数据验证机制。这种机制可以由第三方机构执行，确保碳排放数据的真实性和准确性。这种机制可以通过大数据分析、实地检查和技术核查等多种手段来实现。基于区块链技术的碳市场体系还可以采用智能合约技术来实现数据可信性。智能合约技术可以通过自动执行特定的规则和逻辑，确保碳排放数据的真实性和准确性。

另一方面，建立基于区块链技术的碳市场体系也可以采用加密数字资产的方式确保碳排放数据的真实可信性。加密数字资产的不可篡改性，可以确保碳排放数据的真实性。

（二）符合国家低碳经济发展政策

碳市场体系需要提供有效的碳交易渠道，以促进碳排放单位实施主动减排措施，推动低碳经济的发展。建立一个符合国家低碳经济发展政策的碳市场，需要采取一系列措施。首先，需要制定相关政策和法规，以明确碳排放的管理范围和标准，并规定企业必须按照规定购买碳排放权，以保证碳市场的合法性和规范性。其次，要建立一个安全、透明、有效的链上碳排放权交易平台，方便企业进行碳排放权的买卖。同时，需要设立碳汇综合监管机构，对碳市场的运作进行监督和管理。此外，还需要完善碳排放报告体系，确保排放数据的准确性和可靠性。最后，加强碳排放监测和评估，以确保碳排放数据的真实性和可靠性。只有全社会的支持和合作，碳市场才能高效运作，促进国家低碳经济的发展。

（三）符合国家碳交易标准

基于区块链技术的碳市场体系需要确保碳交易流程透明、数据可靠，并且还要确定碳排放权的价值。碳交易平台需要严格遵循国家碳交易标准，确保碳交易的合法性和可持续性。

基于区块链技术的碳市场体系是一个新兴的经济系统，它通过使用区块链技术来追踪碳排放和购买碳排放权的交易。强有力的国家监管体系是碳市场可持续发展的重要保证，它可以确保碳市场的有效。国家监管体系的支持包括及时追查链上碳市场的不合法行为，建立加密数字和共识机制的碳排放计量标准和验证技术手段，监管碳交易的透明度和公正性。同时，国家监管体系还需要监管市场参与者，以确保其遵循市场规则和道德准则。另外，国家监管体系还应该为碳市场的发展提供政策支持，包括提高碳排放标准、提供碳技术支持和资金支持等。

（四）加快实现国际碳产品交易

实现国际碳产品交易的关键在于确保碳市场体系的开放性和兼容性。基于区块链技术的中国碳市场体系需要与国际碳市场体系进行对接，以确保碳交易数据的一致性和可靠性。此外，需要制定一套国际通用的碳交易标准，以保证碳交易的合法性和可持续性。还需要与国际碳市场体系相关的机构和政策制定者进行对接和合作，以确保碳市场体系的顺利发展。

参考文献

［1］郑爽、张昕、刘海燕等：《建立温室气体排放 MRV 管理机制助力中国碳市场》，世界资源研究所，https：//www. baidu. com/link？url＝Rk7-＿1rSRMZs6WDmtVEtjn3WJO7iX5N6orsyxI4＿mmj5a5CKIsgdLdKrO7＿be6ZT9u＿KrlSpr23Z＿idZpDZaTK8n2CGQHNq4SLKqQhboN－7a－pSv2VG6－L267929vJVugSBGLQ3hX4r3LOR8hWrphq&wd＝&eqid＝90f87a0a000243170000000363fd6ceb，2015。

［2］《工业企业温室气体排放核算和报告通则》，http：//www. ncsc. org. cn/SY/bzbsyrz/202003/t20200319＿769699. shtml，2020 年 3 月 19 日。

［3］《全国碳排放权交易市场第一个履约周期报告》，中华人民共和国生态环境部网站，https：//www. mee. gov. cn/ywgz/ydqhbh/wsqtkz/202212/P020221230799532329594. pdf，2022 年 12 月。

［4］寇江泽：《全国碳市场运行框架基本建立》，《人民日报》2023 年 1 月 3 日。

［5］VitalikButerin：《以太坊白皮书》，https：//ethereum. org/zh/whitepaper/，2015。

B.8
碳中和目标实现中的
绿色低碳技术创新

彭绪庶　张笑*

摘　要： 中国向世界承诺的 2030 年前实现碳达峰、2060 年前实现碳中
和，是基于积极应对全球气候变化的必要性和国家经济发展的
客观需要所提出的，对于维护能源安全、实现经济高质量发展
具有重要战略意义。绿色低碳技术创新是实现绿色发展和碳中
和的关键驱动力，本报告分析了碳中和背景下，中国推动绿色
低碳技术创新的必要性，归纳总结了通过降碳、减碳、负碳、
碳中和实现碳中和的四个主要路径，同时研究了现阶段绿色低
碳技术的发展现状和面临的问题，并针对现有问题提出了相应
的对策和建议。

关键词： 碳中和　绿色低碳技术创新　绿色低碳发展

气候变化是全球性挑战，中国高度重视气候变化。碳中和目标不仅是应对
全球气候变化的目标，还是社会经济发展目标，其本质是社会经济高质量、可
持续发展，是生态文明建设的重要支撑。碳中和目标的提出，彰显了中国积极
参与国际气候行动、寻求高质量可持续经济发展的决心。

---

* 彭绪庶，中国社会科学院数量经济与技术经济研究所信息化与网络经济研究室主任、研究员，
主要研究方向为产业技术创新与绿色发展；张笑，中国社会科学院大学数量经济与技术经济
专业在读硕士研究生，主要研究方向为产业技术创新。

一 碳中和目标的提出背景与基本内涵

（一）碳中和目标提出的背景

1. 全球气候变化：主要事实与缘由

工业革命之后，人类社会工业经济迅速发展，机械的大量使用、工业技术的提升和不断增长的人口数量，使得人们对主要能源的需求由木材转变为煤炭、石油、天然气等传统化石能源。化石能源的开发极大促进了工业生产的发展，但是，已有研究表明，化石燃料是造成全球气候变化的最主要原因，作为一种碳氢化合物，化石燃料在燃烧过程中会释放大量的烟尘，并向大气排放二氧化碳、二氧化硫、一氧化碳等污染物，这些污染物不但会吸收红外线，还会阻挡地球表面的辐射热散发，导致地球温度不断升高，造成温室效应。观测数据表明，地球的平均表面温度以每十年 0.07℃ 的速度上升，截止到 2020 年，全球平均气温比工业化前水平高出约 1.11（±0.13）℃。[1]

人类活动是引起全球气候变化的根本原因。1750 年以来，由于人类活动影响，全球二氧化碳等温室气体浓度明显增加，工业革命之后燃烧化石燃料产生的温室气体浓度上升到 80 万年以来的最高水平，[2] 已经远远超出了工业化前几千年中的浓度值；观测数据显示，2020 年，全球二氧化碳浓度达到 0.413‰，是工业化前水平的 149%。[3] 温室气体的急剧增加导致了全球气候变暖。IPCC（政府间气候变化专家委员会）第 6 次评估报告认为，持续升高的温室气体浓度使得温室气体的辐射效应进一步加强，人为温室气体的辐射强迫造成 1.0℃~2.0℃ 的升温，人类活动对全球变暖的影响越来越突出。在所有导致温室效应的气体中，二氧化碳在大气中的含量最高，对温室效应的贡献也最高，占比 60%，[4] 因此，控制二氧化碳在大气中的含量是削弱温室效应、延缓

---

① 资料来源：世界气象组织（WMO）。

② Ford James D., et al., "Authorship in IPCC AR5 and its Implications for Content: Climate Change and Indigenous Populations in WGII", *Climatic change*, Volume 113, Issue 2 2012.

③ 资料来源：世界气象组织（WMO）。

④ 李春鞠、顾国维：《温室效应与二氧化碳的控制》，《环境保护科学》2000 年第 2 期。

全球气温上升、改善全球气候环境的重点。

2. 全球气候变化：主要表现与影响

全球气候变化不仅会引发干旱、洪涝、高温热浪和低温冷害等频繁的极端天气，威胁人类生存和发展，还会对自然系统和社会经济发展构成威胁。1951~2021 年，中国地表平均气温上升速率为 0.26℃/10 年，气温上升导致冰川面积缩减 20.6%。[①] 某些高原内陆湖泊水面和沿海海平面上升，冰川的蓄水功能下降，其对河川径流的补充和调节功能减弱，频繁引发北方的干旱和南方的洪涝灾害，直接影响农业产量，对农业生产活动产生不利影响。此外，气候变化引起热浪频率和强度增加，极端高温天气引起的死亡人数增多，疾病率和传播率增加，危害人类生命健康。气候变化引发的极端天气也会引起社会动荡，干扰社会经济平稳发展。

3. 应对全球气候变化：国际责任与国际竞争

全球气候变化是国际社会面临的共同挑战，积极应对全球变化、减少碳排放是各国的共同责任。从发达国家来看，全球气候变暖与其二氧化碳的过度排放有重要关系。发达国家走在工业革命前列，在工业化过程中无约束地使用化石燃料，排放大量二氧化碳，导致大气中温室气体浓度显著增加，加剧了以变暖为主要特征的全球气候变化。因此，发达国家对全球气候变化负有不可推卸的历史责任。从发展中国家来看，虽然其工业基础较为薄弱，二氧化碳历史排放量不及发达国家，但是，应对气候变化时遭受的损失却比发达国家多，在发展经济、改善民生等过程中，一个健康、稳定的气候环境非常重要，因此，发展中国家对应对全球气候变化也负有一定责任。

应对全球气候变化是国家政治经济竞争的需要。首先，气候问题是一个全球性的问题，中国必须积极应对气候变化，构建低碳经济发展模式。其次，积极应对全球气候变化、努力实现碳中和是中国掌握碳排放解释权，树立负责任大国形象的必然选择。最后，参与全球气候治理、发展清洁能源、构建低碳生态体系，是中国可持续发展的必经之路，是保持经济平稳发展的重要发力点。

---

① 资料来源：中国气象局。

（二）碳中和基本内涵

国际社会普遍认为，二氧化碳的过度排放超过了地球本身对其的消化吸收能力，进而引起了气候变化。碳中和这一术语首先由伦敦未来森林公司于1997年提出，指的是在一定时间内因特定组织或人类活动产生的二氧化碳，可通过植树造林、海洋吸收、低碳技术等自然或人为的创新技术消耗掉，实现人类活动产生的碳排放的动态循环，实现二氧化碳的零排放。碳中和是控制气候变化的必然之路，也是人类可持续发展的根本途径，有助于保护生物多样性，维持生态系统稳定。

（三）中国实现碳中和目标的战略意义

2060年前实现碳中和是立足中国现阶段实际提出的重大战略目标，彰显了我国负责任大国的形象，具有重要的战略意义。第一，碳中和是人类命运共同体理念的又一体现，有利于进一步落实习近平生态文明思想，深化生态文明建设，更快实现美丽中国的愿景。第二，碳中和是应对全球气候变化而提出的，有利于减轻气候变化带来的负面影响，保证经济平稳运行。第三，碳中和的实现对绿色技术提出了更高的要求，有利于加快碳中和技术的研发规模和速度，拉动科技创新。第四，实现碳中和需要构建绿色循环经济体系，是贯彻新发展理念、构建新发展格局、推动高质量发展的内在要求。第五，中国是一个多煤、少油、缺气的国家，调整能源结构，寻找清洁能源代替化石能源，有利于尽快实现能源转型，提高能源安全保障水平。

二 绿色低碳技术创新是碳中和目标的关键支撑

（一）绿色低碳是科技创新的发展趋势

碳中和目标的提出，意味着从长远来看，以化石能源为支撑的能源体系已经难以为继，需要彻底改变现有的生产生活方式，实现由化石能源支撑向非化石能源支撑的能源转型，将高碳排放转向低碳排放甚至是零碳排放。绿色低碳技术创新是实现绿色发展和碳中和的关键驱动力，是推进生态文明建设和高质量发展的重要支撑，中国高度重视绿色低碳技术的发展。党的十九大报告明确要求"构建市场导向的绿色技术创新体系"，2022 年 4 月，国家能源局、科技部发布的《"十四五"能源领域科技创新规划》进一步提出技术创新要以绿色低碳为方向。要想走在科技前沿，就必须以绿色低碳为目标，在开发利用清洁能源和低碳能源、节能、储能、负碳等领域推动前瞻性、颠覆性技术创新，提高技术成果转化率，加快绿色低碳技术与产业的融合，带动产业优化升级。

（二）绿色低碳技术创新的基本内涵

绿色低碳技术指的是能够减少污染、提高能源使用效率、降低二氧化碳排放量的技术，涉及能源、工业、交通、建筑等多个领域，可以分为两大类：无碳或减碳技术、碳捕集与利用技术。[①] 绿色低碳技术创新是应对气候变化、实现碳中和的关键支撑，是培育绿色产业、激活绿色发展动能的重要环节，是促进能源转型、有效保障能源安全的重要手段。通过绿色低碳技术创新，开发清洁能源，改进生产技术，有助于资源型企业摆脱化石能源依赖，减少碳排放，提高资源利用效率，有效促进产业绿色清洁化转型，助力经济发展与碳排放脱钩，实现更具可持续性、包容性和韧性的经济高质量发展。

（三）实现碳中和关键在于改变发展方式

化石能源的大量开发和使用是碳排放的主要来源，碳排放强度受经济发展、能源结构、能源效率、技术水平等诸多因素影响。解决碳排放问题的重点是减少能源碳排放，而关键在于改变发展方式，深化工业、电力、交通、建筑等高碳排放领域的体制改革，优化调整产业结构，加快推进太阳能、风电、水电等清洁能源的使用和消费，推动能源结构由化石能源支撑转向清洁能源支撑，构建以新能源为主体的能源消费体系，从源头上减少碳排放。

（四）中国实现碳中和更加依赖技术创新支撑

低碳技术在减碳领域发挥着不可替代的作用，是新一轮科技革命和产业革

[①] 谢和平：《发展低碳技术 推进绿色经济》，《中国能源》2010 年第 9 期。

命的关键所在。无论是能源生产端低碳化，还是能源消费端提效，都离不开技术创新的支撑。实现碳中和目标需要持续推进低碳领域基础研究及应用技术的创新，加快原材料、工艺、关键装备和能源等方面的技术更新迭代，提高工业、农业、交通、建筑等领域的能源利用效率，重点在降碳、减碳、负碳等领域发力，实现技术突破。

三 中国绿色低碳技术创新发展的现状及面临的挑战

（一）中国绿色低碳技术创新发展现状

1. 绿色技术创新活跃，绿色专利申请量逐步提升

绿色专利聚焦有利于节约资源、降低能耗、控制污染物排放、能够实现可持续发展的绿色技术，在专利审核时将环保因素考虑其中。中国的绿色专利申请主要集中在污染控制与治理、环境材料、替代能源和节能减排 4 个技术领域。2011 年，国家知识产权局发布《专利审查工作"十二五"规划（2011—2015 年）》，提出要设立面向绿色技术领域的专利审核绿色通道，加快绿色专利的开发和成果转化，此后，绿色专利申请量逐步提升。根据国家知识产权局发布的《中国绿色专利统计报告（2014—2017 年）》，从 2014 年起，中国绿色技术创新能力不断提高，2017 年绿色专利申请总量为 81370 件，与 2014 年相比增长了 80.22%，其中，国内绿色专利申请量从 38793 件增长到 74941 件，增长了 93.18%，国外来华绿色专利申请量相对保持平稳，稳定在 6400 件左右（见图 1）。2017 年，国家知识产权局发布的《专利审查工作"十三五"规划》提出，要完善绿色技术专利申请优先审查机制，持续提高专利审查效率，进一步提升绿色技术创新活力。

2. 深入推进能源清洁低碳转型，可再生能源设备装机容量规模不断扩大

可再生能源开发潜力巨大，且对外依存度低，使用可再生能源能够降低我国对煤炭、石油等化石能源的依赖，保障能源安全。近年来，中国加快能源转型，清洁能源供给能力持续提升，水电、风电、光伏、生物质能等可再生能源装机容量规模不断扩大。截止到 2021 年底，中国可再生能源装机容量达到10.63 亿千瓦时，其中，水电装机容量 3.91 亿千瓦时，风电装机容量 3.28 亿

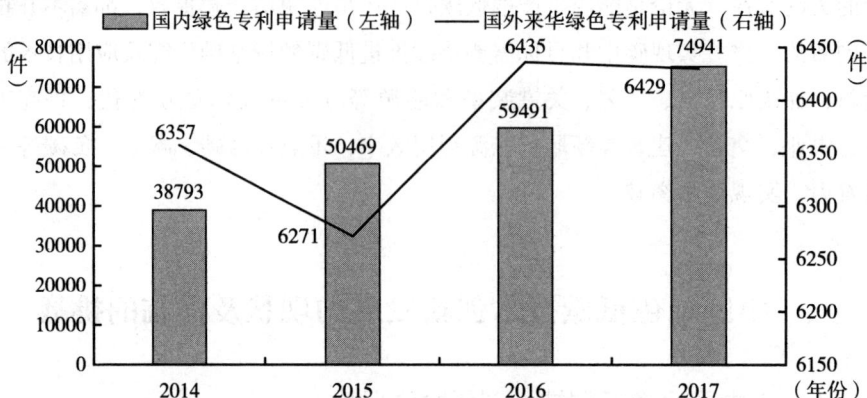

图 1　2014~2017 年中国绿色专利申请情况

资料来源：国家知识产权局。

千瓦时，光伏发电装机容量 3.06 亿千瓦时，生物质发电装机容量 0.37 亿千瓦时（见图 2），均在全球处于领先地位，中国已建成世界上最大的清洁发电体系。

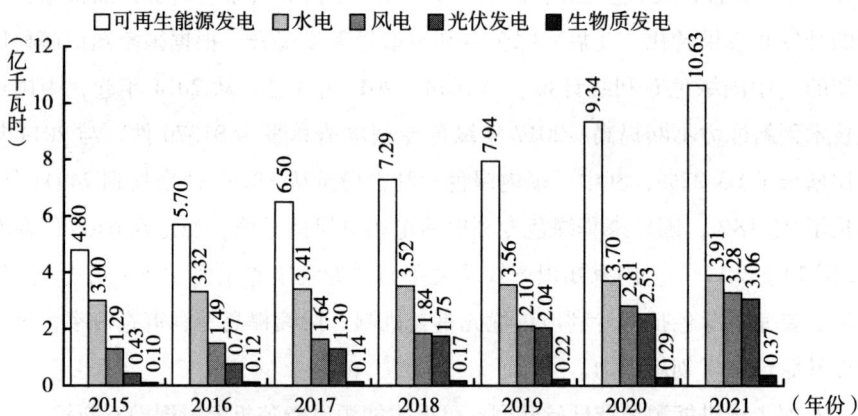

图 2　2015~2021 年全国可再生能源电力发展装机情况

资料来源：国家能源局。

3. 新能源汽车规模扩大，进入加速发展新阶段

自 2012 年国务院发布《节能与新能源汽车产业发展规划（2012—2020

年）》以来，新能源汽车产业迅速发展，2012 年的产销量首次突破 10000 辆。2015 年之后，新能源汽车产业进入发展快速期，由"政策驱动"转向"市场驱动"，产销量和保有量逐年增高，生产和销售规模连续 6 年位居全球第 1。2021 年，我国新能源汽车产量为 354.50 万辆，销量为 352.10 万辆，保有量为 784.00 万辆，与 2015 年相比分别增长了 9.41 倍、9.64 倍、12.44 倍（见图 3）。

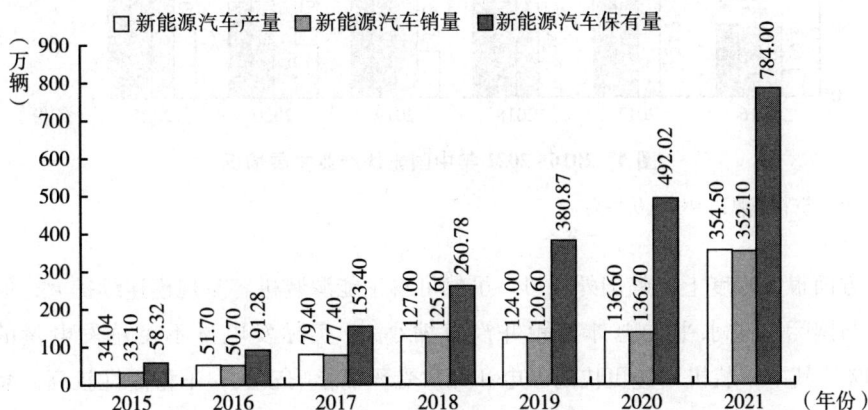

图 3　2015～2021 年中国新能源汽车产销情况及保有量

资料来源：中国汽车协会

4. 光伏产业蓬勃发展，制造端规模迅速扩大

在光伏产业链中，多晶硅是晶体硅太阳能电池的重要原材料，属于光伏产业的上游环节，而硅片、光伏电池和光伏组件加工属于中游环节，在光伏产业政策的持续驱动下，中国多晶硅、硅片、电池片、组件快速发展，产量持续创新高。2021 年，我国多晶硅产量为 50.5 万吨、硅片产量为 227.0GW、电池片产量为 198.0GW、组件产量为 182.0GW，多晶硅和光伏组件产量规模居全球首位，中国已经是全球最主要的光伏生产国（见图 4）。

（二）绿色低碳技术创新存在的问题与面临的主要挑战

1. 新能源技术转化不足，利用率偏低

我国在光伏电池、太阳能光热发电、地热能发电等可再生能源核心技术装

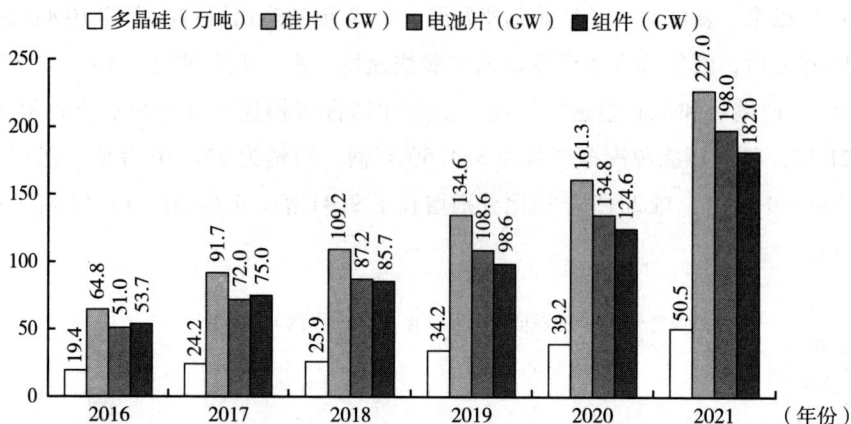

图 4　2016～2021 年中国光伏产业发展情况

资料来源：中国光伏协会。

备方面很大程度上依赖国外进口，虽然可再生能源装机容量规模连续扩大，但是与国际先进水平的总体差距并没有缩小，[①] 实际发电量不足总发电量的30%。其中，装机增速更快的风电和光伏受环境影响较大，不稳定性较高，装机容量占比虽然接近25%，但发电量占比不足10%。[②] 关键技术仍需攻关，新能源消纳和存储能力有待提高。

2. 绿色低碳技术产学研融合不足

实现"双碳"目标需要系统的科技创新支撑，需要多主体协同参与，涉及多行业和多种绿色技术创新。[③] 但是在实际中，高校和科研院所较多关注减碳领域的前沿理论和技术创新，这类理论和技术通常不成熟，进入产品及服务市场的速度相对缓慢，无法快速实现科技成果转化，而企业的技术能力水平有限，其更关注自身碳排放的损益，缺乏自主研发绿色低碳技术的内生动力，科技创新与低碳转型结合不够，尚未形成以企业为主体、市场为导向、产学研深

---

① 贺俊：《中国低碳技术创新面临的新问题与政策调整》，《中国能源》2014 年第 3 期。

② 资料来源：《经济日报》，《10 亿千瓦可再生能源装机意味着什么》，http://www.nea. gov.cn/2021-12/03/c_ 1310350120. htm，2021 年 12 月 3 日。

③ 刘仁厚、王革、黄宁等：《中国科技创新支撑碳达峰、碳中和的路径研究》，《广西社会科学》2021 年第 8 期。

度融合的多层次技术创新体系,[①] 无法形成有效的绿色低碳技术创新产业链。

3. 能源结构调整不及预期, 技术创新支撑不够

2021 年, 煤炭消费量占全国能源消费总量的 56%, 煤炭依旧是中国能源体系的主要支撑, 而清洁能源的消费水平依然偏低, 占比仅为 25.5%,[②] 其对减少碳排放、优化能源结构的贡献明显不及预期。以煤炭等化石能源为主要支撑的工业领域是中国二氧化碳的主要排放源, 工业领域的产业规模大, 科技创新程度低, 在绿色转型中需要较高的成本进行技术和设备的更新, 因此, 其能源结构调整缓慢, 绿色低碳技术转型效果不明显。

4. 绿色低碳技术人才缺乏, 教育培训需进一步加强

中国大力支持绿色低碳转型, 加速能源转换, 努力保障能源安全。据测算, 在加速能源转换的背景下, 中国风电和光伏行业在 2035 年相比常规能源转型分别可以提供 187 万和 300 万个新增就业岗位。[③] 不论是新能源产业还是传统化石能源产业, 都需要更多的绿色低碳技术人才, 而中国高校目前对相关领域的专业设置不足, 人才的教育培养缺乏系统性, 很大程度上制约了绿色低碳技术创新和产业转型发展。

四 绿色低碳技术创新保障碳中和的 基本思路与主要路径

政府间气候变化专家委员会 (IPCC) 认为碳中和技术的研发规模和速度决定了未来温室气体排放减少的规模。[④] 碳中和目标的实现基本遵循两条路径: 一是通过调整能源结构, 增加清洁能源使用比例, 从根本上达到减碳的目的; 二是通过碳捕集、碳利用、碳储存、碳汇等方式, 降低大气中的二氧化碳含量。

---

① 郭滕达、魏世杰、李希义:《构建市场导向的绿色技术创新体系: 问题与建议》,《自然辩证法研究》2019 年第 7 期。

② 资料来源: 国家统计局。

③ 张鸿宇、黄晓丹、张达等:《加速能源转型的经济社会效益评估》,《中国科学院院刊》2021 年第 9 期。

④ IPCC, *Climate Change 2001: Mitigation, Contribution of Working Group III to the Third Assessment Report of the Intergovernmental Panel on ClimateChange*, Cambridge University Press, 2001.

（一）降碳：节能与提高能源利用效率并重

1. 工业节能和循环经济技术

中国是工业大国，改革开放以来，中国工业化进程加快，工业能源消费总量也维持在高水平（见图5）。从总体来看，工业能源消费总量呈增长趋势，2015年之前保持较快增长，2002~2015年的年均增长率为7.29%；实施供给侧结构性改革之后，2016年工业能源消费总量首次出现下降，2015~2020年工业能源消费总量增速放缓，年均增长率为2.36%。从占比来看，2015年之前，工业能源消费总量占全国能源消费总量的比重一直维持在70%以上，随着产业结构的不断调整和工业化的深入，2015年之后的占比降至70%以下，但工业仍是中国的主要能耗行业，因此，促进工业领域的节能减排，发展循环经济，提高资源利用率，减少能源消耗就显得尤为重要。

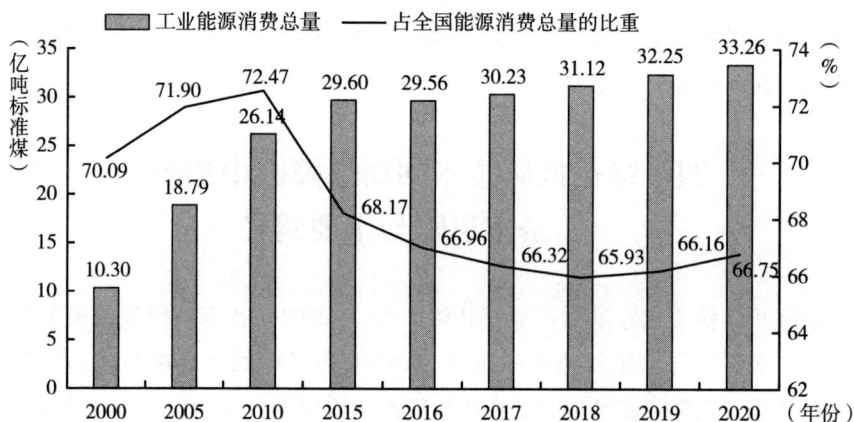

图5 2000~2020年全国工业能源消费总量情况

资料来源：《中国能源统计年鉴》。

工业领域节能指的是在工业发展过程中，通过调整工业结构、优化生产流程、改进工业技术、使用节能产品等方式，减少能源消耗，提高能源使用率，进而减少二氧化碳排放。工业领域节能的主要途径有四种，第一，调整和优化工业结构。以资源要素禀赋为依据，调整重工业和轻工业的比重，鼓励和发展低能耗、高附加值产业，严格控制高能耗、低附加值行业盲目扩张，提高发展质量。第二，加强工业能源管理。建立健全工业能源使用和管理制度，加强对重点领域、重点工业的能源管理。第三，回收利用工业余热。工业余热广泛存在于工业领域的生产过程中，其资源丰富，利用空间大，可通过热交换、热功转换、余热制冷制热等技术实现余热的二次利用，降低工业生产过程能耗。第四，提高生产工艺技术，优化生产流程，在生产工艺、生产设备、生产过程、生产流程末端等方面实现节能。

2. 建筑节能和能效提高技术

广义的建筑能耗指的是建材生产运输、建筑施工、建筑运行和建筑拆除整个过程产生的能耗，狭义的建筑能耗指的是居住建筑和公共建筑在使用过程中采暖、通风、用电等产生的能耗。[1] 据中国建筑节能协会测算，2005～2019年，全国建筑全过程能耗与碳排放总体呈上升趋势，2019年，全国建筑全过程能耗总量为 22.33 亿标准煤，占全国能源消费的 20% 以上，碳排放总量为 49.97 亿吨二氧化碳，占全国碳排放的比重为 50.6%（见图 6）。随着中国城镇化步伐的加快和建筑数量的增长，高能耗、高碳排放的建筑给社会带来沉重的能源负担，影响经济的可持续发展和生态文明的建设。2022 年 3 月，住房和城乡建设部印发《"十四五"建筑节能与绿色建筑发展规划》，明确提出要提高新建建筑节能水平，加强既有建筑节能绿色改造，构建绿色、低碳、循环的建设发展方式。

建筑节能指通过利用太阳能、地热、保温材料等节约室内供暖、空调制冷、照明等能源消耗，具体做法有三种。第一，优化建筑设计。建筑造型和设计直接影响建筑内外的热交换、建筑内部的自然通风和自然采光水平，不同的建筑设计会造成巨大的能耗差别，因此，在设计阶段就要遵守建筑的节能规范和标准，确定建筑造型和围护形式。[2] 第二，开发新型建筑围护材料。通过使用高效保温的材料来提高墙体保温隔热性能，在满足保温、隔热、透光、通风等性能的同时降低能耗。第三，推广零碳建筑。在建筑的运行和使用过程中，不消耗煤炭、石油等化石能源，仅通过太阳能、风能、浅层地热能等可再生能源为整个建筑供能，实现综合碳排放为零。

---

① 涂逢祥、王庆一：《我国建筑节能现状及发展》，《新型建筑材料》2004 年第 7 期。
② 江亿：《我国建筑耗能状况及有效的节能途径》，《暖通空调》2005 年第 5 期。

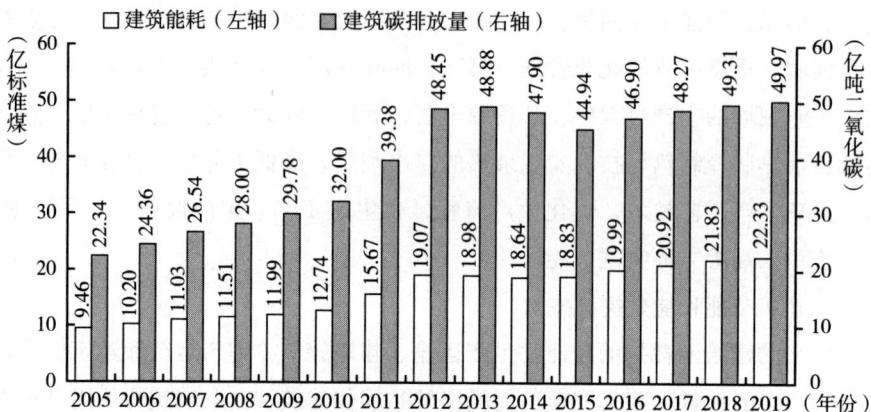

图6 2005~2019年全国建筑全过程能耗与碳排放总量变化趋势

资料来源:《中国建筑能耗研究报告(2021)》。

(二)减碳:促进低碳能源和清洁能源替代

1. 发展低碳能源和清洁能源

低碳能源和清洁能源包括太阳能、风能、水电、核能、氢能、天然气等,它在生产、运输、使用过程中产生很少或者不产生污染气体,是化石能源的有效补充和替代,可帮助电力部门实现低碳排放。中国清洁能源市场发展迅速,前景广阔。随着市场的发展和产业的扩大,清洁能源消费量占全国能源消费量的比重也在稳步增长。2021年,天然气、水电、核电、风电、太阳能发电等清洁能源消费量占全国能源消费总量的25.5%,与2012年相比上升了11个百分点(见图7)。

我国可再生能源利用率高,2021年水力、风力、光伏发电平均利用率分别达到97.9%、96.9%、98%,[①] 利用可再生能源发电,可以减少化石能源使用量,有效缓解电力部门供电压力。2017~2021年,中国可再生能源发电量稳步增长,2021年发电量达2.48万亿千瓦时,占全社会用电量的29.80%,与2017年相比,增加了3.3个百分点(见图8)。

---

① 资料来源:国家能源局。

（年份）
　　□煤炭　▨石油　■清洁能源

年份	煤炭	石油	清洁能源
2021	56.0	18.5	25.5
2020	56.8	18.9	24.3
2019	57.7	19.0	23.3
2018	59.0	18.9	22.1
2017	60.6	18.9	20.5
2016	62.2	18.7	19.1
2015	63.8	18.4	18.0
2014	65.8	17.3	17.0
2013	67.4	17.1	15.5
2012	68.5	17	14.5

0　10　20　30　40　50　60　70　80　90　100（%）

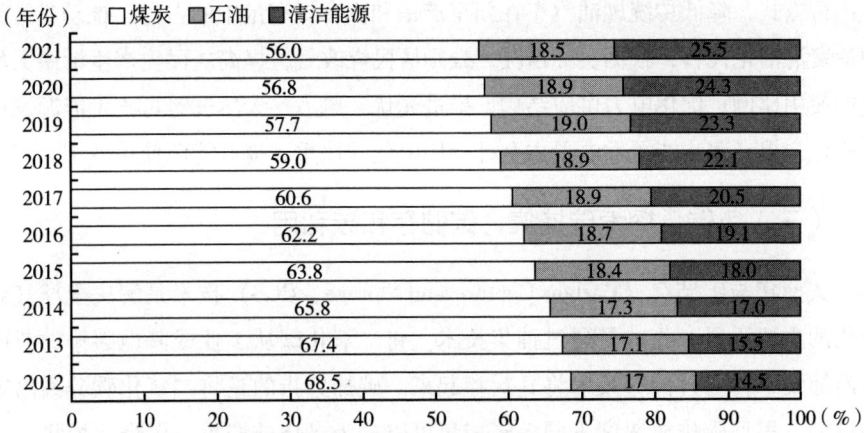

图7　2012~2021年全国能源消费结构

资料来源：国家统计局。

■可再生能源发电量（左轴）　—占全社会用电量比重（右轴）

（万亿千瓦时）

1.69　1.87　2.04　2.21　2.48

26.50　26.70　27.90　17.80　29.80

2017　2018　2019　2020　2021（年份）

图8　2017~2021年全国可再生能源发电量及其占全社会用电量比重

资料来源：国家能源局。

2. 促进能源消费清洁化发展

　　构建多元化的清洁能源供应体系，改变能源消费方式，推进绿色低碳转型升级，促进能源消费清洁化发展。加大系统应用清洁能源力度，寻找可再生能源替代传统化石能源的方法，提高清洁能源在工业生产中的比重，实现从原材料到产成品整个工业过程的绿色低碳产品供给；推进交通系统能源清洁化发展，大力推进电动车、新能源汽车的发展，对新能源汽车车企和消费者进行补贴，鼓励绿色出行方式，降低传统燃油汽车在新车产销和汽车保有量中的占比；推动日常能源消费清洁化代替，根据实际情况，鼓励居民煤改气，提高居民生产生活中天然气的使用比例；优化电力供应结构，推进光伏、风力、天然气等可再生能源发电规模化，提高清洁能源发电量占全社会用电量的比重，提升能源使用效率。

（三）负碳：探索碳捕集、碳储存和碳利用

碳捕集与碳储存（Carbon Capture and Storage，CCS）技术是解决全球气候变化的主要手段，指的是通过捕集技术，将二氧化碳从工业或其他碳排放源中分离捕集，再通过储存技术将其封存起来。碳捕集指的是将二氧化碳分离出来的过程，根据碳排放浓度不同，碳捕集可以分为燃烧前捕集、燃烧后捕集、富氧燃烧。[①] 碳输送是将捕集好的二氧化碳输送到封存地，根据输送方式不同，可以分为罐车输送、管道输送、船舶运输等。碳储存是指通过技术手段将捕集起来的二氧化碳压缩，注入海底或地下，实现二氧化碳与大气的长期隔绝，按照封存位置不同，可分为陆地封存和海洋封存。

随着 CCS 技术的不断发展，中美两国的大力倡导在碳捕集、碳运输、碳储存的基础上加入碳利用这一环节，以二氧化碳为主要原料，通过化工或生物过程转化为高附加值产品，或者将二氧化碳注入地下，提高石油、天然气开采率，实现二氧化碳的资源化利用。这一改进后的技术被称为碳捕集、利用与封存（Carbon Capture，Utilization and Storage，CCUS）技术，获得了国际社会的普遍认可。CCUS技术是工业领域深度减排的关键技术，可以同时实现化石能源使用和大规模减排，与 CCS 技术相比，CCUS 技术不需要投入巨额资金和运营成本，更具安全性。[②] 截至 2021 年 7 月，中国的 CCUS 技术还处于示范阶段，规模较小，已投运或建设中的 CCUS 示范项目仅有 40 个，示范项目主要集中在电力、水泥、煤炭化工行业。[③]

（四）碳中和：增加碳汇

《联合国气候变化框架公约》将碳的排放过程定义为"源"，将碳的清除

---

① 米剑锋、马晓芳：《中国 CCUS 技术发展趋势分析》，《中国电机工程学报》2019 年第 9 期。
② 米剑锋、马晓芳：《中国 CCUS 技术发展趋势分析》，《中国电机工程学报》2019 年第 9 期。
③ 资料来源：生态环境部：《中国二氧化碳捕集利用与封存（CCUS）年度报告（2021）》。

过程定义为"汇",① 碳元素在源与汇之间不断地迁移转化和循环周转,实现全球碳循环。碳汇,是指通过植树造林、植被恢复等措施,吸收大气中的二氧化碳,从而减少温室气体在大气中的浓度。碳汇主要可以分为陆地绿色植物通过光合作用吸收的二氧化碳,即绿碳(包括森林碳汇、草地碳汇、耕地碳汇、土壤碳汇、湿地碳汇等),以及通过海洋活动和海洋生物吸收的二氧化碳,即蓝碳(包括红树林、海草床和滨海盐沼等)。

森林碳汇是中国的主要碳汇项目。近年来,中国积极推进植树造林、退耕还林、天然林资源保护等生态工程,截至 2021 年,共完成造林 360 万公顷、退耕还林 38.08 万公顷、退耕还草 2.39 万公顷、天然林抚育 113.33 万公顷,② 森林、草原的储碳、减碳能力大幅提升。此外,截至 2020 年,中国还整治修复岸线 1200 公里、滨海湿地 2.3 万公顷,③ 通过保护和修复红树林、海草床等海岸线生态系统,增加了海洋的二氧化碳贮存和吸收能力。在"绿水青山就是金山银山"的理念指导下,中国生态系统碳汇功能得到了有效提升和保护,为实现碳中和、增加碳汇贡献了重要力量。

五 政策建议

(一)加强重点产业和重点领域绿色低碳技术创新,加快绿色低碳先进适用技术推广

加快工业、建筑、交通、能源等重点产业和重点领域先进适用技术的研发推广,根据不同领域、不同行业技术水平的实际情况推进绿色低碳技术创新,实现高质量发展。

第一,工业领域。工业是能源消耗和碳排放的重要领域,碳中和目标实现的关键在于工业能否率先实现碳达峰。因此,要重点推进工业领域的节能减碳,提高清洁能源使用比例,推进原料、生产工艺、关键设备的更新,做好重化工产业、采矿业、冶炼业等重点产业的绿色低碳技术创新,推动工业绿色低碳发展。

---

① IPCC, *Climate Change 2001: The Scientific Basis*, Cambridge University Press, 2001.

② 资料来源:国家林业和草原局,《2021 年中国国土绿化状况公报》。

③ 资料来源:自然资源部。

第二，建筑领域。要探索建筑节能新路径，推进建筑—光伏一体化进程，减少建筑使用和运行阶段供能产生的碳排放，通过技术创新提高建筑能源利用率，优化建筑能源消耗结构，建设低碳、循环的绿色建筑。

第三，交通领域。在出行方面，要加快新能源汽车技术创新，推动汽车芯片、制造工艺的关键性技术突破，构建电动化、智能化、联网化的绿色低碳出行方式；在运输方面，通过数字化、网络化整合运输资源，实施多式联运，形成公路绿色低碳运输方式。

第四，能源领域。要打通能源之间的联系，突破大规模储能技术、智慧电网等关键技术，解决可再生能源的消纳问题，同时，要实现碳捕集利用与封存（CCUS）等技术的突破，扩大示范项目规模，早日实现技术落地。

（二）加强绿色低碳集成创新和产学研合作，构建绿色低碳技术创新体系

绿色低碳技术的发展离不开高校、科研院所的科技创新和人才支持，因此，应充分利用和整合高校、科研院所的创新资源，坚持需求导向和问题导向，构建以企业为主体、市场为导向、产学研深度融合的多层次技术创新体系。高校和科研院所是基础研究的主力军，应与企业、政府共同建立以市场为导向的低碳技术研发平台，进一步加大研发投入力度，根据低碳产业发展现状和企业的实际需求，围绕绿色低碳技术的开发、应用等领域开展理论研究和创新实践，为企业践行低碳发展战略提供技术支持和理论支持，实现科技成果的快速转化，促进低碳产业发展。

（三）加快推动产业和企业数字化转型，探索数字技术赋能绿色低碳发展

利用网络化、智能化、数字化的数字技术，可以优化传统产业结构和能源结构，构建清洁高效的能源体系，推动节能减排和降本增效。应将数字技术融入工业、交通等领域和人民生活的方方面面，提高社会智慧化水平，加快工业互联网、大数据、人工智能等数字基础设施建设，打通产业链上下游数字资源通道，推动不同行业、不同企业间的信息互通，提高资源配置效率，减少资源

浪费。首先要充分发挥数字技术对工业能效提升的赋能作用，推进企业各环节数字化、智能化生产，改进生产工艺流程，提高设备运转效率，实现生产过程的精细化管理，提升生产效率，降低碳排放。其次，要利用大数据为生活服务业赋能，推进医疗、教育、文旅、金融等领域的数字化转型，促进生活服务业绿色低碳发展。最后，可以利用大数据、车联网等技术手段，实现车辆的智能化和道路网络的实时联通，提高出行效率，构建绿色智慧交通体系。

（四）深化政产学研协同合作，加大碳中和人才教育培养力度

推动政产学研协同合作，将人才培养与碳中和目标的实现相结合，优先培养碳捕集、储能等方面的紧缺人才。政府要统筹建立完善的教育体系，加快制定并落实碳中和领域重点人才的培养方案，为人才培养提供有利的政策支持；高校和研究所要将低碳发展理念融入课程设计中，强化师资队伍建设，开设与碳中和相关的专业学科和专业课程，改革和丰富教学内容，通过课题、项目、竞赛等各类平台锻炼并培育绿色低碳发展创新型人才；企业要建立健全人才发展制度，针对企业的实际人才需求，与高校、科研院所开展联合培养人才项目，制定联合培养方案，深化产学协同，为企业输送实用型人才。

参考文献

［1］Ford James D. , et al. , "Authorship in IPCC AR5 and its Implications for Content：Climate Change and Indigenous Populations in WGII", *Climatic change*, Volume 113, Issue 2 2012.

［2］IPCC, *Climate Change 2001：Mitigation, Contribution of Working Group Ⅲ to the Third Assessment Report of the Intergovernmental Panel on Climate Change*, Cambridge University Press, 2001.

［3］IPCC, *Climate Change 2001：The Scientific Basis*, Cambridge University Press, 2001.

［4］李春鞠、顾国维：《温室效应与二氧化碳的控制》，《环境保护科学》2000年第2期。

［5］于宏源、汤伟：《低碳发展中的中国国际责任》，《当代世界》2009年第10期。

［6］谢和平：《发展低碳技术 推进绿色经济》，《中国能源》2010年第9期。

［7］贺俊：《中国低碳技术创新面临的新问题与政策调整》，《中国能源》2014年第

3 期。

　　[8] 刘仁厚、王革、黄宁等：《中国科技创新支撑碳达峰、碳中和的路径研究》，《广西社会科学》2021 年第 8 期。

　　[9] 郭滕达、魏世杰、李希义：《构建市场导向的绿色技术创新体系：问题与建议》，《自然辩证法研究》2019 年第 7 期。

　　[10] 张鸿宇、黄晓丹、张达等：《加速能源转型的经济社会效益评估》，《中国科学院院刊》2021 年第 9 期。

　　[11] 连红奎、李艳、束光阳子等：《中国工业余热回收利用技术综述》，《节能技术》2011 年第 2 期。

　　[12] 涂逢祥、王庆一：《中国建筑节能现状及发展》，《新型建筑材料》2004 年第 7 期。

　　[13] 江亿：《中国建筑耗能状况及有效的节能途径》，《暖通空调》2005 年第 5 期。

　　[14] 米剑锋、马晓芳：《中国 CCUS 技术发展趋势分析》，《中国电机工程学报》2019 年第 9 期。

B.9
燃煤电厂 CCUS 改造国际经验借鉴与政策建议

马湘山　姜冬梅　刘庆强*

摘　要： 中国电力行业燃煤发电比重较大，电力行业是推动中国"双碳"目标实现的主力军，必须承担更重要的减排责任。推动电力行业碳减排的技术选项之一就是碳捕集、利用和封存（CCUS）技术，该技术是推进碳中和的关键技术，将煤电与 CCUS 技术结合能够实现电力行业深度脱碳。CCUS 技术可在中国燃煤电厂改造中发挥重要作用，包括推动电力行业转型、助力"双碳"目标实现和保障电力系统灵活性等。国内外研究表明，从燃煤电厂 CCUS 改造的经济性来看，其平准化度电成本均低于或等同于天然气电厂。通过对加拿大 SaskPower 电厂边界大坝项目和美国 NRG 的 Petra Nova 项目进行分析可知，成熟的商业链条、政府的资金支持与高效的项目团队合作是成功的关键。本报告的最后，针对 CCUS 的成本、可再生能源的竞争及公众认知等方面的困境提出了政策建议。

关键词： 燃煤电厂　CCUS 改造　碳中和

---

* 马湘山，清华大学核能与新能源研究院博士后，中国碳中和发展集团 CCUS 部总经理，主要研究方向为 CCUS 法规政策与规划；姜冬梅，博士，中国碳中和发展集团首席科学家、战略发展委员会主席，郑州师范学院教授，主要研究方向为应对气候变化战略和政策、碳交易市场建设理论、可持续发展政策；刘庆强，中国碳中和发展集团碳资产部总经理，主要研究方向为碳核算碳核证的方法学。

一　引言

中国经济将保持持续增长的态势，电力也将维持刚性需求。同时，中国产业结构中工业仍将"偏重"、能源结构中化石燃料占比高的趋势短时间难以扭转。目前中国能源相关行业产生的二氧化碳排放占 75%~80%，电力行业约占 40%。二氧化碳排放所呈现的"化石能源—燃煤—煤电"的结构仍将继续，电力行业作为推动中国"双碳"目标实现的主力军，必须承担更重要的减排责任。推动电力行业碳减排的技术选项之一就是碳捕集、利用和封存（CCUS）技术，该技术是推进碳中和的关键技术，将煤电与 CCUS 技术结合能够实现电力行业深度脱碳。

国际能源署（IEA）认为碳捕集、利用与封存（CCUS）是一种重要的减排技术，可以应用于整个能源系统。当二氧化碳来自生物基过程或直接来自大气时，CCUS 技术还能为碳去除或负排放提供基础。[①] 国际可再生能源署（IRENA）将 CCUS 定义为将"点源"捕集后的二氧化碳用于二次加工的过程。[②] 本报告中的 CCUS 泛指将燃煤电厂捕集后的二氧化碳应用于地质封存、提高油气采收率和各类二次加工。

二　CCUS 在中国燃煤电厂改造中的作用

（一）中国燃煤电厂发展现状

1. 电力需求增长情况（2016—2020年）

《电力发展"十三五"规划（2016—2020 年）》预期 2020 年我国全社会用电量达 6.8 万亿~7.2 万亿千瓦时，年均增长 3.6%~4.8%。然而，根据中电联数据，2019 年我国全社会用电量已达 7.25 万亿千瓦时，2016~2019 年全社会用电量平均增速为 6.2%，已提前实现《电力发展"十三五"规划

[①] IEA, *Carbon Capture, Utilisation and Storage*, https：//www.iea.org/fuels-and-technologies/carbon-capture-utilisation-and-storage#analysis.

[②] IRENA, *Reaching Zero with Renewables Capture Carbon*, www.irena.org.

（2016—2020 年）》所预期的 2020 年的指标水平。受疫情影响，2020 年上半年全社会用电量进入短暂的修复期，但随着疫情的缓解，经济恢复加快，全社会用电量逐渐恢复。

2. 装机结构

截止到 2021 年底，中国全口径发电装机容量达 23.8 亿千瓦，工业企业发电量达 8.11 万亿千瓦，火电装机容量达 13.0 亿千瓦。

3. 机组利用现状

在增速放缓、可再生能源装机规模不断扩大的情况下，2005 年以来全国火电机组利用小时数呈下降趋势。受宏观经济回暖、疫情好转及电能替代力度不断加大等影响，2017 年开始火电机组利用小时数扭转了多年下滑的趋势，并在"十三五"期间维持了相对平稳的状态。

（二）CCUS 在中国燃煤电厂改造中的重要性

1. CCUS 推动中国电力转型

中国的能源转型要求传统能源清洁高效低碳发展，但大部分燃煤发电机组不太可能在满足气候目标的时间范围内关闭，因此 CCUS 改造为现有燃煤电厂的转型提供了解决方案。中国燃煤电厂在运年限平均为 12 年，CCUS 改造为电厂提供了一项重要的资产保护战略，使其能够继续运营进而收回部分剩余的风险资本。CCUS 技术的部署有助于处理搁浅资产。在 IEA 的可持续发展情景中，到 2040 年，将有 120GW 的燃煤发电采用 CCUS 技术。

2. CCUS 助力中国实现"双碳"目标

根据国内外的研究结果，碳中和目标下中国 CCUS 减排需求潜力为：2030 年 0.2 亿~4.08 亿吨，2050 年 6 亿~14.5 亿吨，2060 年 10 亿~18.2 亿吨（见表 1）。各机构情景设置中主要考虑了中国实现 1.5℃目标、2℃目标、可持续发展目标、碳达峰与碳中和目标，各行业 CO_2 排放路径，CCUS 技术发展以及 CCUS 可以使用或可能使用的情景。[1]

---

[1] 蔡博峰、李琦、张贤等：《中国二氧化碳捕集利用与封存（CCUS）年度报告（2021）——中国 CCUS 路径研究》，2021。

表1 2025～2060年部分行业CCUS减排需求潜力

单位：亿吨

行业	2025年	2030年	2035年	2040年	2050年	2060年
煤电	0.06	0.2	0.5～1	2～5	2～5	2～5
气电	0.01	0.05	0.2～1	0.2～1	0.2～1	0.2～1
钢铁	0.01	0.02～0.05	0.1～0.2	0.2～0.3	0.5～0.7	0.9～1.1
水泥	0.001～0.17	0.1～1.52	0.2～0.8	0.3～1.5	0.8～1.8	1.9～2.1
BECCS	0.005	0.01	0.18	0.8～1	2～5	3～6
DACCS	0	0	0.01	0.15	0.5～1	2～3
石化和化工	0.05	0.5	0.3	0	0	0
全行业	0.09～0.3	0.2～4.08	1.19～8.5	3.7～13	6～14.5	10～18.2

CCUS在2025年可实现减排900万～3000万吨，2030年则上升到2000万～4亿吨，由此，CCUS真正成为中国碳减排的重要力量。2030年开始至2060年是CCUS大发展时期，直至2060年达到顶峰，可实现10亿吨～18亿吨碳减排，最终帮助中国实现碳中和目标。

3. CCUS保障电力系统灵活性

考虑到新能源的波动性和间断性，在不远的未来，配备CCUS的电厂将成为全柔性电力系统的重要组成部分。事实上，碳捕集能力在某些情况下可能会增加短期灵活性，因为电厂可以增加或减少二氧化碳捕集装置使用的能量，以跟踪电力负荷波动。IEA的研究显示，如果碳捕集设施设计得当，采用碳捕集技术改造火力发电厂，对火力发电厂的操作灵活性影响不大。[①] 加拿大国际CCS知识中心关于Shand项目可行性研究显示，二氧化碳捕集率可以从满负荷时的90%提高到电厂最低输出水平的97%（为可再生能源让路），几乎不需要额外成本。[②]

（三）CCUS在中国燃煤电厂改造中的经济性

1. 国际研究综述

根据IEAGHG（国际能源署温室气体研究与开发计划机构）在2011年的

---

① IEA, *Status of Power System Transformation 2018*, 2018.
② The International CCS Knowledge Centre, *The Cost Reduction Potential for CCUS at Coal-fired Power Plants*, https://ccsknowledge.com/pub/CIAB_Report_LessonsByDoing_CCUS_onCoal_Nov2019 (1).pdf, 2019.

一份研究，在中国煤电装机构成中，装机容量超过 1GW 的燃煤电厂数量达到 164 个。[1] 这些电厂的总容量为 233GW，占 2006 年中国燃煤电厂总装机容量的 82%。基于这些电厂的信息，该研究将工厂布局分为两个大类（农村与工业发达地区）和三个子类（海水、河水和无明显直接供水），并总结了三种类型的改造潜力。该研究分析的发电厂中，只有 19%（按厂址数量计算）具有较高的改造潜力。由于空间限制，存在碳锁定风险的发电厂占 46%，这些发电厂中仍有一些可能进行改造，但改造成本可能会大幅提高。考虑到先进的新锅炉可以节省燃料，在更合适的地点建造新工厂可能会更便宜。此外，对于改造范围不确定的电厂，需要进行进一步调查。而由于研究的局限性，当时的电厂改造潜力可能高于估计。

Ye Yi[2] 采用动态高时空模型对 2℃ 排放目标下 2050 年中国最优电力扩张计划进行了建模，并研究了资金成本对电力规划的影响。结果表明，为了维持燃煤发电容量，必须采用 CCS 技术并降低资金成本，否则到 2050 年燃煤发电容量占全国发电总量的比例必须降低到 9.48%，才能实现 2℃ 减排目标。

于泽伟[3] 认为，中国电力行业 60% 的燃煤发电机组的使用寿命长达数十年，因此煤电机组是 CCUS 改造的合适候选者。其中，660~1000 兆瓦的超超临界机组装机容量超过 100 吉瓦，这意味着它们非常高效。到 2030 年，燃煤机组发电效率有望进一步提高。

2. 国内研究综述

李小春、魏宁[4] 等为中国 CCUS 在煤电方面的部署开发了全面的、全国性的评估方法，该方法是基于一种独特的自下而上的方法，包括选址、燃煤电厂筛选、技术经济分析和二氧化碳源汇匹配，共评估了 806 个燃煤电厂，这些燃

① IEAGHG, *Retrofitting CO₂ Capture to Exiting Power Plants*, 2011.

② Ye Yi, *How Will the Capital Cost Influence the Integration of CCS Coal Plants into the Chinese Low-carbon Optimal Power Expansion Plan by 2050*, https://www.jstage.jst.go.jp/article/jjser/42/6/42_368/_article/-char/ja.

③ Zewei Yu, *CCUS Plays Key Role in Transition to Carbon Neutrality Future for China*, https://ccsknowledge.com/news/ccus-plays-key-role-in-transition-to-carbon-neutrality-future-for-china, 2020.

④ Wei Ning, *Decarbonizing the Coal-Fired Power Sector in China via Carbon Capture, Geological Utilization, and Storage Technology*, https://pubs.acs.org/doi/10.1021/acs.est.1c01144#.

煤电厂的总装机容量为 840 吉瓦，占 2017 年中国 1054 吉瓦总装机容量的 79.7%。筛选结果表明，在 806 个燃煤电厂中，至少有 613 吉瓦或 508 个电厂似乎适合 CCUS 改造。中国的燃煤电厂比美国老化的煤电厂更容易改造，几乎所有选定的燃煤电厂在 2005~2015 年建造了一个或多个容量超过 600 兆瓦的发电机组。

樊静丽[①]的研究表明，在中国能源转型过程中，应考虑天然气发电厂和配备碳捕集与封存（CCS）技术的燃煤发电厂的潜在竞争力。她采用平准化度电成本法来比较这两类电厂的竞争力。结果表明，无论是否纳入碳定价机制，如果燃煤电厂的减排水平与天然气电厂相同或确保深度减排，则 CCS 燃煤电厂的平准化度电成本均低于天然气电厂。当煤炭价格达到 750 元/吨时，采用 CCS 技术的燃煤电厂在碳价低于 158 元/吨时将失去竞争优势。在山西省，采用 CCS 技术的燃煤电厂比天然气电厂具有更大的竞争优势。

郭建新、陈黄[②]认为，早期的大规模 CCS 示范是没有必要的。CCS 的投资高峰期在 2035 年左右，其运营成本占其总成本的 80%，政策制定者必须充分激励运营技术，特别是碳捕集技术的开发和投资。研究结果还表明，当 CCS 技术规模化提升时，可以考虑灵活的安装方式，以提高效率、降低成本。

楚宏瑞等[③]通过在不确定性环境中应用稳健的实物期权方法来评估 CCS 投资。该研究考虑了碳价格、燃料投入价格和电力输出价格的不确定性，在通过历史数据和相关研究确定模型参数后，以实例分析了中国能源行业的 CCS 投资策略，此外，还分析了 CCS 投资的三种激励措施，并总结了一些对发电厂和气候政策制定者都有启发性的经验。

[①] Jing-li Fan, et al., *The LCOE of Chinese Coal-fired Power Plants with CCS Technology: a Comparison with Natural Gas Power Plants*, https://www.researchgate.net/publication/328973485_The_LCOE_of_Chinese_coal-fired_power_plants_with_CCS_technology_a_comparison_with_natural_gas_power_plants.

[②] Jianxin Guo, Chen Huang, *Feasible Roadmap for CCS Retrofit of Coal-based Power Plants to Reduce Chinese Carbon Emissions by 2050*, https://www.researchgate.net/publication/337441176_Feasible_roadmap_for_CCS_retrofit_of_coal-based_power_plants_to_reduce_Chinese_carbon_emissions_by_2050.

[③] Hongrui Chu, Lun Ran, Ran Zhang, *Evaluating CCS Investment of China by a Novel Real Option-Based Model*, https://www.hindawi.com/journals/mpe/2016/8180674/.

刘淑阳[1]等人对燃煤电厂加装 CCUS 采用平准化电力成本模型，比较 CCUS 燃煤电厂与核电站、水电站、风力电站和太阳能光伏电站的经济竞争力。结果表明，当二氧化碳运输距离在 100 km 以下、煤炭价格低于 455 元/吨时，CCUS 燃煤电厂的成本低于核电站、水电站、风力电站及太阳能光伏电站的成本，尤其是在高贴现率情况下。煤炭成本和二氧化碳运输成本是 CCUS 燃煤电厂平准化度电成本的两个最大贡献者。与新建的 CCUS 电厂相比，用 CCUS 改造现有的燃煤电厂可将平准化度电成本降低 10%~18%。

三　燃煤电厂 CCUS 改造国际案例研究

（一）加拿大 SaskPower 电厂边界大坝项目

1. 项目概述

SaskPower 电厂的边界大坝碳捕获项目于 2014 年 10 月在加拿大萨斯喀彻温省投产运行，该项目用 CCS 改造了该电厂的 115 兆瓦的 3 号机组（BD3）。该项目是向煤电厂 CCS 商业化迈出的重要一步，但其 BD3 的发电装机容量较小，只有 115MW。投资在 115MW 的 BD3 发电机组改造和碳捕集厂费用约为 14.67 亿加元，改造成本为 11000 美元/千瓦。[2]

2. 运行情况

在累计捕集量方面，BD3 捕集设施在 2014 年 10 月至 2020 年 10 月实现捕集 360 万吨二氧化碳。2016 年 7 月，累计捕获 100 万吨二氧化碳，花费时间 21 个月；2018 年 3 月累计捕获 200 万吨二氧化碳，用时 41 个月；2019 年 11 月累计捕获二氧化碳，用时为 61 个月。

在可靠性方面，在前半段的运营期内，捕集设施的可用性未超过 70%，而整个运营期前 12 个月的平均日捕集率仅为 1240 吨/天。根据经验，捕集性

① Shuyang Liu, Hangyu Li, Kai Zhang, Hon Chung Lau, "Techno-economic analysis of Using Carbon Capture and Storage (CCS) in Decarbonizing China's Coal-fired Power Plants", *Journal of Cleaner Production*, 2022, No. 131384.

② OWOE, *What is Carbon Capture and Storage (CCS)?*, https://www.ourworldof energy.com/vignettes.php? type=coal-power&id=11, 2022.

能降低可归因于三大类工艺流程中的困难：烟气流量限制、胺液流量限制和传热限制。项目团队确定了影响这些流量的设备，主要问题包括粉煤灰积聚、关键换热器结垢和胺泡沫。[1] 团队对捕集设施进行修正和添加，以提高设施的可靠性和可用性，包括安装关键设备时留有余量和安装隔离装置。作为世界首次应用CCS的项目，BD3的许多操作问题可归因于电厂本身的设计缺陷，导致捕集性能下降的主要因素是捕集设施中的烟道气微粒携带量高于预期。项目团队已经（并将继续）努力纠正缺陷，同时管理微粒，提高电厂的整体性能和可用性。这些工作包括额外的清洗系统以限制微粒携带，增加冗余和隔离以允许在线清洁和维护设备。从BD3的CCS设施运行中吸取的经验教训可为其他CCS项目提供参考，并将极大地有利于该技术的未来实施。[2]

到2019年夏季（5月至7月），该项目日均捕集率为2580吨/天，而2018~2019年的可用性已提高到90%以上。自项目运行以来，碳捕集厂运行的正常率逐渐提高，日捕集率由2014年10月的1238吨/天上升到2019年10月的2582吨/天。[3]

3. 经验总结

第一，组建专业高效的团队。为了确定所需的资本投资和运营成本以及相关的环境和运营影响，对全部工程的成本估算、详细的流程设计十分必要，而简单和可预测是选择技术和设备的最佳指导原则。这都需要专业高效的团队联合工作才能完成。

第二，在项目评估阶段投入大量资金。这对于确保项目批准后在设计、施工和调试方面取得成功至关重要。在项目批准之前，一些企业会犹豫是否投入大量资金来评估和设计解决方案。但边界大坝项目花费了大约5000万加元来评估这项工作，这种做法对项目的成功起到了重要的作用。

---

[1] GHGT-15 Giannaris Janowczyk Ruffini, Hill Jacobs Bruce Feng Srisang, "SaskPower's Boundary Dam Unit 3 Carbon Capture Facility - The Journey to Achieving Reliability", *15th International Conference on Greenhouse Gas Control Technologies*, 2021.

[2] OWOE, *What is Carbon Capture and Storage (CCS)?*, https://www.ourworldof energy.com/vignettes.php? type=coal-power&id=11, 2022.

[3] International CCS Knowledge Center、CIAB, *Learning by Doing: The Cost Reduction Potential for CCUS at Coal-fired Power Plants*, 2019.

第三，构建成熟的商业链条。过度依赖政府补贴的风险很大，因此，边界大坝项目将捕集后的二氧化碳送入二氧化碳 EOR 市场进行交易，同时电厂还销售粉煤灰和硫酸。此外，通过说服当局使用 CCS 进行改造，CCS 技术进入了电力市场。虽然项目通常不会以市场价格出售电力，但在这种情况下，"进入电力市场"意味着从这些市场获得特殊补偿。

第四，政府的支持与推动。加拿大政府一方面在监管方面加大了环保力度，另一方面，提供了 2.4 亿加元的直接补贴。

第五，缩短项目时间。现实中，时间长的项目可能会受到对其产生不利影响的变化的影响。政治变化和经济变化等各种不确定因素随时会发生，时间越长，项目可能面临的风险和不确定性就越大。因此，缩短 CCS 项目的开发时间是明智的。边界大坝就是开发时间相对较短的 CCS 项目的成功例子，其在 3 年时间内完工。

（二）美国 NRG 的 Petra Nova 项目

1. 项目概述

Petra Nova 是 NRG Energy 和 JX Nippon Oil & Gas Exploration 的 50/50 合资项目，该项目于 2017 年 1 月 10 日开始运营，目前是世界上最大的安装在现有燃煤电厂上的燃烧后 CCS 项目。该项目旨在为 NRG Energy 位于得克萨斯州的 W. A. Parish 发电厂每年捕集约 90% 的二氧化碳，即每年 160 万吨的二氧化碳。该项目的最终成本约为 10 亿美元。

2. 运行情况

该项目分三个阶段进行管理。第一阶段（2010 年 6 月 1 日至 2014 年 6 月 30 日）：项目定义/前端工程设计（FEED）；第二阶段（2014 年 7 月 1 日至 2016 年 12 月 31 日）：详细设计、采购和施工；第三阶段（2017 年 1 月 1 日至 2019 年 12 月 31 日）：示范和监测。其中，第三阶段的主要目标是，第一，演示第二阶段构建的特定先进技术；第二，监测 West Ranch 注入的二氧化碳，以演示监测、验证和核算（MVA）的技术和协议。

截至第三阶段结束时（2019 年底），Petra Nova 捕获了 354.25 万吨二氧化碳并运至 West Ranch 油田。West Ranch 油田的三次采油总产量超过 420 万桶，达到每天 6000 桶（两个数值均为总产量），通过常规生产实现了额外的产量。[①]

3. 经验总结

第一，商业价值下形成项目联合体。Petra Nova 解锁复杂的价值链，开发了一个将二氧化碳来源与 EOR 油田利益联系起来的商业结构。为了确保更大份额的价值，NRG Energy 采用了一种新的项目结构。通过购买 West Ranch 油田的直接股权，NRG Energy 引入了第一个合作伙伴：位于得克萨斯州的石油勘探和生产公司 Hilcorp，该油田的原始所有者。这就需要不同的行业（电力和油气），不同的战略商业模式共同构建、计划和执行这一设想。在商业链条下，该项目摸索出了成功的商业组织结构，在制度上奠定了项目成功基础。

第二，创新融资渠道。由于 Petra Nova 项目空前的规模和复杂的财务结构，商业银行将该项目视为一种风险，需要采取的融资策略必须是一种不涉及传统商业借贷渠道的策略。JX Nippon Oil 的参与对于确保融资工具至关重要：从非传统贷款人那里获得风险容忍的债务融资。相反，JX Nippon Oil 的参与为项目获得了来自日本两家出口信贷机构——日本国际合作银行（JBIC）和日本出口与投资保险公司（NEXI）提供的 2.5 亿美元的贷款。不同于一般的商业性银行，这两家信贷机构的关键职能是承担超出私营部门融资能力的金融风险，但有可能为日本经济的未来开辟新的渠道。JBIC 和 NEXI 的目标都是提高日本海外工业的竞争力，支持日本产品和服务新兴市场的增长。NEXI 最终为日本瑞穗银行提供的 7500 万美元贷款提供了担保，[②]而 JBIC 则提供了 1.75 亿美元的独立融资，以换取 JX Nippon Oil 在该项目中 9000 万美元的股份。

第三，选择经过验证、有商业保证和适当规划的技术。一是针对某些设备扩大规模后难以满足得克萨斯州夏季条件下的冷却需求，该项目重新设计了冷

---

① DOE, NETL, *W. A. Parish Post-Combustion CO$_2$ Capture and Sequestration Demonstration Project DOE Award Number DE-FE0003311 Final Scientific/Technical Report*, https://www.osti.gov/biblio/1608572, 2020.

② Mizuho Bank, *Project Financing for Post-Combustion Carbon Capture-Enhanced Oil Recovery Project in the USA. Mizuho Bank, Ltd.*, http://www.mizuhobank.com/company/release/pdf/20140715.pdf, 2014.

却水系统。规模扩大、休斯敦夏季环境条件、关键冷却部件的过早更换，导致在强调保持 100% 捕集能力的条件下，冷却系统失去了裕度，尤其是在非高峰时段煤电主机组爬坡阶段。为此，该项目设计了玻璃纤维机械通风冷却塔，旨在以最大夏季环境条件下所需的流量和温度向 CCS 输送冷却水，最大温升为 14 华氏度。二是使用碳捕集技术。

第四，优秀团队的执行。Petra Nova 的项目执行是一流的，该项目由一个专门的技术专业团队积极处理环境研究管理、许可、拨款申请和管理、商业合同、融资结构以及其他发展相关活动。NRG Energy 有管理大型项目的历史，其经验丰富。JX Nippon Oil 公司的专业知识和参与是确保项目融资的关键，因此，组建并培训了一个专门的运营团队，保证了项目的顺利开展。

四　中国燃煤电厂 CCUS 改造的政策建议

（一）面临困境

1. 成本限制

燃煤电厂采用完整 CCS 系统的成本主要由捕集成本决定。电力行业 CO_2 排放属于低浓度排放源，捕集成本相对较高。按照 IPCC 的数据，捕集技术的应用将使燃煤电厂的电力成本增加 1.8~3.4 美元/kWh。燃煤电厂运输和储存成本将增加-1~1 美元/kWh，仅为天然气电厂成本的一半（负成本与提高石油采收率或煤层气项目中的收入抵消有关）。燃煤电厂的运输和地质封存的典型成本范围为 0.05~0.6 美元/kWh。[1] 此外，当前槽罐车为主要运输方式，运输费用为 1 元/吨公里，当运输距离超过 100km 时，运输成本将达到百元水平，[2] 当前国际流行的管道运输在国内还处于起步阶段。如果没有明确的政策来大幅限制温室气体排放到大气中，CCS 系统不太可能大规模部署。国际经验和当前的工业经验表明，在缺乏限制二氧化碳排放的措施的情况下，部署 CCS 技术

---

① IPCC, *IPCC Special Report on Carbon Dioxide Capture and Storage*, Prepared by Working Group III of the Intergovernmental Panel on Climate Change, 2005.

② 王丹：《二氧化碳捕集、利用与封存技术全链分析与集成优化研究》，硕士学位论文，中国科学院大学，2020。

的机会微乎其微。

2. 可再生能源的竞争及公众认知

随着温室气体排放限制的实施，许多综合评估分析表明，CCS 系统将与其他大规模缓解方案竞争，如核能和可再生能源技术。在公众认知方面，认为碳捕集技术的发展无法与风能、核能等清洁能源技术相比，且碳捕集属于过渡技术，在成本和安全性方面也存在疑虑。

（二）政策建议

1. 职责分工

美国得益于 20 多年来能源部的领导、资金支持以及政府、学术界和工业界之间的公私合作关系。自 1997 年以来，能源部在 CCUS 的研发项目上投资了约 45 亿美元。这笔资金是美国成为 CCUS 技术和部署能力世界领先者的一个主要贡献因素。这一发展的大部分是通过能源部的区域碳固存伙伴关系计划实现的，该计划包括 40 个州和 4 个加拿大省份。区域合作伙伴关系结合了学术、研究和工业经验，提供了 27 个小型二氧化碳注入试验项目和 7 个大型二氧化碳注入试验项目，提供了 1100 多万吨二氧化碳存储量。迄今为止，通过能源部支持的 CCUS 项目，已储存了 2000 多万吨的二氧化碳。

中国可以借鉴美国的做法，从立法角度出发，成立部际 CCUS 工作领导小组，由生态环境部牵头，会同国家发改委（能源局）、科技部、工信部、自然资源部等部门共同推进工作。

2. 激励政策

除了商业实体采取的行动，美国政府积极建立强有力的监管框架，确保二氧化碳的安全运输和储存。环境保护署（EPA）已根据《安全饮用水法案》制定了具体的监管和许可框架，以保护注水作业期间的地下饮用水源。其中包括二氧化碳注入井的 I 二级（油田注入）和六级（二氧化碳盐水层封存）许可计划。环境保护署还负责温室气体报告计划，并根据《清洁空气法》制定了注入二氧化碳的会计协议。二氧化碳管道由交通运输部管道和危险品安全管理局监管，该局制定了许可和操作标准。美国在政策、监管和法律方面建章立制，颁布了大量的政策、监管和法律行动以实现 CCU 的大规模部署，保障完全有能力采取这些后续步骤。

目前，中国的 CCUS 在碳捕集、运输和封存各方面均未有专门法律法规和标准，致使在企业层面推动 CCUS 技术很难，项目部署只能在本集团或区域内部进行，阻碍了二氧化碳远距离运输与地质封存、CO_2-EOR 的开展。当前急需全链条法律法规、部门规章集国家标准的出台和完善。

3. 资金支持

加拿大边界大坝项目和美国的 Petra Nova 项目前期均得到了两国中央政府的资金支持。2009 年，《美国复苏和再投资法案》向美国能源部提供了 34 亿美元用于 CCUS 的 4 个项目和活动。目前正在运行的两个非煤电项目，即空气产品蒸汽甲烷重整器二氧化碳捕集项目、ADM 伊利诺伊工业 CCS 项目和暂时关闭的 NRG Petra Nova 二氧化碳捕集项目，都从该资金中受益。

中国目前开展的试点示范，政府早期在科技研发资金上给予了较大支持，但后期项目则基本依靠项目单位资金自筹，CCUS 项目普遍面临"碳捕集成本高、捕集后无处去"的困境，全链条商业模式难以形成。因此可以借鉴美国和其他国家做法，研究出台项目开工前的 FEED 研究费用补贴或其他价格、财税、金融政策，以此为杠杆，缓解企业 CCUS 前期投资巨大、后期难以为继的局面。

4. 管道建设

美国除拥有全球约 80% 的捕集能力外，其能源行业还建造了 5000 多英里的二氧化碳管道，约占全球二氧化碳管道总里程的 85%。通过该管网输送的二氧化碳是一种厌氧二氧化碳和天然二氧化碳的混合物，主要用于提高采收率。中国目前二氧化碳运输依靠的是槽车，运输量小、运输半径小，未来难以满足规模化 CCUS 集群的二氧化碳运输的巨量需要，急需进行二氧化碳源汇匹配的运输管道建设的前提研究与布局。

参考文献

王丹：《二氧化碳捕集、利用与封存技术全链分析与集成优化研究》，硕士学位论文，中国科学院大学，2020。

袁家海、张凯：《"碳中和"目标下，新型电力系统中常规煤电退出路径研究》，

《中国能源》2021 年第 6 期。

Mizuho Bank, *Project Financing for Post-Combustion Carbon Capture-Enhanced Oil Recovery Project in the USA. Mizuho Bank, Ltd.*, http：//www. mizuhobank. com/company/release/pdf/20140715. pdf, 2014.

JBIC, *Equity Participation in JX Nippon Oil Exploration（EOR）Limited in U. S. Japan Bank for International Cooperation*, http：//www. jbic. go. jp/en/information/press/press − 2014/1127−32872, 2014.

Howard Herzog, "Financing CCS Demonstration Projects：Lessons Learned from Two Decades of Experience", *13th International Conference on Greenhouse Gas Control Technologies*, 2016.

AIChE, *World's Largest Carbon Capture Project Launches in Texas*, https：//www. aiche. org/chenected/2017/01/worlds−largest−carbon−capture−project−launches−texas? gclid＝EAIaIQobChMIoZyoiZ6o−AIVOBxyCh0q9gGmEAMYAiAAEgIZMPD_ BwE, 2017.

GHGT−15 Giannaris Janowczyk Ruffini, Hill Jacobs Bruce Feng Srisang, "SaskPower's Boundary Dam Unit 3 Carbon Capture Facility—The Journey to Achieving Reliability", *15th International Conference on Greenhouse Gas Control Technologies*, 2021.

Hongrui Chu, Lun Ran, Ran Zhang, *Evaluating CCS Investment of China by a Novel Real Option-Based Model*, https：//www. hindawi. com/journals/mpe/2016/8180 674/, 2016.

Shuyang Liu, Hangyu Li, Kai Zhang, Hon Chung Lau, "Techno-economic Analysis of Using Carbon Capture and Storage（CCS）in Decarbonizing China's Coal-fired Power Plants", *Journal of cleaner production*, No. 131384, 2022.

魏一鸣、余碧莹、唐葆君等：《中国碳达峰碳中和时间表与路线图研究》，《北京理工大学学报》（社会科学版）2022 年第 4 期。

碳 库 篇
Carbon Stocks Topics

B.10

绿色碳库助力中国碳中和示范试点建设

闫广轩　王洁琦　曹治国　胡鹏抟　余浩*

摘　要： 为实现"双碳"目标，全国各地区积极组织开展碳中和、碳达峰试点建设。目前中国现有的碳中和示范试点建设致力于绿色低碳技术的研发与人为排放的管控，对自然生态的碳汇作用认识不足。绿色碳库主要包括林田湖草以及城市绿地，其建设与扩容是实现"双碳"目标不可或缺的途径之一。中国绿色碳库建设仍处于初级阶段，针对中国幅员辽阔、增汇潜力大的特点，不同地区应因地制宜，从不同层面科学建设绿色碳库，科学助力示范试点建设，为全国"双碳"目标的达成提供成功经验与样板工程。本文以黄河流域为例，将城市分为碳汇示范试点、综合示范试点

* 闫广轩，大气物理与大气环境博士，河南师范大学环境学院、河南师范大学碳中和研究中心副教授，主要研究方向为大气环境与气候变化；王洁琦，河南师范大学环境学院副院长，河南师范大学碳中和研究中心副主任，主要研究方向为大气环境与气候变化；曹治国，环境科学与工程博士，河南师范大学环境学院、河南师范大学碳中和研究中心教授，主要研究方向为新型污染物环境暴露与健康效应；胡鹏抟，环境科学与工程博士，河南师范大学环境学院、河南师范大学碳中和研究中心讲师，主要研究方向为持久性有毒物质环境归趋；余浩，环境科学与工程博士，河南师范大学环境学院、河南师范大学碳中和研究中心讲师，主要研究方向为环境空气颗粒物源解析与人体暴露风险。

和生态岛示范试点三个层次探讨绿色碳库在实现碳中和过程中的方法学以及可借鉴的经验，以期为发挥绿色碳库在中国碳中和示范试点的助力作用提供可行建议。

关键词： 绿色碳库　碳中和　黄河流域

一　引言

"十四五"时期，中国生态文明建设进入了以降碳为重点战略方向、推动减污降碳协同增效、促进经济社会发展全面绿色转型、实现生态环境质量改善由量变到质变的关键时期。2021年3月，习近平主持召开中央财经委员会第九次会议，会议指出，要提升生态碳汇能力，强化国土空间规划和用途管控，有效发挥森林、草原、湿地、海洋、土壤、冻土的固碳作用，提升生态系统碳汇增量。[①] 这一重要指示凸显了绿色碳库在助力中国实现"双碳"目标中的重要地位。

二　绿色碳库建设的现状分析

（一）绿色碳库的界定

碳在地球上主要有四种存在形式，其中，绿碳是指由绿色植物捕获并储存于自然生态空间的碳，是与岩石黑碳、大气灰碳、海洋蓝碳相对应的有机碳（包括木材纤维、腐殖质、动植物残体、土壤有机质等）。[②] 因此，从这种意义上看，以森林、草原、湿地、荒漠为主体的自然生态空间为绿色碳库。绿色碳

---

① 中国网：《习近平主持召开中央财经委员会第九次会议》，http：//zw. china. com. cn/2021-03/16/content_ 77311798. html，2021年3月16日。

② 陕西省林业局：《陕西省林业局关于印发〈陕西省"百万亩绿色碳库"试点示范基地建设规划（2021—2030年）〉的通知》，http：//lyj. shaanxi. gov. cn/zfxxgk/fdzdgknr/stbh/2021 12/t20211213_ 2203794. html，2021年9月13日。

库是陆地生态系统最大的碳库，占据全球陆地面积的70%以上。全球最大的绿色碳库是森林生态系统，其次是草原生态系统，然后是湿地生态系统。绿色碳库强大的固碳增汇功能与作用，及其带来的巨大的生态、社会和经济效益，是促进"增绿补碳"、实现"双碳"目标经济有效的手段之一，密切联系着中国的生态保护、环境治理、乡村振兴等国家战略。在"双碳"目标下，绿色碳库代表着传统林业上的碳汇功能，可为中国经济社会转型发展提供更多的机遇。

（二）中国绿色碳库碳储量的发展趋势

恢复绿碳空间秩序，重建绿色碳库平衡，是解决"全球碳危机"的必然要求。发展中国家的森林草原残败，生态产能亏空，重建绿色碳库储碳的潜力大。[①] 中国作为发展中国家，碳汇提升能力很大。研究资料显示，目前中国森林生态系统绿碳储量达214亿吨，全国人工林中，中幼龄林占60.9%，碳汇增长潜力较大；中国草原土壤碳储量占全国土壤总碳储量的30%以上，其中85%以上的有机碳分布于高寒和温带地区，易于形成稳定的生态型碳库，碳库增效扩容潜力大。预计到2030年，全国森林、草原、湿地等生态系统减少 CO_2 排放潜力约为36亿吨/年。[②③] 由此可见，中国绿色碳库的碳汇能力具有实现倍增的潜力。

党的十八大以来，中国深入开展大规模国土绿化行动，中国碳库储量持续增加。数据表明，截至第9次全国森林资源清查，中国人工林面积已经达8003.10万公顷，森林覆盖率提高至22.96%，森林面积约为2.2亿公顷，森林蓄积量为175.6亿立方米，森林植被总碳储量为214.39亿吨。[④] 全国草原综合植被盖度不断提高，草原改良面积达198万公顷，重点天然草原牲畜超载率从28%下降到10.1%。开展的红树林保护修复专项行动，新建及修复的湿地

① 中国网：《碳饱和：绿色碳库建设原理》，http：//sl.china.com.cn/2021/0519/116103.shtml，2021年5月19日。
② 中国网生态中国：《林政之变系列丨林政"碳"之变》，http：//stzg.china.com.cn/2022-06/20/content_42008699.htm，2022年6月20日。
③ 党双忍：《治理绿碳空间丰盈绿色碳库》，《西部大开发》2021年第5期。
④ 铁铮：《发展"森林碳库"推进国土绿化》，《国土绿化》2022年第6期。

面积达 80 万公顷，湿地保护率提高至 50% 以上。此外，在"十三五"期间，中国完成了约 1097.8 万公顷的沙化土地治理，沙化土地封禁保护达 177.2 万公顷。[①]

总体来看，中国绿色碳库的碳汇潜力较大，近年来中国生态系统固碳功能稳步增强，但绿色碳库仍空虚不充实，增容空间巨大，与实现预期的生态碳汇倍增目标还存在一定的差距。因此，中国应继续坚持以"固碳增汇"为目标，加强森林、草原、湿地等"绿色碳库"基地建设，增强碳捕获与碳储存，减少碳流失与碳排放，实现碳汇效益与产业效益的深度融合，用更扎实的科学理论和技术支撑国家环境治理及"双碳"战略行动的实施。

（三）现行绿色碳库政策体系的局限性

国务院颁布的《2030 年前碳达峰行动方案》中明确提出了重点实施"碳达峰十大行动"，"碳汇能力巩固提升行动"即是其中之一。[②] 各部门也积极着力于降碳增汇，例如 2021 年 12 月国家市场监督管理总局、中国国家标准化管理委员会发布了《林业碳汇项目审定和核证指南》，2022 年 3 月科技部发布了《实施大兴安岭森林碳汇集成示范》等，从科学修复、经济市场等不同角度对巩固提升生态系统碳汇能力做出响应。

同时，中央大力支持地方政府推进碳达峰，鼓励各省（区、市）积极着力于降碳增汇，例如将福建、江西、贵州等生态基础较好、环境承载力较强的地区列为国家生态文明试验区，在山东、辽宁、宁夏、河南、重庆 5 个地区推进科学绿化试点示范省（区、市）建设。陕西省、福建省、河南省、浙江省等地区已积极响应国家要求，出台了《陕西省"百万亩绿色碳库"试点示范基地建设规划（2021—2030 年）》《浙江省八大水系和近岸海域生态修复与生物多样性保护行动方案（2021—2025 年）》等系列相关规划方案。

然而面对中国国土面积大、森林草地等自然生态空间分布不均的现状，目前各地区已有的降碳增汇政策不具有普适性和推广性。陕西省计划建设百万亩

---

① 陈雅茹：《充分发挥森林和草原的基础性、战略性作用　筑牢祖国生态安全屏障》，《绿色中国》2022 年第 8 期。

② 《国务院关于印发 2030 年前碳达峰行动方案的通知》，中国政府网，http：//www.gov.cn/zhengce/content/2021-10/26/content_5644984.htm，2021 年 10 月 26 日。

绿色碳库，因其森林、草原等绿碳空间面积占比较大，示范区的建立将主要从森林提质增效固碳、草原保护修复固碳等方面入手，该政策适用于土地分布相似的青海、甘肃等地区，内陆及沿海地区的适用性不强。由此可见，全国绿色碳库的建立扩容，应因地制宜制定修建与扩容方案。

此外，中国碳交易市场建设尚未完善，林草碳汇加入碳市场仍有不少瓶颈亟待突破。"十四五"时期以来，国家积极推进林草碳汇参与碳交易市场，先后出台了《国家林业局关于推进林业碳汇交易工作的指导意见》《林草局关于进一步放活集体林经营权的意见》等政策，鼓励林业碳汇的自主交易，并尝试将森林碳汇纳入碳交易市场。虽然全国碳排放交易市场已经开市，但林草碳汇交易仍处于逐步从区域试点阶段过渡到全国交易阶段，关于林草碳汇的计量检测体系仍不明晰，多地区仍未建立健全林草碳汇政策体系。因此，应鼓励地方积极参与全国碳排放权交易，鼓励地方充分利用林草碳汇实施碳排放权抵消机制，探索建立林草碳汇减排交易平台，逐步完善林草碳汇多元化、市场化价值实现机制。①

总体来看，中国绿色碳库建设仍处于初级阶段，如何建立与绿色碳库相适应的政策制度、如何科学计算绿色碳库总库容、如何实现扩容是我们面临的主要问题。因此，应坚持深入研究陆地生态系统的碳汇潜力，探索增汇路径，完善碳汇计量监测体系，积极参与国家碳市场制度建设，充分发挥绿色碳库在中国实现"双碳"目标中的重要作用。

三 中国碳中和示范试点建设的政策体系与完善空间

（一）"双碳"示范试点建设的政策体系

2020 年中国向世界承诺力争 2030 年前实现碳达峰、2060 年前实现碳中和，探索建立国家"碳中和先行示范区"。目前中国碳达峰碳中和"1+N"政策体系已基本建立。国家鼓励各地区开展碳达峰、碳中和示范试点建设，意在

---

① 《"十四五"将持续巩固提升林草生态系统碳汇能力》，国家林业和草原局政府网，https：//www. forestry. gov. cn/main/586/20210823/082639307120564. html，2021 年 8 月 23 日。

通过先行示范为全国各地区提供经验与案例学习。①《国务院关于印发 2030 年前碳达峰行动方案的通知》指出："加大中央对地方推进碳达峰的支持力度，选择 100 个具有典型代表性的城市和园区开展碳达峰试点建设，在政策、资金、技术等方面对试点城市和园区给予支持，加快实现绿色低碳转型，为全国提供可操作、可复制、可推广的经验做法。"② 随后各级各部门积极出台针对重点行业与重点领域的示范试点政策。生态环境部发布《关于推进国家生态工业示范园区碳达峰碳中和相关工作的通知》，指出要支持有条件的地方和行业率先达到碳排放峰值，推动已经达峰的地方进一步降低碳排放，支持基础较好的地方探索开展近零碳排放与碳中和试点示范。③ 深圳市生态环境局发布《深圳市近零碳排放区试点建设实施方案》，选取减排潜力较大或低碳基础较好的区域、园区、社区、校园、建筑及企业建设近零碳排放试点。浙江、福建、湖北、湖南等地区也明确提出积极推进开展低碳工业园区、低碳城市、"零碳"体系试点建设。④

（二）"双碳"示范试点建设的完善空间

各省（区、市）正有序推进碳中和示范试点工作，但基于自然碳汇的示范试点建设仍然较少。数据显示，目前碳中和示范试点主要聚焦于能源、工业、建筑与交通等领域，通过节能、减碳、固碳等技术手段，从能源替代、商业模式、技术应用等方面统筹规划、精心设计。而基于自然生态领域降碳增汇的建设案例较少，还没有较为成功的案例。党的十八届五中全会提出，要设立统一规范的国家生态文明试验区，重在开展生态文明体制改革综合试验，规范

① 中国绿色碳汇基金会：《碳达峰碳中和 1+N 政策体系梳理解读》，http://www.thjj.org/sf_73CC37761B5042CEADC603E779BB7256_227_8C0B6735583.html，2022 年 10 月 8 日。

② 《国务院关于印发 2030 年前碳达峰行动方案的通知》，中国政府网 http://www.gov.cn/zhengce/content/2021-10/26/content_5644984.htm，2021 年 10 月 26 日。

③ 国家生态工业示范园区建设协调领导小组办公室：《关于推进国家生态工业示范园区碳达峰碳中和相关工作的通知》，中华人民共和国生态环境部网站，https://www.mee.gov.cn/xxgk2018/xxgk/sthjbsh/202109/t20210901_884575.html，2021 年 9 月 1 日。

④ 《深圳市生态环境局 深圳市发展和改革委员会关于印发〈深圳市近零碳排放区试点建设实施方案〉的通知》，深圳政府在线，http://www.sz.gov.cn/cn/xxgk/zfxxgj/tzgg/content/post_9341772.html，2021 年 11 月 1 日。

各类试点示范，为完善生态文明制度体系探索路径、积累经验。国家林草局起草编制《林业和草原碳汇行动方案（2021—2030年）》并明确提出，要"科学确定生态空间，开展大规模国土绿化行动，增加林草资源总量，提高生态系统碳储量。支持鼓励有条件的地区开展碳中和试点工作，为更大区域实现碳中和提供样板，积累经验"。[①] 但在地区层面，目前仅陕西、海南、甘肃、福建等地区完善了关于生态碳汇角度的碳中和建设方案，可供全国其他地区复制推广的试点经验并不多。

中国"双碳"示范试点建设由"十三五"时期"摸着石头过河"阶段进入"十四五"时期"快速发展通道"阶段，在各行业各领域取得了一定的进展与成绩。但基于绿色碳库降碳增汇的碳中和示范试点建设仍需完善，林草碳汇加入碳交易市场的问题也不可避免，亟待解决。因此，应以实际行动探索符合中国国情的"双碳"示范试点方案，因地制宜、分类施策，实现生产、生活与生态环境的深度融合，推动城市、乡村、企业为实现"双碳"目标创造更多的成功经验。

四　绿色碳库助力碳中和示范试点建设的思考（以黄河流域为例）

黄河作为中国的第二条大河，其生态环境与经济社会情况备受关注，在中国"两屏三带"生态安全战略格局中具有十分重要的地位。以习近平同志为核心的党中央将黄河流域的生态保护及其高质量发展作为事关中华民族伟大复兴的千秋大计。[②] 因此，以碳中和示范试点为主体，借助绿色碳库的碳汇潜力，助力黄河流域的高质量发展是国家战略与时代需求。本文则以黄河流域为例，根据其生态环境特点，为该流域各地区在建设碳中和示范试点时的规划路线与实施方法献计献策，充分发挥绿色碳库在建立碳中和示范试点的促进作用。

---

① 中华人民共和国生态环境部：《关于政协第十三届全国委员会第四次会议第1082号（资源环境类115号）提案答复的函》。

② 《中共中央　国务院印发〈黄河流域生态保护和高质量发展规划纲要〉》，中国政府网，http：//www.gov.cn/zhengce/2021-10/08/content_ 5641438. htm，2021年10月8日。

（一）黄河流域碳中和示范试点总体要求

以习近平生态文明思想和《黄河流域生态保护和高质量发展规划纲要》为指导，深入贯彻落实党中央、国务院和各级政府实现"双碳"目标的决策部署，坚持山水林田湖草沙系统治理，践行"绿水青山就是金山银山"理念，遵循生态文明的系统性、完整性及其内在规律，以绿色碳库提质扩容为目标，科学规划、合理布局，因地制宜、有序推广，在保持黄河流域现有碳汇储量的基础上，持续提升森林、草原、湿地、荒漠等生态系统碳汇增量，建立健全碳汇计量监测体系，推进绿色碳库碳汇减排进入碳交易市场，着力推动黄河流域生态与经济的高质量发展，为实现中国碳达峰、碳中和目标作出重要贡献。

第一，科学规划，突出重点。根据国土空间规划，综合考虑土地利用结构、土地适宜性、生态空间类型及绿色碳库发展潜力，统筹山水林田湖草沙系统治理，科学确定示范基地建设类型、建设规模和发展目标，突出重点、集中连片、规模建设，减少碳排放，提高捕碳、储碳固碳能力，推动绿色碳库高质量发展。

第二，因地制宜，分类施策。充分考虑黄河流域水资源承载能力，遵循生态系统内在规律，按照不同生态区域及功能要求，以水定绿、以水定林、量水而行，宜乔则乔、宜灌则灌、宜草则草，乔灌草结合、保护与修复并举，持续推进森林、草原、湿地、荒漠保护修复和提质增汇，不断巩固提升生态系统自我修复能力和碳汇能力。

第三，示范引领，稳步推进。按照立地条件、资源禀赋差异，选择不同类型、具有代表性、碳汇潜力大的生态空间进行试点示范，打造一批集中连片、易于实施、效益显著的试点示范基地，稳步推动绿色碳库建设高效有序发展。

第四，创新机制，激发活力。鼓励各试验区坚持因地制宜原则，勇于探索，全面推进生态文明体制改革创新，大胆尝试，总结经验，及时纠错。积极推进林草碳汇加入全国碳交易市场，激发全社会开展绿色碳库建设热情。

（二）因地制宜建设绿色碳库

黄河自西向东横跨青藏高原、内蒙古高原、黄土高原和华北平原等地貌单元，流经青海、四川、甘肃、宁夏、陕西、山西、河南、山东、内蒙古九地区，流域西高东低，生态结构与服务功能独特，随之带来的经济社会现状也各有不同。① 据此，为分析黄河流域不同地区如何结合绿色碳库进行碳中和示范试点建设，本文根据不同土地利用方式及绿色碳库类型，将示范试点建设类型总体分为碳汇示范试点建设、综合示范试点建设、生态岛示范试点建设三种，同时，提供三种示范试点建设思考方式与路径，结合绿色碳库建设与碳汇市场建设两个角度进行阐述，并展示各类示范试点已有的具体实施案例作为参考借鉴。

1. 碳汇示范试点建设

黄河上游地区以山地为主，具备得天独厚的自然生态环境基础，拥有大面积森林、草地、荒漠等各类绿色生态空间，从绿色碳库的角度进行提质增汇的潜力巨大。据此，在青海、甘肃、陕西、宁夏等地区可以建立碳汇示范试点，突出碳汇功能，以森林、草原、湿地、荒漠、自然保护地等绿色碳库为主体，尤其突出森林碳库的增汇潜力，提高各地固碳能力，依据不同生态空间碳库类型、分布特点、储碳方式，坚持山水林田湖草沙系统治理，重点打造森林、草原、湿地、荒漠、自然保护地等高标准绿色碳库基地，助力实现碳中和。

碳汇示范试点的具体建设内容应结合土地类型、绿色碳库背景等实际数据，主要围绕示范基地面积、森林储蓄量、碳储量与碳汇量以及林草碳汇计量监测站点等方面进行详细规划与设计。坚持区域化布局、规模化发展和分区、分类、彰显特色的建设原则，采取不同的修复增汇方式，促进生态环境高质量发展；同时建立健全绿色碳库计量监测研究体系，推动林草碳汇加入碳交易市场，推进示范试点的经济建设。

黄河上游的部分城市已开展相关试点建设。以陕西省 2022 年推行的"百万亩绿色碳库"试点示范项目规划为例，该项目相对完备详细，为碳汇示范试点建设提供了优秀的案例参考。该项目结合陕西省生态环境特点，将示范试点建设任务详细划分为六大工程，根据不同生态空间的碳库类型与分布特点，分别进行森林提质增效固碳、草原保护修复固碳、湿地保护恢复固碳、荒漠综合治理固碳、自然保护地植被提升固碳五类生态空间的修复利用，以此提升绿

---

① 生态环境部黄河流域生态环境监督管理局：《黄河自然概况》，https：//huanghejg. mee. gov. cn/xxgk/hhlyjxbzhgk/hhzrgk/，2022 年 12 月 12 日。

色碳库的碳汇量与碳储量。

然而结合黄河流域上游的具体特点，该项目的碳汇示范试点建设仍有完善空间。黄河流域上游地处中国中西部地区，位于青藏高原与黄土高原之上，经济社会发展相对滞后。人为修复作为降碳增汇的方式之一，会给部分地区带来一定经济压力。值得关注的是，黄河流域上游的部分地区的森林面积较大，而化工产业污染较少，具备"碳中和"的前提，与其他地区相比具有天然的优势，因此，应大力挖掘其作为碳汇示范试点的优势，着重引入零碳企业，合理进行土地空间规划，科学开发当地资源，发展社会经济，充分将自然优势与人工修复相结合，从而更高效更全面地推动黄河上游生态与经济共同高质量发展。

案例一：陕西省 2022 年"百万亩绿色碳库"试点示范项目①

陕西省是全国林业大省，森林、草原、湿地、荒漠等生态空间面积达到 2.2 亿亩，约占全省面积的 72%，其绿色碳库在全国固碳释氧、应对气候变化中发挥着不可替代的作用。为深入贯彻落实党中央、国务院实现碳达峰、碳中和的战略决策，陕西省组织编制了《陕西省"百万亩绿色碳库"试点示范基地建设规划（2021—2030 年）》。该规划前期在全省具有代表性、典型性的生态空间，通过集约经营和技术升级，建设了一批森林、草原、湿地、荒漠和自然保护地等不同类型、各具特色的高质量绿色碳库试点示范基地，探索了适合陕西的绿色碳库建设模式和林业碳汇计量监测交易机制，带动了全省生态系统碳汇能力升级达峰，推动实现绿色碳库可测量、可报告、可核查，为陕西实现碳达峰、碳中和目标提供了林业路径，为应对气候变化做出了林业贡献。

"百万亩绿色碳库"试点示范项目突出开展了森林、草原、湿地、荒漠、自然保护地五类生态空间固碳工程，及绿色碳库计量监测研究体系建设工程。各工程重点突出，特点鲜明，具有很强的参考价值，全国各地可借鉴的具体做法如下。

---

① 陕西省林业局：《陕西省林业局关于印发〈陕西省"百万亩绿色碳库"试点示范基地建设规划（2021—2030 年）〉的通知》，http://lyj. shaanxi. gov. cn/zfxxgk/fdzdgknr/stbh/20211 2/t20211213_ 2203794. html，2021 年 9 月 13 日。

第一，森林提质增效固碳工程。充分考虑水资源承载力和土地适宜性，优先选用固碳能力强的适生乡土树种，通过人工造林、封山育林、飞播造林等措施，科学开展国土绿化，增加森林碳库总量；通过退化林修复、中幼龄林抚育、低质低效林改造等措施，促进森林正向演替，提升林分质量，增加森林碳库储量；统筹推进城乡绿化，开展森林城市建设和乡村绿化美化，统筹推进重点区域绿化，做到"应绿尽绿"，不断增加城乡森林生态系统碳存量。到2030年，建设森林碳库试点示范基地54个。

第二，草原保护修复固碳工程。按照节约优先、保护优先、自然恢复为主的方针，加强草原保护管理，推进草原生态修复，促进草原合理利用，改善草原生态状况，提升草原生态系统稳定性和服务功能。通过人工种草、围栏封育、免耕补播等措施，提高草原生产力和生物量，增加草原碳库容量。通过松土施肥、治虫灭鼠、草种改良等措施，加快退化草地修复，提高草原储碳能力。到2030年，建设草原碳库试点示范基地8个。

第三，湿地保护恢复固碳工程。坚持以自然恢复为主、人工修复结合的综合治理方式，重点围绕湿地自然保护区、湿地公园及省级重要湿地，推进围垦湿地恢复及"岛屿化""破碎化"湿地的治理，在秦岭区域选择基础条件较好的天然或人工湿地，恢复一批小微湿地，逐步恢复湿地生态功能，不断提升湿地固碳能力。到2030年，建设湿地碳库试点示范基地29个。

第四，荒漠综合治理固碳工程。持续实施京津风沙源、重点区域生态保护修复等重点生态工程建设。对植被覆盖度较低的半固定沙地，采取封沙育林（草）、飞播造林、人工造林（草）方式，营造乔灌草混交林，提升植被覆盖率。对以灌木覆盖为主及郁闭度较低的固定半固定沙地，通过平茬复壮、补植补造的综合修复措施，形成乔灌、针阔混交林，提高林分质量。对因自然灾害、老化及人为影响造成防护功能持续下降的灌木林和进入过熟期林木的固定半固定沙地，实施森林抚育和退化林分修复工程。对黄土高原丘陵沟壑治理区，实施退耕还林还草，严格封山禁牧，人工营造水土保持林。到2030年，建设荒漠碳库试点示范基地9个。

第五，自然保护地植被提升固碳工程。严格落实自然保护地管控要求，实施国家级自然保护区和自然公园林相提升改造。采取封山育林、林相改造等措施，提升林分质量、美化森林景观效果，增强自然保护地固碳能力。到2030

年，建设自然保护地碳库试点示范基地 12 个。

第六，绿色碳库计量监测研究体系建设工程。建设绿色碳库计量监测研究中心 1 处，同类型林业碳汇计量监测站 22 个，绿色碳库碳汇计量监测点 112 处。根据不同生态系统类型特点，研究不同碳库类型的固碳方式、作用机理、过程机制及固碳效应，制定和完善监测评估指标、模型和监测制度。建立绿色碳库碳汇计量监测应用子平台，开展监测人员培训，为全省绿色碳库计量监测提供技术指导、咨询和服务。

2. 综合示范试点建设

黄河中游地区以山地与平原为主，自然生态环境占地面积相对较小，农业以集约化农田为主，城市碳排放更多来源于人为生产活动，因此位于山西、河南等地的中国大型城市应建设综合示范试点，并以低碳能源结构建设为主，以绿色碳库建设为辅，结合城市内山水特点，重点通过建设城市公园、城市绿地、城市内湖等人工生态景观发挥绿色碳库作用，构建城市与山水林田湖草生命共同体，完善城市空间布局，建立健全城市园区管理体系。

综合示范试点的建设应结合城市用地情况，围绕城市水系布局、城市绿化覆盖率、集约化农田三个主要方面，重点以城市绿地为载体，增设城市公园、城市内湖，扩大城市绿地面积，同时对集约化农田进行科学管理。此外，将城市绿地与绿色能源科技相结合，着力推动能源结构和生产方式的绿色转型，倡导低碳生活，挖掘和释放生态产品的价值，探索山水人城和谐相融的实现路径。

目前黄河流域的水土流失较为严重，暂无相关示范试点的案例报道，而长江流域的部分城市依托长江水系采取了综合示范试点的建设方法。其中，成都在公园城市建设方面积极探索，形成了初步成果，成都对于城市公园与集约化农田的管理可供其他城市参考学习。作为长江流域的城市，成都充分利用自然特点，结合当地水生态，建设城市"大公园"，推进绿化美化，促进城市风貌与公园形态交织相融；完善城市内部空间布局，建立集约化的土地利用机制。

与成都的生态空间相比，黄河中游的水资源相对贫乏。在三门峡等具有较大水量的地区可以充分学习成都的做法，结合城市水系布局，以黄河水系为中心进行城市公园的建设。但是在其他水量较小的城市，依托水生态显然不切实际，而应借助平原的良田沃土，突显集约化农田这一元素，合理分配城市用地，划定农业用地红线，扩大集约化农田范围，科学规范集中管理，结合城市内部绿化绿植，尽可能增加城市绿色碳库面积，以零碳城市为目标，进行碳中和综合示范试点的建设。

案例二：成都公园城市示范区①

作为西部的超大城市，成都拥有良好的生态本底，发展活力强劲。为深入贯彻落实习近平总书记重要指示精神，成都出台了《成都建设践行新发展理念的公园城市示范区总体方案》，旨在探索山水人城和谐相融的新经验，并为超大特大城市的转型发展提供新思路新方向。

成都公园城市示范区建设重点突出"城市公园"功能，构建城市空间与公园形态有机融合的新格局。夯实龙门山的生态屏障功能和龙泉山的"城市绿心"功能，推进岷江、沱江水系综合治理，同时推动龙泉山东翼发展，完善"一山连两翼"的总体生态布局，建设"城市大公园"。同时推进森林抚育和低效林改造工作，建设城市生态绿地系统，推进多维度全域增绿，打造以"锦城绿环"和"锦江绿轴"为主体的城市绿道布局。结合水系建设，统筹兼顾岷江与沱江上下流、左右岸，进行清淤疏通、天然空气净化和生态建设扩容，并在重要江河乡镇段两岸规划园林绿化管控带。

针对集约化农田与自然保护区，成都公园城市示范区科学编制城市国土空间规划，建立健全集约化土地利用机制，促进城市建设用地有效使用；严格控制新增建设用地规模与标准，实行增量安排与消化存量挂钩，推动低效用地的开发管理。同时示范区划定落实三条控制线：划定耕地保护红线及永久基本农田，并将其作为最重要的刚性控制线，以保护成都平原的良田沃土，发展布局自然景观；划定生态保护红线，明确自然保护地的保护范围及功能分区；划定城镇开发边界，以完善内部空间布局，优化生产、生活、生态空间比例，促进交通枢纽与工业区、商务区、文教区、生活区的衔接嵌套，进而加快推动城市内部绿地水系与城市外围生态用地及农业耕地的有机结合。

---

① 《关于印发成都建设践行新发展理念的公园城市示范区总体方案的通知》，中国政府网，http://www.gov.cn/zhengce/zhengceku/2022-03/17/content_ 5679468. htm，2022 年 3 月 17 日。

此外，结合完善现代环境治理体系、推行绿色低碳生活方式、提升文化旅游魅力等方面，示范区对生产方式与能源结构进行绿色转型，加快推动城市治理体系和治理能力现代化，率先探索符合超大特大城市特点和发展规律的治理路径，共同打造城园相融、蓝绿交织、宜居宜业、城市治理现代化的示范区。

3. 生态岛示范试点建设

黄河下游河道变窄，流域面积逐渐缩减，以水生态为主的综合示范试点不再适用。但下游也具有其自身得天独厚的特点，即下游河道和河口区分布着广阔的湿地资源，尤其是黄河河口地区分布着中国温带最广阔、最完整和最年轻的原生湿地生态系统。[1] 在入海口河道中央存在许多河心沉积岛屿，这些岛屿拥有湿地、林业等良好本底自然环境。因此，在下游城市可以着手构建绿色旅游休闲观光一体化的生态岛屿，建设生态岛示范试点，打造人与自然和谐共生的零碳岛屿，使其成为彰显中国作为全球生态文明建设重要参与者、贡献者、引领者的重要窗口。

生态岛示范试点建设的内容应注重合理规划生态岛空间、强化科技赋能农业生态等方面，将有限空间谋划好、保护好、利用好，充分发挥湿地、林业等自然生态基地的碳汇作用，并通过"农光互补""板上发电，板下种草，板间养殖""蔬菜大棚"等方式打造综合农业生态循环模式，大力发展农业与畜牧业。同时建立健全碳排放精细化核算体系，加快大数据、遥感测量、云计算等新兴技术在绿色碳库碳排放实测领域的应用。

目前黄河流域暂无地区开展生态岛的建设，而长江流域已有多个地区开展生态岛建设，如浙江、福建、上海等地纷纷致力于打造"零碳岛"。其中，上海市计划将崇明岛建设成为世界级生态岛，主要依托国家级湿地自然保护区，合理增加湿地保有量，扩大河岸道绿植覆盖面积，打造滩水林田湖生命共同体，同时，科学规划岛屿空间，优化能源体系，大胆创新低碳生产方式，打造养殖尾水综合治理循环利用模式。上海市的做法可供黄河下游及入海口城市效仿。

---

[1] 生态环境部黄河流域生态环境监督管理局：《黄河自然概况》，https://huanghejg.mee.gov.cn/xxgk/hhlyjxbzhgk/hhzrgk/。

案例三：上海崇明世界级生态岛规划①

上海市崇明岛位于长江入海口，是世界上最大的河口冲积岛和中国第三大岛，占上海陆域面积的近 1/5。作为上海市重要的生态屏障，崇明岛的生态建设对长三角城市群、长江流域乃至全国的生态环境和生态安全都有重要的意义。上海市颁布的《崇明世界级生态岛发展规划纲要（2021—2035 年）》，深入贯彻习近平生态文明思想，坚持生态立岛不动摇，统筹高水平保护和高质量发展，走好"绿水青山就是金山银山"的生态发展之路。

《崇明世界级生态岛发展规划纲要（2021—2035 年）》指出，要依托崇明东滩等国际重要湿地，加快探索崇明生态文明建设。严守生态保护基本红线，充分保护长江口滩涂湿地资源，合理实施生态空间分类管控，增加自然湿地保有量，全面提升生态系统质量和稳定性。完善岛屿林网结构，优化布局林业发展的空间，借助主干路网和骨干河道推动林地廊道建设，提高生态廊道连续性；提升林木品质，推进退化林修复、中幼林抚育、低效（低产）林改造，提高林地的服务水平；同时完善林相结构，丰富林木色彩，构建有结构、有层次、有景观的全域林地空间体系，稳步提高岛屿森林资源蓄积量、稳定性及碳汇能力。在城乡内部积极发展城市森林，建设乡村公园，打造乡风浓郁的林水田园，建设遍及城乡的绿道网络与生态服务设施。

在补充碳排放市场方面，加强碳排放精细化管理，拓展多元融资渠道。探索建立生态系统碳汇监测核算体系，开展森林、海洋、湿地、农田等各类碳汇本底调查和碳储量评估，加快将遥感测量、云计算、大数据等新兴测算技术应用于碳排放测算，致力于构建森林、湿地等生态资源统一管理，实现碳排放动态监测与预警分析，为全岛实现碳中和提供有效数据支撑，及时评估生态保护修复碳汇成效。

总体来说，黄河流域幅员辽阔，涵盖高原、山地、平原、湿地等多种生态体系，各地区建设碳中和示范试点时侧重点各有不同。上游城市应发挥其森林

---

① 上海市人民政府：《上海市人民政府关于印发〈崇明世界级生态岛发展规划纲要（2021—2035 年）〉的通知》，https：//www. shanghai. gov. cn/nw12344/20220114/44da2dee52e2474d8c5942da188e3426. html，2022 年 1 月 10 日。

草地面积广阔的优势，提高碳汇能力，并在碳中和的基础上引入零碳工业，促进生态与经济共同发展；中游城市可借助黄河水系或广阔平原，打造城市公园，发展集约化农田，打造山水人城和谐相融的绿色城市；下游城市主要依托湿地这一绿色碳库，打造生态农业，实现"零碳岛"的目标。此外，各地区也应结合本地实际情况，因地制宜，思考绿色碳库在碳中和示范试点中的作用与意义，挖掘绿色碳库潜力，推动黄河流域生态环境与社会经济的高质量发展，助力全国"双碳"目标的实现。

在全球气候变暖的严峻形势下，中国致力于实现碳达峰、碳中和目标，这既是积极应对全球气候变化的庄严承诺，也是统筹经济社会发展与生态文明建设的重大战略。[①] 由于篇幅限制，本文仅对黄河流域各地区的碳中和示范试点提出思考与建议。全国各地区应充分发挥中国绿色碳库储碳潜力大的优势，因地制宜，补齐短板，努力提升生态空间产能，以降碳增汇为着力点，利用绿色碳库补充完善碳中和示范试点建设，加快推进林草碳汇加入碳交易市场，以建立健全全国碳中和示范试点体系，以点带面，示范引领，有序推广。政府、企业及民众需要共同努力，拿出"抓铁有痕"的劲头，为实现"双碳"战略目标贡献力量。

参考文献

［1］党双忍：《治理绿碳空间丰盈绿色碳库》，《西部大开发》2021 年第 5 期。

［2］董战峰、毕粉粉、冀云卿：《中国陆地生态系统碳汇发展的现状、问题及建议》，《科技导报》2022 年第 19 期。

［3］铁铮：《发展"森林碳库"推进国土绿化》，《国土绿化》2022 年第 6 期。

［4］陈雅茹：《充分发挥森林和草原的基础性、战略性作用筑牢祖国生态安全屏障》，《绿色中国》2022 年第 8 期。

---

① 国家林业和草原局政府网：《森林"四库"系列解读：森林是碳库》，https：//www.forestry.gov.cn/stzx/2/20220422/092440004192443.html，2022 年 4 月 22 日。

森林碳库推进碳中和目标实现的做法与模式研究

秦国伟*

摘 要： 近年来，中国森林面积和蓄积量不断增长，这对降低全球森林减少速度、提升全球森林碳汇能力做出了重要贡献。本报告总结了安吉竹林碳汇交易、三明林碳价值实现、崇义林业碳汇交易的路径与模式，分析了当前国内存在的碳储量增加难、碳排放降低难、碳经济做活难、碳障碍破除难、碳价值支撑难等问题。为此，本报告提出以下建议：科学推进绿化保护，提升森林碳汇能力；健全交易补偿机制，增加森林碳库收益；持续创新体制机制，加强森林碳库保障。

关键词： 碳中和 森林碳库 碳汇交易

一 引言

对于整个国家的生态安全来说，森林和草原具有基础性和战略性作用，林草兴则生态兴。习近平总书记强调，森林是水库、钱库、粮库，现在应该再加上一个碳库。水库赋予了森林构筑国家水安全的光荣重任，钱库体现了其发展绿色 GDP 的独特优势，碳库表明了其亟须承担的时代使命，即中国提出的碳达峰与碳中和的目标。

实现碳达峰、碳中和目标不仅是我国应对全球气候变化的庄严承诺，也是

---

* 秦国伟，管理学博士，安徽省乡村振兴研究院特聘教授、研究员，主要研究方向为绿色发展和生态经济。

统筹经济社会发展与生态文明建设的重大战略。习近平总书记指出，要提升生态碳汇能力，有效发挥森林、草原、湿地、海洋、土壤、冻土的固碳作用，提高生态系统碳汇增量。作为公认最有效的生物固碳方式，森林是陆地生态系统中最大的碳库。据估计，在陆地生态系统中，森林植被区以仅仅1/3的陆地面积占比，贡献了陆地碳库总量56%的碳储量。

中国在提升森林碳汇能力方面取得了显著成绩。从1990年到2020年，虽然全球森林面积和森林蓄积量不断减少，但中国森林面积和蓄积量逆势增长，这对于降低全球森林减少速度、提升全球森林碳汇能力发挥了重要作用。

二 理论基础与分析框架

（一）相关概念

1.森林

关于森林的概念，国际上一般指在最小面积0.05~1.0公顷的土地上，郁闭度在10%~30%、就地树高度达到2~5米的生物群落；而国内一般将其定义为土地面积大于等于0.067公顷、郁闭度大于等于0.2、就地生长高度可达到2米及以上的以树木为主体的生物群落。森林包括天然与人工幼林、符合上述标准的竹林、国家特别规定的灌木林，以及行数在2行及以上且行距小于等于4米或冠幅投影宽度在10米以上的林带。《中华人民共和国森林法》规定，森林包括乔木林、竹林和国家特别规定的灌木林。

2.碳库

碳库包含地球上储存碳的各个系统，即碳的储存库。工业时代前夕，地球大气中的碳含量基本保持动态平衡，处于产生、消耗的良性循环中。随着人类生产生活方式的改变，人类大量使用化石燃料获得动能以便提高生产效率，这使得"贮存仓库"中的碳元素在短期内快速且大量转化为二氧化碳并释放到空气中，打破了碳元素生产、消耗的良性循环，即"碳平衡"，进而导致全球气候变化，不利于人与自然和谐共处与可持续发展。因此，重新实现碳平衡成为人类发展进程中的重要任务之一，而固碳是实现碳平衡最根本、最有效的方式。固碳是指将空气中多余的流动碳固定封存在各种碳库中，具体可分为物理固碳和生物固碳两种模式。

3. 森林碳库

森林作为一个生态系统，包含土壤、动植物、微生物等多种要素，它们都是碳循环的参与者，因此，森林碳库包括森林土壤碳库、森林生物量碳库和森林产品碳库。其中，森林土壤碳库包括凋落物、枯死木和土壤有机质，具体指死地被物及土壤中的腐屑和有机质中所含的碳；森林生物量碳库包括地上生物质和地下生物质，具体指活的动物、植物和微生物体内所固定的碳；森林产品碳库则指由被收获的森林生物质形成的木制材料中所储存的碳。

4. 碳中和

碳中和概念起源于生物学，于 1997 年前后开始在气候方面广泛使用。2018 年 10 月《全球温升 1.5℃增暖特别报告》首次将碳中和概念定义为：净零二氧化碳排放，即一段时间内全球人为二氧化碳排放量与人为二氧化碳移除量相平衡。目前碳中和这一名词主要在国内使用，国际上更多使用的是"净零"，国内对碳中和的解释又有广义与狭义之分，狭义上的碳中和仅指二氧化碳的中和，而广义上的碳中和是指二氧化碳中和、温室气体中和、气候中和、净零二氧化碳排放及净零温室气体排放等相关概念的统称。

（二）森林碳库对碳中和的贡献

森林生态系统既是碳源，也是碳汇。所谓碳源，指自然界向大气释放二氧化碳的过程、活动或者机制；所谓碳汇，指从大气中清除二氧化碳的过程、活动或机制。森林通过光合作用吸收、固定二氧化碳，且将大部分碳储存到林木生物质中，这种储存方式储存时间长，而且林木收获后的木产品也可以长时间储存碳，具有碳汇量大、成本低、生态附加值高等特点，与农田、草地、荒漠和湿地生态系统相比具有不可比拟的优势。森林碳汇作用更为突出，固碳规模十分可观，经测算每增加一立方米森林蓄积量，可多固定1.6 吨二氧化碳。

森林碳库的碳循环是一个从吸收到转移再到排放的循环过程（见图1）。

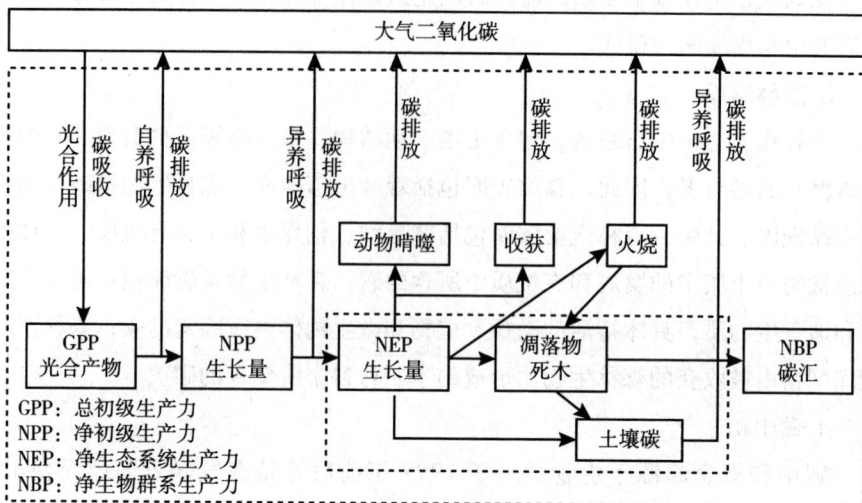

图1 森林固碳机理

（三）国内外研究现状

1. 国外研究现状

1997 年发布的《京都议定书》在全球范围内首次提及"碳汇"一词，并要求发达国家缔约方提出减排目标和措施。由此，《京都议定书》成为人类历史上首次以法规形式限制温室气体排放、抑制全球变暖的国际公约。随后，2001 年联合国气候变化框架公约会议通过的《波恩政治协议》和《马拉喀什协定》指出允许发达国家通过开展造林、再造林行动，将吸收的碳汇量用于抵消一部分工业活动排放的二氧化碳。2007 年《巴厘行动计划》把减少毁林和林地退化纳入林业碳汇项目范畴，而联合国大会于同年批准了旨在通过各国政策协调和国际合作、推动全球森林的可持续经营与管理的《国际森林文书》（后更名为《联合国森林文书》），这为发达国家和发展中国家共同以全球为单位实现林业碳汇奠定基础。2009 年，以促使发展中国家尽快采取行动减少排放和增加碳汇为宗旨的《哥本哈根协议》出台。2010 年在《坎昆协议》设定碳汇用于抵消工业、能源排放的总量上限。2013 年，华沙气候大会提出，可以实施减少毁林排放、减少森林退化排放、保护森林碳储量、森林可持续经营、提高森林碳储量这 5 项具体行动为发展中国家提供激励机制。2015 年，《巴黎协定》单设森林相关条款，确定 2020 年后全球共同应对气候变化的框架性安排。值得一提的是，《巴黎协定》强调从 2018 年开始，对各国提出的目标进展情况进行预评估。2017 年，《联合国森林战略规划（2017—2030年）》的推出为各国可持续管理森林和林外树木、停止毁林和森林退化提供了全球框架。上述政策均表明，森林碳库对推进碳中和目标实现具有重要作用。

此外，许多国际学者围绕社会、经济、制度等方面对森林碳汇进行了研究。例如，Sun 等人认为森林生态系统碳储量估算的准确性有待提高，具体方法存在较大差异，为今后更准确估算森林碳储量提供了参考；Lin 等人具体研究了制度自由在森林保护中的作用以及实现森林碳汇发展的路径，提出了土地利用结构、教育和收入不平等三种转移路径假设；Leam Martes 等人的研究重点关注保护与砍伐两种森林管理方式，评估了六种碳抵消潜力的管理情景。这些研究对于创新森林管理体系、提高森林碳汇经济和社会效益等尤为关键。

2. 国内研究现状

近年来，中国相继出台了不少关于森林碳库和碳汇方面的政策。2004 年，中国开始了森林碳汇试点项目。2007 年，明确了森林碳汇在应对气候变化中的地位。2009 年，在联合国气候变化峰会上提出了要大力发展森林碳汇。2010 年，中国首家林业碳汇交易试点平台华东林权交易所成立，并于 2011 年交易了全国首批 14.8 万吨林业碳汇。同年，成立了中国绿色碳汇基金会，标志着中国发展林业碳汇迈出了关键一步。随后，中国印发了一系列管理条例和办法，不断规范林业碳汇交易。2012 年，印发了《温室气体自愿减排交易管理暂行办法》，正式将林业碳汇作为一种合格的中国核证减排量（CCER）纳入碳市场交易。2014 年，印发了《国家应对气候变化规划（2014—2020年）》，启动了第一次全国林业碳汇计量监测。2017 年，印发了《全国碳排放权交易市场建设方案（发电行业）》，标志着中国碳排放权交易市场建设正式启动。2018 年，印发了《建立市场化、多元化生态保护补偿机制行动计划》，从顶层设计上完善了中国市场化、多元化生态保护补偿机制。2021 年，发布了《碳排放权交易管理办法（试行）》，明确将林业碳汇纳入国家碳排放权交易机制。同年，发布了《林业碳汇项目审定和核证指南》，该指南成为中国明确提出 2030 年前碳达峰与 2060 年前碳中和目标后发布的首个涉及林业碳汇的国家标准。

许多机构紧跟国家政策进程对森林碳库和碳汇进行了研究和探索。2013 年，中国林业科学研究院自主开发的《碳汇造林项目方法学》成为全国首个 CCER 林业碳汇项目方法学。2014 年，开发的全国首个《森林经营碳汇项目方法学》成为中国 CCER 机制下林业碳汇项目开发必须遵循的方法指南。2020 年，南京林业大学和社会科学文献出版社共同发布了《生态文明绿皮书：中国特色生态文明建设报告（2022）》，指出当务之急是从旧形式中探索形成能够突破当下掣肘的新型林业碳汇经营管理模式。同年，上海市园林科学规划研究院首次形成面向城市森林碳汇计量监测的林业领域系列标准《城市森林碳汇调查及数据采集技术规范》《城市森林碳汇计量监测技术规程》，为城市森林资源管理、质量评价以及国家制定应对气候变化策略提供了可靠的数据支撑。

专家学者们还对不同类型的碳源汇特性和规律进行了研究。例如，周国模团队探明了竹林碳源汇特征、碳储量与空间分配格局，创建了多尺度地面、遥感联合监测技术体系，实现了竹林碳时空动态的快速准确测算；同时研发了竹林增碳、减排、稳碳、协同四大关键技术，以及五项国家、国际标准的竹林碳汇项目方法学，突破了竹林碳汇进入国内、国际碳减排市场的技术瓶颈。许振柱构建了中国目前最完整的森林土壤碳排放数据库，这对于研究中国乃至全球森林碳循环及其对气候变化的影响具有重要的理论和现实意义。

三 推进碳中和目标实现的阶段情况

（一）探索与进展

中国首先从政策层面进行了积极探索。2021 年，发布了《中共中央 国务院关于完整准确全面贯彻新发展理念做好碳达峰碳中和工作的意见》，提出了构建绿色低碳循环发展经济体系、提升生态系统碳汇能力等 5 个方面的主要目标，与《2030 年前碳达峰行动方案》共同构成贯穿碳达峰、碳中和不同阶段的顶层设计。同时制定的《财政支持做好碳达峰碳中和工作的意见》，是碳达峰、碳中和的重要保障方案。但与发达国家相比，中国林业碳汇起步较晚，且林业资源有限，发展速度始终与国际保持一定差距。因此，中国不断加大林业政策扶持力度，先后研究制定了《碳排放权登记管理规则（试行）》等 16 部法律法规，有力地推动了林业碳汇政策的逐渐完善，林业碳汇政策逐渐向林业碳、碳交易领域倾斜。

中国从地方起步试点碳市场建设。2011 年，北京、广东等 7 个地区启动了碳排放权交易地方试点。2013 年，这 7 个地方试点碳市场陆续开始上线交易（见表 1 与表 2）。2021 年 7 月，中国启动了碳排放权交易市场上线交易。全国碳市场第一个履约周期覆盖了约 45 亿吨二氧化碳排放量，是目前全球规模最大的碳市场。据统计，截至 2021 年底，中国试点碳市场碳排放配额累计成交量达 4.83 亿吨，成交额达 86.22 亿元。

表 1　碳排放权交易试点省市初级发展概况

地区	启动时间	控排企业总量（家）	涉及行业	总量（亿吨）	门槛	交易产品
北京	2013 年 11 月	945	制造业、工业、服务业、供热企业、火力发电企业	0.5	控排单位 5000 吨煤	BEA，CCER，林业碳汇，节能项目碳减排放
天津	2013 年 12 月	114	民用建筑领域及重点排放行业（钢铁、电力、石化、化工、热力、油气开采等）	1.6	2 万吨煤以上	TJEA，CCER
上海	2013 年 11 月	600	工业（钢铁、化工、电力）、非工业（宾馆、商场、港口、机场、航空）	1.5	工业 2 万吨煤，非工业 1 万吨煤	SHEA，CCER
重庆	2014 年 6 月	254	工业（钢铁、铁合金、电石、电解铝、烧碱、水泥）	1.3	2 万吨煤	CQEA，CCER
湖北	2014 年 4 月	236	工业（钢铁、电力、热力）	2.81	6 万吨煤	HBEA，CCER
广东	2013 年 12 月	246	电力行业、水泥、钢铁、陶瓷、石化、纺织、有色、塑料、造纸	3.8	2 万吨煤	GDEA，CCER
深圳	2013 年 6 月	811	工业、制造业、建筑业	0.3	工业 3000 吨煤，政府机关及大型公建 1 万平方米	SZA，CCER

表2　试点地区碳排放权配额累计成交量

单位：吨

年份	上海碳排放权（SHEA）	北京碳排放权（BEA）	深圳碳排放权（SZA）	广东碳排放权（GDEA）	天津碳排放权（TJEA）	湖北碳排放权（HBEA）	重庆碳排放权（CQEA）
2013	20108	1438	114760	120129	9995	—	—
2014	823255	459229	999335	638053	510056	4935519	145000
2015	2739896	16641354	3665251	4248886	1509197	13538246	213088
2016	5177525	3846326	12828439	16254317	2196608	27869736	346379
2017	8574507	5898684	17876479	40639958	2994666	38819304	4566379
2018	11013649	8848189	27005403	57943988	4623310	49006834	8304012
2019	13038204	11807147	37489736	101172806	6019198	54949126	8474750
2020	15277356	13873467	43756377	133180242	9511113	64581377	8530753
2021	17168745	15371816	47153595	166084000	16825511	75222548	9106563
2022	18039093	16586406	50838720	184774103	18713941	81224749	10533279

（二）路径与模式

在工作实践中，各地区结合实际积极探索了碳汇价值的实现路径，本报告共介绍3个有代表性的案例。

1. 安吉竹林碳汇交易

2010年，浙江省安吉县与相关机构和高校实验室合作开展了竹林碳汇研究，形成了《竹林经营碳汇项目方法学》。安吉首先按照CCER标准计算每亩毛竹林每年的平均碳增汇量，并以此为依据打造竹林碳汇交易系统。为了保证交易交割的合理性和时效性，安吉还规定在收储时参照前30个交易日全国碳排放权交易均价确定收储价格。为了规范交易过程，提高碳汇交易量和交易效率，安吉推出合同制结算，规定竹林碳汇工程技术研究中心应按照合同规定的结算周期，先一次性付给安吉相关合作社竹林碳汇收储金，之后添加收储成本后卖出，最后将净收益80%反哺给合作社。2022年3月，安吉县重新设立林业局，并增挂森林碳汇管理局牌子，增加森林碳汇管理和碳排放权交易管理职责，这是加快"绿水青山"向"金山银山"转化、加快竹产业发展二次振兴、加速实现共同富裕的里程碑，也是安吉林业实现高质量发展的新起点。

2. 三明林碳价值实现

福建三明是集体林权制度改革的策源地，也是探索集体林碳汇价值实现的先行者，早在 2010 年就营造了首片碳中和林。目前，全市森林面积共 2718 万亩，森林覆盖率达到 78.88%。多年来，三明在林业碳票开发对象、计量方法、适用市场等方面大胆创新，制定了《三明市林业碳票管理办法（试行）》，规范了碳票流程，明确了碳票权能，从严审慎管理。2021 年 5 月，制定了《三明林业碳票（SMCER）碳减排量计量方法》，该方法采用森林净固碳量方法计算森林碳汇，填补了国内空白。为突出碳票可流转、可收储、可授信、可质押、可保险功能特点，三明制定了《三明银行保险机构支持林票、碳票改革工作方案》，出台了 12 条具体措施，金融机构积极开发碳资产抵质押融资、碳金融结构性存款、碳债券、碳基金、碳保险等绿色金融产品，鼓励碳服务机构或国有企事业单位采取保底收购、溢价分成的办法收储林业碳票，全面推动机关、企事业单位、社会团体、群众按需购买林业碳票或营造碳汇林，实现碳票多场景应用，探索出"有好生态就有好收益、少砍树也能致富"的绿色转型发展之路。

3. 崇义林业碳汇创新交易

2021 年崇义县被确定为江西省林业碳汇项目开发试点地区，当地 3.8 万余亩林场纳入了试点经营，预计未来 10 年固碳量可达 30 万吨。2021 年 6 月，江西南昌某银行机构举行了一项"线上买碳活动"，旨在实现会议全过程"零碳"目标。上述活动体现了江西省林业碳汇市场从"打包核算"到"计价交易"，再到"线上买碳"的各个环节逐步完善。据估计，截至 2021 年，江西省自愿减排市场已完成碳汇交易 121 万宗，交易量达 5 万吨。

四 推进碳中和过程中存在问题

（一）碳储量增加难

经过几十年的努力，中国森林资源数量稳步增长。但总体来说，中国森林资源总量不足，加之总体土地资源有限，全国容易造林的地方越来越少，造林难度越来越大，成本越来越高，即通过扩大造林面积增加森林资源的实现空间很小。《全国森林经营规划（2016—2050 年）》相关数据显示，中国人均森林面积不足世界人均森林面积的 1/4，人均森林蓄积只有世界人均森林蓄积的 1/7，且远低于世界人均耕地面积和人均淡水资源水平。自然基础差的同时，后天建设也存在一定的问题。譬如中国林业建设长期"重两头轻中间"，出现森林结构不合理、质量差，生态功能低，过密过疏林分多、密度适宜林分少，纯林多、混交林少，中幼龄林抚育严重滞后等一系列问题。自然条件差加之后天建设问题，导致中国在现实林分中，每公顷蓄积量未达到林地生产潜力 20% 的占 43%，达到林地生产潜力 20% 至 50% 的仅占 26%。

（二）碳排放降低难

森林数量持续减少以及森林灾害的发生使得降低森林碳排放成为难题。最新研究表明，近 20 年来，毁林等因素造成了每年约 81 亿吨二氧化碳排放。森林砍伐导致碳释放到大气中，野生动物多样性也逐渐降低。联合国粮食和农业组织数据显示，过去 30 年全球损失了约 4%（685401 平方英里）的森林。

森林采伐利用不合理也是中国长期存在的问题，同时，森林也长期受到病虫害的破坏。松材线虫病自 1982 传入中国，相继扩散至 19 个地区，大量松树枯死，且没有效防治办法。另外，近年来随着森林管理加强，火灾发生次数和森林受损面积逐步减少，但造成的损失依旧巨大，而且森林火灾使大量储存在森林中的生物碳在短时间内集中释放到大气中，严重破坏良性碳循环。

（三）碳经济做活难

森林资源不仅具有极高的生态效益，其生产的木材以及相关林产品还能优化当地产业结构，提升当地经济发展水平，同时还可以依托森林资源开展生态旅游项目，提升森林经济效益。中国森林资源种类多、品位高、规模大，发展森林旅游的潜力巨大。2019 年，中国森林旅游人数达 18 亿人次，占国内旅游人数（60 亿人次）的 30%，创造的社会综合产值达 1.75 万亿元，在全国森林旅游游客人数中，森林公园接待的人数约占 60%，森林旅游管理和服务人员数量超过 32.8 万人。值得注意的是，中国超过 95% 的森林旅游区地处农区、山区、林区，其中约 50% 位于贫困的农村地区，而发展森林旅游可以带动当地旅游相关产业发展，提供更多就业机会，提高当地农民收入，通过旅游资源实现城乡收入分配自然转移，推动和实现共同富裕。因此，森林旅游发展与中国农村发展和农民收入息息相关。然而，中国森林旅游发展仍处于初级阶段，不到5%的森林旅游地支撑着全国森林旅游的半壁江山，且现有森林旅游地更注重其经济效益和社会效益，森林旅游的特色挖掘和品牌建设程度低，大部分森林旅游地存在基础服务设施薄弱、从业人员素质偏低以及重开发轻保护等共性问题，游客体验感较差，复游率和推荐率较低，可持续发展性差，长期来看对当地经济发展和生态环境将造成负面影响。

（四）碳障碍破除难

2012年6月，中国发布的《温室气体自愿减排交易管理暂行办法》确定了政府主导的自愿减排交易体系管理的基本原则，在此基础上，中国建立了碳汇核算、监测计量、审定核证机制和相关管理办法，初步搭建起碳汇要素市场体系。但是对于林业碳汇来讲，只有符合方法学要求的林地才可以参与林业碳汇项目开发，其所产生的碳汇才能进入碳市场交易。林业碳汇项目开发要求碳汇造林（含竹子造林）项目必须是在无林地上实施的造林项目，在采伐迹地、火烧迹地上的造林项目都不能列入碳汇造林项目，森林经营碳汇项目必须是人工林等。由此出现了林业碳汇项目交易技术门槛高、开发成本大、收益周期长，以及开发林种、林龄和经营主体受限等问题。目前 CCER 林业碳汇项目审定和减排量签发需分两次申报，从项目生成到备案签发一般需 1.5~2 年时间，严重阻碍了林业碳汇项目的开发。

（五）碳价值支撑难

一方面，林业碳汇交易成本高。第一，林业碳汇交易资产专用性强。一般的林业碳汇项目在1个签发周期内会产生35万~65万元的总成本，而从开发到终结投入的资产无法改作其他用途，因此这些投资的资产成本成了"不可挽救成本"或"沉没成本"。第二，林业碳汇交易不确定性大。林业碳汇项目计入期较长，项目时间越长意味着周期内面临的政策、市场和自然灾害等风险或不确定性越高。第三，林业碳汇项目交易频率低。另一方面，造林等林业碳汇项目人才和技术门槛高。譬如项目中造林、抚育、管护等一系列措施都需要专门的林业技术人员进行操作，这要求林业技术人员有较高的专业素质。同时，林业碳汇 CCER 项目开发还受森林碳汇计量与监测技术的影响。因此，技术人员的技术水平和碳汇计量与监测技术也是影响林业碳汇参与碳交易的不确定性因素之一。

五　推进碳中和目标实现的具体举措

（一）科学推进绿化保护，提升森林碳汇能力

一是积极推进育林行动。林业建设事关经济社会可持续发展，应坚持走科学、生态、节俭的绿化发展道路，按照统筹山水林田湖草沙系统治理要求，在国土"三调"成果底图上落实绿化空间，宜封则封、宜林则林、宜灌则灌、宜草则草、宜沙则沙，因地制宜，分区施策。合理选择树种草种，优先使用乡土树种，积极营造混交林。加强新造幼林地封育、抚育、补植补造，建立完善后期养护制度。坚决完成"十四五"时期森林覆盖率、森林蓄积量目标。

二是持续巩固现有碳储存。在扩大森林面积、提升森林质量的同时，积极巩固和保护现有森林的碳储存，减少森林碳损失和碳排放。严格保护自然生态空间，加强国土空间用途管控，开展自然保护地整合优化工作，确保林地保有量不减少，有效保护森林生态系统的原真性、完整性、生物多样性和碳汇功能。严格保护和合理利用森林资源，加强森林管理，禁止违法毁林，减少不合理土地利用和土地破坏等活动导致的碳排放。加强各类灾害防治，保护森林资源安全，减少火灾和病虫害等破坏森林资源造成的碳排放。

三是统筹林木采伐使用。第一，应正确认识林木产品在"双碳"目标中的特殊作用，建立健全林木产品高效利用机制，延长使用寿命和储碳时间，切实发挥二氧化碳"缓冲器"作用。第二，应充分考虑森林固碳量与森林龄组成的密切关系，充分认识和利用中龄林固碳速度快、固碳能力强以及成熟林和过熟林对碳素的吸收与释放基本平衡的特点，根据不同林龄种类的属性科学制定森林采伐利用方案，做到木质林产品收获利用与森林碳库保护相结合，即最大限度地发挥森林的吸碳功能，同时最大限度地开发其经济功能。

四是大力开展木竹资源定向培育与利用。竹林是世界公认生长较快的植物

之一，具有爆发式、可再生生长特性，且相关研究表明，毛竹固碳量为每公顷5.09吨，是杉木林的1.46倍，是热带雨林的1.33倍，同时还有大量的竹林碳转移到竹材产品碳库中长期保存，因此，竹林蕴含巨大的碳汇潜力，具有更高的碳汇效率。

（二）健全交易补偿机制，增加森林碳库收益

一是建立健全碳汇交易模式。着眼森林生态产品价值实现，鼓励地方先行先试，制定符合地方实际的森林碳汇开发、设计、交易、管理等制度体系，简化项目开发程序，降低项目开发成本，推动区域林业碳汇交易。

二是完善碳汇计量监测体系。以数字化改革为引领，补充完善区域主要树种碳汇计量模型，探索建立森林碳汇数据库，细化草原、湿地、荒漠等生态系统碳汇计量监测方法，实现碳汇可测量、可报告和可核查。

三是推进生态补偿落地。"绿水青山"的生态价值远不止碳汇的价值，生态系统的调节服务功能和文化服务功能为社会带来了巨大收益。因此，应根据碳市场交易价格，结合林草固碳成本，在全国范围内统一生态系统的生态价值核算标准，持续规范生态补偿标准，减少补偿资金的随意性，加强生态补偿的公平性建设。同时，积极建设受益区域直接向生态服务功能区补偿机制，提高生态补偿的准确性和灵活性。

四是补偿资金挂钩生态价值。现行的生态补偿模式多为对当地恢复和治理生态系统所付出的物质成本做出的资金补偿，缺乏对生态系统生态调节功能的价值补偿，不同生态系统生态补偿资金的差异性很小。因此，要充分体现区域间生态系统服务价值的差异性，逐步增加生态补偿基金在生态系统生态调节功能中的份额，以便生态调节功能较高的生态系统获得适当的保护和发展。

（三）持续创新体制机制，加强森林碳库保障

一是构建双重激励约束体系。按照"谁使用谁保护、谁受益谁补偿"原则，统一生态补偿受益主体标准，围绕林业生态产品目录编制、监测体系建设、价值核算、经营开发、保护补偿等，建立合理的损害评估机制，将开发和施工活动的负外部成本内部化为运营开发成本，让使用者付费、破坏者

赔偿，最终形成"纵向为主、横向为辅、纵横联动"的政策制度体系。

二是构建技术支撑体系。结合先进的卫星遥感、大数据、碳同化等技术和方法，高时空分辨率、高精度和高时间频率监测大气中温室气体浓度，提供关于生态系统中人为碳源和生态系统碳源的高分辨率科学数据，确定大气中温室气体的来源并有效区分和量化人为源和自然源的贡献，建立一个支持监测和核实全球及热点地区的温室气体排放的技术体系。

三是构建绿色金融支撑体系。积极探索可行的绿色金融手段，成立林业碳汇债券、森林保险、碳汇指数保险，积极探索和发展林权抵押贷款、生态公益林补偿收益权质押贷款等模式，培育发展"两山银行""两山公司""两山基金"等市场主体，鼓励公共金融担保机构依法进行所有权抵押和产品订单抵押等信贷交易，拓展林业碳汇项目开发融资渠道。

六　结论与启示

近年来，中国不仅创造了经济奇迹，还创造了令人惊叹的绿色奇迹。中国是世界众多发展中国家中实现由森林稀缺过渡到森林过剩的先驱者，为应对全球气候变化做出了中国贡献，体现了中国在推动实现全球可持续发展方面的担当。但同时也要看到，中国总体上仍然是一个"缺林少绿"、生态脆弱的国家，发展林草碳汇面临森林面积增加难度大、森林质量亟待提高、林草资源保护压力大、林产品供需矛盾突出等一系列挑战。

森林"四库"（即森林是水库、钱库、粮库、碳库）一头连着国家战略，一头连着百姓福祉，是"国之大者"，也是民生关切，更是林草人的责任担当。我们要以"四库"为林草工作高质量发展的发力点和突破口，第一，积极通过调整优化林分结构，增加混交林比例，推行以增强碳汇能力为目的的森林经营模式，精准提升林质量；第二，倡导多功能森林经营，持续提高森林生态系统质量和稳定性，譬如加强中幼林抚育和退化林修复，加大人工林改造力度等；第三，加强森林草原防火和有害生物防治，力争全面保护森林、草原、泥炭湿地及沙区植被；第四，定向培育利用优质木竹资源，提升木竹材料质量和稳定性，拓展木竹在建筑领域的应用；第五，努力完善森林碳汇计量监测体系，积极参与全国碳排放权交易，加快推进碳汇交易，从而形成种植、抚育、防治、检测等多环节同时抓、同步推的优质森林培育体系，切实让森林更高水平发挥效益，更高质量促进发展，更高品质造福人民。

参考文献

［1］薛永基、林震、闫少聪：《打造"四库"统筹林业高质量发展》，《光明日报》2022 年 7 月 21 日。

［2］习近平：《在第七十五届联合国大会一般性辩论上的讲话》，《人民日报》2020 年 9 月 23 日。

［3］《中华人民共和国森林法》，《浙江林业》2020 年第 7 期。

［4］刘毅：《让森林"碳库"储量持续增加》，《人民日报》2022 年 5 月 7 日。

［5］IPCC，*Special Report on Global Warming of 1.5℃*，Cambridge University Press，2018.

［6］陈迎：《碳中和概念再辨析》，《中国人口·资源与环境》2022 年第 4 期。

［7］刘戈：《碳交易：对的时间来了吗?》，《中国经营报》2021 年 7 月 5 日。

［8］翟大宇：《中美双边气候关系与〈联合国气候变化框架公约〉进程的相互影响研究》，《太平洋学报》2022 年第 3 期。

［9］王登举、徐斌：《世界林业发展十大热点与趋势》，《中国绿色时报》2018 年 3 月 7 日。

［10］赖雯燕：《中国应对气候变化国际合作政策的内外统筹——从哥本哈根到巴黎》，硕士学位论文，北京大学，2022。

［11］《以共同但有区别的责任原则为基石，全面有效落实〈联合国气候变化框架公约〉及其〈巴黎协定〉》，http：//www.gov.cn/xinwen/2021－10/31/content_5648047.htm，2022 年 10 月 31 日。

［12］温雅莉、安璐、郭瑜富：《担负履约责任　贡献中国经验——中国履行〈联合国森林文书〉示范单位建设综述》，《中国绿色时报》2021 年 3 月 26 日。

B.12
中国温室气体排放核算方法
研究与实证分析

姜冬梅　刘庆强　霍嘉铭　朱春光*

摘　要： 为了应对气候变化，全球主要国家已经制定了碳达峰、碳中和目标，这些目标的实现需要以准确的温室气体排放核算为基础。国内外已出台了部分温室气体排放核算的指南或标准，核算标准体系的建设已成为中国应对气候变化工作的重点内容之一。本文在对温室气体排放核算的政策与标准现状、主要排放核算方法进行分析的基础上，对温室气体排放核算方法的完善提出发展建议并选择案例进行实证分析。

关键词： 温室气体排放　气候变化　碳达峰　碳中和

一　引言

由于人类活动的影响，大气中的温室气体浓度显著升高且全球气候发生了明显变化。气候变化已成为全球各国共同面临的重大挑战，如果不采取有效的应对措施，将对人类的生存与发展产生深远的影响。在全球持续推进应对气候变化工作时，中国政府也对应对气候变化工作给予了高度重视，并积极参与全

---

* 姜冬梅，博士，中国碳中和发展集团首席科学家、战略发展委员会主席，郑州师范学院教授，主要研究方向为应对气候变化战略和政策、碳交易市场建设理论、可持续发展政策；刘庆强，中国碳中和发展集团碳资产部总经理，主要研究方向为碳核算碳核证的方法学；霍嘉铭，中国碳中和发展集团碳资产部项目经理，主要研究方向为自愿减排机制及碳信息技术开发应用；朱春光，中国碳中和发展集团碳资产部项目经理，主要研究方向为环境管理、资源与环境经济。

球气候治理行动，这充分体现了中国的大国担当，践行了人类命运共同体的理念。2020 年 9 月，中国宣布了 2030 年前实现碳二氧化碳排放达峰、2060 年前实现碳中和的目标，在第 76 届联合国大会上，习近平主席进一步强调了该目标。实现碳达峰、碳中和已成为中国的重大国家战略，节能降碳相关要求已列入国家和地方"十四五"发展规划，各级政府也已明确了建设绿色低碳循环发展经济体系、提高资源与能源利用效率、优化能源结构以及降低二氧化碳排放强度等目标，为推动温室气体减排及其他应对气候变化措施的有效落实提供了政策基础和目标导向。

减排措施的制定、落实及其实施效果评估均需建立在准确的温室气体排放量核算的基础上，中国亟待建立一套完整、准确、可操作的温室气体排放核算体系。中国以行业为基础的温室气体排放控制策略正逐步推行，首先对发电行业重点排放单位进行温室气体排放总量控制，为其分配年度排放配额并要求其及时完成履约程序；除此之外，中国已经开始要求其他行业的重点排放单位核算并报告其温室气体排放情况，涉及的行业有化工、建材和钢铁等。上述重点排放单位温室气体排放报告和履约均需要以完善的核算体系为基础。

目前国内外针对温室气体排放核算已经积累了一定的研究基础并出台了一系列指南，下文将在分析国内外温室气体排放核算相关政策要求、核算指南现状以及主要核算方法的基础上，选择案例进行实证核算，并对温室气体排放核算系统的建立与完善提出发展建议。

二 中国温室气体排放核算方法政策要求

（一）中国温室气体排放核算方法相关政策要求

为推动国家温室气体排放核算体系的建立，国家和地方相关部门出台了一系列政策措施，其中完善与执行温室气体排放核算是其主要内容之一，为核算体系的建立提供了制度保障。在国家层面上，中国提出了碳达峰、碳中和目标后，有关的顶层政策设计已基本完成，以国务院印发的《中共中央　国务院关于完整准确全面贯彻新发展理念做好碳达峰碳中和工作的意见》和《2030

213

年前碳达峰行动方案》为主，除对建立国家温室气体排放核算体系提出了要求外，还提出了加强温室气体排放核算能力建设和标准体系建设等要求。为分解落实国家"双碳"目标，国家发改委、国家市场监管总局等主管部门已针对温室气体排放的统计核算体系的建立提出了相应的配套实施方案和阶段性目标要求，这有助于国家温室气体排放核算体系建设与实施的顺利推进和分解落实。另外，多数地区也已出台了碳达峰相关的实施方案，均强调了建立温室气体排放核算体系。

国家和地方相关政策要求为温室气体排放核算的执行提供了目标和政策依据。随着国家和地方碳达峰碳中和政策体系的不断完善，温室气体排放核算的方法将在实践中得到逐步优化，从而进一步推动温室气体减排工作的开展。

（二）中国温室气体排放核算体系的发展趋势

虽然中国温室气体排放核算体系尚处于建立和完善过程中，但是核算的执行过程已经涵盖了国家和地方排放清单编制、重点企业的排放核算等，其覆盖范围、核算方法等方面正逐步优化。国家温室气体排放核算的发展具有以下趋势和特点。

1. 温室气体排放核算范围逐步扩大

中国温室气体排放核算范围逐步扩大，宏观层面上核算范围的完整性和微观层面上核算数据的准确性将得到提升。首先，温室气体排放核算的地域范围不断深入，已经由国家温室气体排放核算拓展至省级和地方温室气体排放核算，而且针对区域、园区、企业的温室气体排放核算也已经开始实施。其次，温室气体排放核算的行业范围逐步扩大，如上文所述，发电行业的温室气体排放核算与履约已经率先执行，钢铁、水泥、化工等其他重点排放行业的企业已被要求报告其温室气体排放核算情况，随着应对气候变化行动的深入，更多行业将被纳入温室气体排放核算与报告的范围。除国家强制性核算外，部分企业出于社会责任等方面考虑，已自愿开展温室气体排放核算并落实相应的减碳行动。为评价产品的整体排放情况，产品生产过程的排放以及碳足迹排放也已经积累了一定的研究基础和实践经验。最后，纳入核算范围的温室气体种类更加全面，温室气体排放核算执行初期所核算的温室气体以二氧化碳为主，随着核算执行的深入，甲烷、氧化亚氮等其他温室气体排放的核算也在逐步推进。

2. 注重排放核算的可操作性

虽然中国现有的温室气体排放核算体系是在借鉴 IPCC 等现有国际指南和实践经验的基础上制定的，但在制定过程中考虑了各行业发展现状、行业温室气体排放现状以及国家未来发展需求等因素，以行业为基础逐步推进温室气体排放核算与报告体系的建设，力求实现统一的方法和较强的可操作性，做到温室气体排放核算体系实施的逐步深入和细化。例如，国家发改委公布的 24 个行业温室气体排放核算指南分三批次逐步公布和实施，并逐步推进，以前期实施经验指导后续加入行业核算的落实；对温室气体排放总量控制和履约从发电行业开始推动，其他重点排放行业的核算也已启动。随着温室气体排放核算研究的深入和所遇见问题的逐个解决，国家温室气体排放核算体系的可操作性将得到进一步加强。

3. 注重数据质量与核算准确性

准确性是温室气体排放核算的底线，是温室气体排放管理与所制定应对气候变化措施有效性的基本前提，需要从制度保障、监测与核算方法优化等多方面共同推进。首先，在制度方面，我国高度重视温室气体排放核算数据的质量，主管部门已经制定了《关于做好全国碳排放权交易市场数据质量监督管理相关工作的通知》等相关文件，从制度上保障数据质量。其次，在排放数据监测与核算方面，国家和地方碳达峰相关文件均对数据监测和核算体系的建立提出了要求，力求实现数据的完整性、准确性，核算方法的科学性、可操作性。最后，核算所用的参数系统不断优化。以电力消耗排放核算为例，国内现有的核算方法利用所消耗电力以及所在区域电网的排放因子进行核算，为提高核算数据准确性，根据实际电力生产及其能源消耗情况，国家主管部门对排放因子数据进行更新，上海等开展温室气体排放交易的地区也对电力、热力等排放因子数据进行更新。

三　温室气体排放核算方法研究现状

温室气体排放核算体系的落地需要科学、合理的排放核算方法作为支撑，下文将对国内外现有的主要温室气体排放核算指南和核算方法进行分析。

（一）国际温室气体排放核算标准与指南现状

现有的国际温室气体排放核算指南主要包括 IPCC 制定的《IPCC 国家温室气体排放核算指南》及世界资源研究所（WRI）和世界可持续发展工商理事会（WBCSD）共同制定的企业温室气体排放核算指南，这两类指南从不同的角度为温室气体排放核算提供了指导。

《IPCC 国家温室气体排放核算指南》以行业为基础进行国家或区域温室气体排放核算，即偏向于宏观层面的核算。IPCC 于 1995 年发布的《IPCC 国家温室气体清单指南》是全球最早发布的温室气体清单编制指南，1996 年 IPCC 又发布了《1996 年 IPCC 国家温室气体清单指南（修订版）》。目前参考最多的《2006 年 IPCC 国家温室气体排放清单指南》于 2019 年进行了修订，是不同范围和层级温室气体排放核算和碳减排行动方案制定的重要指导性文件，中国制定的《省级温室气体清单编制指南（试行）》也参考了该指南的主要思路和方法。

由 WRI 和 WBCSD 共同编制的国际温室气体排放核算指南主要针对企业或组织的温室气体排放核算，即偏向于企业微观层面的核算。该指南对温室气体排放核算主要的贡献之一为将企业或组织的温室气体排放划分为不同范围，包括直接排放（又称范围 1 排放）、间接排放（又称范围 2 排放）和其他排放（又称范围 3 排放）。该指南对企业温室气体排放范围的划分有效地避免了同一排放源在不同排放单位之间的重复计算，且有助于区分企业温室气体排放的主要来源并确定企业减排重点，促进企业对其自身温室气体排放情况的整体认识，对提高企业温室气体排放核算的准确性具有重要作用。

上述国际核算指南从宏观到微观层面确定了温室气体排放核算的主要方法和内容，而且制定了钢铁、水泥等不同领域的温室气体排放核算方法，构成了温室气体排放核算体系建设过程中重要的基础性文件。

（二）中国温室气体排放核算标准与指南现状

中国现有的主要温室气体排放核算标准与指南主要包括省级排放清单指南、行业排放核算指南和企业排放核算指南三个类别。

1. 省级排放清单指南。中国温室气体排放核算指南的制定是从省级温室气体排放清单开始的，《省级温室气体清单编制指南（试行）》是国内核算实施初期的排放核算指南，其对化石燃料燃烧、生物质燃烧等排放源进行了描述，并确定了水泥、石灰等 7 类产品生产过程排放核算方法，另外还提供了农业、土地利用变化和林业以及废弃物处理等领域的温室气体排放核算方法。《省级温室气体清单编制指南（试行）》的实施为推动国家温室气体排放核算积累了经验，并指导了后续行业及企业层面核算指南的制定与实施。

2. 行业排放核算指南。针对行业温室气体排放核算，相关主管部门也制定了相关的指南。国家发改委分别于 2013 年 10 月、2014 年 12 月和 2015 年 7 月分三批公布了共 24 个行业的温室气体排放核算指南。以行业为基础制定的温室气体排放核算指南支撑了当前以行业为基础的温室气体排放控制思路，但上述核算指南未根据最新的研究进展进行核算方法或参数等方面的更新，可能对其可操作性和核算的准确性产生一定的影响。

3. 企业排放核算指南。针对企业的温室气体排放核算，相关主管部门发布了《工业企业温室气体排放核算和报告通则》等文件。企业温室气体排放核算沿用了以行业为基础的核算思路，现已有化工石化、民用航空、发电以及钢铁等 10 个行业发布了企业温室气体排放核算和报告要求；2022 年发布的《企业温室气体排放核算方法与报告指南　发电设施》为温室气体排放核算数据的质量以及国家碳排放权交易市场的运行提供了保障。

现有的排放核算指南或标准为开展不同层级的温室气体排放核算确定了基本思路和方法，它们既可以开展国家、省级以及区域的排放核算，也可以进行园区、企业或产品的排放核算。各指南或标准也涉及了不同的核算方法，下文将对现有的主要温室气体排放核算方法进行分析。

（三）现有的主要温室气体排放核算方法

1. 生产过程的核算方法

排放清单法和物料衡算法是目前生产过程温室气体排放核算中最常见的方法，此外还有实测法。

①排放清单法

排放清单法根据监测的活动水平数据和对应的排放因子核算温室气体排放量。该方法首先根据生产或服务过程确定涉及温室气体排放的活动清单，再根据清单分别进行温室气体排放核算，排放主体运营活动产生的直接或间接温室气体排放均可用该方法核算。排放清单法是当前温室气体排放核算中最普遍使用的方法，这种方法使用范围广，可操作性强，可用于能源生产与消费以及废弃物处理等多个领域，已应用于国家、地区、行业、园区以及企业等不同层面的温室气体排放核算。

但是该方法的使用存在不确定性较大的问题。该方法涉及技术水平、运营管理以及能源消耗等多方面因素，其准确性可能会受到一定的影响。以消耗电力产生的间接排放为例，该排放利用消耗的电网电量乘以主管部门公布的所在电网排放因子计算。其中，排放因子受区域能源结构和燃煤效率等影响，新能源消耗比例的提升和燃煤技术进步会降低电网排放因子，如果排放因子更新不及时将影响核算的准确性；主管部门最新发布的文件要求统一采用全国电网排放因子，这对全国排放总量核算的准确性不会产生明显的影响，但由于电网间可再生能源消耗比例等因素的差异，可能造成位于不同区域内核算单位排放量的高估或低估。另外，活动水平数据的准确性受监测技术、质量保障措施的执行力度等因素的影响，也可能对核算的准确性产生影响。

②物料衡算法

物料衡算法以物质守恒定律为原理，在该方法中，温室气体排放量等于输入物料中的含碳量减去输出物料中的含碳量。

该方法一般不存在数据的选择问题，具备较好的完整性和准确性且具备数据监测条件的生产过程都可以使用该方法进行核算。该方法的优点是对产生和排放的物质进行了系统和全面的研究，具有较强的科学性及实施有效性。但是该方法面临工作量大的问题，需要搜集详细的工业生产过程数据，全面了解生产工艺、反应过程、副反应和管理等情况，对监测技术和监测条件等具有较高的要求，适用于数据监测基础较好的行业，可应用的范围明显小于排放清单法。

③实测法

实测法主要通过测量排放气体中温室气体的流速、流量和浓度，计算排放总量。

实测法的优点是中间环节少，直接对排放情况进行监测，结果准确。但是该方法消耗的人力和物力较大，成本较高，要求检测样品具有代表性。另外，实测法对中间生产过程排放以及无组织排放的监测存在较大难度。因此，实测法仅适用于操作简单的排放过程或其他可以获得一手监测数据的排放过程。

2. 产品相关排放的核算方法

生命周期法多用于产品相关的温室气体排放核算，该方法对产品的生命周期全过程排放量进行核算。

生命周期法可以对产品产生的直接或间接温室气体排放进行系统的核算，具有详尽的计算过程和相对准确的结果，适合于微观层面的核算。但是生命周期阶段和边界的确定比较复杂，需要大量具有时效性的基础数据作为支撑，导致核算成本高且耗时长。

3. 温室气体排放核算的实施过程分类

从温室气体排放核算的实施过程来看，核算方法可分为"自上而下"法和"自下而上"法两类。

"自上而下"法以核算范围内所涉及的能源、物料消耗总量为基础进行温室气体排放总量核算，对于数据收集系统相对完善的区域或行业，数据收集相对容易，计算快捷，可以得到广泛的应用。但是利用该方法进行微观层面的温室气体排放核算存在一定的局限性，以交通运输行业为例，国家在进行能源统计时，交通运输、仓储和邮政三个行业按照整体进行统计，并未单独统计三者的能耗，而且没有区分非营运交通运输的能耗，没有区分客运、货运及各种交通方式的数据，利用"自下而上"法进行核算就存在难度。

而"自下而上"法将核算范围内各排放主体的相关活动的能耗、物耗以及排放等数据进行统计后，可以对细分的数据进行核算，也可以依据细分的核算数据对总的排放数据进行汇总。虽然"自下而上"法能够对细分行业温室气体排放进行核算，但由于涉及的数据较多，数据获取和处理难度较大，数据质量难以保证。

（四）现有温室气体排放核算体系存在的不足与建议

1. 现有温室气体排放核算体系存在的不足

（1）缺乏对核算边界和核算方法的统一界定与管理

温室气体排放核算的边界与方法是其准确性的关键因素，选取不同的核算边界与核算方法可能会造成核算结果的显著差异。因此，有必要尽快制定各行业各领域统一的温室气体排放核算方法体系，加快推进各行业温室气体排放核算和碳减排工作。否则，可能影响到最终减排效果以及减排活动的公信力。

（2）缺乏系统性核算管理机制

温室气体排放核算是一个系统性的复杂工作，涉及企业、园区以及区域等不同层级，包括不同的主体范围，核算边界和方法也因不同的核算用途而存在差异，所涉及的数据、资料较复杂，可能需要多部门的联合协作。但目前我国尚未制定部门间良好的温室气体排放相关数据共享和沟通机制，这必将影响区域温室气体排放核算结果和核算质量，因此，建立国家统一规范的温室气体排放数据统计和核算体系迫在眉睫。

中国已经制定了一系列温室气体排放核算指导文件，但目前只是建立了温室气体排放核算的基础体系，尚未形成国家统一规范的温室气体排放核算体系，部分地区，尤其是纳入碳市场试点运行的地区，已出台了区域性温室气体排放核算方法。随着碳减排的普及，碳普惠等温室气体排放与减排的认定机制也随之出现。因此，只有建立国家系统性的温室气体排放核算管理机制，采取统一、公正的核算过程，才能确保碳达峰、碳中和目标的实现。

（3）尚未建立完善的数据质量保障系统

温室气体排放核算涉及不同的部门和单位、不同来源的数据以及不同的核算方法，这既涉及从宏观到微观层面的活动水平监测数据，也涉及相关参数的及时更新，复杂的数据系统难免造成数据质量的缺失。但数据质量是温室气体排放管理以及碳市场健康发展的基础，是维护市场信用和减排公信力的底线，因此，持续强化数据质量管理，建立完善的数据质量保障系统，才能确保核算的准确性，避免数据质量问题发生。

（4）细分尺度核算方法有待进一步完善

中国现有的温室气体排放核算体系主要包括《省级温室气体清单编制指南（试行）》和部分行业温室气体排放核算指南。但是细分尺度核算方法的不完善在一定程度上影响了指南的可操作性，以公共建筑运营为例，该领域所排放的温室气体属于建筑所有者单位还是使用者单位划分不明确；另外，具有核算指南的重点行业外其他行业的排放核算缺乏相应的参照标准。

除核算生产或运行过程的温室气体排放外，产品是否低碳化也成为产品排放评价的重要内容，但是，现有的核算方法都是基于生产过程的温室气体排放，仍缺乏对于产品、中间产品的相关指南。虽然可以参照 ISO14067 进行产品碳足迹评价，但为提高产品温室气体排放的核算精准度，还需在此基础上制定适合国内实际情况的核算指南。

现有的指南基本都是针对国家层面制定的，部分区域的适用性可能较差，如果没有根据区域情况对其进行完善，如核算方法优化或更新排放因子等，所核算的排放量与实际排放量可能产生偏差。

2. 发展建议

为促进国内温室气体排放核算完善与实施，本文提出以下方面的发展建议。

（1）加快建立统一高效的温室气体排放核算方法体系

加快各领域的温室气体排放核算方法体系建设，尽快就核算边界、核算的温室气体排放种类、活动数据监测以及核算方法等建立统一的标准，再根据不同子行业或领域的特点进行细化，建立起符合统一标准要求的核算方法体系。

（2）完善国家和地方温室气体排放核算机制

完善的核算机制是推行温室气体排放核算的政策基础，一方面，建立国家和地方温室气体排放数据的统计核算制度，制定统一的温室气体排放数据统计与核算标准，有条件的区域可以在国家标准的基础上进行完善或更新以提高数据核算的可行性与准确性，并明确不同部门的分工，完善温室气体排放相关数据的共享机制，做到数据可得、方法可行、结果可比。另一方面，完善行业或企业的温室气体排放核算与报告制度。不断优化现有的核算指南，并逐步扩大核算指南覆盖的行业范围，实现企业排放数据的可监测、可报告、可核查。同时，将企业温室气体排放核算与碳排放权交易、碳金融等领域相衔接，在此基础上不断完善企业或设施的温室气体排放核算方法。

（3）建立完善的细分尺度及重点产品或服务的温室气体排放核算体系

结合现有的行业核算指南，灵活利用排放清单法及其他方法，对重点行业制定包括原材料、中间产品和产成品的温室气体排放核算方法。加大对产品使用和处置过程的研究力度，完善产品生命周期碳足迹的核算方法。逐步推进产品或服务的温室气体排放或碳足迹核算的标准化体系建设。在现有区域或行业温室气体排放核算指南的基础上，结合实际操作经验，从细分尺度上不断完善工序或设施的排放核算方法。

（4）完善基础数据的质量保障机制

完善的数据质量保障机制能够确保温室气体排放核算的准确性。为确保数据质量，第一，应强化企业、园区、地区等各层级的数据收集和处理能力，建立与温室气体排放核算要求相适应的活动水平数据收集体系；第二，完善现有的数据收集与管理方案；第三，建立数据质量审核机制，明确任务分工，强化审核责任，落实错误改正。

四　温室气体排放核算实证分析

中国现有的温室气体排放核算体系主要包括发改委分 3 批公布的 24 个行业的温室气体排放核算指南和在全国碳排放权交易市场机制运行初期生态环境部制定的《企业温室气体排放核算方法与报告指南　发电设施》，所配套的核算方法主要为排放清单法。下面将以中国北方一家供热企业为例进行温室气体排放核算实证分析。

（一）核算对象简介

本文选择中国北方一家供热企业 A 进行温室气体排放核算实证分析。

A 企业是一家专门从事区域供热的生产企业，其机组装机容量为 160MW，热源能力可提升到 3500 万平方米以上。A 企业建有 3 个热源厂、5 个供热公司、1 家综合服务公司、1 家供热抢维公司、207 座换热站，负责 112 个居民小区共 11.17 万热用户的供热服务。另外，A 企业还负责所在地政府、机关和大型企业的供热服务。为了适应信息化时代的新形势，A 企业投资建设热网智能管控调度中心，应用国内先进热网智能管控系统，实现智能供热，进一步提高供热质量。

（二）核算方法与数据收集

1. 核算方法

A 企业温室气体排放核算按照《中国发电企业温室气体排放核算方法与报告指南（试行）》进行，根据该指南，A 企业涉及的排放包括化石燃料燃烧产生的二氧化碳排放、脱硫产生的二氧化碳排放和净购入电力消耗产生的间接二氧化碳排放。

具体核算方法：

$$E = E_{燃烧} + E_{脱硫} + E_{电} \qquad ①$$

其中，E 为二氧化碳排放总量（单位：t）；$E_{燃烧}$ 为燃烧化石燃料产生的二氧化碳排放量（单位：t）；$E_{脱硫}$ 为脱硫过程产生的二氧化碳排放量（单位：t）；$E_{电}$ 为净购入电力消耗产生的间接二氧化碳排放量（单位：t）。

燃烧化石燃料产生的二氧化碳排放的计算公式为：

$$E_{燃烧} - CO_2 = \sum AD_i \times EF_i \qquad ②$$

其中，AD_i 为核算周期内第 i 种化石燃料的消耗量（单位：GJ）；EF_i 为第 i 种化石燃料的二氧化碳排放因子（单位：tCO_2/GJ）；i 为消耗的化石燃料种类。

第 i 种化石燃料消耗量 AD_i 的计算公式为：

$$AD_i = NCV_i \times FC_i \qquad ③$$

其中，NCV_i 是核算周期内第 i 种化石燃料的平均低位发热量（单位：GJ/t）；FC_i 是核算和报告期内用于燃料的第 i 种化石燃料消费量（单位：t）。

所消耗的化石燃料的二氧化碳排放因子的计算公式为：

$$EF_i = CC_i \times OF_i \times \frac{44}{12} \qquad ④$$

其中，CC_i 为第 i 种化石燃料的单位热值含碳量（单位：tC/GJ）；OF_i 为第 i 种化石燃料的碳氧化率（单位：%）；44/12 为二氧化碳与碳的分子量之比。

脱硫过程产生的二氧化碳排放量为：

$$E_{脱硫} = \sum_K CAL_K \times EF_K \qquad ⑤$$

其中，$E_{脱硫}$ 为脱硫产生的二氧化碳排放量（单位：t）；CAL_k 为第 k 种脱硫剂中碳酸盐消耗量（单位：t）；EF_k 为第 k 种脱硫剂中碳酸盐的二氧化碳排放因子（单位：tCO_2/t）；K 为脱硫剂类型；

净购入电力消耗产生的间接二氧化碳排放量的计算公式为

$$E_{电力} = AD_{电力} \times EF_{电力} \qquad ⑥$$

其中，$E_{电力}$ 为购入净电力消耗产生的间接二氧化碳排放量（单位：tCO_2）；

$AD_{电力}$为运营单位购入电量（单位：MWh）；$EF_{电力}$为所在区域的电力二氧化碳排放因子（单位：tCO_2/MWh）。

2. 数据收集

本文收集了 A 企业 2021 年的相关数据，2021 年 A 企业共消耗原煤 736680t、柴油 367.38t。A 企业以碳酸钙作为脱硫剂量，共消耗 16000t。2021 年 A 企业无净购入电力消耗。

根据查阅能源统计年鉴，$NCV_{原煤}$取值 20908kJ/kg、$CC_{原煤}$取值 25.8tC/TJ、$OF_{原煤}$取值 100%、$NCV_{柴油}$取值 42652kJ/kg、$CC_{柴油}$取值 20.2tC/TJ、$OF_{柴油}$取值 100%、EF_k取值 0.44tCO_2/t。

（三）核算结果

根据以上数据，A 企业 2021 年的温室气体排放情况如表 1 所示。

表 1　A 企业 2021 年温室气体排放情况

单位：t CO_2

排放源	化石燃料燃烧产生的二氧化碳排放	脱硫产生的二氧化碳排放	净购入电力消耗产生的间接二氧化碳排放	合计
排放量	1458237	6336	0	1464573

根据表 1 数据，A 企业 2021 年温室气体排放以化石燃料燃烧产生的二氧化碳排放为主，占总排放量的 99.56%，脱硫产生的二氧化碳排放仅占总排放量的 0.44%。根据相关核算指南，A 企业排放的温室气体只包括二氧化碳，不涉及其他温室气体排放。

通过上述核算过程可以看出，企业温室气体排放核算是一个较复杂的系统性工作，涉及方法选择、核算范围与时限选取、数据监测与质量保证以及相关参数选取等过程。A 企业涉及温室气体排放的运营过程相对简单，在核算方法或指南选取方面，按照相应的指南可以完成其排放核算。对于综合性的排放企业来说，则可对其排放进行分类，按照对应的排放指南进行温室气体排放核算。并且在核算实施的过程中，可根据实际情况进行相应的研究的创新。影响 A 企业排放核算的另外两个因素为监测数据和相关参数的选择，对于监测数据，应按照指南或选择最新的做法进行监测，并落实数据校对等保证工作，以确保监测数据的质量；对于相关参数的选择，在确保核算合规的基础上优先选用具有质量保障的现场监测数据，在不能满足核算合规的情况下选择地方、国家或国际上发布的最新数据。

总之，温室气体排放核算是一项复杂工作，需要在其涉及的不同领域内共同推进，在实践中不断探索、持续优化，这样才能有效发挥其在应对气候变化中的重要作用。

参考文献

［1］方精云、朱江玲、王少鹏等：《全球变暖、碳排放及不确定性》，《中国科学：地球科学》2011 年第 10 期。

［2］潘家华、孙天弘：《关于碳中和的几个基本问题的分析与思考》，《中国地质大学学报》（社会科学版）2022 年第 5 期。

［3］《关于做好全国碳排放权交易市场数据质量监督管理相关工作的通知》，中华人民共和国生态环境部网站 https：//www. mee. gov. cn/xxgk2018/xxgk/xxgk06/202110/t20211025_957707. html，2021 年 10 月 25 日。

［4］高原等：《面向对标的中国城市温室气体排放核算方法框架》，《资源与产业》2022 年第 3 期。

［5］严坤、吕一铮、郭扬等：《工业园区温室气体核算方法研究》，《中国环境管理》2021 年第 6 期。

［6］新京报：《厦门七千多亩茶园试水农业碳汇交易，全国种田减碳挣钱时代来临?》，https：//baijiahao. baidu. com/s? id = 1732597767906667139&wfr = spider&for = pc，2022 年 5 月 12 日。

［7］贾彦鹏：《中国林业碳汇市场发展现状、问题与对策建议》，《中国经贸导刊》2022 年第 8 期。

［8］上海市生态环境局：《关于调整本市温室气体排放核算指南相关排放因子数值的通知》，http：//finance. sina. com. cn/esg/ep/2022 - 02 - 21/doc - imcwipih4463131. shtml，2022 年 2 月 21 日。

［9］《关于做好 2022 年企业温室气体排放报告管理相关重点工作的通知》，中华人民共和国生态环境部网站 https：//www. mee. gov. cn/xxgk2018/xxgk/xxgk06/202203/t20220315_ 9714 68. html，2022 年 3 月 10 日。

B.13
碳交易所得的税法界定及碳排放权
交易市场建设路径

张勇 石家韵 朱文浩 曾炳昕 刘进*

摘 要: 碳排放权交易制度是依托产权制度与市场机制而创设的一项以控制碳排放为目标的制度。国际范围内,关于碳排放权的属性及税收认定存在较大差异,各国依据不同的市场建设情况分别对碳排放权交易的税收问题采取了不同措施。而中国在加快推进碳排放交易市场建设的过程中,一直未能清晰界定碳排放权的法律性质,这对碳排放权交易所得税的性质界定产生了直接影响。本文对碳排放权属性及税收问题进行研究,并提出了中国碳市场建设的基本路径。

关键词: 碳排放权 碳排放权交易所得税 税法界定

一 碳排放权交易制度理论基础与政策

(一)碳排放权交易制度的概念及功能

1.碳排放权交易制度的理论基础及渊源

面对全球变暖这一威胁全人类生存的气候问题,人类社会进行了诸多努力

---

* 张勇,国网能源研究院有限公司管理咨询研究所所长,管理科学与工程博士,主要研究方向为企业管理;石家韵,国网能源研究院有限公司研究咨询人员,主要研究方向为国际法;朱文浩,国网能源研究院有限公司研究咨询人员,主要研究方向为民商法学;曾炳昕,统计学博士,国网能源研究院有限公司研究咨询人员,主要研究方向为能源政策与环境经济;刘进,国网能源研究院有限公司研究咨询人员,主要研究方向为能源法、电力法。

试图控制温室气体排放，碳排放权交易制度即诞生于此背景之下。相较于传统的依靠政府征收环境税或污染税的庇古理论，碳排放权交易制度的理论基础科斯定理更强调市场在克服外部性中的作用。科斯定理强调了产权在资源配置上的重要作用，提出了明确产权并进行有效交易的手段，从而以最小的成本实现资源优化配置，这也正是碳排放权交易制度想要实现的价值目标。

有关碳排放权交易制度的设想最早由美国提出，20 世纪 60 年代，经济学家戴尔斯在借鉴科斯定理的基础上，在《污染、产权与价格：一篇有关政策制定和经济学的论文》中提出了一种关于污染物排放权交易制度的初步框架。他在文中定义了排污权的概念，即"权利人在符合法律规定的条件下可以向环境排放污染物的权利"，[①] 同时指出政府有权根据需求在某一区域内分配各个排污厂商的排污权，而不同排污厂商之间可以在满足一定条件的情况下就排污权进行交易，以在一个区域内达到低成本、高效率减少排污的效果。20 世纪 70 年代，经济学家蒙哥马利利用数理经济学的方法证明了排放权交易体系具有控制污染排放的成本效率特性，即可以用最低成本最高效率地实现污染控制目标，这主要是因为市场在其中发挥了价格发现与资源配置作用。[②]

2. 碳排放权交易制度的产生及概念

20 世纪 90 年代，随着全球变暖问题日益严峻，温室气体排放量控制成为难题，世界各国将目光投向了日趋成熟的排放权交易机制，试图建立碳排放权交易制度来缓解全球变暖问题。1992 年，部分联合国会员国在里约热内卢签订了《联合国气候变化框架公约》，提出了将全球温室气体排放限制在一个稳定水平的目标。1997 年，更为细致的减排措施终于谈判成功，这些联合国会员在日本签订了《京都议定书》，其中首次提出将碳排放权交易制度作为各国实现减排目标的新方式，鼓励缔约国以市场机制作为解决碳减排问题的新路径。《京都议定书》把碳排放权作为一种商品，因碳排放权的商品属性，便产生了基于碳排放权的交易，而为了规制这种交易，出现了碳排放权交易制度。《京都议定书》的正文内容规定了国际贸易排放机制、联合履约机制和清洁发

---

① 曾刚、万志宏：《碳排放权交易：理论及应用研究综述》，《金融评论》2021 年第 4 期。

② 郭敏平：《基于理论机制与国际实践的全国碳市场建设建议》，《环境保护》2022 年第 22 期。

展机制三种灵活机制，《京都议是书》的附件一中列明了各国做出的碳减排承诺，在公约的规制下，国际社会逐步构建起了国与国之间的碳排放交易机制。在各国内部，为了完成国际条约承诺的国际义务，各国政府将各国的碳排放量分配给国内不同行业、不同企业，而不同行业企业之间也可以进行碳排放权的交易，由此形成了国内层面的碳排放权交易机制。国际与国内的双层次碳排放权交易机制共同服务于全人类碳减排的目标。

3. 碳排放权交易制度的内涵和内容

碳排放权交易是一个动态的过程，而碳排放权交易制度可以规范这个动态交易过程，以及解决过程中可能产生的问题，以确保碳排放权交易的运作过程清晰、稳定且有效。

第一，根据科斯定理，碳排放权交易运作的逻辑起点是产权概念。从《京都议定书》到各国内部的碳排放权交易体系，都可以看出碳排放权交易是一个公权力和市场共同作用下的行为。碳排放权被抽象为一种对碳排放容量空间的使用权，或是一种可以归为排污权的碳污染物排放权，而这种权利的分配都由国家或政府来行使。故设定某一国家的碳排放总量，分配某一行业甚至某一企业的碳排放配额，是碳排放交易制度的首要内容。在碳排放总量的设定上，国际公约往往会考虑各国的经济发展水平和历史排放水平，从而科学设定各国碳排放总量，在碳排放配额分配上，当前的制度体系下有"祖父原则""标杆法则"等多种分配方法。

第二，在确权完成后，碳排放权交易制度的重心落在了交易本身上。由于碳排放配额与国家或行业或企业所实际产生的排放量之间可能存在不匹配的情况，碳排放权在国际市场和国内市场上需要流动和交换。例如，在限定时间内，A 企业得到了 X 的碳排放额度，B 企业得到了 Y 的碳排放额度，因为生产原因 A 企业实际排放总量为 X+Z，而 B 企业的排放总量不足 Y-Z，则 A 企业可以从 B 企业处购买额度为 Z 的碳排放量，否则 A 企业将面临违约超额排放的罚款等行政法律责任。围绕碳排放权交易的全过程，碳排放权交易制度包括注册登记制度，交易制度，结算清算制度，排放抵消机制，监测、报告、核查和清缴机制等内容，这些都是确保国家或企业能够真实、高效、清晰地完成碳排放权交易的制度层面的保障。

4. 碳排放权交易制度的功能

碳排放权交易制度搭建了碳排放权交易整个过程的运行规则，使得国家之间、企业之间能够顺畅地在碳排放权交易上互通有无，构建了高效率、整体性、灵活性的降碳减排体系。碳排放权交易制度的确权和交易机制，能够为碳减排提供持久动力。对于企业来讲，一方面，明确的产权分配有助于构建稳定的碳排放权交易市场以达成碳减排共识，碳排放额度成为企业生产经营中必须考虑的一部分，为了完成碳减排承诺，企业会积极进行内部碳减排优化，或通过碳排放权交易市场购买足够的碳排额度。另一方面，在碳价增加企业成本的情况下，企业往往会考虑加大对降碳减排科技的研发投入力度或是优化相关生产流程，以减少碳价相关的生产成本或从碳排放权交易中换取利益增加企业利润，进而提升企业竞争力。对于社会来讲，高效透明的碳排放权交易市场拥有快速、准确的价格传导机制，其能够以较少的成本推动全社会碳排放空间容量资源优化配置，提高市场主体积极探索绿色技术与优化管理模式的积极性，从而提升全社会整体的碳减排效能，加大全球范围内温室气体的减排力度，达到保护环境的最终目的。

（二）中国碳排放权交易立法进程与实施现状

从国家层面的立法进程上看，2011 年 3 月发布的"十二五"规划中提出了"逐步建立碳排放交易市场"；同年 10 月，国家发改委依据政策规定发布了《关于开展碳排放权交易试点工作的通知》，明确在北京、天津等多个省（区、市）开展碳排放权交易试点。2014 年 12 月，国家发改委发布了《碳排放权交易管理暂行办法》，搭建了全国碳排放权交易机制的制度框架。2017 年 12 月，国家发改委发布了《全国碳排放权交易市场建设方案（发电行业）》，旨在推进并规范发电行业碳排放权交易市场的规划建设。2020 年 10 月，生态环境部发布了《全国碳排放权登记交易结算管理办法（试行）》的征求意见稿，对全国碳排放权的登记、交易、结算活动进行了更为细致的规定，并强调了加强对全国碳排放权交易市场的监督管理；同月，生态环境部发布了《全国碳排放权交易管理办法（试行）》的征求意见稿并于 12 月发布了《碳排放权交易管理办法（试行）》，明确界定了何为碳排放权，并划定了碳排放权交易体系的覆盖范围，确立了国家、省、市三级监管体系与配额分配、登记制度，明确了企业的报告责任以及相关核查制度，对碳排放权交易的系统、流程以及排放核查与配额清缴等都进行了明确规定。

从地方层面的立法进程上看，《关于开展碳排放权交易试点工作的通知》发布后，各试点地区根据自身情况制定了相关规范性文件。北京于 2014 年发布了《北京市碳排放权交易管理办法（试行）》，并于 2022 年发布了该文件修订稿的征求意见稿；天津于 2013 年发布了《天津市碳排放权交易管理暂行办法》并进行了多轮修订；上海于 2013 年发布了《上海市碳排放管理试行办法》，又于 2021 年发布了《碳排放权交易管理办法（试行）》；重庆于 2014 年发布了《重庆市碳排放权交易管理暂行办法》，又于 2021 年发布了《重庆市碳排放权交易管理办法（征求意见稿）》；湖北于 2014 年发布了《湖北省碳排放权管理和交易暂行办法》并于 2016 年进行了修订；广东于 2014 年发布了《广东省碳排放管理试行办法》并于 2020 年进行了修订；深圳于 2012 年发布了《深圳经济特区碳排放管理若干规定》并于 2019 年进行了修正，于 2014 年发布了《深圳市碳排放权交易管理暂行办法》，又于 2022 年发布了《深圳市碳排放权交易管理办法》。在立法内容上，各试点地区发布的碳排放权交易法律法规都对当地的碳排放总量控制、配额分配方式、管控企业范围、监督部门及监督方式、碳排放权注册登记交易系统的使用、核查及清缴办法以及企业的违约责任等做出了规定。

从实施成效看，7 个试点地区基于本地情况建立了自己的碳排放权交易所，构建了基本的碳排放权交易制度，并在试点过程中根据现实变化和实践经验，不断探索创新碳排放权交易制度，基本实现了地区碳排放权交易的顺利进行，达到了促进企业绿色科技创新、实现地区环境保护的目的。当前，全国性碳排放权交易市场正处于建立阶段，有了各试点地区的先进经验，全国碳排放权交易市场将会更为顺畅地实现体系与制度搭建，也正因此，全国与各地区碳排放权交易市场将会处于长期并行的阶段，两者之间有共性也存差异，需要做好衔接工作。

整体来看，碳排放权交易制度的各个方面都已趋完善。交易主体方面，全国碳排放权交易市场并不向所有主体开放，需满足特定条件，主要采用行业要求与排量要求相结合的方式筛选交易主体，地区碳排放权交易市场主体主要包括控排单位和机构投资者，多个试点地区还将个人投资者纳入交易主体。交易标的方面，主要包括碳排放权配额、项目减排量以及其他金融化的衍生品，由此发展出自愿市场、强制市场两种市场模式，并且随着时间推移，由现货市场发展成为现货市场和期货市场并存。交易场所方面，中国的碳排放权交易均为场内交易，在交易过程中，交易双方必须向当地生态环境主管部门进行信息报告，并接受其核查。交易系统方面，当前全国交易系统与试点地区交易系统互相配合，2013~2014年，全国7个试点地区均建立了自己的碳排放权交易系统，2021年，全国碳排放权交易系统也建立起来，两者之间互相配合，逐步衔接。交易方式方面，各交易所多采用公开交易、协议转让的方式，少部分地区采取现货交易、挂牌交易、定价交易、大宗交易等方式，并依据不同交易方式设定了不同的涨跌幅限制。

二 碳排放权交易所得税法界定的国外经验

碳排放权交易所得的税法界定，直接与碳排放权交易的法律性质有关，而碳排放权交易的法律性质，又决定于碳排放权的法律性质。碳排放权的法律性质不同，其碳排放权交易所得的税法界定自然不同。从当前有关碳排放权交易的国际公约和不同国家国内法来看，差异较大。部分国家以传统的财产权规范界定碳排放权，部分国家则明文规定碳排放权不具有财产权性质，而认为其具有类似于货币的一般等价物性质，还有些国家认为碳排放权的性质接近于商品，可以用来储存或买卖，甚至有些国家认为其行政补助的性质更为明显。这些性质界定上的差异，直接导致了碳排放权交易所得税法性质的不同。

目前各国在碳排放权交易所得的税法认定和处理上存在较大的差距，国际上也尚未就碳排放权交易所得的税务认定和处理形成统一的国际准则。梳理欧洲、美国等地区的碳排放权交易所得的税收经验，有利于分析国际趋势，借鉴优秀经验，完善中国碳排放权交易所得税法认定与处理模式，做好与国际趋势的衔接。

欧盟碳排放交易体系是当前全世界范围内最大的碳交易市场。2003年，欧盟委员会提出了欧盟范围内跨国碳排放权交易体系的构想，并于2005年正式开始搭建欧盟范围内的碳排放交易体系。紧接着欧盟各国也在欧盟碳排放交易体系分配给各国配额的基础上，制定了各国国内的碳排放分配与交易制度，以落实欧盟委员会的要求。随着多年实践经验的总结和立法的完善，欧盟的碳排放权交易机制在各方面已经相对成熟，在碳排放交易所得课税领域，也有超过其他地区的更多的立法和实践经验。

在碳排放权的性质认定上，欧盟各国的认定结果不尽相同，这将对各国课税实践产生不同的影响。在欧盟成员国中，塞浦路斯、西班牙、意大利、波兰、芬兰、荷兰、斯洛文尼亚和丹麦等 16 个成员国将碳排放权认定为无形资产或金融资产，而比利时、德国、法国、卢森堡等 9 个成员国将碳排放权认定为存货。① 从近年欧盟出台的诸多监管文件来看，欧盟有将碳排放权作为无形资产或金融资产看待的趋势。无形资产或金融资产与存货的性质不同，在课税时税基、税率以及计算方法也有所不同，这些都影响企业实际缴纳税收的数量。

碳排放权交易过程中征收的税种一般包含企业所得税和增值税，有的国家还可能包含印花税。在欧盟的碳排放权额度分配阶段，根据增值税的基本运作理念，欧盟各国对于企业通过不同途径获得的碳排放权配额实行不同的课税策略，对于政府免费分配的碳排放权配额，大多数国家不对此征收增值税；而对于由拍卖等有偿方式获得的碳排放权配额，则根据拍卖金额征收增值税。在欧盟的碳排放权交易阶段，课税的种类和方式就变得更为复杂多样。第一，因为碳排放权交易过程中出现了流转增值，故欧盟大多数成员国在碳排放权交易中会根据交易金额的差价，采取逆向征收机制，对买方征收相应部分的增值税，当然，对于这部分税费，纳税人可以进行进项税额的抵扣，并且出于鼓励企业参与碳排放交易的目的，有些欧盟成员国还出台了关于增值税部分的优惠政策。第二，在碳排放权交易阶段，卖方因为卖出碳排放权配额而获得收益，这部分收益可能符合企业所得税标准而被课税。第三，由于欧盟各国对碳排放权交易所得的性质认定不同，课税的税基、税率和计算方法都有所不同。在将碳排放权认定为存货的欧盟成员国，卖方卖出碳排放权配额而获得的收益被当作营业收入看待，因此卖方可以将其纳入营业收入总额中扣减营业成本后再计算纳税金额；而在将碳排放权认定为无形资产的欧盟成员国，卖方卖出碳排放权配额而获得的收益被纳入资本利得，因此卖方需要将其纳入扣除成本及相关费用，并进行无形资产摊销后计算纳税金额。

① 马海涛、刘金科：《碳排放权交易市场税收政策：国际经验与完善建议》，《税务研究》2021 年第 8 期。

美国作为提出碳排放交易制度构想的国家，其对碳排放交易制度的相关研究也较为深入，但在实践中，美国自 1998 年加入《京都议定书》，仅 3 年时间便退出该国际公约，并且拒绝承担附件一国家所列的碳减排国际义务。正因如此，美国至今尚未建立统一的全国性碳排放权交易市场与相关制度体系，而主要是由部分州政府建立区域性碳排放权交易市场，其中较为重要的是芝加哥气候交易所、加州碳排放权交易市场、区域温室气体倡议等。在美国，不论是联邦层面还是各州层面，碳排放权均不被认定为一种财产权，这甚至写进了美国的联邦立法里。① 在具体的性质认定上，目前美国在理论研究上也没有达成一致，而大部分碳排放权交易的参与者选择将碳排放权认定为存货，少部分参与者将其认定为无形资产。在碳排放权交易所得的课税实践上，不同于欧盟各国，美国的流转税中无增值税这一税种。在碳排放权额度分配阶段，无论是无偿取得的碳排放权额度，还是经由拍卖取得的碳排放权额度，根据美国税法相关规定，均不纳入课税范围，因而在这一阶段，企业不需要缴纳赋税。在碳排放权交易阶段，美国的碳排放权的交易量大、交易频率高，碳排放权配额无法被评估是否进入最终环节而交纳销售税、使用税或消费税，因而根据美国税法，经由碳排放权交易所产生的金额部分也无法被纳入流转税之中，从而避免了这一环节的课税。但是，在碳排放权交易阶段，卖方因为卖出碳排放权配额而获得利益，这部分收益减去相应的成本的差额将会被课以企业所得税。② 尽管美国碳排放交易所得课税税种较少，但其税额尤其是加州地区的税额较高，无疑增加了碳排放交易双方的交易成本。

三 碳排放权交易所得的税法界定

（一）中国碳排放权交易的法律性质

在不同的法律文本和规则之下，碳排放权具有不同的法律定位。从学术研究角度看，中国学者关于碳排放权法律性质的认定大致有三种观点：物权学

---

① 黄瑞、高原等：《碳排放权交易规则及合同争议解决》，法律出版社，2020。
② 马海涛、刘金科：《碳排放权交易市场税收政策：国际经验与完善建议》，《税务研究》2021 年第 8 期。

说、环境权学说和新财产权学说。例如，有学者认为碳排放权的获得以行政许可为前提，因此其属于一种特许物权。[1]有学者认为碳排放权具备确定性、支配性和可交易性，故而具有准物权性质。也有学者认为碳排放权体现使用和收益的特征，因此属于用益物权。[2]上述观点虽有差异，但整体在私法领域内对碳排放权性质进行了界定。在公法领域，有学者认为碳排放权是一种新财产权，[3]所谓的新财产是指如薪水与福利、职业许可、专营许可、政府合同、补贴、公共资源的使用权、劳务等的政府福利，这些利益的分配是直接以公法为依据、为了特定目的创设出来的。因此依据公法产生的财产增益与依据私法产生的财产增益在税务处理上自然会存在差异。

在实践中，利用碳排放权设置权利质权、让与担保等非典型担保物权作为融资工具的案例层出不穷，但将碳排放权界定为担保物权一直存在合法性依据不足的问题。从立法来看，目前中国法律对碳排放权没有明确的定义，中国《民法典》奉行物权法定原则，现行《物权编》中也没有找到碳排放权物权化的法律根据，《碳排放权交易管理办法（试行）》也没有明确碳排放权交易所是否需要缴纳增值税、环境税，也未明确企业能否在碳排放配额上设立权利债权进行融资。然而，在金融行业部分部门规章与规范性文件等法律效力较低的文件中，却在尝试逐步明确碳排放权的财产属性。如证监会出台的《碳金融产品标准》将"碳资产"界定为"由碳排放权交易机制产生的新型资产"（主要包括碳配额和碳信用），财政部出台的《碳排放权交易有关会计处理暂行规定》明确将碳排放配额与碳减排信用额在会计处理中确认为"碳排放权资产"，并在"其他流动资产"项目列示，而未将其界定为"金融资产"或"无形资产"。这无疑是对碳排放权法律性质的探索，并为碳排放权交易这一人为创设的市场建立先行先试的制度环境。碳排放权的性质如何界定，与中国碳市场的设置目标、建设路径、建设阶段、交易机制密切相关，碳排放权的性质界定必须匹配中国碳市场建设的基本目标与阶段，否则会反过来影响碳市场建设的实际效果。更进一步，也只有在明确碳排放权

[1] 王小龙：《排污权性质研究》，《甘肃政法学院学报》2009年第3期。
[2] 倪受彬：《碳排放权权利属性论——兼谈中国碳市场交易规则的完善》，《政治与法律》2022年第2期。
[3] 高秦伟：《政府福利、新财产权与行政法的保护》，《浙江学刊》2007年第6期。

的属性后，才可能为税收政策的制定提供依据，税收政策为碳市场进一步完善提供政策工具。

（二）当前阶段中国碳交易所得税法界定

当碳排放权被界定为财产权属性时，此时碳排放权具有物权或准物权性质，对企业而言属于存货或无形资产。而其具体性质的界定受到市场价格波动与定价机制影响。一般而言，碳排放权交易的定价机制分为两种，第一种是政府定价机制，在此定价机制之下的碳排放权价格相对固定；第二种是由市场进行碳定价，碳排放权价格由市场供需关系决定。[①] 在碳市场发展较为成熟、碳资产流通性较高的市场中，碳排放权的财产属性与无形资产类似；而在市场机制不成熟、政府价格管制严格、交易不活跃的市场中，碳排放权则更偏向为存货。此二者在税务处理中存在差异。

分配阶段，企业通过政府分配，无偿取得碳排放权。依据《碳排放权交易管理办法（试行）》相关规定，企业初始碳排放权的取得是在政府依据经济增长、产业结构调整、能源结构优化、大气污染物排放等因素确定总量的情况下分配来的，一般来说企业初始分配的碳排放权会小于其预计的碳排放量，从而达到倒逼企业节能减排的目的。此时的碳排放权并不能确定为企业预期带来资产的增值与经济利益，与会计要素中关于资产的认定不符，因此，对于政府免费分配的碳排放权，财政部出台的《碳排放权交易有关会计处理暂行规定》明确提出企业不对其作相应的账务处理，故而此阶段不涉及企业所得税相关问题。而在转让阶段，界定为无形资产相比于界定为存货在增值税缴纳上对企业更有优势，但受制于现实条件，目前尚无法界定企业对碳排放权的实际用途，因此，可能引发企业投机与相应纠纷。而《碳排放权交易管理办法（试行）》第二十二条在明确碳排放权交易形式的前提下，明确提出要防止企业利用碳排放权交易过度投机获取收益，防止减排制度落空而影响市场健康发展。因此，可以预见的是国家对于碳排放权交易的监管会愈发完善，短期内将碳排放权界定为存货会更有利于市场健康发展。

---

① 邹赛男：《关于碳交易所得的税法界定研究》，《价格理论与实践》2017 年第 4 期。

四　全国碳市场建设的基本路径

（一）碳排放权交易所得税法界定与市场建设的关系

税收是国家开展宏观经济调控、直接参与市场调节的重要财政政策，其对配置市场资源、调节需求总量、调整经济结构具有重要意义。对于碳排放权交易所得税而言，在合理负担和公平原则下明晰碳排放权课税性质，完善碳排放交易税收政策，可以进一步发挥税收引导与激励作用，提高碳排放权交易市场的流动性，对于市场机制的完善具有重要价值。

一方面，税收政策必须与当前阶段的市场建设目标相适应。在碳排放权市场初创期，激励多元市场主体积极参与，提高市场活跃度，确保碳价处于一个合理稳定区间，促使企业盘活碳资产，发挥其激活市场、鼓励交易的作用。从中国碳市场建设路径来考量，全国碳市场建设必须坚持和发展碳市场机制设计的一般性基础理论，必须同中国具体实际相结合。受发展阶段、产业结构、排放特征、市场改革、资源条件等各种客观因素的影响，全国碳市场建设具有长期性与复杂性，是一个分阶段并不断发展完善的长期系统性工程。因此，短期内，需要借助市场机制与税收机制提高碳市场的活跃度，增加交易量，提高市场流动性。

另一方面，税收的性质界定对长期内碳排放权交易市场的价值目标具有重要影响。长期来看，碳排放权交易所得税要充分发挥税收的资源配置作用与经济结构调整的作用，倒逼不同减排能力的企业积极参与碳交易，引导、鼓励绿色低碳经济发展，最终实现"双碳"目标。在此过程中，需要进一步与其他能源政策、经济产业政策相协同，形成发展合力，综合运用税收、立法等政策手段促进市场健康发展，抑制企业与金融机构过度投资，防止资本扰乱市场秩序。

（二）当前中国碳市场建设的基本路径

碳市场的基础理论是科斯定理。[1]　科斯定理下的市场属于政策驱动型市

---

[1]　Coase, R. H., "The Problem of Social Cost", *Journal of Law and Economics*, 1960 (3).

场，由政府设定碳排放上限，并根据某种配额分配方法给控排企业发放初始碳排放配额，企业间可以通过碳配额市场交易以降低各自的碳减排成本，完成履约要求，从而保证在减排总目标完成时实现全社会碳减排成本的最小化。[①] 总体而言，全国碳市场建设正按照以下路径开展（见表1）。

表1　全国碳市场建设基本路径设计

项目	初期运行阶段 （2021~2025 年）	发展完善阶段 （2026~2030 年）	市场成熟阶段 （2030~2050 年）	市场转型阶段 （2050~2060 年）
总量 目标	基于碳排放强度的总量目标，实现排放总量 45%~75% 的控制	逐步形成较成熟的总量设定方式，争取在 2030 年左右全面实施年度配额总量管理	设定长期减排目标，确定年度配额总量及逐步下降速率	总量目标收缩
覆盖 范围	逐步纳入钢铁、水泥、电解铝、石化、化工等重点行业企业	逐步纳入其他温室气体，八大重点行业全部纳入	扩大温室气体管控范围，纳入交通、建筑等行业	进一步降低纳入企业门槛
配额 分配	以行业碳排放基准为基础的免费配额分配方式为主	以免费分配为主、有偿拍卖为辅，初期拍卖比例为 3%~5%	以有偿拍卖为主，分阶段扩大有偿拍卖覆盖范围并提升覆盖比例	有偿拍卖
交易 机制	碳排放配额现货交易和 CCER，探索碳期货市场	交易体系较为完善，丰富交易品种，与其他市场衔接协调顺畅	碳期货市场基本成熟，交易规模扩大	市场规模萎缩
市场 主体	控排企业为主	控排企业、投资机构、个人等	控排企业、投资机构、个人等	控排企业、投资机构、个人等
市场 链接	地方试点市场逐步形成区域市场	全国碳市场探索与国际碳市场的对接方式	逐步与国际市场对接，建立跨境交易机制，争取全球碳价权	全球统一碳定价

第一阶段（2021~2025 年）：初期运行阶段。本阶段，覆盖范围以发电行业为突破口，逐步纳入钢铁、水泥、电解铝、石化、化工等高耗能行业企业；配额免费分配，主要以基于行业碳排放基准的分配方法为主，并逐步降低行业

[①] 曾炳昕、丁庆国、朱磊：《碳市场中市场势力对减排技术采用的影响》，《中国管理科学》2022 年第 2 期。

碳排放基准值，同时在条件成熟的行业适时引入配额拍卖分配方法。

从配额分配的视角看，与欧盟等发达国家总量控制的碳市场并不相同，此阶段的全国碳市场其本质上是一个多行业、可交易碳排放绩效基准的市场，重要参数行业基准值的设置可以同时实现补贴和征税两种效果。[1] 具体而言，当控排企业的碳排放强度低于行业基准值时，控排企业将产生配额盈余，可以出售多余配额以获得额外收入，且净收入为正，这意味着对低于行业碳生产力水平要求的企业给予补贴。当控排企业的碳排放强度高于行业基准值时，控排企业将产生配额短缺，需要购买配额满足履约要求，净收入为负，这意味着对高于行业碳生产力水平要求的企业进行征税。

当前全国碳市场运行平稳有序，但交易量与活跃度不足，市场流动性较差，环境价值偏低，交易总额较低。其中，第一个履约周期[2]仅覆盖发电行业，控排企业共计2162家，碳价挂牌价格在40~60元/吨，履约完成率高达99.5%。但市场换手率只有2%，同期欧盟碳市场换手率高达758%。这说明企业的碳资产管理意识不强，交易高峰总出现在履约期前。2022年，全国碳市场碳排放配额度成交量约为5088.95万吨，年度成交额约为28.14亿元，从交易总额看，中国刚启动的全国碳市场并不是全球商业意义上的最大碳市场。此外，当前全国碳市场容许配额存储但不能借贷，配额结转规定尚不明确，存在政策不确定性，可能导致碳价面临下行压力。

在本阶段的后半程（2023~2025年），全国碳市场将进一步强化市场功能，逐步扩大行业覆盖范围，考虑碳排放量大、数据基础较好、欧盟碳边境调节机制（CBAM）等因素，应优先纳入钢铁、水泥、电解铝、石化、化工等行业，逐步提高行业碳排放基准的严格程度，在条件成熟的行业适时引入拍卖配额分配方法，逐步丰富交易品种与方式，积极引导个人、机构投资者和金融机构入市进行交易，适时重启国家核证自愿减排量（CCER）市场，助力提升市场流动性，发挥市场价格发现功能与激励作用。此外，政府将进一步完善碳市场相关法律制度，可将拟定的碳排放权交易管理条例上升为更具约束力的国务院条例，为碳市场设计提供统一的指导方针和办法。

---

[1] 张希良、张达、余润心：《中国特色全国碳市场设计理论与实践》，《管理世界》2021年第8期。

[2] 全国碳市场第一个履约周期是指2021年1月1日至2021年12月31日。

第二阶段（2026~2030 年）：发展完善阶段。本阶段逐步形成较成熟的总量设定方式，争取在 2030 年左右全面实施年度配额总量管理，并进一步提高碳市场覆盖行业参与度并扩大参与企业数量。其中，对于发电等在初期就纳入碳市场的行业，应不断提升其配额拍卖的比例；对制造业等与经济发展密切相关的行业，配额仍以免费分配为主，但要逐步降低行业碳排放的基准值；对于不会造成明显碳泄漏的行业，适时引入拍卖配额分配方法。

2030 年前全国碳市场以基于强度的相对总量目标为主。考虑 2030 年前实现碳达峰，且尽量以较低峰值达峰，建议全国碳市场在"十五五"时期形成较成熟的总量设定方式，争取在 2030 年左右全面实施绝对量的年度配额总量管理，并确定年度下降速率，释放更强有力的长期减排信号。同时，进一步完善碳市场与其他市场如 CCER 市场、电力市场等的衔接联动，加快碳期货碳金融市场的发展，完成全国性的碳排放权交易立法。此外，全国碳市场将容许配额存储与借贷，加强市场流动性，平抑跨期碳价的波动。

第三阶段（2030~2050 年）：市场成熟阶段。本阶段设定长期减排目标，确定年度配额总量及逐步下降速率。配额分配方式逐步以有偿拍卖为主，分阶段提升有偿拍卖覆盖范围和比例。本阶段碳期货碳金融市场取得突破性进展，交易品种逐渐丰富，交易规模不断扩大，交易体系基本完善。

本阶段服务深度脱碳，配额总量加速收紧，转向高比例拍卖。随着碳期货市场渐趋成熟，碳市场交易的规模将达到万亿级别，逐步与国际碳市场连接，并探索将配额有偿拍卖所得成立转型基金，用于支持受减排约束影响更大的地区、行业和群体，减少区域间的差异，助力共同富裕。

第四阶段（2050~2060 年）：市场转型阶段。本阶段总量目标逐步收缩，配额分配方式以有偿拍卖为主，进一步降低纳入企业门槛。本阶段国内市场规模趋于萎缩，重心从控制直接排放，转为控制间接排放和促进负碳，形成全球统一碳定价。

参考文献

［1］曾刚、万志宏：《碳排放权交易：理论及应用研究综述》，《金融评论》2021 年

第 4 期。

　　［2］郭敏平：《基于理论机制与国际实践的全国碳市场建设建议》，《环境保护》2022 年第 22 期。

　　［3］马海涛、刘金科：《碳排放权交易市场税收政策：国际经验与完善建议》，《税务研究》2021 年第 8 期。

　　［4］黄瑞、高原等：《碳排放权交易规则及合同争议解决》，法律出版社，2020。

　　［5］王小龙：《排污权性质研究》，《甘肃政法学院学报》2009 年第 3 期。

　　［6］倪受彬：《碳排放权权利属性论——兼谈中国碳市场交易规则的完善》，《政治与法律》2022 年第 2 期。

　　［7］高秦伟：《政府福利、新财产权与行政法的保护》，《浙江学刊》2007 年第 6 期。

　　［8］邹赛男：《关于碳交易所得的税法界定研究》，《价格理论与实践》2017 年第 4 期。

　　［9］Coase, R. H. , "The Problem of Social Cost", *Journal of Law and Economics*, 1960 (3) .

　　［10］曾炳昕、丁庆国、朱磊：《碳市场中市场势力对减排技术采用的影响》，《中国管理科学》2022 年第 2 期。

　　［11］张希良、张达、余润心：《中国特色全国碳市场设计理论与实践》，《管理世界》2021 年第 8 期。

路 径 篇
Path Topics

B.14
农业农村碳中和与乡村振兴协同
推进的路径研究

刘洋 于法稳*

摘 要： 乡村振兴与"双碳"目标协同推进是一个涉及制度、管理和技术创新的系统工程。农业农村碳中和与乡村振兴同步推进，农业农村碳中和要在乡村振兴中实现，其实质是走农业生态文明之路。本报告围绕农业农村碳中和与乡村振兴的理论基础、内在关系及协同推进的现实困境展开探讨。据此提出形成农业农村碳中和与乡村振兴有效协同的政策体系，提升农业绿色低碳技术研发应用水平，多措并举壮大农村集体经济，增强村民的主人翁意识等对策建议。

关键词： 碳中和 乡村振兴 减排固碳 农业农村现代化

* 刘洋，管理学博士，中国社会科学院农村发展研究所博士后，主要研究方向为农业资源与环境经济；于法稳，管理学博士，中国社会科学院农村发展研究所二级研究员、生态经济研究室主任，中国社会科学院大学教授、生态经济学方向博士生导师，主要研究方向为生态经济学理论与方法、资源管理、生态治理、农业可持续发展。

一 引言

中国碳减排的任务重点在工业以及电力行业,而农业作为国民经济的基础,既是碳源的排放者,也是碳汇的主要供给者。因此,引领农业农村生态化发展,助推中国式农业现代化是实现碳中和目标的关键,同时也是改善全球气候问题的重要举措。

(一)政策背景

中国特色社会主义进入新时代,社会主要矛盾已经转化为人民日益增长的美好生活需要和不平衡不充分的发展之间的矛盾。其中以城乡发展不平衡最为突显,因此在新时代加强对农村的重视与引领,推动农村全面进步,加快实现农村现代化,缩小城乡差距已然成为中国实现共同富裕的必然要求。

党的十九大报告指出"农业农村农民问题是关系国计民生的根本性问题,必须始终把解决好'三农'问题作为全党工作的重中之重,实施乡村振兴战略"。实施乡村振兴战略是加快实现农业绿色发展、农村生态发展的重要举措,同样也是推进城乡协调发展,实现共同富裕的重要路径。而"双碳"政策可以进一步赋能乡村振兴,以低碳理念引领乡村振兴各方面发展,为实现农业农村发展增效增绿。

党的二十大报告提出"要加快实现农业农村现代化,推进中国式现代化的全面发展"。其中"人与自然和谐共生的现代化"是中国式现代化的重要内容。如何在农村正确处理好生产、生活与生态的关系,成为国家重点关注的问题。为了加快建立人与自然和谐共生的现代化体系,在农村实行"双碳"政策也已然是现实所需。

"双碳"目标的实现离不开农业的深度参与。当下极端气候事件频繁发生,对人类经济社会发展造成威胁,减少温室气体排放成为世界各国关注的焦点。2020年12月,国家主席习近平在气候雄心峰会上承诺中国2030年单位国内生产总值二氧化碳排放将比2005年降低65%以上。2021年1月在世界经济论坛"达沃斯议程"上,习近平主席提出中国力争在2030年前二氧化碳排放达到峰值、2060年前实现碳中和,携手应对全球性挑战,共同缔造美好未来。

中国作为人类命运共同体理念的拥护者，始终把自身发展与全世界发展紧密联合起来，实施农业农村碳中和，推动中国碳中和发展，从而助力世界碳中和的实现，中国始终用自己的实际行动彰显大国担当。

2020 年印发的《农业农村减排固碳实施方案》明确指出，"推进农业农村减排固碳，是农业生态文明建设的重要内容，是农业农村现代化建设的重要方向，是推进乡村振兴的重要任务，是应对气候变化的重要途径"。加快推进中国农业农村碳中和不仅是实现人与自然和谐相处的中国式现代化的关键，也是助力国际生态水平提高的重要举措。此外，为加强新时代"技术引领碳中和"，2022 年，科技部等 9 部门出台了《科技支撑碳达峰碳中和实施方案（2022—2030 年）》，该方案提出"要统筹支撑 2030 年前实现碳达峰目标的科技创新行动和保障举措，并为 2060 年前实现碳中和目标做好技术研发准备"。科学技术永远是第一生产力，新时代加强科技对碳中和的引领，高质量推动碳中和的有效实施，是中国走生态化发展的重要路径。

（二）理论基础

农业农村的"双碳"目标是全面推进乡村振兴的重要引领。"双碳"目标的推行实际上是引领乡村发展绿色化与可持续化，并进一步将新发展理念贯彻到乡村振兴的规划之中。此外，碳中和与乡村振兴协同推进是符合经济社会发展规律的顺势之举。现阶段中国的发展模式普遍追求经济效益与生态效益相结合，碳中和与乡村振兴的协同推进更是实现农村生态、经济与社会价值统一的重要举措。

一方面"双碳"目标的提出倒逼农业生产方式的绿色转型。"双碳"政策提出要构建农村碳排放市场交易体系，鼓励农村企业通过科技创新等方式降低碳排放，将剩余碳指标进行交易，拓宽农民收入渠道。同时"双碳"政策加大了对污染产业的税收力度，增加了企业的排污成本，促使农村产业走绿色发展之路。

另一方面，碳中和的实现过程实质上是生态文明建设的过程。在碳中和思想的指引下，通过植树造林、退耕还林等生态修复措施，能够提高植被覆盖率，进一步扩大农村碳汇供给。同时碳中和理念也是农村生态振兴的内核，碳中和的低污染、低排放及生态良好等内容也是生态振兴的重点。因此农村地区蕴藏着的巨大的碳减排潜力，可以通过乡村振兴得到有效激发，同时低碳发展也是乡村振兴的动力和必然要求。

绿色是农业的底色，农业的绿色也是农村的最大优势和宝贵财富。[1] 加快农业绿色进程，推动其低碳发展与乡村振兴协调发展是现实所需。[2]

由于外部性的存在，传统产品市场出清时所传递的价格信号无法完全表达碳减排产品在气候变化方面的隐藏价值，导致其价格与实际价值不匹配，从而使农业绿色低碳发展的内生动力不足。[3] 因此实现农业碳中和同样需要政府管控与市场发力两者协调并行。2021 年 10 月颁布的《中共中央　国务院关于完整准确全面贯彻新发展理念做好碳达峰碳中和工作的意见》要求政府和市场两手发力；2021 年 12 月颁布的《"十四五"节能减排综合工作方案》同样强调了完善市场化机制。在这样的背景下，推动形成政府—市场共同调控的农业碳汇，构建碳减排产品的生态价值实现机制势在必行。

（三）现实意义

人类活动引发的碳排放是造成全球气候变化的重要原因，而农业是全球碳排放的主要贡献者。目前中国农业生产活动产生的温室气体排放约占全国总量的 20%。其中，温室气体排放不仅包含二氧化碳（占比 10%~15%）还包含甲烷（占比 45%~55%）和氧化亚氮（占比 30%~40%）等非二氧化碳温室气体。[4] 而农业碳排放源主要涵盖三大部分：农地利用碳排放、稻田甲烷排放以及畜禽养殖碳排放。第一，农药化肥污染问题十分严峻。虽然中国已经禁止使用"六六六""滴滴涕"等高污染农药，但目前仍偶尔在土壤中检出这类农药。截至 2019 年，中国化肥施用强度仍高达 325.65 公斤/公顷，远超过国际公认的化肥施用环境安全上限（225 公斤/公顷）。[5] 第二，中国的农膜使用量

---

① 张露、杨高第、李红莉：《小农户融入农业绿色发展：外包服务的考察》，《华中农业大学学报》（社会科学版）2022 年第 4 期。

② 张俊飚、何可：《"双碳"目标下的农业低碳发展研究：现状、误区与前瞻》，《农业经济问题》2022 年第 9 期。

③ 何可：《推动形成农业绿色低碳发展新格局》，《湖北学习平台》2022 年 11 月 2 日。

④ 赵敏娟、石锐、姚柳杨：《中国农业碳中和目标分析与实现路径》，《农业经济问题》2022 年第 9 期。

⑤ 陆钰凤：《中国化肥减量政策变迁及其内在逻辑》，《农业经济问题》2022 年第 9 期。

巨大，许多薄膜使用后难以回收。统计数据显示，2016 年，中国所有的覆膜农田土壤均有不同程度的地膜残留，局部地区亩均残留量达 4~20kg，个别地块的亩均残留量达 30kg 以上。部分农膜通过填埋或焚烧处理，这无疑进一步加剧了农村的环境治理压力。第三，畜牧业污染也不容忽视，中国每年的畜禽粪便排放量达到 22 亿吨左右，然而仅有少数地区建立了完善的粪污处理体系。这些举措对农村土地、空气、水体等多个重要的环境要素造成了严重破坏。因此在农村践行"双碳"政策，引领农村走生态化之路刻不容缓。

从生态学视角来看，农业作为一种自然生产的过程，一方面可以减少作物生长过程的碳排放，另一方面可以发挥作物在生长过程中的碳汇作用。农田生态系统、森林生态系统、草原生态系统等都为中国实现碳中和做出了巨大贡献。树木、农作物等植物能够通过光合作用吸收空气中的二氧化碳等温室气体，降低空气中的温室气体浓度，实现生物固碳，同时，在调节气候、降低极端天气出现的概率中也发挥着巨大作用。因此加强农村生态化发展，保护农村植被完整性，增加农业碳汇供给是十分重要的。中国的森林大都处在幼期，还有不少可造林面积，草地、湿地、农田土壤的碳大都处在不饱和状态，因此生态系统的固碳潜力非常大。①

鉴于碳中和与乡村振兴在诸多方面存在交叉融合，故探究碳中和与乡村振兴协同推进的路径具有重要的理论和现实意义。

二 农业农村碳中和与乡村振兴的内在联系

全面推进乡村振兴战略要求产业、人才、文化、生态、组织等多个方面具有协同性，而低碳发展是乡村全面振兴的动力和必然要求。两者都聚焦于农业农村的发展方向和路径探讨，以期实现农业农村现代化。

（一）农业农村碳中和与乡村振兴在目标上具有协同性

党的二十大报告首次提出要"加快中国从农业大国向农业强国的转变"。

---

① 丁仲礼：《深入理解碳中和的基本逻辑和技术需求》，学习俱乐部，https：//mp. weixin. qq. com/s/hKeNyc4ZUtUtvrcPDZNarw，2022 年 9 月。

农业农村实现碳中和实质上是乡村振兴的进一步发展，乡村振兴与农业农村碳中和的根本目标都是实现农业农村现代化。

1. 产业振兴

产业兴旺是乡村持续发展的重要保障。《农业农村减排固碳实施方案》提出要大力发展以绿色低碳、生态循环为增长点的农业新产业新业态，推动农业与现代高新技术的结合，带动农业转型升级。同时《"十四五"全国农业绿色发展规划》也强调要推进农业绿色转型，建立健全绿色流通体系，促进绿色农产品消费，构建绿色农业供应链。以绿色为导向加快农业与第二、第三产业的融合，推进产业聚合循环发展。

2. 人才振兴

人才是乡村振兴的关键要素，人才振兴是乡村振兴的重要支撑。为此，《关于加强新时代高技能人才队伍建设的意见》提出要健全以校企合作为基础、政府与社会支持相结合的高技能人才体系。通过优化人才培养资源与服务供给，完善技能人才稳才留才引才等多种机制，围绕碳中和、乡村振兴等重大国家战略，培养一批综合型高素质人才，推动农业农村现代化的发展，实现人才兴农。

3. 生态振兴

生态宜居是乡村振兴的关键。农村生态是中国碳汇的主要供给来源，在实现碳中和方面起着巨大作用。《"十四五"全国农业绿色发展规划》提出要充分实行农村生态治理，由点及面，切实保护农村生态，挖掘农村生态价值，加快推动农村生态振兴，实现农村富与美的统一，充分发挥农村优势。

4. 文化振兴

文化振兴是乡村振兴的灵魂。随着城镇化进程的发展，加强乡村文化建设，已经从需要变成了必要。一方面城市文化的影响力逐渐扩大，进一步挤占农村传统文化的生存空间，导致城乡文化出现隔阂；另一方面农村乡土风情淡化问题较为严重，人们难以形成共同的文化价值，导致农民集体意识不强，漠视农村发展。为此要贯彻落实习近平生态文明思想，引导农民正确理解"绿水青山就是金山银山"、保护环境就是保护生产的新经济发展观。通过思想建设提升农民素养，推动形成绿色乡村文化，助力乡村文化振兴。

5. 组织振兴

农村基层党组织以及各类自治组织作为实施乡村振兴战略以及各项工作的核心，在农村发展的各个过程中起着不可替代的作用，因此，实现农业农村碳中和同样需要他们的深度参与。《"十四五"全国农业绿色发展规划》提出要加强组织领导、完善计划、实施保障，制定绿色农业评价指标体系，组建新时代农村领导班子，加快推进乡村治理的现代化进程。

（二）农业农村碳中和与乡村振兴在实现路径上具有协同性

实现乡村振兴应从农业产业、农村生态、农村乡风、农村治理，以及农民生活等多方面进行统筹协调。而实现农业农村碳中和同样需要加强低碳理念对以上几个方面的引领。

1. 低碳发展助力乡村产业兴旺

《农业农村减排固碳实施方案》提出要高质量完成种植业节能减排、畜牧业减排降碳、渔业减排增汇、农田固碳扩容、农机节能减排、可再生能源替代等任务。通过化肥减量增效、粪便堆肥转能、水产生态养殖、秸秆回收利用等具体方法，深刻挖掘农村固碳潜力，充分实现农村碳汇价值，推动农业产业生态化发展。同时加大农村光伏、林业等产业的资金投入与技术投入力度，控制农村碳源排放，实现农村产业多元化与零碳化齐头并进，加快推动农村产业融合。

2. 低碳发展协同生态发展

《"十四五"全国农业绿色发展规划》提出要加快农业农村降碳减排进程。一是治理修复耕地生态，通过休耕轮耕、污染耕地治理等方式，提高污染耕地利用率，推动耕地生态化发展。保护修复农业生态系统，建设田园生态系统，保护修复森林草原生态。开发农业生态价值，增强森林、草原、耕地的碳汇价值，推动农业固碳减排。二是鼓励农民通过技术改革、优化种养等方式来减少产业废料产出，并结合秸秆发电、动植物堆肥产沼等方法进一步实现废物利用，优化农村能源结构，减少农村碳源排放。三是鼓励农民通过低碳消费，减少养殖业对农村碳排放的影响；倡导农民形成良好的低碳生活习惯，从生活方面助力农村生态的可持续化发展。

3. 低碳理念引领乡村文化

实现农业农村碳中和不仅是新时代农村物质文明建设的方针，也是农村精神文明建设的"北斗星"。《中共中央　国务院关于完整准确全面贯彻新发展理念做好碳达峰碳中和工作的意见》提出将低碳发展理念纳入国民教育的体系。加强农村文化与低碳理念的深度融合，构建新时代农村新文化，推动乡村文化振兴，实现乡村经济与文化并驾齐驱协调发展。

4. 低碳治理提升管理效能

农业农村碳中和的实施为乡村治理提质增效提供了新的思路。农业农村碳中和政策的实施助推农村制定一套较为完善的道德准则。而违反道德则即违背了地方性共识，因此农民为了获得较好的声望会主动加入乡村治理体系。[①] 此外，碳中和理念在一定程度上也强化了社会监督，在低碳发展的理念之下，农民对于破坏环境的容忍度降低，破坏环境的成本也进一步提升，主动践行低碳生活的动机增加。同时"双碳"政策为农村法治也提供了新的视角，地方政府结合农业农村碳中和战略以及发展现状，将碳中和理念以法律法规的形式呈现，规范农民行为，提高农村生态治理水平，推动农村自治、德治、法治的协同发展，实现农村基层治理现代化。

5. 低碳市场促进农民增收

《碳排放权交易管理办法》提出将碳排放权纳入市场交易体系当中。加快农村碳排放市场体系的构建，为农民增加收入提供了新的方向。一方面，农民可以通过承接碳汇项目、林地资源作价入股，或者林地经营权转让的方式直接参与碳排放权市场交易体系；另一方面，农民可以通过政府提供的例如护林员等公益性岗位获得工资性收入间接获取农业农村碳排放权交易市场化的红利。此外，农村碳中和还为农村提供了清新的空气、清洁的水源等生态产品。农村碳排放权交易的合法化，兼顾了农村生态与经济协同发展的刚需，拓宽了农民收入渠道，提高了农民的生活水平，缩小了城乡收入差距，加快了共同富裕的实现。

---

① 施卓敏、吴路芳、邝灶英：《面子意识如何逆转自私行为？——社会价值取向对生态消费的影响》，《营销科学学报》2014 年第 10 期。

三 农业农村碳中和与乡村振兴协同推进的现实困境

碳中和要求碳排放达到峰值之后逐渐减少排放，直至大气二氧化碳浓度不再增加。这同样对乡村振兴提出了要求，需要乡村兼顾生态与经济，实现农业农村绿色化转型。然而在实现乡村振兴与农业农村碳中和协同发展的过程之中，仍有许多问题亟待解决。

（一）农业农村碳中和与乡村振兴统筹协调工作不畅

实现乡村振兴的方式与减少碳排放方式难以协调。在乡村振兴中，养殖业是提高农民收入的重要方式之一，也是未来重点发展的产业。当前，中国的畜牧生产方式总体上仍较为粗放，在实现增收的同时，增加了农村碳减排的压力。同时，随着中国人民生活水平的不断提高，人们对畜产品的需求量也逐步提升（见图1），这对农村减碳降排也是不小的考验。虽然养殖业碳排放在2015年达到峰值随后呈下降趋势，但其中造成碳排放减少的主要原因可能是饲养牲畜的数量减少（见图2）。养殖业规模的缩小客观上减少了农业农村碳排放，但不利于乡村产业发展，因此探寻一条兼顾乡村振兴与减排固碳的协同之路显得尤为必要。

图1 中国2014~2020年城市和农村人均畜产品消耗量变化趋势

资料来源：《中国统计年鉴2021》和《中国农村统计年鉴2021》。

气候立法难以与乡村振兴立法进行整体协调。于 2021 年 6 月开始实行的《乡村振兴促进法》为全面推进乡村振兴，加快农业农村现代化提供了坚实的法律保障。与此同时，气候立法却推进缓慢，农业农村碳中和难以借助法律工具实现农业农村的绿色转型。

图 2　2010~2018 年中国畜牧业养殖规模以及碳排放变化趋势

资料来源：《中国统计年鉴 2021》。

（二）农村能源结构不合理

当前，农村经济快速前进的同时其能源结构正向着高碳化发展。生物能源逐步降低，化石能源和电能的占比逐渐升高已然成为中国农村能源消费结构的现状。2018 年农民使用的生活能源依然以煤炭、电力为主，分别占比 36.9%、17.4%。同时秸秆、薪柴的占比也分别达到了 11.7%、8.8%，在农村能源使用中占了较大比例。① 这些高碳排放能源因其价格低廉，且获取方式便捷，深受农民青睐。而太阳能和沼气这类清洁能源需要配套的基础设施，便捷度与经济性都不如前者，因而在整个生活能源构成中占比较小。

此外，随着农村经济的发展，村民生活水平提高，农村的汽车拥有量也逐

---

① 申丽娟、黄清华：《"双碳"目标与乡村振兴的双赢之路》，《生态文明世界》2021 年第 4 期。

步上升。中国农村居民平均每百户年末拥有的汽车数量从 2014 年的 11.0 辆增加到 2020 年的 26.4 辆（见图 3）。而新能源汽车由于价格偏高以及没有配套的基础设施，在农村汽车拥有量中占比较小。同时，农业机械总动力总体呈上升趋势，从 2010 年的 92780.5 万千瓦增加到 2019 年的 102758.3 万千瓦。虽然农业机械化有利于提高农作效率，但也带来了更多的能源消耗与碳排放（见图 4）。

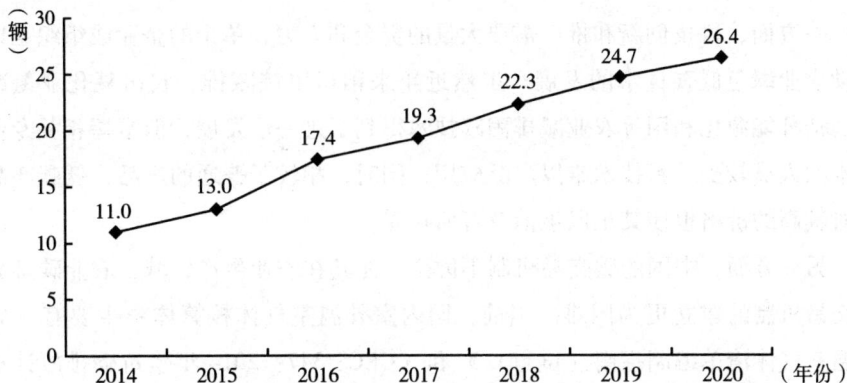

图 3　2014～2020 年农村居民平均每百户年末家用汽车数量变化趋势

资料来源：《中国统计年鉴 2021》。

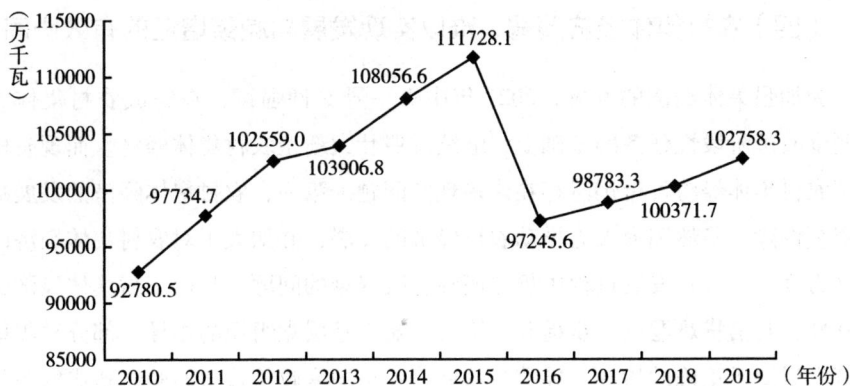

图 4　2010～2019 年中国农业机械总动力变化趋势

资料来源：《中国统计年鉴 2021》。

（三）农业绿色低碳技术应用不足

2021 年中央一号文件强调要推进乡村振兴，实施脱贫地区特色种养提升行动，推动绿色农业的发展，强调低碳经济发展。在乡村振兴和"双碳"协同发展的道路上，发展低碳经济是重中之重，农业绿色低碳技术是低碳经济发展的基础。但当前，中国的农业绿色低碳技术发展相对缓慢，新技术未能得到充分普及。

一方面，科技创新和推广需要大量的资金和人力，单个的企业或组织难以推动农业绿色低碳技术的发展。虽然近年来稻田甲烷减排、农田氧化亚氮减排、秸秆能源化利用等农业减排固碳技术得到了进一步发展，但掌握相关专业技术的人员较少，新技术难以广泛应用；同时，相较于普通的产品，低碳产品相对较高的价格也使其难以被消费者所接受。

另一方面，中国的碳交易机制不健全，尤其在农业生产领域，农业碳排放和交易机制的建立更为困难。当前，国内室外温室气体核算体系主要有《省级温室气体清单编制指南（试行）》和《CECS 347：2014 年建筑碳排放计量标准》这两项标准，但在农业碳排放核算上仍然缺乏足够的科学技术支持。因此，在碳配额交易和农业碳交易机制不健全的背景下，减碳增汇短期内无法给农民带来直接收益，农民参与的积极性有待提高。

（四）农村集体经济薄弱，难以实现发展与减碳增汇的有效协同

为加强集体经济的发展，2021 年中央一号文件强调，在完成农村集体产权制度改革阶段性任务的基础上，继续发展壮大新型农村集体经济。而现阶段中国农村集体经济发展仍然存在许多现实问题。第一，农村集体经济的发展缺乏资金保障。虽然国家大力推动农村经济的发展，并加大了对农村集体经济的补贴力度，但其在发展过程中仍然面临着融资难的问题，且由于村集体经济的特殊性，其信贷难题进一步提升。第二，缺乏基层党组织的领导。部分村集体经济发展缺乏正确的指导，导致其发展路径与国家政策背道而驰，造成资源的无效浪费。第三，发展模式单一。部分村集体经济发展过于依赖某一产业，这极大降低了村集体经济的抗风险能力，在遇到一些不可抗的因素时，易使村集体经济陷入困境，对农民收入及生活造成重大影响。

（五）相关主体的自主意识不强，内生发展动力匮乏

第三次全国农业普查数据显示，小农户占全国各类农业经营主体的98%，小农户从业人员占农业从业人员的90%，小农户经营耕地面积占全国总耕地面积的70%。作为中国农业生产经营的主体，小农户的低碳意识不强，内生发展动力匮乏。此外，基层管理较为松散，没有建立相应的奖惩机制。如当前国家禁止燃烧秸秆，但部分农村仍然存在着燃烧秸秆的情况；在农村人居环境方面，村民也更加偏向于生活污水和垃圾处理的便捷性，缺乏废弃物资源化处置的低碳理念。同时中国在农村的减碳宣传虽取得初步成效，但大部分农民的观念还没有转变，仅片面追求经济利润，忽视了生态的价值，不利于生态文明理念的建设以及农村低碳化的发展。为此，努力提升小农户的组织化水平，提高农户低碳素养已成为实现农业农村碳中和的重要议题。

四　农业农村碳中和与乡村振兴协同推进的典型案例分析

农业农村碳中和与乡村振兴的实施皆推动了农业农村现代化，提高了农民生活质量。本部分通过剖析浙江省百丈镇（零碳试点乡镇）的碳中和实施路径，以期探讨农业农村碳中和与乡村振兴的协同性。

在"双碳"与乡村振兴两大战略目标下，探索出中国"双碳"与乡村振兴协同发展的路径，对于生态与经济的可持续发展尤为重要，同时，也契合了二十大报告中"推动绿色发展，促进人与自然和谐共生"的理念。

2022年2月，浙江省公布了100个全省第一批未来乡村建设试点村的名单，这100个试点村需完成常住居民收入县域领先、集体经济经营性收入为县域村均1.5倍以上的"小目标"。此外，为持续深化"千村示范、万村整治"工程，全面推进乡村振兴，浙江省还将在有农村区域的县（市、区）每年开展1~3个未来乡村建设。预计2025年，浙江省将建设1000个以上未来乡村。

1.总体情况

2021年，百丈镇被列入浙江省首批低（零）碳试点乡镇。百丈镇位于杭州市余杭区西北端，西通亚洲最大蓄能电站天荒坪，经济以林业为主，是浙江

省毛竹之乡。该镇统筹兼顾，牢牢把握算碳、管碳、降碳、增汇的总体思路。以政府、居民、企业、供应商、社会五赢为目标，开展了一系列立竿见影的低（零）碳乡镇建设模式探索，致力于打造全国村级尺度全面低碳管理的"百丈模式"。

2. 具体做法

研究表明，光伏产业在发展新能源降碳方面发挥着重要作用。[①] 为了优化能源结构，提高太阳能的利用效率，浙江省百丈镇泗溪村综合考虑土地、技术要素，依托新能源发展优势，建设装配式农居，配合光伏屋顶促进综合能源的利用和管理。同时，当地政府充分利用财税政策，对装配式建筑进行财政补贴，引导村民建设相关低碳农居。

为了探索全域电力能源托管新模式，百丈镇与国网杭州市余杭区供电公司及下属杭州凯达电力建设有限公司签订战略合作协议，在百丈镇内引入绿色发电设备（如光伏板）来代替传统的发电模式。除了对电力能源结构进行调整，百丈镇还通过战略合作的方式，打造"碳富百丈"碳清单监测可视化系统，对镇、村、企、户的电能进行实时监测，精准控制碳排并提升碳汇能力。

同时，百丈镇依托高校技术支持进一步建立了碳测算体系（以其半山村为例）。通过开展碳汇数据收集，了解半山村碳排放结构，计算当地竹林碳汇量，王懿祥教授研究团队测算出 2020 年半山村可成为名副其实的"零碳村"，且有多余的 400 吨碳汇供其他地方抵消碳排放。目前，碳排放碳汇测算已覆盖至百丈镇的 6 个村，下一步，将对比分析 6 个村的碳汇组成和碳排放组成的异同，研究典型乡村碳汇和碳排放特征。

乡村振兴背景下的碳中和，离不开生活在农村的人们。新修订的村规民约充分结合半山村共同富裕、零碳村建设、竹林碳汇等近期发展方向，号召村民从身边的小事做起，践行简约适度的生活方式，让绿色低碳生活成为新时尚，帮助村民们更好地融入新乡村建设与碳中和。半山村还将从个人碳账户数字系统建设、碳积分兑换、零碳民宿、"竹林碳觅"研学线路等方面着手，将零碳

---

① 谢立勇、杨育蓉、赵洪亮等：《"双碳"战略背景下农业与农村减排技术路径分析》，《中国生态农业学报》（中英文）2022 年第 4 期。

理念融入乡村治理、村民教育、环保生活、产业发展等方方面面，让低碳产业成为乡村振兴新的经济增长点。

3. 具体成效

一是百丈镇通过打造装配式农居，利用光伏发电，降低了化石能源的使用率，优化了能源结构，推动了乡村生态化发展。二是百丈镇的装配式农居加快了当地实现农村现代化的步伐，将高新技术与农村住房结构相结合，进一步改善了农民生活。三是装配式农居为其他乡镇打造生态宜居农村提供了可行的样板，贯彻落实了生态文明发展理念。

百丈镇通过电力能源托管新模式，深度结合数字化和技术赋能进行零碳实施和监测等措施，打造了绿色低碳、生态宜居的示范乡村。且实现了整体能耗与公共设施维修费用的双低，使有限的能源与财政投入乡村振兴的其他领域，助力村民们实现生活富裕。

百丈镇建立了完善的碳汇测算体系，并且依托当地毛竹林资源优势，发挥碳汇经济效应。同时打造竹林碳汇品牌项目，实现竹林碳汇增量可持续经营和竹产品碳储量的交易市场化，增加了村民收益，进一步缩小了城乡差距。在此基础上，百丈镇还开发了竹制品碳足迹碳标签，提高了竹制品的知名度和附加值，为提升生态系统固碳能力和经济效应添砖加瓦。

百丈镇大力发展零碳民宿，推动了百丈镇旅游业发展，激发了百丈镇经济发展的活力。竹林研学等活动卓有成效，这些活动充分发挥着黏合剂的作用，将党员、群众联结起来，提高了百丈镇碳中和的农民参与度。同时，竹林研学也为乡村儿童的自然教育教学提供了良好的契机，有助于全过程、长期性培养新生代与自然和谐相处的理念。

4. 案例经验

建立完善碳交易体系。基于碳排放测算，完善碳交易市场，进行碳汇产品交易。结合当地特色，政府、居民、企业、供应商、社会五方合作共同繁荣乡村碳汇市场，促成五赢局面，实现"双碳"与乡村振兴的协同发展。

政府引导助力资金保障。零碳建设在前期需要充足的资金支持，政府应在财政上加大相关投入力度，同时出台激励政策吸引企业投资乡村零碳建设，促进资本在碳中和与乡村振兴领域的充分流通，并完善当地基础设施和公共服务的零碳建设。

科技创新引领零碳发展。科技赋能促进"双碳"目标实现与乡村振兴，同时科技赋能也让乡村零碳更加智能化、多样化、便利化，将零碳与乡村村民的生产生活深度融合，使村民们能更好地融入乡村零碳发展。

5. 案例启示

首先，在节约能源方面，光伏发电应融入更多乡村产业，着力打破产业融入的成本壁垒，为新能源大规模、全覆盖助力乡村振兴创造条件。其次，乡村在科技赋能实现"双碳"目标过程中，不仅应关注科技带来的经济效应、生态效应，还应体现浓厚的人文关怀。再次，科技所替代的剩余劳动力何去何从，需要政府、村民找寻更多的可能，促成共赢局面。最后，充分利用数字化等手段，打造"农业+光伏""农业+旅游业"等多业态融合模式，推进生态产业化和产业生态化。

五　农业农村碳中和与乡村振兴协同推进的路径探讨

鉴于农业农村碳中和与乡村振兴协同推进的若干现实困境，本部分围绕顶层设计、科技创新、集体经济以及村民参与等方面给出相关建议，借此推动乡村振兴与农业农村碳中和的协调发展。

（一）完善顶层设计，形成农业农村碳中和与乡村振兴有效协同的政策体系

实现农业农村碳中和与乡村振兴协同发展，顶层设计是关键，多元化运用气候立法、市场机制、财政预算、税收制度、金融体系，以及监管体系等政策工具，全面推动乡村振兴与农业农村碳中和有机融合，加快实现农业农村现代化。

1. 推进气候立法，助力实现碳中和目标

气候立法是实现农村绿色化转型升级的重要政策工具，需将气候立法与农村发展现状相结合，规定减排目标、实施路径、减排责任和问责机制等，积极落实"双碳"政策。通过制定具体政策与行动计划、实施碳预算制度等方式

进一步推动农业农村低碳发展。同时细化法律规定内容，为气候行动提供保障。① 另外，以法律形式贯彻低碳理念，形成低碳发展的共识，提高农村碳排放成本，进一步推动农村降碳减排与乡村振兴的协同发展。

2. 完善碳排放市场，促进农业增效与农民增收

加快出台碳排放交易法规，推动将农业纳入全国碳市场交易范围体系的进程。在碳源上将种植业、养殖业等作为碳交易市场的强监管对象。初期可以将较为成熟的沼气碳减排、生物质发电作为试点交易产品并逐步拓展到其他领域。在碳汇方面，将农田碳汇、林业碳汇和湿地碳汇作为主要着力点，引入农田碳汇、测土配方减碳等交易产品，同时引导和鼓励控排企业在碳市场中优先购买农业碳交易项目产生的减排量，为农业增效与农民增收拓展新的来源渠道。

3. 建立绿色财税政策与金融体系，推动农村低碳产业稳固发展

将农村运输清洁化、能源结构优化升级以及建筑零碳改造等纳入政府的财政预算当中。加大对农村基础设施的投入力度，为实现农村绿色化发展提供坚实的资金保障。同时完善农村低碳产业的减税政策，进一步推动农村产业低碳化转型升级，并吸引低碳产业扎根农村，推动农村产业多元化发展。此外，构建完善的绿色金融体系，将碳达峰、碳中和融入绿色金融发展整体布局。构建绿色的金融信贷服务，实现绿色资金真正投资到农村减排固碳项目中，解决融资问题。

4. 完善农村碳排放监管体系，切实保障"双碳"政策有效实施

各乡镇政府要加强组织领导，针对企业与个人等排污主体加强监督管理，同时要完善信息公开制度，推动社会公众监督与参与。此外要加强碳排放数据的自查，及时完善"双碳"政策，以及加快建构第三方评估体系，多措并举推动农业农村碳中和有效实行。

（二）加强科技创新，提升农业绿色低碳技术研发应用水平

实现农业现代化需要科技创新。针对中国农村能源结构不合理的问题，要

---

① 樊星、李路、秦圆圆等：《主要发达经济体从碳达峰到碳中和的路径及启示》，《气候变化研究进展》2022年第10期。

加快零碳源技术的研发与普及。结合风电、太阳能和地热、氢能和氨燃料等多种方式优化农村能源结构，实现农村从碳密集型化石能源向清洁可再生能源转变，推动农村低碳化进程。

加大农业产业低碳技术研发力度。在种植业中通过大力发展渗灌、滴灌、喷灌、测土配方施肥等水肥一体化技术，监测土壤中的营养元素，适量施肥，提高水肥资源利用效率。在畜牧业中重点研究反刍动物肠道减排技术，并结合发酵技术，改变动物粪便处理方式。在第二、第三产业中大力研发绿色环保型建材等新型替代能源，创新排污处理方式，减少农业污染源，推动乡村产业低碳化发展。

加大自然减排技术、碳捕获技术以及生物固碳技术的研究力度。结合农田、林地、草地、湿地等多个生态系统，利用农村碳汇优势，加大对负排放技术的研究力度，充分利用农村土地实行永久化储碳。

加大农业碳测算技术的研究与应用力度。尤其加强对畜牧业等高排放行业的关注，同时联合高校开展实践研究，建立完善的农业碳排放因子库，推动碳测算技术深化发展并广泛运用。

加强对农业农村碳排放人才的培养。通过校企合作以及专项培养计划，培养一批多学科交叉的专业碳中和人才，为实现农业农村碳中和提供人才基础，推动农村低碳长久化发展。

（三）多措并举壮大农村集体经济，为确保农村绿色低碳发展注入"源头活水"

1. 党建引领，加强基层党组织建设

充分发挥党对集体经济的指引作用。基层党组织要加强与群众的联系，通过入户走访等形式宣传农村发展集体经济的重要意义。同时，党组织也应将发展集体经济纳入内部考察体系当中，重点突出农村发展集体经济的必要性。

2. 加强引导，优化农村资源禀赋与要素配置

农业资源作为农村生产的重要因素，需要通过科学的调配实现其最大化利用，以此来降低农业生产成本。一方面，可以通过合理开发林地、湿地等，在维护其生态的同时发展采药、养鱼等产业，实现农村产业多样化，壮大集体经

济；另一方面，可以发展适度规模经营，通过低碳农业机械方式等提高农业生产效率，实现资源的优化配置。

3.因地制宜，发展特色村集体经济

壮大集体经济需要贯彻因地制宜的基本原则。在进行集体经济的布局规划时要结合当地的地理位置、交通条件、产业体系、能源结构等多个方面进行综合考量。充分发挥当地的优势，扬长避短，打造特色村集体经济，并且依据实际情况完善村集体分红机制，让村集体经济的发展惠及每一农户。

4.跨村联合，探寻集体经济发展新模式

不同村集体资源禀赋不一样。一些村土地资源丰富，一些村则掌握了比较成熟的农业生产技术，政府应当鼓励村级单位"优势和优势强强联合""弱势和弱势抱团取暖"的方法，形成规模效应，推动村集体经济发展模式深化改革。

5.财政补助，为集体经济提供资金支持

为实现村集体经济的健康发展，政府需深刻了解村集体经济发展的需求，加大对村集体经济的资金补助力度，建立合理的村集体经济帮扶机制。此外，精准投资并协调银行对信用高的村集体实行低息贷款，多途径解决村集体经济发展资金需要，为实现农业农村低碳化发展提质增效。

（四）增强村民的主人翁意识，提高参与度

1.创新农业农村碳中和宣传方式

根据不同的受众采用不同的宣传方式。对于老一辈村民可通过入户宣传、专题培训等多元化方式，鼓励其转变传统观念，积极接受碳中和理念。对于新生代村民，则可加强碳中和教育，结合新媒体，通过手机、电视等媒介积极培养新生代村民的低碳生活理念，贯彻低碳生活方式。

2.建立完善的奖惩体系

目前村民对于农业低碳发展暂处于观望状态，为了提升村民主动参与碳中和行动的积极性，需建立完善的奖惩体系。例如对积极践行生态理念的村民授予先进个人、环保家庭等荣誉或经济激励。同时对破坏生态环境的村民予以批评教育或处罚，以此督促村民规范自身行为主动践行低碳理念，充分发挥其降碳减排的潜力。

3. 放权碳排放管理

政府单一统筹发展农业农村碳中和的方式存在不足之处。一方面，农村的治理体系还相对薄弱；另一方面，政府过多干预会引起村民的逆反心理。为此，政府可适度放权给农村自治组织，引导村民主动参与农业农村碳中和治理体系。

参考文献

［1］于法稳、林珊：《碳达峰、碳中和目标下农业绿色发展的理论阐释及实现路径》，《广东社会科学》2022 年第 2 期。

［2］何可、汪昊、张俊飚：《"双碳"目标下的农业转型路径：从市场中来到"市场"中去》，《华中农业大学学报》（社会科学版）2022 年第 1 期。

［3］张俊飚、何可：《"双碳"目标下的农业低碳发展研究：现状、误区与前瞻》，《农业经济问题》2022 年第 9 期。

［4］张露、杨高第、李红莉：《小农户融入农业绿色发展：外包服务的考察》，《华中农业大学学报》（社会科学版）2022 年第 4 期。

［5］樊胜根、高海秀、冯晓龙、王晶晶：《农食系统转型与乡村振兴》，《华南农业大学学报》（社会科学版）2022 年第 1 期。

［6］李周、赵敏娟、何可：《以低碳带动农业绿色转型》，《经济日报》2021 年 11 月 3 日。

［7］李劼、徐晋涛：《中国农业低碳技术的减排潜力分析》，《农业经济问题》2022 年第 3 期。

［8］樊星、李路、秦圆圆等：《主要发达经济体从碳达峰到碳中和的路径及启示》，《气候变化研究进展》2022 年第 10 期。

［9］王文燕、冯翰林、郭二民：《减污降碳协同治理纳入生态环境管理体系探讨》，《环境工程技术学报》2022 年第 10 期。

［10］韦玉琼、龙飞、岳欣冉：《乡村振兴背景下农村碳排放变动及减排策略》，《农业经济问题》2022 年第 9 期。

［11］张广辉：《碳达峰、碳中和赋能乡村振兴：内在机理与实现路径》，《贵州社会科学》2022 年第 6 期。

［12］翟郿秋、张芊芊、刘芳等：《中国畜禽养殖业碳排放研究进展》，《华南师范大学学报》（自然科学版）2022 年第 3 期。

［13］苏旭峰、杨小东、冉启英：《基于碳排放视角的中国畜牧业绿色增长分析》，

《生态经济》2022 年第 4 期。

[14] 李豪杰：《"双碳"目标与乡村振兴有机融合路径探究》，《农村经济与科技》2022 年第 9 期。

[15] 李一鸣、赖桑妮：《乡村振兴与"双碳"协同推进的浙江经验》，《中国社会科学报》2022 年第 8 期。

[16] 薛鹏文、于莹：《乡村振兴背景下发展壮大村级集体经济思路探索》，《中国集体经济》2022 年第 17 期。

[17] 李晓琼、董战峰、李晓亮：《碳中和立法的国际经验与启示》，《环境污染与防治》2022 年第 2 期。

[18] 孙东旭、程松涛：《农业技术创新体系带动低碳农业发展的现实困境与政策建议》，《科学管理研究》2021 年第 4 期。

B.15
工业、建筑、交通领域低碳转型路径分析

张伟　唐夕茹　宋扬　徐丽萍*

摘　要： 中国工业部门众多，各有特点且碳排放差异大；建筑行业存量大，且高耗能高排放建筑占比高；交通领域高度依赖化石燃料，且运输结构不合理、优化难度大，这些问题导致工业、建筑、交通领域低碳转型面临巨大挑战。本文依据工业、建筑、交通领域的碳排放现状与相关政策目标，剖析了它们的低碳转型路径。第一，工业领域需要从产业布局、产能替代和产业协同方面进行产业结构调整，提高能效，加速工业电气化和 CCUS 技术应用。第二，建筑领域需要提高行业节能降碳标准、发展"光储直柔"建筑、推进建筑用能电气化、推广绿色智能建造。第三，交通领域需要提升载具能效和新能源利用水平。

关键词： 工业　建筑　交通　减污降碳　低碳转型

一　工业、建筑、交通领域碳排放现状

（一）工业、建筑、交通领域碳排放情况

国际能源署（IEA）的数据显示，2005～2021 年，中国二氧化碳总体排放量增长将近一倍。2021 年，中国碳排放量占世界碳排放总量的 33.0%，并于

---

* 张伟，博士，副研究员，主要研究方向为区域可持续发展与能源系统研究；唐夕茹，博士，副研究员，主要研究方向为低碳交通发展研究；宋扬，博士，副研究员，主要研究方向为气候变化与能源安全研究；徐丽萍，博士，副研究员，主要研究方向为城市能源系统。

2005 年超越美国成为世界第一大碳排放国。工业、建筑和交通是中国碳排放的重要领域，欧盟数据（EU）测算，2021 年中国在这三大领域的碳排放量占全国总排放量的 84.4%。

中国是工业大国和制造大国，工业领域成为能源消费和碳排放的重要来源。按照《国民经济行业分类》标准，工业包括采矿业（含 5 个行业）、制造业（含 27 个行业）以及电力、热力、燃气及水生产和供应业（含 3 个行业），共计 35 个行业。欧盟数据（EU）测算的数据显示，2021 年中国发电行业与其他工业碳排放占全国碳排放总量的 59.1%，其中发电行业占比 37.7%，其他工业排放占比 21.4%。2005 年以来，中国工业领域碳排放量呈先升后降再微升的趋势，中国工业领域碳减排取得了一定效果。

建筑领域碳排放可以分为直接排放和间接排放，直接排放是建筑物运行中化石能源燃烧等带来的碳排放，包括炊事、生活热水、分散采暖等带来的化石燃料排放；间接排放是建筑物运行中热力、电力等供应所带来的碳排放。此外，建筑全生命周期或全过程碳排放还包括建筑施工和建材生产带来的隐含碳排放或称建筑物化碳排放。[①] 从全球范围来看，建筑领域的碳排放量占据了全部碳排放量的 28%，与建筑相关的碳排放量达到了 40%，[②] 中国建筑领域碳排放占全国碳排放总量的比例高于全球平均水平。[③] 由于统计口径与测算方法不同，不同机构发布的中国建筑领域碳排放数据存在一定的差异，[④] 但根据《中国建筑能耗与碳排放研究报告（2021）》，2019 年中国建筑全过程能耗占全国能源消费总量的比例达到 46%，碳排放占全国碳排放的比重达到 50.6%。[⑤] 其中，建材生产阶段碳排放量占全国碳排放总量的 29.0%，建筑运行阶段碳排放量占全国碳排放总量的 21.6%。2005 ~ 2019 年，中国建筑全过程能耗增长了

---

① 杨碧玉、陈仲伟、张晓刚：《双碳目标下建筑行业"碳中和"的实现路径》，《中国经贸导刊》2022 年第 6 期。

② 马勇：《建筑行业碳中和目标的实现路径探讨》，《居舍》2021 年第 33 期。

③ 王萌、郝一涵：《2060 年碳中和，建筑行业大有可为》，《城市开发》2021 年第 10 期。

④ 根据中国建筑节能协会发布的《中国建筑能耗研究报告（2021）》，2019 年全国建筑全过程碳排放量为 49.3 亿吨，占全国碳排放总量的 45.9%，其中，建材生产阶段占比 22.8%，建筑施工阶段占比 1.9%，建筑运行阶段占比 21.2%。

⑤ 中国建筑节能协会、重庆大学：《中国建筑能耗与碳排放研究报告（2021）》，https：//mp. weixin. qq. com/s/tnzXNdft6Tk2Ca3QYtJT1Q？scene = 25#wechat_ redirect，2021 年 12 月 28 日。

1.4 倍，碳排放增加了 1.24 倍。同期，建材生产能耗降低，碳排放增速降低；建筑施工阶段能耗和碳排放强度增速显著下降；建筑运行阶段能耗和碳排放仍然在增加，但增速有所放缓。① 总体而言，作为中国碳排放的三大领域之一，建筑领域碳减排的潜力巨大。

交通是经济社会发展的"先行官"，同时也是能源消耗和碳排放的重要领域之一。根据交通运输部科学研究院数据，中国交通运输碳排放总量从 2005 年的 3.4 亿吨增长到 2020 年的 10.2 亿吨，交通运输碳排放占比从 2005 年的 5.9%上升为 2020 年的 10.3%。在细分的交通领域中，道路交通碳排放占 90%，其中，公路客运排放占 42%（九成来自乘用车排放），公路货运排放占 45%（主要来自货运卡车排放），航空、船舶、铁路等其他交通工具碳排放相对较少。②

（二）工业、建筑、交通领域低碳化发展目标

低碳化已经成为工业、建筑和交通领域发展的基本要求，随着中国碳达峰、碳中和工作"1+N"政策体系的形成，工业、建筑和交通领域的低碳化发展目标也逐渐清晰。在"1+N"政策体系中，"1"是指 2021 年 9 月 22 日发布的《中共中央 国务院关于完整准确全面贯彻新发展理念做好碳达峰碳中和工作的意见》，与同年 10 月 26 日国务院印发的《2030 年前碳达峰行动方案》共同构成贯穿碳达峰、碳中和两个阶段的顶层设计。"N"是指陆续出台的包括工业、建筑、交通等在内的重点行业领域的实施政策和各类支持保障政策。

1. 工业领域

工业领域能源活动和工业生产过程深度脱碳是中国实现碳达峰、碳中和目标的关键。《2030 年前碳达峰行动方案》提出推动工业领域绿色低碳发展，包括优化产业结构、促进工业能源消费低碳化、深入实施绿色制造工程、推进工业领域数字化智能化绿色化融合发展，并对钢铁行业、有色金属行业、建材行业、石化化工行业碳达峰行动提出了具体要求。2021 年 10 月，国家发展改革

---

① 杨碧玉、陈仲伟、张晓刚：《双碳目标下建筑行业"碳中和"的实现路径》，《中国经贸导刊》2022 年第 6 期。

② 杜巧梅：《〈汽车、交通、能源协同实现碳达峰碳中和目标、路径与政策研究〉发布：六大路径推进交通领域碳减排》，《21 世纪经济报道》2022 年 3 月 2 日。

委等部门出台了《关于严格能效约束推动重点领域节能降碳的若干意见》，随后发布了《高耗能行业重点领域能效标杆水平和基准水平（2021 年版）》，以指导各地科学有序做好高耗能行业节能降碳技术改造。2022 年，国家相关部门相继出台了重点行业绿色发展的指导性文件。2022 年 1 月，工业和信息化部等 3 部门出台了《关于促进钢铁工业高质量发展的指导意见》，提出了钢铁行业 2025 年阶段性目标和 2030 年碳达峰目标；2022 年 2 月，国家发改委等 4 部门出台的《水泥行业节能降碳改造升级实施指南》提出了降碳转型的目标，即到 2025 年水泥行业实现能效标杆水平以上的熟料产能比例达到 30%。2022 年 3 月，工信部等 6 部门出台了《关于"十四五"推动石化化工行业高质量发展的指导意见》，提出了石化化工行业碳达峰的阶段性目标。

2. 建筑领域

2021 年 10 月，中共中央办公厅、国务院办公厅发布的《关于推动城乡建设绿色发展的意见》提出了中国城乡绿色发展目标：到 2025 年碳减排扎实推进，2035 年碳减排水平快速提升。国务院印发的《2030 年前碳达峰行动方案》提出了推进城乡建设绿色低碳转型，推进农村建设和用能低碳转型。2022 年 3 月发布的《"十四五"建筑节能与绿色建筑发展规划》提出了到 2025 年，城镇新建建筑全面建成绿色建筑，建筑能源利用效率稳步提升，建筑用能结构逐步优化，建筑能耗和碳排放增长趋势得到有效控制。2022 年 6 月，住建部、国家发改委印发了《城乡建设领域碳达峰实施方案》，提出了在 2030 年实现碳达峰、2060 年全面实现绿色低碳转型的目标下，全面提高绿色低碳建筑水平及绿色建筑占比，并对绿色低碳住宅建设、城市建设用能结构优化、绿色低碳建造、重点城市和农村建筑领域低碳转型提出了具体目标要求。

3. 交通领域

《2030 年前碳达峰行动方案》提出了开展交通运输绿色低碳行动，加快形成绿色低碳运输方式，确保交通运输领域碳排放增长保持在合理区间。2022 年 1 月，交通运输部发布了《绿色交通"十四五"发展规划》，提出了至 2025 年，营运车辆及船舶能耗和碳排放强度、新能源和清洁能源应用比例、营运车辆与船舶单位运输周转量二氧化碳排放消减的具体目标。2022 年 6 月，交通运输部等部门发布了《关于贯彻落实〈中共中央　国务院关于完整准确全面贯彻新发展理念做好碳达峰碳中和工作的意见〉的实施意见》，提出了交通领域碳达峰碳中和工作的总体要求及优化交通运输结构、推广节能低碳型交通工具、积极引导低碳出行等重点任务。

（三）工业、建筑、交通领域低碳转型存在的挑战

1. 工业领域

工业低碳转型不仅是碳减排问题和环境问题，更是发展问题。中国是世界工业大国，尽管全国工业增加值比重呈降低趋势，但工业规模在逐年增长；虽然碳排放量增速逐渐放缓，但碳排放总量仍在增长。钢铁、有色、建材、化工等重点行业既是碳减排关键部门，同时也是保障和支撑国计民生的关键部门，因此在出台相关减排政策和措施时，应统筹考虑各方面需要。

工业低碳转型既需要结合细分行业特点分别施策，又需要关注科技创新、能源结构优化等同向政策措施。中国工业部门众多，碳排放特点差异大，应根据各行业碳排放特点、减排存在的瓶颈和行业发展实际，采取差别化低碳转型技术路线。

2. 建筑领域

中国城镇化尚处于快速发展阶段，建筑领域减排压力大。2020年中国城镇化率已达63.9%，城镇化虽已经进入中后期发展阶段，但城乡建筑总规模仍在快速增加，目前我国的城乡建筑总量占全世界的比重已经超过50%，每年新建建筑面积接近全世界的50%。① 一方面，中国建筑存量大，高耗能、高排放建筑占比较高，建筑领域碳排放量高；另一方面，大规模的基础设施建设远未结束，新建建筑增长快，碳排放量仍在增长，因此，实现碳达峰面临巨大挑战。

建筑领域产业链条长，涉及环节多，协同减排难度大。建筑领域碳减排不仅涉及从建筑设计、建造、运行至拆除等整个生命周期的各个环节，还与城市规划建设、建材等工业生产、交通运输等其他领域密切相关，因此，需要建筑行业上下游及相关领域统筹协调、共同行动，需要住建部、发改委等相关管理部门的协同。

---

① 马骅：《中国每年新增建筑面积占世界总量的一半》，《今日工程机械》2010年第1期。

3. 交通领域

交通领域碳排放尚处于增长阶段，减排成本高，碳排放总量控制难度大。交通运输是居民出行和物流服务的基础支撑和保障，目前中国运输需求总量、运输装备保有量仍在增加，交通运输领域高度依赖化石燃料，因此交通领域碳排放不仅基数大，排放总量仍将持续增长，而且减排困难，减排成本高于工业、建筑等行业。

目前中国交通运输整体结构不尽合理、各种运输方式衔接不畅导致多式联运发展滞后等，交通结构优化调整难度大。而中国公路运输仍然以化石燃料为主要能源，公路交通碳排放量随着运输量的增加仍在快速增长，落实碳减排极度困难。

城市低碳交通需要城市基础设施与服务水平协同提升。城市公共交通服务水平不高导致出行分担率偏低，人们对 SUV 等大排量汽车的需求进一步提高，对运输时效性、个性化和舒适度等要求越来越高。而新能源车辆发展受到配套基础设施建设滞后、电池技术瓶颈和价格偏高等多方面因素制约，城市交通低碳转型面临困难。

二 工业领域低碳转型路径

（一）工业领域低碳转型的方向

政府通过鼓励性或限制性政策，促进低碳高能效工业发展，促进产业结构优化升级，打造绿色制造体系，发展循环经济，并鼓励工业行业通过技术进步实现数字化转型，提升用能效率，降低物耗水平，促进碳排放水平降低。

1. 产业结构深度调整

产业布局调整。依据工信部《产业发展与转移指导目录（2018 年本）》要求，有色金属产能向可再生能源富集地区转移以降低环境和能源输送成本；逐步形成钢铁和有色金属等行业原生、再生、冶炼、加工的产业集群；在战略性新兴产业领域，未来还将布局一些深度脱碳的先进制造业集群。

产能替代调整。产能替代调整主要是对钢铁、有色金属、建材等重点行业实施产能置换、过剩产能化解压减、高耗能高排放低水平项目遏制和淘汰。

产业低碳协同。能源、钢铁、石化化工、建材、有色金属、纺织、造纸行业的原材料、产品和副产品互为供需，因此为提高生产过程中的资源循环利用效率，应加强行业系统耦合，建立产业循环制度。

2. 推行绿色制造体系

以绿色低碳工厂、工业园区、供应链为依托，带动完善中国绿色制造体系。截至 2021 年底，中国组织实施了 300 余项绿色制造重大工程项目，制定了 500 多项绿色制造相关标准，培育建设了 2783 个绿色工厂、223 个绿色工业园区、296 家绿色供应链企业。[①]

3. 大力发展循环经济

循环经济是充分发挥节约资源和节能降碳协同作用的重要手段，通过低碳原料替代、再生资源和机电元器件再循环再制造、工业固废综合利用等途径，以减量化、再使用、再循环、资源化为手段，大幅提高资源利用效率，从而促进工业领域碳减排。根据国家发改委于 2021 年 7 月印发的《"十四五"循环经济发展规划》，推动实现"双碳"目标、促进绿色发展的重要战略举措有利于发展循环经济、推进资源节约和循环利用、构建循环型产业体系。未来一段时期，应有效应对发展循环经济所面临的经济激励因素不足、技术缺失、政策有效性偏低及评估系统不完善等诸多困难和挑战，全面落实《工业领域碳达峰实施方案》《"十四五"工业绿色发展规划》相关行动措施。

4. 工业领域数字化转型

在国际市场竞争日益加剧、现代企业依靠技术创新驱动背景下，智能制造、数字化解决方案应用成为保持竞争优势的法宝，其可以有效改进生产工艺流程、提高设备运转效率、提升生产过程管理的精准性，大大加快工业绿色低碳转型进程。《中华人民共和国国民经济和社会发展第十四个五年规划和 2035 年远景目标纲要》要求"以数字化转型整体驱动生产方式、生活方式和治理方式变革"，《中共中央　国务院关于完整准确全面贯彻新发展理念做好碳达峰碳中和工作的意见》中指出要"加快推进工业领域低碳工艺革新和数字化转型"，二十大报告中提出促进数字经济和实体经济深度融合。因此，应充分

---

① 黄鑫：《绿色制造释放新动能》，《经济日报》，http：//paper.ce.cn/pc/content/202209/26/content_ 261494.html，2022 年 9 月 26 日。

利用大数据、第五代移动通信（5G）、工业互联网、云计算、人工智能、数字孪生等新一代信息技术，对生产工艺流程进行低碳升级改造，在能源精细化管控、能源互联网、绿色产品开发、绿色产业链供应链、数字基础设施绿色发展管理、碳排放计量监测分析的数字化管理等方面提供数字化智能化的解决方案。

（二）重点行业低碳转型的措施

1. 钢铁行业

钢铁是能源密集型行业，钢铁制造过程产生的碳排放占制造业排放的近53%。[1] 中国是世界第一大钢铁生产国和消费国，在节能减排方面有重要责任。2022年1月，工信部、国家发改委、生态环境部发布了《关于促进钢铁工业高质量发展的指导意见》，要求确保钢铁工业于2030年前实现碳达峰。

钢铁行业具体的低碳转型措施主要包括：第一，控制钢铁产能，强化行业项目环评、节能评估等规定；第二，构建清洁能源与钢铁产业共同体；第三，推动工业用能电气化，推进钢铁先进电炉从高炉—转炉长流程向短流程炼钢发展，燃料向氢等低碳、零碳的绿色燃料过渡；第四，提高材料利用效率，推进废钢铁回收、拆解、加工、分类、配送一体化发展，提高钢渣等固废资源综合利用效率；第五，发展、示范与推广应用氢冶金、铁矿石电解以及碳捕集、利用与封存（CCUS）等脱碳技术；第六，开展钢铁工业节能诊断，推动行业超低排放改造。

2. 有色金属行业

铝、镁和铜铅锌等的冶炼与压制过程是有色金属行业温室气体排放的主要来源。中国有色金属工业协会的统计数据显示，2020年中国10种有色金属产量达到6168万吨，有色金属行业的二氧化碳排放量约为6.5亿吨，占全国总排放量的6.5%。其中，铝冶炼行业排放占比约77%，铜铅锌等其他有色金属冶炼业排放占比约9%，铜铝压延加工业排放占比约10%。《有色金属行业碳

---

[1] Guan, et al., "Assessment to China's Recent Emission Pattern Shifts", *Earth's Future*, 21 October, 2021.

达峰实施方案（征求意见稿）》提出，到 2025 年有色金属行业力争率先实现碳达峰，2040 年力争实现减碳 40%。

有色金属行业具体的低碳转型措施主要包括：第一，产能总量约束和防止盲目扩张，淘汰不符合行业规范条件的落后产能，执行电解铝等产能减量置换；第二，提高行业技术装备水平以降低单位产品能耗，如开发应用推广冶炼余热回收、氨法炼锌、海绵钛等颠覆性工艺技术，以及开展铝用高质量阳极示范、铜锍连续吹炼、大直径竖罐双蓄热底出渣炼镁技术改造；第三，提高电气化水平以及水电、风电、太阳能发电等"绿电"应用比例；第四，提高材料利用效率，加快再生铜、再生铝等再生有色金属产业发展，增加废弃有色金属资源回收、分选和加工的材料循环利用。

3. 建材行业

中国的快速城镇化出现了大量的建设用材需求，70% 的钢铁、90% 的建材、20% 的有色金属用于建筑与基础设施建设。[1] 建材生产用能约占全国工业生产总用能的 42%，其中钢材生产能耗保持首位，随后依次是水泥生产、平板玻璃、建筑陶瓷等。2020 年，中国建材工业碳排放量为 14.8 亿吨，其中，水泥工业碳排放量 12.3 亿吨，玻璃工业排放 2740 万吨，陶瓷 3758 万吨。

建筑材料行业具体的低碳转型措施主要包括：第一，改进现有生产工艺以降低单位产品能耗；第二，提高可再生能源、电力、天然气应用比重，突破玻璃熔窑窑外预热、窑炉氢能煅烧等技术提高燃料替代水平；第三，扩大 CCUS 技术的示范应用；第四，循环利用建筑材料，使用粉煤灰、工业废渣、尾矿渣等作为原料或水泥混合材料；第五，增加使用低碳黏合材料和天然辅助胶凝材料、低碳混凝土、木竹建材等，以降低水泥熟料和固体材料的碳排放；第六，控制新增产能，加强产能置换监管，淘汰落后产能。

4. 石化化工行业

石化化工行业能源集中度高，是工业部门中高耗能、高排放行业之一，排放量占全国碳排放总量的 4%~5%。2020 年，石化化工行业能源消费总量达

---

[1] 住房和城乡建设部科技与产业化发展中心：《建筑材料领域碳达峰碳中和实施路径研究》，中国建筑工业出版社，2022。

6.85亿吨标煤，比2010年增加59.7%。[①] 石化行业产品具备燃料和原料双重属性，碳排放来源主要包括化石燃料的直接燃烧、工业过程排放、企业购入电力和热力造成的间接排放以及供应链排放，其中以化石燃料及工业过程相关排放为主。相比钢铁、水泥等工业行业，石化行业的碳排放总量较低，但碳排放强度偏高，能效利用率仍低于世界先进水平。

石化化工行业具体的低碳转型措施主要包括：第一，调整原料结构、提高低碳原料比重，推动石化化工原料轻质化；第二，调整用能结构以降低能源与原料的碳足迹，鼓励生产及运输过程以电、气代煤，加强分布式可再生能源利用，引入核供热、核电力、清洁电力、清洁氢、生物燃料等低碳能源；第三，提高工艺水平，提升能源效率，能量梯级利用；第四，推动物料循环利用，提高炼厂干气、液化气等副产气体的利用效率以及废塑料化学循环水平，促进煤炭开采、冶金、建材、化纤等产业的协同发展；第五，开发应用短流程化学品、低碳基础化学品及可再生能源制取高值化学品技术；第六，扩大CCUS技术的示范应用，如制备合成气、甲醇、强化油气开采等。

（三）工业领域低碳转型的关键技术路径

技术创新对工业碳排放降低有显著正向效应，主要通过能源开发、原料替代、工艺升级、循环利用、捕集封存以及监测管理等路径推动工业领域碳减排。[②] 实现工业领域碳达峰、碳中和目标，必须在各生产制造行业尽快布局先进工艺，开发新的低碳、无碳技术解决方案，同时必须克服技术风险。

1. 提高能效

提高能效是基本的跨行业低碳转型策略，不需要对工业流程进行重大改变即可带来效果显著的减排量。具体实施路径包括：第一，钢铁、石化化工、有色金属等重点行业企业能量系统优化、余热余压利用、可再生能源利用、公辅设施改造；第二，数据中心、通信基站机房能效提升；第三，电机、变压器、锅炉等通用用能设备系统能效提升；第四，企业园区全链条、全维度、全过程能效提升。

---

① 庞凌云、翁慧、常靖等：《中国石化化工行业二氧化碳排放达峰路径研究》，《环境科学研究》2022年第2期。

② 张悦、王晶晶、程钰：《中国工业碳排放绩效时空特征及技术创新影响机制》，《资源科学》2022年第7期。

2. 工业电气化

在钢铁铸造、玻璃陶瓷等建材、有色技术冶炼等行业，可利用电网和本地可再生能源拓宽工业电能替代领域。具体实施路径包括：第一，发展电炉钢、电锅炉、电窑炉、电加热、高温热泵、大功率电热储能锅炉工艺技术；第二，对 1000℃ 以下的中低温热源进行电气化改造；第三，提升可再生能源电能替代比例；第四，用电化学过程代替热驱动过程；第五，在企业园区建设工业绿色微电网。

3. 低碳燃料与能源低碳化利用

利用低碳及零碳燃料与原料可直接减少工业生产过程相关碳排放。脱碳技术路径包括：第一，开发适用于大规模且灵活应用氢能、生物燃料、垃圾衍生燃料等燃烧的冶炼装备工艺；第二，建设推广"光伏+储能"等自备电厂、自备电源；第三，使用化石燃料超低排放技术，如高参数煤炭发电、超低氮多孔介质无焰燃烧等。

4. 二氧化碳捕集利用与封存（CCUS）技术

CCUS 技术是钢铁水泥等难以减排行业深度脱碳、实现净零排放的为数不多的技术选项。根据国际能源署预测，即使采用先进脱碳工艺，如钢铁行业采用工艺改进、能效提升、燃料和原料替代等常规减排方案脱碳，预计到 2050 年仍将剩余 34% 的碳排放，即使利用氢气直接还原铁（Direct Reduction Iron，DRI）技术有重大突破，2050 年的剩余碳排放量也将超过 8%。[①] 目前中国已投运或建设中的 CCUS 示范项目以石油、煤化工、电力等行业的小规模捕集示范为主，缺乏大规模的多种技术组合的全流程工业化示范。

三 建筑领域低碳转型路径

（一）建筑领域低碳转型的方向与措施

1. 大力发展绿色建筑

绿色建筑是一种以可持续利用为目标，在建筑本身的整个生命周期内，可

---

① IEA, *Iron and Steel Technology Roadmap*, Paris, https：//www.iea.org/reports/iron-and-steel-technology-roadmap, 2020.

以有效节约资源、减少污染，为人们提供健康、低碳、安全的居住环境，可以最大限度地实现人与自然和谐共处的新型建筑。[①] 与绿色建筑相关的其他概念有近零能源建筑（NZEB）、碳中性建筑（CNB）等。

大力发展绿色建筑的主要措施包括，第一，不断提高绿色建筑规模与占比。以新建建筑为重点，加大既有建筑节能改造力度。全面落实《城乡建设领域碳达峰实施方案》，对于城镇新建建筑，应全面执行绿色建筑标准，争取到 2025 年，星级绿色建筑占比达到 30%以上；对于政府投资的新建公益性公共建筑和大型公共建筑，要求它们全部达到一星级以上。争取至 2030 年，地级以上重点城市全部完成建筑节能改造任务，实现在现有基础上整体能效提升20%以上、公共建筑机电系统的总体能效提升 10%等目标。第二，不断完善绿色建筑评价体系。目前，全球尚未形成统一的绿色建筑标准，不同国家的人们在不同时期对绿色建筑的理解和所采纳的标准是不同的。因此，应在借鉴发达国家绿色建筑标准基础上，不断完善生态可持续、环境友好指标，并更加注重提高建筑的安全耐久、健康舒适、生活便利、环境宜居等居住环境水平。第三，强化绿色建筑标准的实施。强化绿色建筑标识管理，做好绿色建筑星级认证工作，细化相关管理规范。结合建筑碳排放核算方法，不仅要对绿色建筑的减碳方面进行科学测评，还要对建筑的安全性、宜居性、舒适性等各方面进行综合评测，有效解决中国低碳建筑设计市场较为混乱的问题。

2. 持续优化建筑用能结构

建筑行业深度减排需大力推进建筑用能体系变革，[②] 优化用能结构，构建可再生能源、化石能源、提效节能相结合的建筑用能战略。推进可再生能源利用可以从源头上减少化石能源利用，提升建筑用能电气化、智能化水平可以提高建筑用能效率，建筑行业自身节能可以减少建筑用能，从而实现建筑用能结构优化，减少碳排放。

持续优化建筑用能结构的主要措施包括，第一，大力推进建筑光伏一体化建设，至 2025 年，新建公共机构建筑和新建厂房的屋顶光伏覆盖率力争达到50%，对于既有公共建筑，加快屋顶加装太阳能光伏系统建设，并结合智能化

---

① 王安平：《双碳目标下绿色建筑降碳路径研究》，《住宅与房地产》2022 年第 14 期。
② 李建青、姜学峰、苏义脑等：《"双碳"目标下重点行业减排路径模拟及对策研究》，《石油科技论坛》2022 年第 1 期。

技术应用，加快推广智能光伏应用。第二，因地制宜推进可再生能源的系统应用。第三，结合不同气候区域，加快城镇地区可再生能源替代，到 2025 年城镇建筑可再生能源替代率达到 8%。

3. 研发推广绿色低碳建筑技术

围绕城乡建设领域绿色低碳转型目标，结合建筑领域节能降碳行动，针对不同气候区与不同建筑类型，不断推进低碳零碳技术的研发、推广与示范应用。

研发推广绿色低碳建筑技术的主要措施包括，第一，研发与推广建筑终端用能环节的高效电能转换及能效提升技术，加快建筑围护结构、建筑设备与系统等高效节能技术突破。第二，研发并推广建筑领域零碳技术，加快可再生能源建筑应用技术进步。第三，结合低碳零碳建筑与社区建设成功案例，探索绿色建筑建造、运行和拆除的技术支撑体系与模式。

4. 促进建筑与其他领域协同绿色转型

建筑领域低碳转型不仅涉及建材生产、建筑建造、建筑运行、建筑拆除等各环节，还涉及城乡建设的模式转变，以及其他相关行业的低碳转型，因此，需要建筑领域各环节及其他相关领域的协同转型。

促进建筑与其他领域协同绿色转型的主要措施包括，第一，推动城乡建设中建筑升级换代的低碳转型。改变大拆大建的建筑升级换代模式，在城镇化加速发展背景下，建筑的规模还将继续增加，但同时城市更新也越来越重要。因此，对于新建建筑，应进行合理规划，避免城镇建设无序扩张，造成大量建筑浪费；对于存量建筑，应改变传统大拆大建的建筑升级换代模式，注重通过提高建筑质量延长建筑寿命，做好城市更新规划，严格既有建筑拆除管理，减少改造或拆除造成的资源浪费，做好存量建筑盘活利用；对于既有建筑和老旧小区，在绿色改造成功模式探索基础上，加快推进既有建筑和老旧小区绿色建筑管理。第二，推动建筑领域与建材工业行业协同低碳转型。建筑领域低碳发展需要在新理念引领下系统谋划、统筹协调，这不仅需要全行业共同行动，还需要与之相关的行业领域协同行动，打破上下游行业界限，统筹建材生产、建筑材料运输行业节能降碳。通过绿色建筑推广对绿色低碳建材的需求，倒逼建材行业加快低碳转型。第三，推动建筑领域与交通等相关行业协同低碳转型。在建造阶段，各种建筑材料的运输环节碳排放占比较大，通过使用新能源货车，采用更加节能的铁路、水运等联运方式，可以降低运输环节的碳排放。第四，建筑、工业、交通等相关行业的管理往往涉及住建部、工信部、交通部、发改委、生态环境部等部门，需要这些部门在碳减排工作中加强协同。

（二）建筑领域低碳转型的关键技术路径

1. 提高建筑行业节能降碳标准

结合建筑行业减碳的实际需求，大力推进建筑行业节能，提高既有的建筑节能标准，发展超低能耗、近零能耗建筑，提高建筑节能运行调适的技术标准，高标准制定修订可再生能源建筑应用标准和技术应用能效指标并严格实施。

提高建筑行业节能降碳标准的具体实施路径包括，第一，大力推进建筑全行业节能。一是充分利用周边余热资源，包括热电联产余热、工业余热、核电余热等，推动建筑热源端低碳化。二是通过对建筑规划、建筑设计、建筑材料选择、建造装配、建筑物运营管理等建筑行业各环节改进，大力推进建筑行业自身节能。如在建筑规划环节，可通过空间朝向、布局选择充分利用自然光热；在建筑设计环节，可选用更加保温的结构形式、墙体、门窗围护结构，更加节能的照明、供热与通风系统，以及更加低碳的装修方案；在建造施工环节，可选用绿色建材，采用更加低碳的装配式建造方式和对环境友好、智慧化的施工工艺，提高能源使用效率，节约材料；在建筑运行环节，针对供热和制冷等主要能耗，利用智能楼宇与能源管理系统，提高能源利用效率。① 第二，根据现有政策的碳减排目标，对现有建筑设计建造、运行等采用全生命周期的建筑节能设计、施工验收、运行与维护、监测与评价等各类通用和专业标准规范，并利用相关的绿色低碳标准体系进行系统评估，不断提高现有标准的节能水平，提高既有建筑的节能改造标准，引导新建建筑实施更高的节能标准。第三，结合严寒、寒冷地区和夏热冬冷等不同地区实际，落实中国于 2019 年 9 月开始实施的《近零能耗建筑技术标准》。第四，优化建筑节能运行设备，实现建筑用能设备或系统的高效运行。第五，严格落实强制性工程建设规范

---

① 王元丰：《建筑业低碳转型，统筹为先》，https：//baijiahao. baidu. com/s？ id = 17469744 06514480477&wfr=spider&for=pc，2022 年 10 月 18 日。

《建筑节能与可再生能源利用通用规范》，因地制宜推广应用太阳能光热、光伏和热泵等可再生能源技术；新建建筑应安装使用太阳能系统，政府投资的新建建筑工程应至少使用一种可再生能源技术系统；不断提高新建建筑可再生能源应用水平，提高可再生能源系统的能效，从而减少化石能源使用，降低碳排放量。

2. 发展"光储直柔"建筑

针对建筑全生命周期各环节，综合各环节协同等关键技术应用，大力发展"光储直柔"建筑。《2030 年前碳达峰行动方案》提出建设"光储直柔"建筑，"光储直柔"建筑将光伏发电、储能、直流配电、柔性用电融合起来，将建筑用能、交通用能（新能源车充电）统筹考虑，将提升建筑终端电气化水平与提高可再生能源比重结合起来，成为发展零碳能源的重要支柱，也是建筑低碳转型的重要技术路径。[①]

发展"光储直柔"建筑的具体实施路径包括，第一，根据不同地区资源禀赋，充分利用太阳能及其他（风、地热、生物质等）可再生能源技术与经济优势，合理选择太阳能光伏或光热系统、地热或空气能热泵系统、生物质能利用系统等可再生能源利用的技术路线。如地源热泵推广需要综合考虑地热资源禀赋情况，一般高纬度地区由于地下水温（土壤）温差不够大，推广热源热泵存在技术性困难。第二，根据不同地区经济可承受能力和气候特点，选择适宜的储能技术路线，将可再生能源发电、谷电储能结合起来，在经济承受力较好的地区积极开展氢燃料电池储能技术应用示范。第三，对建筑用电的输电配环节、用电设备进行柔性改造，解决建筑用电末端环节的直流柔性用电问题。

3. 推进建筑用能电气化

建筑用能电气化可有效降低建筑直接碳排放，大力推进建筑用能电气化，不断提高建筑用电占建筑能耗比例，是建筑节能和低碳转型的大势所趋。

推进建筑用能电气化的具体实施路径包括，第一，大力推进建筑供暖、生活热水和炊事用能电气化，如供暖可采用空气源或地源热泵，生活热水可使用

---

① 江亿：《建筑领域的低碳发展路径》，https：//www.cabee.org/site/content/24340.html，2022 年 7 月 27 日。

热泵热水器，炊事可使用高效电炉灶替代燃气类炊具等。第二，加大建筑用能智能化改造力度，如通过建筑用电设备智能群控技术，提升用电效能，节约电力；推动输配电网智能化改造，加快消纳分布式光伏、风能等可再生能源电力；鼓励公众购买和使用智能变频节能电器等。

4. 推广绿色智能建造

利用智能化技术在建筑设计、生产、物流、施工等过程中开展建筑建造领域节能降碳行动，针对不同气候区与不同建筑类型，应注重绿色建材利用和建筑材料的循环利用，提高建筑围护结构、建筑设备与系统的效能。

推广绿色智能建造的具体实施路径包括，第一，开展绿色建筑围护结构新技术应用。针对建筑部件、外墙保温、装修的耐久性和外墙安全技术需求，开展技术研发与集成，并结合不同气候区的实际需要加快应用示范。随着经济社会发展，中国对建筑保温材料的防火要求也将不断提高，应加强岩棉、聚氨酯等替代保温材料的生产技术研发与推广，加快对高风险保温材料的替代。加强对相关技术适用性评估，加快对高端外遮阳技术产品研发，不断提高幕墙技能技术。对于寒冷和严寒地区建筑节能而言，通过高效保温材料、高气密性材料、保温相变材料、墙体储能材料等做好建筑围护结构保温尤其重要。第二，开展建筑设备与系统节能技术应用。根据城镇、乡村、社区建筑运行需要，加快突破建筑高效节能技术，建立新型建筑用能体系，因地制宜、合理选择最为节能的供暖、制冷技术系统。推进高效制冷、通风技术研发与替代，引导企业加大对照明、节能家电设备的创新研发和新产品推广力度。第三，利用建筑信息模型（BIM）、人工智能、物联网等技术，实现建筑设计、生产、物流和施工等各环节的智能化，提升建造效率，降低能耗和物耗水平，提升建材循环利用率。

四　交通领域转型路径

（一）交通领域低碳转型方向及措施

1. 优化交通运输结构

交通运输分为铁路、公路、水运、航空和管道5种交通运输方式。以降低交通运输的碳排放为目标，在高质量满足社会交通运输需求的基础上，综合考虑交通方式的运输效率、各运输方式碳排放等因素，充分发挥各种运输方式的现有和潜在能力，统筹优化、调控和布局，构建低碳综合交通运输体系。

公路运输是中国目前主要的货运方式，2020年公路运输碳排放量占交通运输领域碳排放总量的86%以上。而铁路货运的污染排放和能耗强度仅是公路货运的1/13和1/7，调整运输结构，推动多种交通运输方式深度融合是推动交通运输领域低碳发展的重要措施。

2021年国务院印发的《国家综合立体交通网规划纲要》《推进多式联运发展优化调整运输结构工作方案（2021—2025年）》《"十四五"现代综合交通运输体系发展规划》及2022年国家发改委等部门发布的《"十四五"现代流通体系建设规划》等文件明确了优化调整运输结构的实施要求，具体措施包括：第一，建设国家综合立体交通网，提高铁路、水路基础设施的通达性、便利性；第二，推进多式联运发展，创新多式联运组织模式；第三，调整重点区域运输结构，建立高效的陆—港—水综合调度体系，提高铁路、水路在综合运输中的承运比重。

2. 推广低碳交通载运工具和基础设施

交通运输行业的能源消费以化石能源消费为主，其中，石油消费占比近六成，在没有新的替代性能源发现之前，中国交通运输业的能源消费和环境约束条件将进一步收紧，因此，需要加快发展低碳节能的交通运输工具，进一步从低碳交通载运工具出发倒逼制造业低碳发展。此外，交通基础设施建设的碳排放占交通运输行业全生命周期的碳排放比重也不可小觑，有研究表明，公路基础设施建设与养护全生命周期的碳排放能够占公路交通运输碳排放总量的10%~20%，[1] 铁路运营装备及建材生产、施工建设、报废拆除等基础建设环节的碳排放也占铁路运输全生命周期碳排放总量的15%左右，[2] 因此，需要将绿色低碳理念贯穿到交通基础设施规划、建设、运营和维护的全过程，降低公路基础设施建设与养护全生命周期能耗和碳排放。

低碳交通载运工具推广的具体措施包括：第一，公路运输积极发展节能

---

① 苏立超、周印霄：《"双碳"目标下公路建设发展路径初探》，《中国公路》2022年第16期。
② 陈进杰、王兴举、王祥琴等：《高速铁路全生命周期碳排放计算》，《铁道学报》2016年第12期。

与新能源汽车；第二，铁路运输推进铁路电气化改造；第三，水路运输推广清洁低碳的港作机械和运输装备，探索多元能源替代；第四，航空运输积极研发先进可靠的航空脱碳技术装备，有序推动纯电动、油电混动飞机等在通航领域的应用。低碳交通基础设施建设方面的具体措施包括：第一，采用绿色施工技术；第二，推广标准化结构件；第三，开展建筑垃圾资源化处理和综合利用。

3. 优化城市空间布局

城市空间形态与土地利用对交通碳排放有重要影响。一方面，城市空间范围越大，职住不平衡，出行距离越长，可能会导致碳排放增加。另一方面，城市土地利用与公共交通布局脱离，可能会加剧人们对小汽车出行的依赖，导致更多的小汽车出行，进而产生更多碳排放。[①]

优化城市空间布局的具体措施包括，第一，在城市顶层设计阶段开启源头控制，转变交通与土地利用模式。统筹国土空间规划、产业规划、交通规划，建立"规划—实施效果评估—规划检讨与修编"的治理闭环，通过空间耦合与交通联通，动态调整产业—居住—交通之间的互动关系。第二，强化国土空间规划对交通基础设施规划建设的指导约束作用。在城市复兴和城市更新规划阶段，充分考虑未来交通新能源车辆发展规模，突破基础设施建设滞后这一制约瓶颈，统筹规划交通能源基础设施空间布局和建设规模。第三，提升慢行交通系统规划。将慢行系统与城市发展深度融合，促进城市形成"公交+慢行"绿色出行模式。

4. 发展智慧交通

智慧交通极大地推进了城市内交通运输的绿色低碳发展，国际数据公司（IDC）的统计数据显示，无人驾驶和运营、智能信控、智慧停车、MaaS 一站式出行服务等智能交通技术对节能减排的贡献度均超过 40%。[②] 发展智慧交通的具体措施包括：第一，对综合客运枢纽进行智能化升级改造；第二，提升客

---

① 郭继孚、刘莹、余柳：《控源头优结构提效率——关于城市交通实现双碳目标的策略与建议》，《中国交通报》，https：//www. zgjtb. com/2022-02/28/content_ 307099. html，2022 年 2 月 28 日。

② 《两会"云"对话：全国政协委员李彦宏：普及智能交通 推动城市交通绿色高质量发展》，https：//m. thepaper. cn/baijiahao_ 17084923，2022 年 3 月 11 日。

货运一体化服务能力；第三，重构交通绿色智能基础设施；第四，提高城市运营管理的智慧化水平，打造综合交通运输"数字大脑"；第五，鼓励交通业态模式创新。

（二）交通领域低碳转型的关键技术路径

1. 载运工具能效提升

通过提升汽车、火车、飞机和船舶的能效来减少运输过程中的碳排放量的具体实施路径包括：第一，对载运工具动力系统进行优化升级，采用先进变速器、轻量化、智能化技术等实现节能减排；第二，加强技术创新，加快芯片、操作系统等关键技术攻关和产业化；第三，提高能效标准，加大老旧高能耗载运工具淘汰更新力度。

2. 电气化与新能源利用

化石能源是交通运输领域使用的主要能源，对交通运输进行电气化替代，能够从用能根本上解决二氧化碳高排放的问题。电气化与新能源利用的具体实施路径包括，第一，公路运输加强新能源汽车充换电、加气、加氢等基础设施建设，有序开展纯电动、氢燃料电池、可再生合成燃料车辆的示范应用。第二，水路运输提升港口作业机械电气化水平；深入推进内河 LNG 动力船舶推广应用，支持沿海及远洋 LNG 动力船舶发展；探索油电混合、氢燃料、氨燃料、甲醇动力船舶应用。第三，航空运输积极研发先进可靠的航空脱碳技术装备，有序推动纯电动、油电混动飞机等在通航领域的应用，加快推动可持续航空燃料商业应用，加快生物航煤、氢能、电力等其他低碳、零碳技术突破；第四，健全回收利用体系，提升资源循环利用能力。

3. 道路基础设施材料与技术工艺

道路基础设施的施工材料和技术工艺能够在"建"和"用"两个环节推进交通领域绿色低碳发展。第一，提升材料工艺水平，如引入 CCUS 技术；第二，推进钢混组合桥梁和钢结构桥梁等结构件设计标准化，降低现场作业能耗；第三，采用材料循环利用技术，开展旧沥青路面等建筑垃圾的资源化处理和利用；第四，提升施工工艺水平；第五，使用低碳环保的公路养护技术，推广应用沥青路面再生、微表处、雾封层、温拌沥青等养护技术。

参考文献

［1］杨碧玉、陈仲伟、张晓刚：《双碳目标下建筑行业"碳中和"的实现路径》，《中国经贸导刊》2022 年第 6 期。

［2］马勇：《建筑行业碳中和目标的实现路径探讨》，《居舍》2021 年第 33 期。

［3］王萌、郝一涵：《2060 年碳中和，建筑行业大有可为》，《城市开发》2021 年第 10 期。

［4］《中国建筑能耗与碳排放研究报告（2021）》，https：//mp. weixin. qq. com/s/ tnzXNdft6Tk2Ca3QYtJT1Q？scene＝25#wechat_ redirect，2021 年 12 月 28 日。

［5］郭士伊、王颖：《工业实现"碳达峰、碳中和"的五大关键领域》，《中国工业和信息化》2021 年第 5 期。

［6］马骅：《中国每年新增建筑面积占世界总量的一半》，《今日工程机械》2010 年第 1 期。

［7］Yuru Guan, Yuli Shan, Qi Huang, et al. , "Assessment to China's Recent Emission Pattern Shifts", *Earth's Future*, 21 October 2021.

［8］住房和城乡建设部科技与产业化发展中心：《建筑材料领域碳达峰碳中和实施路径研究》，中国建筑工业出版社，2022。

［9］庞凌云、翁慧、常靖等：《中国石化化工行业二氧化碳排放达峰路径研究》，《环境科学研究》2022 年第 2 期。

［10］张悦、王晶晶、程钰：《中国工业碳排放绩效时空特征及技术创新影响机制》，《资源科学》2022 年第 7 期。

［11］IEA, *Iron and Steel Technology Roadmap*, 2020.

［12］王安平：《"双碳"目标下绿色建筑降碳路径研究》，《住宅与房地产》2022 年第 14 期。

［13］李建青、姜学峰、苏义脑等：《"双碳"目标下重点行业减排路径模拟及对策研究》，《石油科技论坛》2022 年第 1 期。

［14］吴跃：《推动实现碳中和 建材业与建筑业要协同发展》，《中国建材报》2021 年第 1 期。

［15］王磊、魏雪斐、靳博越等：《实现碳达峰碳中和的关键路径建议——基于"双碳"顶层设计文件中高频词汇分析》，《可持续发展经济导刊》2022 年第 3 期。

［16］江亿：《建筑领域的低碳发展路径》，https：//www. cabee. org/site/content/ 24340. html，2022 年 7 月 27 日。

［17］苏立超、周印霄：《"双碳"目标下公路建设发展路径初探》，《中国公路》2022 年第 16 期。

［18］陈进杰、王兴举、王祥琴等：《高速铁路全生命周期碳排放计算》，《铁道学

报》2016 年第 12 期。

　　[19] 郭继孚、刘莹、余柳：《控源头优结构提效率——关于城市交通实现双碳目标的策略与建议》，《中国交通报》2022 年 2 月 28 日。

　　[20] 王贝贝：《"十三五" 中国智慧交通发展趋势判断》，http：//news. rfidworld. com. cn/2015_ 05/fe4e9296e55d82ce. html，2015 年 5 月 12 日。

B.16
探索甲烷减排的碳中和新路径研究

姜冬梅　刘庆强　申芮嘉*

摘　要： 甲烷是主要的温室气体，其排放来源广、总量大。甲烷减排已成
为全球应对气候变化活动的重要内容之一，在国内外得到了高度
重视，目前国内外已出台了一系列针对甲烷减排的政策与措施。
本文在分析国内外甲烷减排政策与标准、甲烷排放特点与减排技
术措施的基础上，研究了甲烷减排促进碳中和目标实现的路径，
为深入开展甲烷减排活动提出了发展建议。

关键词： 甲烷减排　碳中和　碳交易

一　引言

为了应对气候变化，减缓气候变化对全球产生的影响，全球主要国家已经
以多种形式提出了实现碳达峰、碳中和的目标。虽然以"碳"的中和为目标，
但除二氧化碳外，甲烷、氧化亚氮、氢氟碳化物、全氟化碳、六氟化硫和三氟
化氮等也是重要的温室气体，且具有更高的温室效应，也应加入排放控制的
范围。

甲烷是最重要的短寿命期非二氧化碳温室气体，[1] 根据联合国政府间气候

---

* 姜冬梅，博士，中国碳中和发展集团首席科学家、战略发展委员会主席，郑州师范学院教
授，主要研究方向为应对气候变化战略和政策、碳交易市场建设理论、可持续发展政策；
刘庆强，南京大学环境学院环境科学与工程在读硕士研究生，中国碳中和发展集团碳资产
部总经理，主要研究方向为碳核算碳核证的方法；申芮嘉，中国碳中和发展集团碳资产部
项目经理，主要研究方向为自愿减排机制等。

[1] 贺晨旻、迟远英、向翮翙等：《我国甲烷排放情景分析：IPAC模型结果》，《大气科学学
报》2022年第3期。

变化专门委员会（IPCC）的最新报告，甲烷的温室效应潜能是二氧化碳的 28倍。因此，控制甲烷排放也应成为应对气候变化行动的重要内容。在各国新出台的减排行动中，针对甲烷减排的方案正逐步增加，[①] 甲烷减排已成为温室气体减排的重要领域。

中国已提出了力争于 2030 年前实现二氧化碳排放达到峰值、2060 年前实现碳中和的目标，并对发电行业温室气体排放量达 2.6 万吨二氧化碳当量以上的重点排放单位进行排放总量报告和履约工作，[②] 同时，要求石化、化工、建材、钢铁、有色、造纸、民航行业重点企业报告其温室气体排放情况。虽然中国已在部分政策文件中提出了削减甲烷等非二氧化碳温室气体排放的要求，[③]但上述温室气体排放控制要求以二氧化碳减排为主，涉及甲烷排放的政策要求相对较少。

为有效控制甲烷的排放，本文对甲烷排放的相关政策要求、主要排放源及控制技术等进行了研究，并在此基础上研究了加大甲烷减排力度、促进碳中和目标实现的路径。

二 甲烷排放控制现状

（一）甲烷排放控制相关政策要求

1.甲烷排放控制相关的国际政策

甲烷排放控制已成为全球温室气体排放控制的重点内容，国际国内已出台多项甲烷排放控制政策措施。

（1）国际甲烷排放控制相关政策

2021 年 9 月，欧盟与美国在《联合国气候变化框架公约》第 26 次缔约方

① 秦虎、冉泽：《欧美甲烷减排政策最新进展分析及对中国的启示》，《世界环境》2022 年第 1 期。

② 胡勇、楚广义、郑勇：《中国碳交易市场制度困境与完善——从区域试点到全国市场的制度变迁》，《石家庄学院学报》2022 年第 4 期。

③ 《关于做好 2022 年企业温室气体排放报告管理相关重点工作的通知》，中华人民共和国生态环境部网站，https://www.mee.gov.cn/xxgk2018/xxgk/xxgk06/202203/t20220315_971468.html，2022 年 3 月 15 日。

大会（COP26）期间发布了"全球甲烷承诺"（Global Methane Pledge），旨在将 2030 年的甲烷排放水平在 2020 年的基础上降低 30%。[①] 全球已有 105 个发达国家和发展中国家加入"全球甲烷承诺"，参与国的经济总量之和约占全球经济总量的 70%。

2021 年 11 月，中国与美国在 COP26 期间发布了《中美关于在 21 世纪 20 年代强化气候行动的格拉斯哥联合宣言》。两国在甲烷减排等方面达成了共识，并明确了将在甲烷排放监测及减排等方面开展合作，制定国家和次国家层面强化甲烷排放控制的额外措施，以及全面、有力度的甲烷国家行动计划等。

（2）部分国家甲烷排放控制相关政策

2021 年 11 月，美国政府发布了《美国甲烷减排行动计划》，这是美国进行甲烷减排的指导性文件，该计划将通过法规、财政、政府与社会资本合作等形式，减少农业、工业和建筑业等领域的甲烷排放。

欧盟委员会于 2021 年 12 月发布了《欧洲议会和理事会制定关于能源部门甲烷减排的条例和修订（欧盟）2019/942 号条例的提案》，要求到 2030 年，能源部门的甲烷排放比 2020 年减少约 58%。

2. 甲烷排放控制相关的国内政策

中国针对甲烷排放控制出台了相关政策和措施，并在减少甲烷的产生、排放以及增加甲烷利用等方面提出了要求。

（1）控制甲烷排放的相关政策

中国 2014 年 9 月发布的《国家应对气候变化规划（2014—2020 年）》对甲烷减排提出了"控制农业生产活动排放，积极推广低排放高产水稻品种，改进耕作技术，控制稻田甲烷和氧化亚氮排放""控制废弃物处理领域排放，在具有甲烷收集利用价值的垃圾填埋场开展甲烷收集利用及再处理工作"等要求。

2020 年 11 月印发的《关于进一步加强煤炭资源开发环境影响评价管理的通知》要求对甲烷体积浓度大于等于 8% 的抽采瓦斯，在确保安全的前提下，进行综合利用，并鼓励低浓度瓦斯的综合利用。

---

① The European Commission, *Launch by US, EU and Partners of the Global Methane Pledge to Keep 1.5℃ Within Reach*, https：//ec. europa. eu/commission/ presscorner/detail/en/STATEMENT_ 21_ 5766, 2021.

2021 年 9 月发布的《中共中央 国务院关于完整准确全面贯彻新发展理念做好碳达峰碳中和工作的意见》提出了"加强甲烷等非二氧化碳温室气体管控"的要求。

2021 年 10 月印发的《2030 年前碳达峰行动方案》虽然未就甲烷减排提出明确要求，但提出了提升土壤有机碳储量、加强农作物秸秆综合利用和畜禽粪污资源化利用、推动生活垃圾源头减量、推进生活垃圾焚烧处理、降低填埋比例以及提升生活垃圾资源化利用比例至 65% 等有助于减少甲烷产生和排放的措施和要求。

中国还出台了一系列促进生物质能利用、促进甲烷气体减排的措施，如 2006 年出台的《可再生能源发电价格和费用分摊管理试行办法》为沼气发电提供了补贴电价；2019 年 12 月，国家发改委、国家能源局等 10 部门联合印发了《关于促进生物天然气产业化发展的指导意见》，该指导意见制定了促进生物天然气发展的措施，有助于减少生物质处置相关的甲烷排放；《"十四五"可再生能源发展规划》提出了"稳步发展城镇生活垃圾焚烧发电，有序发展农林生物质发电和沼气发电，探索生物质发电与碳捕集、利用与封存相结合的发展潜力和示范研究""提高农林废弃物、畜禽粪便的资源化利用率，发展生物天然气和沼气，助力农村人居环境整治提升"等要求。

（2）控制甲烷排放的相关标准

除上述相关政策外，中国固废处置、农牧业生产等领域的相关政策也涉及甲烷排放控制的要求，部分标准对控制甲烷排放的要求简介如下所述。

《生活垃圾填埋场污染控制标准》要求生活垃圾填埋场建设填埋气体导排系统，达到填埋规模要求的填埋场应建设填埋气收集、火炬燃烧或利用设施，未达到规模要求的填埋场应采用减少甲烷产生的填埋工艺或采取火炬燃烧技术处置产生的甲烷气体。

《城镇污水处理厂污染物排放标准》对废气排放中甲烷浓度做出限制要求，一级、二级和三级标准对厂界（防护带边缘）甲烷排放最高允许浓度限值分别为 0.5mg/m³、1mg/m³ 和 1mg/m³。

北京市生态环境局发布了《城镇污水处理厂大气污染物排放标准》，该标准要求污水处理场采取密闭废气收集措施，废气经处理后排放，若不能密闭，应采取局部废气收集处理措施或其他有效污染控制措施。

另外，国内已发布的国家或地方有关养殖污染控制、农业污染控制等方面的标准或要求也有助于减少甲烷减排。

中国甲烷控制措施将得到不断完善，"十四五"期间将结合相关政策和措施的制定与落实，推动形成控制甲烷排放行动计划。

（二）甲烷排放主要来源与控制技术

1. 甲烷排放主要来源与特点

根据《中华人民共和国气候变化第二次两年更新报告》，甲烷主要的排放源包括农牧业、固体废物处理、污水处理、能源生产等。2014 年国家甲烷排放总量达 5529.2 万吨，其中能源活动排放 2475.7 万吨，工业生产过程排放 0.6 万吨，农业活动排放 2224.5 万吨，土地利用、土地利用变化和林业排放 172.0 万吨，废弃物处理排放 656.4 万吨。

（1）农牧业

在农业生产过程中，水稻种植等活动会导致有机物在厌氧条件下发酵，并产生甲烷等温室气体的排放。[①] 另外，农林废弃物堆存与焚烧等过程也可以产生甲烷排放。

养殖业是甲烷排放的主要来源之一。养殖过程中，甲烷排放的主要来源包括牛、羊等反刍动物肠道发酵过程产生的甲烷排放；粪污处理过程中，甲烷排放来源如涉及氧化塘、厌氧发酵以及具有厌氧条件的堆存等发生厌氧反应产生的甲烷排放。[②]

（2）固体废物处置

到 2050 年，全球生活垃圾产生量预计达到 34 亿吨。[③] 中国生活垃圾产生量近几年也得到了持续增长，2020 年仅城市生活垃圾清运量就达到了 2.35 亿吨。[④]

---

① 彭灯云、杨士红、李伟征等：《生物炭施用对节水灌溉稻田甲烷产生菌与氧化菌的影响》，《节水灌溉》2022 年第 5 期。

② 曾楠、刘桂环、张洁清：《基于自然的解决方案的农业甲烷减排路径及对策研究》，《环境保护》2022 年第 7 期。

③ 龙吉生、杜海亮、邹昕等：《关于城市生活垃圾处理碳减排的系统研究》，《中国科学院院刊》2022 年第 8 期。

④ 中华人民共和国住房和城乡建设部：《中国城乡建设统计年鉴 2020》，中国统计出版社，2021。

虽然垃圾分类收集、分类运输以及分类处置措施的落地有助于减少垃圾产生量及其温室气体排放量，但如果缺少有效的控制措施，生活垃圾处置领域的排放量很可能会继续增加。

生活垃圾因含有一定量的化石碳和可降解有机碳，在化学转化和生物降解等过程中将产生甲烷、二氧化碳等温室气体排放。生活垃圾等固体废物处置过程中，暂存、填埋、焚烧及生物处理等过程均产生甲烷排放，其中，暂存和填埋过程因在厌氧条件发酵产生甲烷排放；焚烧过程垃圾储坑和渗滤液处理时会产生甲烷、二氧化碳等排放；对于生物处理过程，当采用好氧堆肥处理时，因动力消耗和微生物分解有机物会产生二氧化碳及少量的甲烷排放，当厌氧发酵时，会产生大量的甲烷和二氧化碳排放。[①]

（3）污水处理

近年来随着中国经济社会的快速发展和城镇化率的不断提高，城镇污水产生量和城市污水厂数量日益增加，2019 年全国污水处理厂数量达到 2471 座，污水处理量已增加至 525.85 亿立方米。[②][③] 随着中国污水收集率和处理率的增加，与污水收集和处理相关的温室气体排放也必然增加。[④]

产生温室气体的污水处理过程主要包括：第一，利用微生物分解污水中的有机物会产生二氧化碳排放；第二，如果涉及厌氧过程，产甲烷菌将参与有机物的厌氧发酵从而产生甲烷排放；第三，如果污水处理涉及硝化和反硝化过程，将产生氧化亚氮排放。

（4）能源生产

中国煤层气资源丰富，[⑤] 埋深 2000m 以内的煤层气储量达 36.81 万亿立方

---

① 杨国栋、颜枫、王鹏举等：《生活垃圾处理的低碳化研究进展》，《环境工程学报》2022 年第 3 期。

② 刘春红、郝学军、刘枫：《北京市城市生活垃圾处理温室气体排放特征及减排策略》，《环境工程技术学报》2022 年第 4 期。

③ 邓义寰、吴坤、阳平坚：《我国城镇污水处理厂发展历程及技术建议》，《工业用水与废水》2021 年第 4 期。

④ 邱德志、陈纯、郭丽：《基于排放因子法的中国主要城市群城镇污水厂温室气体排放特征》，《环境工程》2022 年第 6 期。

⑤ 黄中伟、李国富、杨睿月：《我国煤层气开发技术现状与发展趋势》，《煤炭学报》2022 年第 9 期。

米，相当于 520 亿吨标准煤，① 煤层气利用潜力巨大。煤炭开采过程中如果没有采取完善的收集、处置或利用措施，将造成煤层气的排放，其中主要成分为甲烷。除煤炭外，天然气、石油等生产过程也会产生一定的甲烷排放。

（5）甲烷排放的特点分析

根据上文分析，甲烷排放具有以下特点。首先，甲烷排放的来源广，涉及范围大，涉及的行业和领域众多，且分布广泛。其次，控制难度大。甲烷排放既涉及大型排放企业，也涉及小型养殖户等分散排放源；既涉及工农业生产，又涉及日常生活；既涉及自然过程，又涉及人为排放过程，难以统一制定针对性的控制措施。最后，量化难度大。由于涉及不同的行业、区域和活动类型，将甲烷排放进行准确量化的难度较大。

2. 现有的主要甲烷控制技术

现有的甲烷排放控制技术可分为源头削减、过程控制与末端治理以及综合利用三大类，各类措施的简述如下所述。

（1）源头削减

源头削减是温室气体及污染物治理中最高效、最经济的方法，部分甲烷排放源头削减的技术已制定并落地。例如，将所处理污水中的有机物固体物质在处理之前分出，并采取干化或好氧的处理措施，可避免后续污水处理过程中有机物发酵产生的甲烷气体；通过遗传改良、优化饲养管理、改良饲料成分等措施改善牲畜生成性能，从而降低动物饲养过程中的甲烷排放强度；通过落实无废城市建设等措施，其减少日常垃圾的产生量，从源头上避免垃圾暂存、清运和处置过程中产生的排放。

源头削减是甲烷控制的首选措施，其既可以减少相关物料和能源的消耗，还避免了所产生废气的处理造成的消耗。

（2）过程控制与末端治理

对于无法通过源头控制削减的甲烷气体，可以利用过程控制减少其产生量。例如，对于涉及厌氧的污水处理过程，在经济技术可行的前提下，利用好氧处理方法替代厌氧处理方法，从而避免了甲烷气体的产生；在垃圾焚烧处置前的暂存过程中，及时对暂存垃圾进行混合与翻动，并及时进行焚烧处理，从

---

① 孙庆刚：《煤层甲烷减排利用趋势和技术现状研究》，《中国煤炭》2011 年第 9 期。

而避免了堆存过程中的厌氧反应；煤炭、石油开采过程中严格落实含甲烷气体的收集与处置措施，可避免运营过程中的甲烷排放；在农业生产中，采取少耕免耕的技术措施，可避免农业生产中的甲烷排放。

对于采取源头削减和过程控制后剩余的甲烷气体，需进行末端治理或处置。例如，对不能综合利用的沼气采取火炬焚烧处置，对含甲烷等成分的废气在排放前进行活性炭吸附处理等。

（3）综合利用

含甲烷气体的综合利用途径包括用于生产液化天然气或压缩天然气、沼气发电以及沼气产热等。[①]

生产液化天然气或压缩天然气：将收集的沼气进行压缩、脱硫、脱水以及脱碳等处理后，将其生产为天然气，可进入城市天然气管网，或经压缩后用作车用燃料等。

沼气发电：将产生的沼气经过净化、脱水、脱硫处理后，利用燃气发电机进行发电，可替代等量电网供电。目前沼气发电技术已在垃圾填埋气、煤层气、大型养殖粪污处理设施等方面大量使用。

沼气供热：将产生的沼气用于锅炉生产蒸汽，或者将其用于农户或单位食堂用气等。

三 甲烷减排促进碳中和的新路径研究

（一）依托技术进步减少甲烷排放

1. 深入探索应用源头减量化技术

污水处理、固废处置等都是重要的甲烷排放源。依托技术进步，提高物料和能源的利用效率和回收利用率，减少污水和固体废物的产生量，既可以降低物料和能源生产相关的温室气体排放，还避免了废物处置过程的能耗等。

在农业生产方面，可不断改进耕种技术和管理技术，降低种植过程的甲烷

---

① 赵路正：《煤矿区煤层气利用途径技术-经济-环境综合评价》，《中国煤层气》2015 年第 6 期。

排放量。在畜牧业养殖方面，可通过品种改良、完善饲料配方、优化养殖管理技术等降低养殖过程中的甲烷排放量。

在能源生产方面，通过含甲烷气体收集技术的提升，提高气体的收集效率，减少生产过程中废气的排放。对于低浓度煤矿瓦斯等气体，可不断提高技术水平，促进低甲烷浓度气体的使用，减少其排放量。

2. 依托技术进步提升废物收集率与处置量

《中华人民共和国固体废物污染环境防治法》要求建设分类投放、分类收集、分类运输、分类处理的生活垃圾管理系统，实现生活垃圾分类制度有效覆盖。为实现上述目标并降低相关的甲烷排放量，建议充分利用最新技术，并在回收过程中充分利用"互联网+"等新技术，实现再生资源应收尽收，加强再生资源综合利用行业规范管理，促进产业集聚发展，推动再生资源规范化、规模化、清洁化利用。

3. 技术进步推动甲烷利用效率的提升

沼气利用是促进新能源发展的重要内容，既有助于解决能源问题，又促进了甲烷减排。通过发酵产生沼气并利用的项目，需利用最新生产与管理技术，提升沼气的产生率，充分发酵物料，避免废渣后续处置过程中的甲烷排放。对于沼气利用，须依托最新发电及燃烧技术，提高设备的稳定性，提高沼气的利用效率。根据最新技术的进展情况，扩大对低浓度及超低浓度的含甲烷废气的应用范围，从而避免其排放。

（二）参与碳交易促进项目的落实

1. 中国碳市场发展简介

碳交易市场的建设与运行可以提高温室气体减排的整体效率，实现温室气体减排成本—效益的最优化。

从 2011 年起，北京、上海等 7 个碳排放权交易试点依次启动。碳排放交易试点的设计和运行为试点运行向全国碳排放交易体系推进提供了有价值的参考。但各试点碳市场成交规模较小，流动性不足，严重影响了政府对节能减排和绿色投资的激励。

2022 年 3 月，《中共中央　国务院关于加快建设全国统一大市场的意见》出台，该意见要求加快建设高效规范、公平竞争、充分开放的全国统一大市场，全面推动中国市场由大到强转变。2021 年 7 月，全国碳市场交易系统实现线上首单交易，首批纳入的电力行业包含 2162 家重点排放单位、覆盖温室气体排放量约 45 亿吨二氧化碳，占全国碳排放总量的 45%。截止到 2021 年 12 月 31 日，全国碳市场第一个履约周期结束，累计运行 114 个交易日，累计成交碳排放配额 1.79 亿吨，累计成交额达 76.61 亿元。[①]

2. 甲烷减排项目参与碳交易的路径

（1）参与温室气体自愿减排交易

对照清洁发展机制（Clean Development Mechanism，CDM）和核证减排标准（Verified Carbon Standard，VCS）方法学清单，涉及甲烷产生及削减的养殖、固体废物处置、农业、污水处理、煤炭开采以及垃圾填埋气收集利用等领域，且均有对应的自愿减排项目方法学，具有自愿减排项目开发潜力。如果项目业主不是温室气体排放控制企业，就可以按照自愿减排项目的要求开展核证自愿减排量的开发。获得减排量签发后，项目参与方可通过参与碳交易获得相应的减排收益。

（2）参与碳排放配额交易

如果上述项目类型的建设单位属于温室气体排放控制企业，则不能参与温室气体自愿减排项目的开发。但上述项目均可以通过甲烷的削减降低建设单位核算边界内的温室气体排放总量，如果涉及甲烷综合利用，还可以通过替代等量电力或热量实现边界内的相应减排。虽然属于控排企业的项目业主不能参与自愿减排项目开发，但项目的实施降低了建设单位范围内的温室气体排放总量，有助于实现碳排放配额的盈余，且通过在碳市场交易盈余的配额，也可以收到相应的减排收益。

3. 参与甲烷削减类自愿减排项目开发

甲烷减排既是温室气体减排的重要领域，也是开展温室气体自愿减排项目的重点，养殖粪污处理、固体废物处置、农业、污水处理、煤层气利用以及垃圾填埋气收集利用等均是当前自愿减排项目的重要领域。本文以养殖粪污处理项目介绍自愿减排项目开发的主要内容。

---

① 张中祥：《建设全国统一大市场对全国碳市场建设意味着什么》，《经济研究参考》2022 年第 8 期。

项目减排途径：养殖粪污处理项目的减排途径包括两个方面，一是通过避免甲烷产生或甲烷消除实现减排；二是涉及甲烷发电或供热的项目，可以通过替代电网中的等量电量或化石燃料锅炉提供的等量热量，间接实现温室气体减排。

项目减排的温室气体种类：养殖粪污处理项目减排的温室气体以甲烷为主。沼气综合利用过程，通过避免电力/热力供应产生的排放，可减少等量电/热生产过程的二氧化碳排放。

适用的方法学：此类项目适用的方法学包括粪便管理系统中的温室气体减排（ACM0010）和通过将多个地点的粪便收集后进行集中处理减排温室气体（AM0073）2个大规模项目方法学；另外，还包括动物粪便管理系统甲烷回收（AMS－Ⅲ.D）、从污水或粪便处理系统中分离固体避免甲烷排放（AMS－Ⅲ.Y.）和通过堆肥避免甲烷排放（AMS－Ⅲ.F.）3个小规模项目方法学。

项目开发的主要过程：包括项目筛选、根据方法学和相关标准要求编制项目设计文件（PDD）、项目公示、指定经营实体（DOE）审核、项目注册或备案、项目运行与监测、编制项目监测报告（MR）、指定经营实体（DOE）审核和核证自愿减排量签发等。

四　促进甲烷减排的发展建议

（一）完善甲烷排放的监测与核算体系

碳排放核算体系是应对气候变化活动的基础内容，是政策制定、减排效果考核等方面的重要依据。国家出台的《关于加快建立统一规范的碳排放统计核算体系实施方案》要求到2023年初步建成统一规范的碳排放统计核算体系，到2025年，进一步完善统一规范的碳排放统计核算体系。

而建立完善的甲烷排放监测与核算体系是开展甲烷减排的基础，也是落实中国建设碳排放核算体系的重要内容，应尽快制定相关指南并及时实施与完善，才能更好地服务于甲烷气体减排活动。

（二）优化现有的自愿减排政策和开发模式，扩大甲烷减排项目的参与范围

优化现有的温室气体自愿减排政策要求与开发模式，扩大项目开发的参与范围，通过碳减排收益支持甲烷减排活动的建设与实施。

一方面，优化项目开发模式，根据 CDM 和 VCS 相关标准，项目开发过程中可根据项目情况合理选择开发方式。[1] 对于规模较大的项目，可采取单个项目开发的模式进行。但是对于小规模项目，它们的减排收益较小，因此可选择位于相同区域的同类项目进行打捆开发，将几个项目的开发过程按照一个整体项目来完成。[2] 如果项目数量多且未来会有同类项目的大量普及推广，可选择按照规划类项目开发，选择初始的项目为标准准备项目设计文件完成规划类项目开发，并制定更多项目加入的标准，后续项目按照加入后的标准进行审核，通过审核即可参与到规划项目中。

另一方面，建议优化减排项目政策要求。以小规模项目为例，可以在不影响项目开发质量的前提下，在减排量计算、监测计划以及审核等方面简化，以提高减排项目开发的积极性。虽然 CDM 和 VCS 对小规模项目额外性论证等进行了简化，但后续的监测、签发等程序与大规模项目基本一致，为提高项目参与减排项目开发的积极性，建议在更多方面提供项目开发的便利。

（三）加大对甲烷减排的宣传与支持力度

加大对甲烷减排相关信息的宣传与推广力度，实现信息的共享机制，促进信息和技术的交流。在政策、技术等方面对甲烷减排类项目给予相应的支持，促进项目的实施，扩大减排效果。

五　结论

甲烷减排是全球控制温室气体排放的重要内容，国内外针对甲烷减排已出

---

[1] 陈磊山、姜冬梅、刘庆强等：《我国小型 CDM 项目开发障碍及其对策研究》，《环境保护科学》2008 年第 6 期。

[2] 马宗虎、刘继军、孙亚男：《养殖场小规模清洁发展机制（CDM）项目捆绑开发》，《农业工程学报》2010 年第 4 期。

台了一定的政策或标准。甲烷排放来源广泛，涉及农牧业、固体废物处置、污水处理以及能源生产等多个领域，减排措施也包括源头削减、过程控制与末端治理以及综合利用等多种类型。为落实甲烷减排措施、促进碳中和目标的实现，建议依托新技术促进甲烷减排项目的实施，并积极参与碳交易。

参考文献

[1] 贺晨旻、迟远英、向翩翩等：《中国甲烷排放情景分析：IPAC 模型结果》，《大气科学学报》2022 年第 3 期。

[2] 秦虎、冉泽：《欧美甲烷减排政策最新进展分析及对中国的启示》，《世界环境》2022 年第 1 期。

[3] 胡勇、楚广义、郑勇：《中国碳交易市场制度困境与完善——从区域试点到全国市场的制度变迁》，《石家庄学院学报》2022 年第 4 期。

[4]《关于做好 2022 年企业温室气体排放报告管理相关重点工作的通知》，中华人民共和国生态环境部网站，https：//www.mee.gov.cn/xxgk2018/xxgk/xxgk06/202203/t20220315_971468.html，2022 年 3 月 15 日。

[5] 彭灯云、杨士红、李伟征等：《生物炭施用对节水灌溉稻田甲烷产生菌与氧化菌的影响》，《节水灌溉》2022 年第 5 期。

[6] 曾楠、刘桂环、张洁清：《基于自然的解决方案的农业甲烷减排路径及对策研究》，《环境保护》2022 年第 7 期。

[7] 龙吉生、杜海亮、邹昕等：《关于城市生活垃圾处理碳减排的系统研究》，《中国科学院院刊》2022 年第 8 期。

[8] 中华人民共和国住房和城乡建设部：《中国城乡建设统计年鉴 2020》，中国统计出版社，2021。

[9] 杨国栋、颜枫、王鹏举等：《生活垃圾处理的低碳化研究进展》，《环境工程学报》2022 年第 3 期。

[10] 刘春红、郝学军、刘枫：《北京市城市生活垃圾处理温室气体排放特征及减排策略》，《环境工程技术学报》2022 年第 4 期。

[11] 邓义寰、吴坤、阳平坚：《中国城镇污水处理厂发展历程及技术建议》，《工业用水与废水》2021 年第 4 期。

[12] 邱德志、陈纯、郭丽：《基于排放因子法的中国主要城市群城镇污水厂温室气体排放特征》，《环境工程》2022 年第 6 期。

B.17
碳中和目标下中国新能源产业创新机制与风险防控的路径研究

刘仁厚　彭思凡　杨晶*

摘　要： “双碳”目标下，中国大力推动产业绿色低碳转型，新能源产业规模和投资额度不断扩大。国家出台了推动“双碳”战略的“1+N”政策体系，各部门各地方也陆续出台了相关政策，政策支持不断完善，科技的支撑作用不断增强。目前，中国“双碳”战略不断向纵深推进，实现新能源产业的创新发展是实现“双碳”战略目标的重要组成部分，下一步应充分发挥国家战略科技力量在新能源技术创新中的作用，组建创新联合体，建立健全产业链供应链，提升科技合作水平、参与国际技术标准制定，系统谋划整体布局，促进新能源产业同区域发展深度融合。但同时中国仍面临未形成全面支撑实现碳中和的能源科技创新体系和产业均衡发展体系，碳中和下能源科技发展缺少战略规划和跨机构协调，前沿颠覆性技术和关键核心技术创新能力不足、能源技术发展相对单一，国际能源科技合作受阻、人才交流缺失等方面的挑战。因此，本文提出了完善顶层设计，加强新能源技术攻关，以及增强人才作用和加强国内外互动等建议。

关键词： 碳中和　新能源产业　能源科技创新　绿色低碳

---

* 刘仁厚，工学博士，中国科学技术发展战略研究院博士后，主要研究方向为绿色低碳技术创新、能源转型、能源科技创新、气候变化等；彭思凡，工学博士，中国科学技术发展战略研究院博士后，主要研究方向为能源科技、国家战略科技力量；杨晶，博士，助理研究员，主要研究方向为国家创新体系、数字化转型、生态文明建设等。

中国是世界二氧化碳排放大国，二氧化碳排放量约占全球二氧化碳排放总量的1/3。同时，中国是世界上最大的能源消费国，由于以煤炭为主的独特能源结构，大约90%的二氧化碳排放与能源体系相关。2021年10月，中国政府提交了更新的国家自主贡献目标，提出到2030年，中国单位国内生产总值二氧化碳排放将比2005年下降65%以上，非化石能源占一次能源消费比重将达到25%左右，森林蓄积量将比2005年增加60亿立方米，风电、太阳能发电总装机容量将达到12亿千瓦以上。党的二十大报告进一步强调要建设现代化产业体系，提出推动战略性新兴产业融合集群发展，构建新一代信息技术、人工智能、生物技术、新能源、新材料、高端装备、绿色环保等增长引擎。因此，大力发展新能源产业，推动中国能源的绿色低碳转型，是推动高质量发展的必要选择，也是实现"双碳"目标的有力保障。随着中国不断向"双碳"目标深入推进，我们应有效统筹新能源产业创新发展和风险挑战，系统推动新能源产业和科技创新，实现碳中和目标。

一 中国新能源产业发展现状

"双碳"目标下，中国新能源产业发展迅速，风、光、生物质、核能等领域的技术创新和产业发展展现出较强的动力，并在低碳、高效和安全方面表现出一定的优势。

（一）中国制定系列政策扶持新能源产业创新发展

中国出台了一系列政策文件，为新能源产业发展提供支持保障。早在2006年，中国便制定了《中华人民共和国可再生能源法》，其中将可再生能源开发利用的科学技术研究和产业化发展列为科技发展与高技术产业发展的优先领域，并安排资金支持可再生能源开发利用的科学技术研究、应用示范和产业化发展。中国提出"双碳"目标后更加重视新能源产业发展，并陆续出台政策规划和具体的产业发展指导方案，包括《"十四五"能源领域科技创新规划》《"十四五"现代能源体系规划》《"十四五"新型储能发展实施方案》《氢能产业发展中长期规划（2021—2035年）》等，涉及战略定位、产业发展、科技创新、基础设施建设、政策保障等诸多方面，并且很多地方也出台了相关政策或规划支持新能源产业发展。同时，国家也开始逐步加大对新能源企业发展的财政资金投入和税收优惠力度，制定了相应的电力企业税收减免政策以及税收优惠政策，直接促进了中国无电地区的新能源电力建设以及农村家用沼气建设的快速发展。此外，国家还制定了相关的科技攻关计划，为国家新能源产业的技术科研发展奠定了基础。

（二）中国新能源产业发展规模不断扩大

当前，中国风电、光伏等新能源产业呈快速发展的态势。截至2021年底，中国风电装机容量达到328.00GW，占全国总发电装机容量的13.8%，连续12年稳居全球首位。截至2021年底，全球新增光伏装机容量183.00GW，中国新增光伏并网装机容量54.88GW，同比上升13.9%。根据《全球光伏》的调查，截至2022年3月底，中国累计光伏并网装机容量达到318.00GW，新增和累计装机容量均为全球第一。此外，国家统计局数据显示，2022年1~5月，中国可再生能源发电总装机达到11.00亿千瓦，水电、生物质等发电装机规模稳居世界第一。

氢能作为二次能源在实现碳中和过程中有广泛的应用，将在政策和市场的双重驱动下快速发展。跨国公司、投资公司、国有企业、民营大型企业和众多的创业型企业等开始在全链条部署氢能，其中规模以上企业超过300家，主要分布在京津冀、长三角、粤港澳等区域。同时根据预测数据，到2060年，中国氢能市场规模将增加到1.30亿吨。

（三）中国新能源产业投资额度日益提升

统计数据显示，2022年4月，半导体、光电显示、线路板、消费电子与新能源五大主要新兴科技产业（含台湾）总投资额达12510.0亿元。其中，新能源项目投资额高达9538.0亿元，占比约76.2%；新能源产业已经成为新兴科技产业的重点投资领域。从新能源产业内部资金细分流向来看，2022年4月，中国（含台湾）新能源产业内部投资资金主要流向风电、光伏，总金额约为4566.0亿元；锂电池投资总额达2873.0亿元，环比增长209%。储能投资总金额达1739.0亿元，环比增长313%；氢能投资总额达270.0亿元，环比增长62.7%。2022年1~4月，新能源产业投资金额已达2.3万亿元。2022年

1~6 月的数据显示，全国主要发电企业电源工程完成投资 2158.0 亿元，其中太阳能发电 631.0 亿元，同比增长 283.6%。在碳达峰、碳中和目标下，光伏、风电等新能源将保持快速发展，新能源装机和发电渗透率持续提升，倒逼储能需求增长，未来"再生能源+储能"应用模式将有巨大发展潜力。

二 中国新能源产业政策分析

（一）注重宏观统筹和加强顶层设计

中国将碳达峰、碳中和纳入生态文明建设整体布局和经济社会发展全局，把系统观念贯穿"双碳"工作全过程，其中，新能源产业是重要发展方向。2021 年 5 月，中央政府成立了碳达峰、碳中和工作领导小组，协调跨部门工作，强化组织领导。随后，各地区也成立了碳达峰、碳中和工作领导小组，统筹地方碳达峰、碳中和工作，形成系统高效的工作机制。为有效推动"双碳"战略，政府制定了"1+N"政策体系，其中"1"代表中国实现碳达峰、碳中和的顶层设计和思路原则，并明确了"双碳"战略的时间表、路线图和施工图。"N"代表重点领域和行业的实施方案及相关支撑方案，包括能源、工业、交通、农业农村、减污降碳等重点领域，涉及传统能源产业、新能源产业以及其他重点领域的创新发展。

（二）强化科技创新支撑作用

中国将科技创新作为实现"双碳"目标的重要驱动力，并推动实施绿色低碳科技创新和新能源产业创新发展。一是围绕能源、工业、交通、建筑等领域的关键技术开展攻关研发，加快示范工程建设。二是开展可再生能源与传统能源耦合利用、氢能和燃料电池等关键技术研发、二氧化碳还原高价值利用等重大科技攻关。三是支持央企推进先进核能、清洁煤电、先进储能等重点任务攻关，开展煤炭清洁高效利用和 CCUS 技术研发，建立海上风电产业技术创新联合体及 CCUS 技术创新联合体。四是国家能源局、科技部制定了《"十四五"能源领域科技创新规划》和《科技支撑碳达峰碳中和实施方案（2022—2030 年）》，进一步突出科技创新支撑作用，促进新能源技术和产业创新发展。

（三）积极参与国际新能源产业合作

中国积极应对全球气候变化，通过国际清洁能源技术合作，推动新能源产业的发展壮大。中国利用自身在清洁能源技术、人才、项目管理方面的优势，加大对最不发达国家的合作和援助支持力度。同时，推动打造"绿色丝绸之路"，发展"一带一路"绿色伙伴关系等，在新能源、基础设施、低碳工业、低碳交通、绿色金融、低碳人才培养等方面建立合作关系，推动新能源技术和产业发展，进一步构建新的国际合作关系。

三 中国新能源产业创新机制

（一）发挥国家战略科技力量在新能源技术创新中的作用

国家战略科技力量以国家战略性需求为导向，对相关领域国家实验室、国家科研机构、高水平研究型大学和科技领军企业四大主体进行有机整合，其形成的科研攻关体系化力量，是实现高水平科技自立自强的重要支撑，是在关键领域解决基础性、战略性问题的"国家队"。在碳中和目标下，新能源产业和技术创新需在基础研究、应用技术研究、关键共性技术、现代工程技术、前沿颠覆性技术等多方面实现重大突破。应发挥中国新型举国体制优势，以新能源技术创新推动新能源产业创新。以先进核能系统发展为例，中核集团、中广核集团等企业利用其行业内领军地位优势，对先进核能技术广泛布局、强化投入，企业内科研力量与国家科研机构、高水平研究型大学和其他相关科技领军企业等多方研发力量合理组织、统筹协调，在第三代核能技术和产业化方面赶超国外先进水平，并在第四代核能技术创新、商业化等方面实现领先。

（二）组建创新联合体，建立健全产业链供应链，促进新能源产业做大做强

中国新能源产业规模庞大，研发主体种类多样，部分关键核心技术自主化程度不高，通过组建创新联合体，发挥企业创新主体作用，可实现产学研深度融合，促进产业链上下游各类资源高效整合。2021 年，中国风电新增并网装

机 4757 万千瓦，约占全球风电新增装机的 50.8%，风电累计装机 3.28 亿千瓦，约占全球风电累计装机的 42.0%，新增和累计风电装机量均高居世界首位，中国风电产业已成为全球风电发展的重要支柱和核心推动力。同时，大批企业依托风电产业迅速发展壮大，其中，既有专注于风电设备制造的新兴民营企业，也有深耕传统制造业领域的央企国企；既有在工业设计软件等细分领域突破国外技术封锁的中小规模"专精特新"企业，也有处于行业内领军地位的大型跨国企业。在碳中和目标下，中国风电产业要继续依托产业优势，继续做大做强，由陆上风电进一步朝深远海风电发展。例如，中国能源行业代表性企业中国华能集团，与东方电气、中国船舶、全球能源互联网研究院、华北电力大学等 23 家龙头企业、科研院所和高校组成"海上风电产业技术创新联合体"，围绕海上风电资源评估与实时预测、大型深远海风电机组设备制造、一体化设计建造管理、柔性输电、场群控制和智能运维等关键技术开展联合攻关，并预计将在 2022 年底和 2023 年底分别实现首台国产化 11 兆瓦和 16 兆瓦海上风电机组下线。

（三）提升科技合作水平，创新产业发展模式，积极参与国际技术标准制定

俄乌冲突持续发酵对全球能源发展转型带来巨大不确定性，中国应充分利用新一轮全球技术变革机遇期，进一步推动新能源科技合作与产业创新。美国拜登政府通过了《通胀削减法案》，一方面增加进口产品关税，限制国际技术合作；另一方面增加本土产品补贴，支持本国新能源技术创新和产业发展。欧洲国家力图摆脱对俄能源依赖，短期内通过重启燃煤机组、减缓关停核电机组等保证本国能源安全，同时发布多项新能源产业发展战略计划，推动实现能源独立。中国应充分利用国际能源转型机会，创新新能源技术和产业合作模式，引导企业技术创新与技术服务均衡发展，做好与欧洲国家合作的准备，在促进中国新能源产业发展的基础上，深度参与欧洲国家及其他国家地区的新能源技术和产业合作。新能源技术门槛高，近年来发展迅速，技术迭代快，因此产业发展需紧跟全球新能源技术发展潮流。目前在发达国家，已出现诸多在光伏、风电、氢能等新能源领域掌握关键核心技术的"专精特新"企业。这些企业在个别关键核心技术中拥有巨大技术优势，但其产品较为单一，抵御国际冲击

能力较弱，而中国拥有规模庞大的市场和完备的制造业体系，对国际企业具备较大吸引力。2018年，潍柴动力以1.6亿美元注资全球技术领先的燃料电池系统研发公司巴拉德动力系统，并合资成立潍柴巴拉德氢能科技有限公司，生产面向大型客车、商用卡车等所需的新一代LCS燃料电池系统。通过和巴拉德动力系统深度合作，潍柴动力从传统化石能源领域迈向新能源领域，开辟了企业发展的全新赛道。稳定的政治环境、完备的制造业体系、庞大的市场优势以及不断增强的科技创新能力使得中国在国际新能源产业合作中拥有更多的机遇。

（四）系统谋划整体布局，促进新能源产业同区域发展深度融合

随着新能源技术和产业迅速发展，未来碳中和情境下全社会电力需求将主要由新能源供给。因此，不同地方应统筹规划新能源产业发展，因地制宜、科学合理规划布局。一方面，充分发挥各类新能源的技术优势，实现区域内新能源技术高效结合；另一方面，在国家宏观经济发展原则指导下，充分考虑区域内能源资源禀赋、产业结构、基础设施、经济发展以及能源消纳水平等各类因素，系统谋划整体布局。例如，2022年以来，内蒙古能源局发布了《内蒙古自治区电力源网荷储一体化和多能互补发展管理办法（试行）》《内蒙古自治区关于完善能源绿色低碳转型体制机制和政策措施的实施意见》《关于加强新能源装备制造基地规划布局的指导意见》等系列指导文件，围绕建设国家重要能源基地，加快能源结构调整步伐，明确区内新能源产业发展需坚持自主调峰自我消纳、"一体化"建设运营管理、试点先行稳步推广和电力安全稳定运行四大基本原则，充分利用区域风光等自然资源，提高新能源供给安全性、稳定性和经济性，避免过度投资、重复建设，确保新能源高比例应用。目前，内蒙古超过1/3的电力装机和超过1/5的社会用电量来自新能源，内蒙古已成为全国最大的新能源绿色工业基地。

四 中国新能源产业发展面临的风险及挑战

目前，中国新能源产业迅速发展壮大，各类新能源技术取得重大突破。但是碳中和目标下，中国的新能源产业发展仍存在一系列问题。

（一）中国仍未形成全面支撑实现碳中和的能源科技创新体系和产业均衡发展体系

碳中和目标下中国经济总量将大幅上升，从世界发达国家的发展历程来看，中国能源消耗总量和人均能源消耗量也将大幅提高，能源供给不仅要做到充足、稳定、安全，更要做到绿色可持续。对此新能源技术仍需在降本增效、提升稳定性和安全性、拓展应用场景、实现各类能源技术间优势互补等多方面实现重大突破。但是分析近年来各类新能源产业发展和技术创新情况可以看出，能源科技创新多集中在现有技术改良和产品的性能提升方面，前沿颠覆性技术创新不足，跨代产品鲜有出现，能源科技创新体系不完善，创新活力有待进一步释放。产业发展则多以扩大规模为主，新能源产业发展不均衡问题较为明显。

（二）碳中和下能源科技发展缺少战略规划和跨机构协调

中国着力推进能源革命，加大了能源科技的创新力度，虽出台了政策文件支撑能源体系的绿色低碳转型，但仍需进一步完善。一是中国能源科技支撑和引导政策以近期规划为主，且相关方案大多分散在不同能源产业之中，国家宏观政策和区域政策连接性不强，相互之间缺乏协调统一，且缺少支持碳中和目标实现的中长期能源科技创新战略专项规划。二是在跨机构协调方面，目前英、德等国已成立国家级气候变化专家委员会，中国虽在2007年成立了跨部门、跨学科的国家气候变化专家委员会，但在决策支撑方面的显示度和权威性仍有不足，气候变化领域与能源体系转型统筹协调上仍需加强。

（三）前沿颠覆性技术和关键核心技术创新能力不足，能源技术发展相对单一

企业在前沿颠覆性技术和关键核心技术创新上的积极性有限，对两类技术发展潜力认识不足，碳中和目标下能源结构深度转型存在较大阻力。中国在新能源技术不同发展路径的政策引导和激励方式上存在一定的倾向性，导致部分能源产业技术发展路径相对单一，技术发展缺少多元化，技术创新激励效果不明显，间接限制了部分前沿颠覆性技术和关键核心技术的创新活力。新能源产

业发展的部分关键核心技术仍未实现自主可控，在当前复杂的国际背景下，新能源产业做大做强仍面临巨大挑战。部分技术专利仍被外国掌控，未来围绕新能源技术的竞争将进一步加剧，中国部分新能源产业可能因外国专利权追溯而面临一定的困境。国际能源署预测，到2050年约一半的低碳减排技术仍将处于示范或原型阶段。面对碳中和这一长期目标，未来其支撑技术可能远远超出当前社会认识范畴，因此，我们应更加重视目前成熟度不高、尚不适合产业化推广的新能源技术，做好基础研究和技术创新储备。

（四）国际能源科技合作受阻，人才交流缺失

气候变化是当前全球面对的共同问题，大力发展新能源产业，推动能源结构转型，形成全社会绿色低碳生活新方式，需要世界各国共同努力。当前，全球化趋势受阻，中美在经贸、科技等领域的博弈加剧，欧美等国家建立了以气候安全为核心的联盟关系，并试图占据全球应对气候变化和绿色低碳技术发展的领导权。在复杂的国际形势下，中国在能源科技领域的合作交流将面临更大挑战，通过能源科技合作参与全球气候治理也将受到一定的影响。中国在光伏、风电、核能等新能源产业规模上位于世界首位，相关技术也处于领先地位，但是新能源技术海外推广程度不高、能源产业海外拓展仍有较大困难。

五　对策建议

（一）完善顶层设计，统筹传统能源转型与新能源发展

当前，中国已构建"双碳"战略下的"1+N"政策体系，下一步应加强系统谋划，出台短期目标政策，为传统能源转型和新能源产业发展提供可行路径。一是加强能源转型的战略研究与政策制定，立足于中国以煤炭为主的能源构成，平衡化石能源减排需求与新能源发展支撑目标，形成有效的政策保障。二是进一步确立能源科技创新体系框架，针对新能源快速发展态势，建立多样化、多线路的技术发展路径，满足能源转型下的多样化需求。三是发展绿色低碳产业，促进绿色低碳产品消费，以国内市场推动新能源产业的更大发展，以新能源产业促进国内国际双循环。

（二）加强新能源技术攻关，提升能源科技创新水平

一是聚焦能源领域重点技术攻关方向。立足中国能源结构特点和清洁化需求，推动煤炭清洁高效利用，开展可再生能源、核能等新能源技术攻关，确立关键材料、工艺和核心技术重点研发方向，为新能源产业发展提供技术支撑。二是优化资源配置，创新组织模式。发挥新型举国体制优势，强化国家战略科技力量，突破关键"卡脖子"技术瓶颈，发挥企业创新主体的作用，以领军企业组建创新联合体，集中研究资源和科研力量，开展联合攻关，推动技术示范应用和商业化发展。三是加大对早期新能源技术的支持力度。加大对处于原型或者示范阶段的原始创新技术支持力度，特别是针对初创型科技企业，完善其资金保障体系。四是加强对新能源领域的颠覆性技术研究，对欧美等发达国家新能源技术进行跟踪研究，建立新能源领域技术和产业的创新发展模式。

（三）增强人才作用，塑造新能源产业发展动能

一是加大人才培养力度，推动新能源产业持续发展。在碳中和目标要求下，以需求导向为原则，综合高校、院所、企业等资源，探索新能源产业体系化人才培养方式。推动各方面人才向新能源等领域聚集发展，通过与高校院所的合作，建立如新能源技术研发、产品开发、成果转化和市场发展等全方位人才培养体系，实现人才的高质量自主培养。二是支持中国新能源领域科技人才在国际标准制定中发挥更大作用，加大在国际新能源技术和产业发展等领域的培训力度，鼓励相关人才参与国际学术组织、机构和有影响力的报告的制定，并积极参与国际标准制定等工作，实现人才作用最大化。三是加强人才交流互动，积极参与国际能源项目，加强科技人员跨国和跨公司合作，同时吸引国际研究人员和跨国公司参与中国相关项目和产业投资，增加多层次多渠道沟通交流。

（四）加强国内外互动，扩展国际合作

一是加强世界气候与能源合作，应对气候变化与能源绿色低碳转型是世界各国共同的事业，建立新能源技术和产业创新发展的广泛共识，同时营造良好

的外部发展环境，树立中国新能源产业在解决全球气候变化问题上的大国实力和态度。二是加强新能源科技创新国际合作，世界各国在发展阶段、科技创新能力、市场规模、资源禀赋等方面存在差异，因此，中国应建立与不同发展阶段国家的合作机制，推动建设关键示范工程，便利新能源技术和产品出口，拓展国际市场需求规模，建立连接发达国家、发展中国家以及其他新兴经济体和市场的供需模式，推动更广泛的合作。

参考文献

［1］刘仁厚、丁明磊、王书华：《国际净零排放路线及其对中国"双碳"战略的启示》，《改革与战略》2022 年第 1 期。

［2］刘仁厚、王革、黄宁等：《中国科技创新支撑碳达峰、碳中和的路径研究》，《广西社会科学》2021 年第 8 期。

［3］国家能源局：《2021 年全国电力工业统计数据》，http：//www.nea.gov.cn/2022-01/26/c_ 1310441589.htm，2022 年 1 月 26 日。

［4］国家能源局：《2021 年光伏发电建设运行情况》，http：//www.nea.gov.cn/2022-03/09/c_ 1310508114.htm，2022 年 3 月 9 日。

B.18
碳中和目标下的中国绿色转型发展路径研究

王　璟*

摘　要： 碳中和目标对加快实现绿色发展、推动经济发展方式转变提出了现实要求。因此，要以习近平生态文明思想为指引，坚持规划引领，健全政策法律体系，不断完善绿色转型发展的顶层设计。要推行绿色制造，发展绿色农业和绿色服务业，加快构建绿色生产体系。要发展绿色物流配送，促进绿色消费，推进政府绿色采购，建立绿色生活方式，加快构建绿色流通消费体系。要促进能源绿色开采，推动能源结构调整，推动能源技术和管理模式创新，推进碳排放总量和强度"双控"，加快构建绿色能源体系。要从体制机制、负碳技术创新等方面深化改革创新。要加快建设绿色城市、绿色农村、绿色发展示范区等，尽早实现区域绿色发展。

关键词： "双碳"目标　绿色发展　中国绿色转型

降低二氧化碳排放，是当前经济社会发展面临的紧迫问题，实现碳中和、推动绿色转型发展，是由中国所处的发展阶段决定的，也是中国未来一段时期经济社会发展的主要任务。中国推进绿色转型发展，需要坚持系统思维，完善顶层设计。实施产业体系绿色低碳转型发展行动，促进产业生态化发展，构建绿色生产体系。促进绿色流通体系快速发展，发展绿色物流和交通，发展绿色产品和消费，倡导绿色低碳生活。促进能源体系绿色化转型，推动能源生产消

* 王璟，山西省宏观经济研究院办公室副主任、助理研究员，主要研究方向为产业经济。

费方式绿色低碳变革，大力调整能源结构，发展可再生能源，促进化石能源清洁低碳高效利用，着力降低能源消耗，发展循环经济。完善绿色转型发展体制机制，构建绿色转型发展的"四梁八柱"制度体系，坚持创新是第一驱动力，推进关键技术、关键工艺突破。坚持生态是最大的民生，推进以人为核心的新型城镇化，建设生态城市，建设宜居宜业和美乡村，坚持典型示范，在不同类型区域创建各具特色的绿色发展示范区，加强国际合作，促进"一带一路"绿色发展，发展绿色贸易。①

一 完善绿色转型发展的顶层设计

（一）以习近平生态文明思想为指引

习近平生态文明思想，是中国绿色转型发展的基本纲领。习近平生态文明思想的核心理念是"绿水青山就是金山银山"，这也是绿色转型发展的生动表达。"绿水青山"和"金山银山"是不能分割的，"绿水青山"是基本前提，"金山银山"是必然结果，应将生态环境优势转化成为经济发展优势和竞争优势。绿色转型发展，要求形成人与自然和谐共生的格局，调整优化经济结构，依托创新驱动实现增长动力升级，以低碳、循环、生态发展为根本目的，实现投资、生产、消费、进出口的绿色化，实现生态保护、经济增长、社会进步同步推进。

（二）坚持规划引领

将碳中和目标作为五年规划和中长期规划的主要目标，将绿色转型发展作为重点任务，围绕实现碳中和目标和推进绿色转型发展，提升规划可行性。坚持系统思维，提高总体规划与专项规划、国土空间规划与区域发展规划之间的相互配合程度，打造保障绿色转型发展的规划体系。谋划绿色转型发展重大工程和重点项目，加大力度建设绿色转型发展基础设施，提升项目谋划水平和能力，对接市场需求谋划项目，聚焦产业发展谋划项目，围绕生态效益谋划项目，推动项目落地，全力保障要素供给，强化金融、土地、能源等保障支持力度。

---

① 潘家华：《低碳发展的社会经济与技术分析》，社会科学文献出版社，2004。

（三）健全政策法律体系

健全价格引导机制，深化绿色电价改革，完善电动汽车充电、垃圾处理价格机制，县级以上地方建立健全生活垃圾处理收费制度，实施非居民餐厨垃圾收费改革，适时建立健全农户生活垃圾处理收费政策体系，完善危险废弃物处置收费机制。强化财政税收激励机制，完善奖补机制，通过调整所得税等方式，对绿色转型发展的典型予以奖励，健全绿色税收管理体系，适时调整资源税征收范围，调整生产消费过程中污染水平较高的消费品税率，推动资源税从价计征方式改革。完善绿色转型发展标准体系，统筹绿色技术研发、标准研制、产业应用，优化标准供给，制定国家标准、地区标准、行业标准、团体标准，完善碳排放核算核查、绿色生产、绿色消费、绿色能源、绿色交通、绿色城市、农村绿色发展等领域标准，积极推进与"一带一路"沿线主要国家的绿色发展标准体系互认。

二　构建绿色生产体系

（一）推行绿色制造

推动传统产业提质升级。全面提高产品技术、工艺装备、能效环保等水平，推动传统产业向绿色化、高端化、智能化、服务化转型发展，提升产业链现代化水平，促进传统产业从规模数量型向质量效益型转变。着力实施《中国制造2025》重大战略，改造提升煤炭、钢铁、有色、煤化工、石化、建材等传统产业清洁化生产水平，促进氢能在传统制造业中对焦炭等能源的替代应用，通过含碳原料的替代、先进节能技术等方式促进建材、煤化工等行业减少碳排放。严格限制"两高"项目，对于未获得审批、未开工建设的项目，严格按照产业政策要求进行审查，不符合要求的停止审批、建设；对于已经开工建设的项目，严格按照环评、能耗、产能置换等要求，加强事中事后监管。①

---

① 郭朝先：《2060年碳中和引致中国经济系统根本性变革》，《北京工业大学学报》（社会科学版）2021年第9期。

完善落后产能退出政策，按照全要素生产率、能耗指标、排放水平、利润水平等指标，严格限定落后产能范围，采取市场化、法治化办法，制定完善落后产能退出程序，制定企业转产、兼并重组、职工安置、债务处置等方面政策。

培育壮大数字经济，加强人工智能、物联网、工业互联网等新型基础设施建设，组织开展信息领域核心技术联合攻关，加快数字技术产业化应用，加强数字技术在产业、政府治理、民生、营商环境等领域应用，支持在煤炭、钢铁、化工、装备制造等领域开展网络化协同制造示范，推动使用云技术重构整合传统产业链条，加快"中国制造"向"中国智造"转变。围绕现代能源、先进制造、基础原材料、生物医药等领域，培育壮大新兴产业，建设创新生态，推进新兴产业成链集群发展，提升先进基础工艺、产业技术基础水平，以企业为主体、市场为导向、创新为动力，加快推动创新成果产业化，提高新兴产业竞争力。

推动资源型经济绿色转型发展。资源型经济需要解决资源可持续开发利用、贸易条件恶化、资源收益分配不公、经济结构升级等问题，才能实现由资源开发向资源繁荣转变，最终实现资源收益，摆脱资源依赖问题。资源型经济绿色转型发展的重点区域为东北、黄河流域上中游、云贵、华中部分地区等，主要路径是实现资源开采利用过程中的生态化、强化技术创新以提升价值链延伸产业链、在资源基础上发展先进制造业、对工业遗址等进行生态化改造发展服务业等。推动资源型经济绿色转型，中央层面需要赋予地方财政税收特殊待遇，将更多财税资源用于绿色转型发展，支持地方在"放管服效"改革领域先行一步，赋予市场主体更多自主权和活力，地方层面首要任务是"一张蓝图绘到底"，坚持将绿色发展作为转型的核心和重点领域，坚持创新驱动，提高全要素生产率。

（二）发展绿色农业

调整优化农业结构，发展设施农业和生态农业，在黄河上中游、西北等地区发展有机旱作农业，提高农业水资源节约集约利用水平，推广使用有机肥，减少化肥、化学农药用量，推广生物、物理防治以及生态控制技术，推进畜禽粪污资源化利用，实施农业环境动态监测，加强面源污染治理。提高农业精细化管理水平，推广应用稻田甲烷减排技术、旱地氧化亚氮减排技术、畜禽养殖业温室气体减排技术、农田土壤和草地固碳技术等。

持续推进植树造林，加大退耕还林、退耕还草力度，提高林草业科学发展水平，增加本土树种、草种供给，建设"三北"、黄河流域、长江流域、华南沿海、西南沿边地区的绿色屏障。以城郊林地、苗圃为基础，加强野生珍稀树种繁育驯化、优良乡土树种阔叶树种苗木扩繁、优良品种繁育推广，引进优良绿化树种，大力发展城郊苗木基地，发展鲜干果、特色经济林和林下经济。

（三）发展绿色服务业

推进生产性服务业高质量发展，聚焦交通运输、工程建设、会展业等重点，推动生产性服务业向专业化和价值链高端延伸。[①] 加快能源原材料企业向产品和专业服务解决方案提供商转型，培育具有总承包能力的大型工程建设企业，提高其科研、设计、施工、咨询服务能力。加快发展绿色金融，围绕碳达峰、碳中和，开发金融领域新业态、新产品、新模式，强化金融信贷支持实体经济发展，提升金融产品供给质量。发展高品质多样化的生活性服务业，提升商贸、健康、养老、体育、教育培训等服务业质量，完善现代商贸流通体系，推动实现需求牵引供给、供给创造需求的更高水平动态平衡，强化技术赋能和创新引领，[②] 发展康复养老、养生疗养、医养结合等康养服务，鼓励建设养老、医疗、养生、旅游一体化服务综合体，创建一批国家级康养产业试验区。构建全民健身公共服务体系，推动全民健身向全民健康转化，推动太极拳、摔跤等传统体育类非物质文化遗产项目保护传承发展，促进体育服务业与旅游业、娱乐业、文化产业等融合发展。

三 构建绿色流通消费体系

（一）发展绿色物流配送

发展绿色物流。推广使用纯电动汽车从事固定线路的物流运输，加快建设

① 《全省服务业提质增效推进大会在太原召开，林武出席并讲话，蓝佛安主持》，https：//baijiahao. baidu. com/s？id＝1706143835709478399&wfr＝spider&for＝pc，2021 年 7 月 24 日。
② 《聚焦扩大内需完善现代商贸流通体系》，https：//baijiahao. baidu. com/s？id＝16849218805 92231640&wfr＝spider&for＝pc，2020 年 12 月 2 日。

充换电设施，提高电动汽车使用效率和效益。提高清洁柴油机技术标准，严格限定高排放、高噪音、高震动柴油机使用。提高高速公路智能化水平，拓展无人驾驶在固定线路和高速公路的使用范围。逐步提高清洁汽油、柴油供应比例，鼓励使用乙醇汽油等低碳燃料。打造智慧供应链，优化仓储规划，加快发展全过程无人配送业务。围绕国家物流枢纽建设，合理配置物流园区、配送货中心，提高一体化物流建设水平。整合快递、物流、邮政等资源，构建高效县乡物流配送网络，建设末端物流基础设施，推广无人机、无人配送货在末端的使用。推动包装绿色发展，鼓励使用循环利用的包装材料，减少二次包装，推广共享快递模式。

（二）促进绿色消费

促进绿色购物消费，在电商平台、商超等设立绿色低碳产品销售区，支持开展绿色家电、电动汽车、绿色住宅等促销补贴活动，推广节能节水环保家电、家居、照明产品，全面落实"限塑令"，完善塑料制品长效管理机制，重点监管商超、电商平台、农贸市场、快递企业、外卖企业塑料制品使用情况，提高商品外包装循环使用率，推广使用可回收、可重复利用的快递外包装材料，着力解决月饼、茶叶、烟酒等产品过度包装问题。促进文化旅游绿色消费，拓展节能环保材料在展览展示中的使用范围，提高节能照明灯具使用率，完善旅客集聚区与景区游客接驳系统，提高纯电动公共交通工具、自行车使用率，完善城市和景区步道建设。规范景区塑料制品使用、回收，引导餐饮机构减少使用一次性制品，宣传和引导绿色旅游消费理念。

（三）推进政府绿色采购

支持党政机关、事业单位、国有企业购买纯电动汽车，引导通勤使用纯电动汽车，支持执勤使用混合动力汽车，完善充电设施，支持向社会开放充电设施。提高办公绿色化水平，提高视频会议、电子政务使用率，鼓励无纸化办公，推广再生纸等循环产品使用。在技术、服务等满足采购需求的前提下，优先采购环保产品，强制采购节能节水、循环利用、使用新能源的产品。优先采购高于国家节能标准、环境保护标准的产品，对于没有节能、环境保护强制要求的产品，鼓励政府部门提出绿色采购要求。规范采购文件编制，在采购文件中明确产品能耗指标等节能环保要求，逐步纳入全生命周期成本指标，列明符合要求的产品优惠程度。加强宣传引导，树立采购人、代理机构的绿色采购理念，逐步提高年度绿色采购比例。试点推行碳普惠制度，通过信用评级、碳积分、设置相关资格条件等，将碳普惠引入需求侧管理。加强对绿色采购的监督指导，通过通报、约谈等方式督促未落实绿色采购要求的部门及时整改。研究制定政府绿色采购法，健全政府绿色采购制度体系，完善并及时更新绿色产品清单，出台政府绿色采购实施方案，强化落实。提高政府绿色采购信息透明度，建立健全科学的政府绿色采购绩效评价体系。

（四）建立绿色生活方式

鼓励消费者购买符合环保标准的服装，完善偶氮染料、五氯苯酚、游离甲醛等指标，鼓励废旧衣物回收利用，完善废旧衣物回收利用管理制度。鼓励餐饮企业减少一次性餐具和桌布使用，提倡"光盘行动"，减少"舌尖上的浪费"。着力推进垃圾分类，强化宣传教育，依托社区、机关单位、大中型企业开展垃圾分类活动，提高群众垃圾分类意识，引导政府机关、事业单位、餐饮企业、写字楼等建立符合自身实际的垃圾分类管理制度，健全"桶长制"，强化责任落实。倡导绿色出行，推动公共服务车辆电动化。推动废旧物资循环利用。鼓励旅行自带毛巾、洗漱用品等，鼓励酒店对一次性消费品收费。鼓励创建绿色家庭，提升家庭成员绿色环保意识，主动践行绿色低碳、文明适度的绿色生活方式。支持创建绿色社区，提升居民生态环保意识，积极参加生态环保公益活动。

四　构建绿色能源体系

（一）促进能源绿色开采

深入推进煤炭开采利用方式变革，开展煤矿智能化改造。提高天然气勘探投入强度标准，完善勘探开采市场退出机制，综合开发煤层气、页岩气、致密气，促进非常规天然气增储上产，建设废弃油气田、盐矿储气设施。推广分布式光伏发电，解决油气开采中的电能需求，加强石油伴生气采集利用，着力建设油气开采节水示范项目和水资源循环利用项目，加大力度治理油气开采过程中出现的水污染和土壤污染问题。持续推进可再生能源的使用，打造西北陆上风电基地和东部沿海海上风电基地，稳步开发丘陵地带低风速资源，推广智能风机应用。推广"光伏+土地修复治理""光伏+地质灾害区治理"模式，完善领跑者计划，加大力度研发钙钛矿、高效晶体硅电池、TOPCON 等先进技术，提升光伏发电系统创新能力，拓展"光伏+建筑""光伏+交通""光伏+储能""光伏+制氢"等场景应用。加快氢能产业化应用，培育氢能优势产业集群，探索可再生能源制氢等低碳高效技术，加快"柴转氢"试点。推进电池和储能关键技术研发应用，加快钠离子电池商业化应用。推进灵活性资源有序发展，推广利用煤电退役机组厂址建设新型锂电池储能项目、利用废弃矿井建设压缩空气储能试点的工程经验。

（二）推动能源结构调整

逐步降低交通、供热、发电等领域的石油使用比例，积极开展绿色交通行动，提高电动汽车使用便捷程度，推进清洁供暖，发展冷热电三联供等模式，推广空气能、电能替代、风电供暖、地热供暖等模式。积极开展城乡居民用电市场化改革。支持应急发电使用天然气等清洁能源，依托能源互联网，提高供电能力响应速度。加快发展光伏发电，采取"农光互补"模式，将光伏发电与特色农业相结合，提高农业用地生产效率，支持工业园区和物流园区等发展分布式光伏，提高清洁能源供给能力，支持沙漠、荒漠、隔壁地区建设大型光伏发电基地，支持在重点河流和重要清洁煤电基地建设"风光水储""风光火储"等多能互补基地，加快推进屋顶光伏试点，鼓励公共建筑使用分布式光伏发电系统。全面推进风力发电，建设西北陆上风电基地和东部海上风电基地，开发低风速资源，推广智能风机应用。完善核电建设布局，推进内陆核电建设，加强核电厂址资源保护，加强核电关键技术和装备创新，发展智慧核电，加快开发模块化小型反应堆技术，提高电力调峰响应能力，完善"华龙系列""国和系列"机型，推进核能综合利用，推进沿海核电机组热电联产，保障天然铀矿资源，建立健全国内开采、国际开发、国际贸易等并存的天然铀安全保障体系。

（三）推动能源技术和管理模式创新

加大能源技术创新力度。集中力量攻克油气、煤层气、煤炭的勘探开发、清洁化利用关键技术，提升化石能源清洁高效利用水平，保障能源安全。大力发展无碳技术，建设全流程、集成化、规模化的二氧化碳捕集利用与封存示范项目。着力突破小型模块化反应堆、可控核聚变实验堆、核聚变发动机等关键核心技术。加大储能技术研发力度，提升能源转换利用率。推动传统能源、新能源技术与数字技术、通信技术等新一代信息技术深度融合，逐步形成智能化的能源生产、加工、输送、存储和利用技术体系。

鼓励建设综合能源系统。重点依托电网企业网络资源，有效整合传统能源和新能源，实现两种能源的耦合。依托分布式能源，加快实现重点企业、区域节能减排。加强新能源和储能设施建设，鼓励新能源就地消纳。建设智慧能源管理平台，实现能源监测、诊断、服务的智能化。创新商业模式，建设以用户为中心的综合能源服务模式，完善电价机制，建立辅助服务市场，健全电力现货交易市场规则，满足不同市场需求。

完善能源管理政策体系。建立健全能源分级分类储备制度，从政府储备、生产（销售）企业储备、用户储备等角度，建立有效应对市场变化的能源产品储备体系。完善能源效率评价、标识机制，进一步明确评价工作开展条件，提高评价工作精准水平，及时修订能源标识产品目录，持续优化能源效率标准体系，加大能效标识产品市场监督检查力度。推进合同能源管理，建设能源资源计量体系，配置能源计量工具，组建专业化节能服务机构，强化财政、金融等政策支持。完善能源管理体制机制市场化改革，培育壮大能源领域金融衍生品交易市场，完善能源期货产品体系，优化能源交易市场布局，完善天然气计量定价机制改革，完善电力交易市场体系，深化储能价格形成机制改革，建设全国统一的煤炭交易市场。

（四）推进碳排放总量和强度"双控"

创新碳排放考核评价机制，将碳排放总量和强度指标纳入各级各部门绩效考核评价指标体系，明确碳排放"双控"目标，通过制度约束强化落实。优化绿色金融引导政策，丰富绿色金融产品，引导金融资源赋能清洁能源、节能环保、碳减排领域，夯实绿色产业发展基础。突出重点，持续加大高排放企业碳减排力度，依托碳市场交易，逐步强化高碳排放企业碳排放配额约束，提高碳市场基准线标准。完善碳市场交易方式，拓大碳市场涵盖范围，配合能源领域市场化改革，健全碳交易市场机制，推动碳定价信号传导至用能终端。完善碳定价和碳金融机制，健全环境金融激励机制，通过开征碳税消除碳排放政策带来的不利影响，尝试对未纳入碳市场的企业开征碳税，或者将碳税开征提前至化石能源开采阶段。将碳税收入作为气候变化调节基金来源，支持减碳技术创新、零碳技术储备。统筹碳市场配额分配、碳税转移支付与需求侧用户利益分配，允许企业购买居民用户碳配额，政府直接补贴低收入人群碳配额。

五　深化改革创新

（一）推进体制机制改革

有效的制度安排是实现绿色增长的保障。[①] 完善生态环境与能源资源监管体制，构建能源资源利用长效机制，建设全国能源资源储备、开发、利用信息监管平台，提高能源资源储量现状、勘探开发、综合利用等分析评估能力，统筹推进评估、勘探、开发、利用、管控、考核、保护。完善能源资源集约节约利用机制，降低供应链对环境的影响，促进能源资源最大化利用，引导能源资源全生命周期低碳发展。完善能源资源资产产权制度，推进能源资源确权登记，健全能源资源资产监管体制，科学划定生产、生活、生态空间界限，严格按照主体功能区管控要求，分类推进优化开发、重点开发、限制开发、禁止开发项目。

建立健全生态产品交易市场机制。建设生态产品交易市场，支持西南、东北、中南等地区向东部地区推介生态产品，依托电商平台开展线上交易。完善生态产品价值评估机制，推进碳排放权交易，支持开展林草业碳汇产品交易，深化排污权、碳汇交易机制创新，构建统一协调、分类推进的生态产品交易市

---

① 陈超凡、韩晶、毛渊龙：《环境规制、行业异质性与中国工业绿色增长——基于全要素生产率视角的非线性检验》，《山西财经大学学报》2018 年第 3 期。

场体系，对中度和轻度污染行业率先采取市场化交易方式进行环境规制。[①] 开展用能权交易，完善水权交易。

完善生态补贴制度。建立与生态环境保护责任落实匹配的补贴制度，深化绿色产品价格形成机制改革。支持退耕还林、退耕还草、渔民减船转产等资源养护措施，深化农林业用地生态补偿改革，加大绿色金融激励力度，拓展绿色信贷、绿色保险等金融支持措施应用，加强政府和社会资本合作在绿色发展领域的应用，引导社会资本进入绿色转型发展领域。

建立健全绿色转型发展标准体系。清理、废止与绿色转型发展要求不相符的标准，研究制定绿色生产、绿色消费、绿色生活方式等领域的标准体系，强化绿色产品质量认证监管，建立健全统一的绿色产品和服务市场准入标准体系，有效应对国际贸易领域绿色贸易壁垒挑战。推进绿色产品和服务品牌战略，培育具备国际影响力的中国绿色品牌。加强产品和服务质量安全全过程监管，完善产品和服务市场准入监管体系，推进国家产品和服务质量安全追溯管理体制建设，积极制定国际绿色产品和服务标准，推进区域产品和服务互认。

健全绿色转型发展法律体系。启动绿色转型发展法律起草工作，统筹能源资源保护、污染防治、生态保护等工作，完善绿色转型发展要素投入保障机制，赋予绿色转型发展强劲动力，健全责任落实制度，统筹推进容错机制和问责机制。

建立资源环境生态监测预警体系。建立能源、资源、环境、生态、产业信息监测预警系统，完善数字化基础设施建设，建立能源资源台账，构建统一的操作平台、监测预警规则、分析评价办法，实时监测能源资源承载产业发展能力。

建立健全考核机制。构建绿色转型发展指标体系，依据指标体系完善考核办法，将生态环境保护、能源资源清洁高效利用、产业高质量发展、绿色文化培育等纳入各级各部门工作职责和主要负责同志经济责任审计范畴，提高绿色转型发展相关指标在考核评价中的权重。依据指标体系，开展督查督

[①] 陈超凡、韩晶、毛渊龙：《环境规制、行业异质性与中国工业绿色增长——基于全要素生产率视角的非线性检验》，《山西财经大学学报》2018 年第 3 期。

导、考核评价，将绿色转型发展作为各级党委政府推进现代化建设的重要引领。建立健全激励机制，对先进典型予以通报表彰、优先提拔、职务职称晋级等奖励措施，对落后地区和部门予以通报批评、"亮黄牌"、"亮红牌"等惩戒措施，对严重影响所在地方发展的领导干部予以组织调整。

（二）推动绿色技术创新

技术创新会提高全要素生产率，促进资源能源集约节约利用，是绿色发展的根本动力。[1] 技术创新应与绿色发展相匹配，不能单以经济增长为目的。绿色发展关键核心技术涵盖能效、减碳、碳捕捉碳封存、碳汇四方面，主要是节能环保、循环经济、煤炭清洁利用等。[2] 技术创新的主体是企业，其需要创新技术开发组织形式，建立技术联盟，探索开放合作的模式。

促进碳捕集碳封存（CCS）技术应用。发挥碳捕集、利用与封存（CCUS）等负排放技术托底保障作用，[3] 发挥 CCS 在缓解电力系统转型压力方面的作用，着力解决 CCS 在选址、政策等方面面临的困境。[4] 推动 CCUS 与能效提升、终端节能、储能、氢能等技术结合。着力攻克生物质耦合 CCUS 和直接空气捕集等负排放技术。加大财政补贴力度，推动 CCUS 技术单位减排成本稳步下降。

着力突破清洁能源利用技术。加大力度研发非常规天然气勘探开采技术，优先发展煤层气、页岩气、致密气开发关键技术。以煤层气等非常规天然气开发科技重大专项为支撑，完善高瓦斯煤矿煤层气安全开发、深部煤层气勘探开发、多煤层合采以及煤层气分级利用等技术，攻克页岩气勘查开发关键技术。制定完善非常规天然气开发技术标准，掌握"三气"高效共同开发关键技术。围绕煤炭清洁利用，加快研发安全绿色开发与资源

---

① 张江雪、蔡宁、杨陈：《环境规制对中国工业绿色增长指数的影响》，《中国人口·资源与环境》2015 年第 1 期。

② 姜长云、盛朝迅、张义博：《黄河流域产业转型升级与绿色发展研究》，《学术界》2019 年第 11 期。

③ 郭朝先：《2060 年碳中和引致中国经济系统根本性变革》，《北京工业大学学报》（社会科学版）2021 年第 9 期。

④ 王深、吕连宏、张保留等：《基于多目标模型的中国低成本碳达峰、碳中和路径》，《环境科学研究》2021 年第 9 期。

化利用技术、高效燃烧与低碳智能发电技术、高效洁净煤技术、煤炭分级转化与多元产品开发技术等共性关键技术。围绕智能电网，加快研发能源互联网环境下主配用互动技术，电动汽车及新能源与电网友好互动技术，能源互联网建模、仿真与评估技术，新能源发电及并网控制技术，电动汽车充放电及与电网耦合技术，分布式发电与微电网，综合能源系统，电力电子变压器，高压大功率工业电源，大容量储能技术等。开发农业雨水收集灌溉技术。研究水体污染承载能力及水体自净技术，开发黑臭水体整治关键技术。集中力量攻克绿色农业技术。开发主要农作物超高产新品种、抗旱节水新品种，加强特色林果、油料新品种的选育工作。开发安全优质高效饲料和规模化健康养殖技术，创制高效特异性疫苗、高效安全型兽药。开发特色农产品精深加工技术。开发环保型肥料、农药创制关键技术，发展生态农业技术。

六 实现区域绿色发展

（一）建设绿色城市

发展绿色建筑，提高建筑行业规划水平，推广使用节能技术和材料，在政府部门、大中型企业、医院学校、大型住宅区等集中推广装配式建筑，在地级市建设装配式建筑产业园区，减少建筑"内含碳排放"。运用自然采光、太阳能辐射等被动式节能措施，发展可再生能源建筑，减少建筑的运营碳排放。开展建筑废弃物循环利用，实现垃圾、废水、废气、废热、能耗零循环。整合天然气、分布式光伏发电、清洁火电、地热等多品种能源，建设综合能源系统，依托分布式智能微网、先进储能等，提高能源供应效率。全面推进海绵城市、地下管廊等建设，在设区市建成区发展一批零碳社区，推广新型环保材料，减少天然大理石等建筑材料的使用。开展公园城市建设示范，依托城市山水河湖自然资源，建设各具特色、宜居宜业、文化底蕴深厚的公园化城市。新建城区严格控制超高层建筑，依照地形地貌，错落有致建设城区。推广复合功能城区布局，实现居住、商业、无污染工业混合布局。提升居住品质，发展生态宜居性住宅，实现住宅与绿色园林融合。支持城市群核心区域发展高技术含量、高附加值、低污染产业，采取市场化手段解决存量环境问题。[1] 支持老工业基地城市能源资源产业提质增效，发展新能源、新材料、新装备等产业，采取强有力手段遏制环境污染增量问题，逐步解决环境污染存量问题。提升县城绿色低碳发展水平，按照绿色发展理念，推进产城融合，建设绿色低碳循环工业园区，试点建设低碳住宅，改造老旧小区，提高能耗标准。从社会系统、经济系统、环境系统三个维度，构建城市绿色转型指标体系。其中，社会系统包含教育指数、财富指数、健康指数等，经济系统包含经济规模指数、经济结构指数等，环境系统包含碳排放指数、固废排放指数等。[2]

（二）加快农村绿色发展

优化空间布局，统筹生态修复与涵养、农业用地保护、民居分布等，加强农村文化空间保护，防止城镇化对农村土地的过度侵占，减缓农村空心化进程。加强农村产业绿色发展，推广高产高效、资源节约、生态环保的技术模式，增加绿色优质农产品供给，吸引外出务工农民返乡就业。探索农业碳汇交易机制，建立健全农业碳汇交易市场和平台，引导企业购买农业碳汇减排项目产生的减排量。实施农村清洁能源替代，发展分布式光伏、风电等零碳能源，开展农村散煤治理行动，运用空气源等技术，改造农村取暖设施，实施农村电能替代。在粮食主产区、林业"三剩物"富集区、畜禽养殖集中区等种植养殖大县，开展生物天然气示范。加快农民职业化进程，提高农民受教育程度，持续推动农业技术下乡。提高乡村治理水平，发展壮大村级集体经济组织，促进家庭农场、种养殖大户等新型农业经营主体发展，提高农业经营主体规模化、产业化经营程度。

（三）创建绿色发展示范区

坚持示范先行，在绿色发展制度上先行先试，开展统计、考核工作，激励机制创新，完善绿色发展指标体系、标准体系和评价体系，制定绿色城市发展

---

[1] 马丽：《基于产业环境耦合类型的沿海地区产业绿色转型路径研究》，《地理研究》2018 年第 8 期。

[2] 陈静、陈宁、诸大建等：《基于灰熵理论的城市绿色转型评价模型研究》，《城市发展研究》2012 年第 1 期。

政策体系，构建宣传、教育、立法、执法、司法、行政等多部门参与的绿色转型发展工作矩阵。在黄河流域、长江经济带、京津冀、长三角、粤港澳等区域，选择不同类型城市，试点绿色转型发展，积累试点经验和路径模式，适时向全国推广。强化能源、产业、科技、金融支撑，建设绿色、高效、安全的综合能源系统，发展绿色电力体系，打造绿色、低碳、循环发展的现代产业体系，实现生态产业化、产业生态化，集中力量开展绿色发展技术攻关，推进新一代信息技术、"互联网+低碳"等前沿技术研发攻关与示范应用，大力发展绿色金融，构建绿色发展支持体系。强化区域生态环境共治、污染联防联控，推动碳排放总量和强度"双控"指标落实落地，加强水环境治理，构建大尺度绿色空间格局。调整国土空间结构，整合废弃厂房等土地资源，盘活存量，精准化开展土地整治，严格核定认定新增耕地，规范新增建设用地管理，优化增量。开发区全面实行标准厂房、标准地改革，探索多层厂房、立体开发模式，提高土地利用效率和效益，全面实施"亩产论英雄"。

（四）加强国际合作交流

实施绿色产业"走出去"工程。依托光伏发电、风电等优势产业，与各国开展可再生能源合作。支持煤炭企业对外输出技术，采取资产重组、委托经营等多种方式，开展绿色开采、清洁利用。支持油气企业采取项目合作、资金合作、技术合作等方式，开发石油天然气资源。支持电网企业输出特高压技术和装备，在周边国家建设跨区域的国际电网。支持能源装备企业对外开展清洁能源装备产业合作，推动国内产业链、创新链和国际产业链、创新链耦合，用好国际资源和市场。开展绿色金融国际合作，积极拓展业务范围，开发绿色信贷、绿色债券、清洁能源基金等金融产品。

开展绿色转型发展对话交流。依托"一带一路"绿色发展国际联盟、APEC等平台，与世界各国开展绿色发展、推动人类命运共同体建设等议题交流。推动开展国际智库合作，积极吸取各国绿色转型发展经验，传播中国生态文明建设成果。推动城市间国际交流合作，依托友好城市等模式，开展生态城市建设经验国际互动。推动民间组织开展绿色转型发展国际交流，对外宣传中国绿色文化，打造良好国际形象。

参考文献

[1] 潘家华：《低碳发展的社会经济与技术分析》，社会科学文献出版社，2004。

[2] 郭朝先：《2060 年碳中和引致中国经济系统根本性变革》，《北京工业大学学报》（社会科学版）2021 年第 9 期。

[3] 张江雪、蔡宁、杨陈：《环境规制对中国工业绿色增长指数的影响》，《中国人口·资源与环境》2015 年第 1 期。

[4] 张江雪、朱磊：《基于绿色增长的中国各地区工业企业技术创新效率研究》，《数量经济技术经济研究》2012 年第 2 期。

[5] 姜长云、盛朝迅、张义博：《黄河流域产业转型升级与绿色发展研究》，《学术界》2019 年第 11 期。

[6] 王深、吕连宏、张保留等：《基于多目标模型的中国低成本碳达峰、碳中和路径》，《环境科学研究》2021 年第 9 期。

B.19
民航业碳减排路径研究

孙慧娟*

摘　要： 随着民航业的快速发展，民航碳排放量不断增加，如何控制和减少碳排放已成为民航业可持续发展的关键任务之一。本文通过分析民航业碳排放特征及影响因素，探讨了民航业低碳发展的路径选择。包括选择低碳的飞机和发动机、使用轻质高强度材料、研发更优的航空生物燃料、运用数码技术提高信息化水平等，这些新技术的运用可大幅减少飞机整体碳排放。本文还提出了我国民航业的碳减排路径，包括实施碳排放监测和报告制度、制定碳减排目标责任和考核办法、实施碳排放权交易和碳税政策、提供研发补贴和税收优惠等。

关键词： 航空业　碳排放　航空燃料

随着航空业的恢复发展，碳排放量逐渐增加，国内国际行业减排压力持续加大。国际航空运输协会（IATA）的统计数据显示，航空业二氧化碳排放量约占与能源有关的二氧化碳排放的2.5%。航空业虽然不是碳排放超级大户，但降碳难度较大，国际能源署相关数据表明，2013~2019年，民航运输业的全球碳排放量已经超过了国际民航组织预测数值的70%，也正因为如此，航空业碳中和发展目标进展被气候行动追踪组织评为"严重不足"，若按照这样的形势发展下去而不加控制，到2050年航空业的碳排放量将占全球碳排放总量的1/4。相对于国际航空业，中国民航在节能减排、油改电、

---

* 孙慧娟，博士，中国民航科学技术研究院助理研究员，主要研究方向为民航政策与法规。

生物燃油应用等方面的工作实践初见成效，但仍存在政策目标不明确、政策措施不具体、政策工具运用不充分等问题，[①] 因而，有必要借鉴国际经验，进一步探索我国民航业碳减排路径。2021 年 10 月，波士顿举行的 IATA 第 77 届会议上一致通过了 2050 年实现航空业净零碳排放（Net Zero 2050）的目标。航空业亟须通过制定、实施碳中和等相关政策和采取行动来减少碳排放量，使之达到净零碳排放目标。[②]

一 航空业碳排放特点分析

第一，航空业碳排放的来源。根据运输种类，民航业分为航空旅客运输业（主要从事以航空器运输旅客的业务同时亦可载运货物）及航空货物运输业（主要从事以航空器运输货物和邮件的业务）。民航业碳排放主要包括运输飞行中航空器消耗的航空汽油、航空煤油和生物质混合燃料燃烧产生的二氧化碳排放，以及地面活动、机场运营涉及的其他移动源及固定源消耗的化石燃料燃烧产生的二氧化碳排放。根据美国 2019 年数据，民航业碳排放 90%以上来自飞机航空燃油燃烧，其中又有 80%以上是飞机在航途中产生的。[③]

第二，航空业碳排放的具体数量。众所周知，航空业发展增加了温室气体的排放，但其影响几何仍有待商榷。一是在占比方面，IATA 的统计数据显示，航空业二氧化碳排放量约占与能源有关的二氧化碳排放的 2.5%；而 Lee 等人的研究认为航空产生的温室气体排放量约占全球温室气体排放总量的 4%~5%，[④] 后续进一步研究认为这一比例在 3.5%左右。[⑤] 二是在具体数量方面，国际能源机构（IEA）

---

① 郭超宇、施向峰：《我国民航业碳中和发展的政策现状分析》，《华东交通大学学报》2022 年第 2 期。

② IATA, *Climate Change: Science and Impacts Factsheet*, https://css.umich.edu/publications/factsheets/climate-change/climate-change-science-and-impacts-factsheet, 2017.

③ Federal Aviation Administration, *United States 2021 Aviation Climate Action Plan*, https://www.faa.gov/general/2021-united-states-aviation-climate-action-plan, 2021.

④ Lee, D. S., et al., "Transport Impacts on Atmosphere and Climate: Aviation", *Atmospheric Environment*, 2010 (37).

⑤ Lee, D. S., et al., "The Contribution of Global Aviation to Anthropogenic Cimate Forcing for 2000 to 2018", *Atmospheric Environment*, 2020, 117834.

测算的 2017 年 CO_2 排放为 978Mt，[1] 而 Lee 等人估计有 1034Mt。[2] 具体来看，在航空业的碳排放总量中，71% 的碳排放碳排放来自航空客运，17% 的碳排放来自航空货运，军用航空和私人航空的碳排放占比分别为 8% 和 4%。[3] 也有预测认为在新冠肺炎疫情之后航空业碳排放量会快速增长，不加以控制到 2050 年会增长 2~3 倍[4]。

第三，航空业碳排放的地域分布。航空业碳排放存在地区差距，在不同的人群中也有明显区别。从美国数据看，美国国内航班燃油 80% 的碳排放是在航途中产生的，国际航班则高达 94%。[5] 2018 年全球航空人口数量约占全球总人口的 11%；美国自身航空业碳排放量为 240Mt，相当于紧随其后的英、日、德、法等 10 国的总和；同期美国国内群体也有非常大的差异，53% 的人口没有参与航空活动，但 12% 的常旅客搭乘了约 68% 的航班。[6] 一项研究发现，瑞典居民全球航空旅行导致的温室气体排放量与其国内私人汽车的排放量相当。[7]

二 国际社会关于碳减排的协议及实践

（一）国际类航空业组织在碳减排方面所做的努力

国际上很多相关组织和机构，在其远景目标和细分领域都各自制定了相应的规划、目标和行动路线，以期通过自身领域的改善，从多元视角探

① International Energy Agency（IEA），*Oil Information* 2019，2020.

② Lee，D. S.，et al.，"The Contribution of Global Aviation to Anthropogenic Climate Forcing for 2000 to 2018"，*Atmospheric Environment*，2020，117834.

③ Gössling，S.，Humpe，A.，Fichert，F.，et al.，"COVID-19 and Pathways to Low-carbon Air Transport Until 2050"，*Environmental Research Letters*，2021（16）.

④ ICAO，*Economic Impacts of COVID-19 on Civil Aviation*，https：//www. icao. int/sustainability/Pages/Economic-Impacts-of-COVID-19. aspx，2020.

⑤ Federal Aviation Administration，*United States 2021 Aviation Climate Action Plan*，2021.

⑥ The International Council on Clean Transportation（ICCT），*The Cost of Supporting Alternative Jet Fuels in the European Union*，https：//theicct. org/sites/default/files/publications/Alternative_ jet_ fuels_ cost_ EU_ 20190320. pdf，2019.

⑦ Larsson，J.，Kamb，A.，Nässén，J.，Akerman，J.，"Measuring Greenhouse Gas Emissions from International Air Travel of a Country's Residents Methodological Development and Application for Sweden"，*Environmental Impact Assessment Review*，2018（72）.

求航空业实现碳中和目标的可能路径，从而实现行业及环境的可持续发展。

第一，国际民航组织（ICAO）。作为联合国的一个专门机构，ICAO 经过不断努力，终于在第 39 届大会上通过了国际航空碳抵消和减排计划（CORSIA），该计划成为第一个全球性的行业减排市场机制。虽有争议和不完善之处，[①] 但是该计划的出现，使航空业成为全球首个由各国政府协定实施从而达到全球碳中和的产业。该计划提出了 2050 年前航空业需要达到的目标主要有：一是碳达峰目标，即 2035 年二氧化碳排放量水平不能超过 2020 年的排放水平；二是 2050 年世界航空碳净排放量要稳定在 5.8 亿吨碳，也就是 2019 年的水平，且不高于 2005 年排放水平的 50%。[②]

第二，国际航空运输协会（IATA）。IATA 是世界各国航空公司组成的大型国际组织，其成员囊括了 290 家航空公司，这些航空公司遍布在全球 120 个国家和地区。2008 年吉隆坡成员会议上，IATA 通过了一项完整的减排计划和方案。[③] 2009 年 12 月在哥本哈根举行的联合国气候变化框架公约会议上，作为民航业的代表，IATA 明确提出了如下减排目标：2050 年的二氧化碳排放量将比 2005 年减少一半。在具体方案上主要包括两点，一是提高成员航空公司向可持续航空燃料（Sustainable Aviation Fuel，SAF）过渡的准备程度，并将可持续航空燃料作为到 2050 年实现净零碳排放的主要选择；二是在 ICAO 大会上确保各国政府对行业气候战略的支持。[④]

第三，世界航空运输行动小组（ATAG）。这一组织成立的目标是实现航空业的可持续发展，ATAG 由全球行业内顶尖的 40 多家商用航空企业资助而成。2008 年 4 月在日内瓦，ATAG 召集全球民航业代表召开了第三次航空与环境峰会，并在会上制定了世界民航业可持续发展愿景，与会代表签署了"航

① 刘勇、朱瑜：《气候变化全球治理的新发展——国际航空业碳抵消与削减机制》，《北京理工大学学报》（社会科学版）2019 年第 3 期。
② ICAO, *Carbon Offsetting and Reduction Scheme for International Aviation（CORSIA）*, https://www.icao.int/environmental-protection/CORSIA/Pages/default.aspx, 2022.
③ 减排计划和方案的主要内容包括到 2020 年，年均燃油效率提高 1.5%；从 2020 年开始，碳排放实现零增长；到 2050 年，碳排放量将比 2005 年净减少 50%。
④ IATA 作为一个民间协会组织，其提出的减排目标要通过政府组织，比如 ICAO 通过，或者写进政府间会议，如 2009 年哥本哈根会议的决议中去才能产生效力。

空业针对全球气候变化的行动承诺",并明确要大力支持 ICAO 的相关决议。2020 年，ATAG 又发布了《Waypoint 2050》，即世界航空业面对气候变化的 2050 年路线图及对航空运输业实现净零碳的可靠路线图，同时，也对新技术的结合进行了详细的描述。

（二）区域与国别类组织在碳减排方面所做的努力

除国际类民航组织的努力外，区域性和国别组织对民航碳中和也起到了积极推动的作用。在国际民航组织第 29 届大会召开之前，2016 年 9 月，《布拉迪斯拉发宣言（Bratislava Declaration）》发布，该宣言由欧盟成员国民航局局长、欧洲民航会议（ECAC）其他成员国等共同签署，该协议的主要内容为成员国从试点阶段，就开始全面实施和遵循 CORSIA。推动美国航空业绿色发展的主要为美国联邦航空管理局 FAA 以及美国国家环境保护局 EPA。2020 年 12 月 28 日，美国国家环境保护局对进入国内市场的新飞机设备温室气体排放标准进行考核，部分美国国内航空协会也起到了积极助推作用，如美国航空公司协会 A4A（Airlines for America），A4A 是一个北美航空公司商业协会，其在国际民航组织行业性减碳框架下也制定了本协会成员的航空和气候变化目标框架。

（三）对以 CORSIA 为例的碳减排国际协议的评析

作为第一个全球性行业减排市场机制，CORSIA 在备受关注和期待的同时，也饱受批评。如其对"碳中和增长"的关注，意味着 CORSIA 只会解决超过年度平均碳排放基准的部分，而国际商业航空运输中约 500Mt 碳量没有统计在内；非碳温室气体也不再其计划考虑之列。CORSIA 于 2021 年开始试点（自愿、非强制性）阶段；2024~2027 年为第一个实施阶段（再次自愿）2020 年 6 月，在新冠肺炎疫情的背景下，ICAO 理事会基于多数票而不是先前对 CORSIA 行动的共识，同意将 CORSIA 的基线修改为 2019 年。CORSIA 的很多行动都不会产生任何重大影响，也不能可靠地减少排放。值得注意的是，CORSIA 基于 ICAO 大会决议并通过的国际民航组织标准和建议实施，根据国际法并不具有约束力，因此 CORSIA 未来解决碳排放问题的能力具有不确定性。

表1 对 CORSIA 持批评意见的相关文献汇总

事项	批评内容
未将非 CO_2 温室气体列入	仅关注二氧化碳的排放,而忽略甲烷、NOx 和凝结尾迹造成的云等[1]
不能涵盖所有地域和国家	将不发达国家、内陆和小岛屿发展中国家的往返航线排除在外,预计仅能覆盖 80%的国际空中交通[2]
仅关注"碳中和增长"	CORSIA 抵消机制仅与 2020 年后的增长有关,预计仅涵盖 2021 年~2035 年国际航空排放量的 25%[3]
自愿加入,不具有强制性	试点阶段 2021~2023 年自愿加入;第一阶段 2024 年~2027 年亦自愿[4]
不利于新技术推动	由于抵消比替代燃料的开发和投入更具成本效益,CORSIA 不会成为新技术的促进因素[5]

注:① Lee, D. S., et al, "Aviation and Global Climate Change in the 21st Century", *Atmospheric Environment*, 2009, 22–23.

②EC, *EU Climate Action*, https://ec.europa.eu/clima/citizens/eu_ en, 2022.

③ The International Council on Clean Transportation (ICCT), *International Civil Aviation Organization's Carbon OFFSET and Reduction Scheme for International Aviation (CORSIA)*, https://theicct.org/publications/ICAO-carbon-offset-and-reductionscheme-international-aviation, 2020.

④ Lyle, C., "Beyond the ICAO's CORSIA: Towards a More Climatically Effective Strategy for Mitigation of Civil-aviation Emissions", *Climate Law*, 2018 (8).

⑤ The International Council on Clean Transportation (ICCT), *ICAO's CORSIA Scheme Provides a Weak Nudge for In-sector Carbon Reductions*, https://theicct.org/blog/staff/corsia – carbon – offsets – and – alternative-fuel, 2020.

资料来源:作者整理。

三 各国政府关于碳减排的税收政策及生物燃料配额义务的设置

除航空国际组织的努力外,各国政府还通过税收政策以及生物配额义务设置的方式进行碳减排路径的探索。总体而言,这些机制需要在两个层面进行衡量:一是该政策能否激励航空公司减少燃油消耗,如使用可持续航空燃料,购买更节能的飞机等;二是该政策是否会改变消费者行为,促使其选择其他交通方式出行。

（一）航空燃油税

对燃料征收碳税，可以通过向航空公司（通过更高的燃料成本）和消费者（通过更高的票价）发出价格信号来实现，这是一种减少碳排放的有效手段。[①] 然而对于国土面积较小的国家而言，由于其国内航空碳排放占比较低，效果上可能存在一定的差异，如瑞典居民航空旅行中仅有不到10%的排放来自国内航空。[②] 从各国实践看，目前对航空燃油征税的国家很少，挪威和日本在这方面起到了引领作用。[③] 对日本国内航空燃油征税的研究发现，征收航空燃油税政策有效地减少了碳排放。[④] 因此综合来看，短期内，国内航空征收燃油税的作用是有限的，但长远看，国际航空征收燃油税将具有非常大的减排空间。

（二）航空旅客税

除以航空燃油作为税基之外，另一种较为可行的方式是对航空旅客的机票征税。英国早在1994年就实施了航空客运税（APD），由此英国也是世界上旅客税最高的国家之一。目前许多国家包括德国、瑞典、法国、挪威等都实施了类似的税，近几年荷兰也加入此列。[⑤] 英国政府规定的欧盟地区航空旅客税为每张票15欧元左右。[⑥] 而航空旅客税是否减少航空需求，取决于其税收水平和价格弹性。[⑦] 航空旅客税适用于国内和国际航空，税率通常根据旅

① Mayor, K., Tol, R. S., "Scenarios of Carbon Dioxide Emissions from Aviation", *Global Environmental Change*, 2010 (1).

② Kamb, A., Larsson, J., "Klimatpåverkan från svenska befolkningens flygresor 1990~2017", *Gothenburg: Chalmers*, https: //research. chalmers. se/en/publication/506796, 2018.

③ Norway, *ICAO State Action Plan on CO$_2$ Emissions Reduction Activities Norway*, http: //www. icao. int, 2016.

④ González, R., Hosoda, E. B., "Environmental Impact of Aircraft Emissions And Aviation Fuel Tax In Japan", *Journal of Air Transport Management*, 2016 (57).

⑤ 光明网:《荷兰明起征航空乘客税》, https: //m. gmw. cn/2020-12/08/content_ 1301915657. htm, 2020 年 12 月 8 日。

⑥ UK Government, *Rates and Allowances for Air Passenger Duty*, https: //www. gov. uk/guidance/rates-and-allowances-for-air-passenger-duty, 2018.

⑦ Macintosh, A., Wallace, L., "International Aviation Emissions to 2025: Can Emissions be Stabilised Without Restricting Demand?", *Energy Policy* 2009 (1).

客飞行距离进行分级。全球机票的平均价格弹性为-0.8，商务舱机票的价格弹性较低，经济舱机票的价格弹性较高；长途机票的价格弹性较低，而短途机票的价格弹性较高。[1] 航空旅客税是解决国际航空燃油税难以实施的替代方案，但研究显示，该政策的效果值得进一步关注，由于航空旅客税的本质是将碳排放的成本转嫁给旅客，把航空旅行的成本与其他交通方式进行关联，可能会对消费者行为产生影响，这种方式并没有给航空公司带来减少排放的激励，不如直接征收航空燃油税。[2]

（三）生物燃料配额义务

根据欧盟委员会《可再生燃料指令》（RED），2020 年前欧洲交通运输部门至少使用10%的可再生能源。[3] 瑞典航空业已经作出承诺，将在 2030 年实现国内航班、2045 年实现国际航班生物燃料的全覆盖。[4] 由于目前生物燃料量少价高，且应用并不普及，许多航空公司只是偶尔使用生物燃料进行飞行，但航空业的低碳目标却严重依赖生物燃料，这是一个必须需要解决的矛盾。[5] 未来，生物燃料的价格仍难预测，尽管规模化应用会降低价格，但对生物燃料的需求不断增加、可持续标准提升等都可能进一步抬升生物燃料价格。有测算数据表明，公路运输部门的生物燃料在扣除税收后价格比化石燃料高出 80%。[6] 航空部门的生物燃料价格会略高于公路部门，这也意味着使用生物燃料会大幅度提高航空公司成本。这就需要强有力的政策，例如生物燃料的配额义务等制度来推进。

---

[1] Seetaram, N., Song, H., Page, S. J., "Air Passenger Duty and Outbound Tourism Demand From The United Kingdom", *Journal of Travel Research*, 2014 (4).

[2] Mayor, K., Tol, R. S., "The Impact of the UK Aviation Tax On Carbon Dioxide Emissions and Visitor Numbers", *Transport Policy* 2007 (6).

[3] 《欧盟实施生物燃料可持续性认证计划》，国家能源局网站，www.nea.gov.cn/2012-02/06/c_131393930.htm，2012 年 2 月 6 日。

[4] Swedish Air Transport Society, "Färdplan För Fossilfri Konkurrenskraft", *Flygbranschen*, www.regeringen.se, 2018.

[5] IATA, *IATA Sustainable Aviation Fuel Roadmap*, www.iata.org, 2015.

[6] Åkerman, J., Larsson, J., Elofsson, A., *Svenska Handlingsalternativ För att Minska Flygets Klimatpåverkan*, https://research.chalmers.se/en/publication/246057, 2016.

四 多元化交织是航空业低碳减排体系的主要特点

（一）航空业低碳转型涉及多元利益的博弈主体的权衡

航空等交通运输系统的变革需要考虑技术、基础设施、组织、规则和用户使用等因素。① 需要如政策制定、政策融合、社会技术变革等共同作用于低碳转型目标。② 航空业碳减排涉及众多利益主体、减排环节以及政策组合，因此，必然出现不同参与者利益之间的冲突与平衡的问题。任何转变或转型都是利益权利平衡博弈的结果。③ 在特定环境下，低碳目标会对行业、公司的盈利能力和商业模式产生影响，因此，它们碳减排的动力不足，尤其是航空业，其本身利润率较低，且更易受经济和需求变化的影响。④

（二）航空业低碳转型需要多元化政策机制为其指引方向

航空业碳减排涉及多元主体利益的博弈，因此，其采用的政策或举措也是多元化的。综合看，这些政策或指引可以分为三类：一是基于自愿性质的政策安排，如鼓励个人去乘坐使用可持续航空燃料（SAF）的航班。目前这类航班已经试飞，如法航荷航集团执飞的首个采用法产可持续航空燃料的洲际航班。⑤ 二是基于市场导向型的政策。航空旅行是目前个人能进行的最密集的碳排放活动，⑥ 因而应对个人征收碳排放税或者航空旅客税，尤其是对常旅客征收累进的碳税，毕竟有研究表明10%的飞行常旅客的碳排放占全球商业

① Geels, F. W., Sovacool, B. K., Schwanen, T., et al., "Sociotechnical Transitions for Deep Decarbonization", *Science*, 2017 (357).

② Kern, F., Rogge, K. S., "Harnessing theories of the Policy Process for Analysing the Politics of Sustainability Transitions: A Critical Curvey", *Environmental Innovation and Societal Transitions*, 2018 (27).

③ Geels, F. W., "Regime Resistance Against Low-carbon Transitions: Introducing Politics and Power into the Multi-level Perspective", *Theory, Culture & Society*, 2014 (5).

④ Doganis, R., *Airline Business in the 21st Century*, London: Routledge, 2005.

⑤ 民航资源网：《法航荷航集团执飞首个采用法产可持续航空燃料的洲际航班》，http://news.carnoc.com/list/561/561921.html，2021年5月25日。

⑥ 《航空业减排亟待技术创新助力》，国家新能源局网站，http://www.nea.gov.cn/2021-07/07/c_1310047074.htm，2021年7月7日。

航空旅行排放量的一半以上。[①] 对航空业而言，也可以征收增值税、航空燃料碳税等。三是基于强制性制度安排。[②]

（三）创新仍是航空业碳减排的重要路径支持

创新既需要科技创新，包括航空燃料的绿色研发、电推进系统应用、轻量化材料及碳复合材料的使用等；也需要政策创新，如有效地为排放和污染定价等。在创新道路上，航空业仍有很长的路要走。一是电动飞机方面，为飞机提供动力的电池重量太重，约是同等条件下航空燃料的 30 倍；且目前电动飞机也只能用于短途飞行，而航空业碳排放主要是长途飞行所致。[③] 二是氢燃料方面或许更能先行一步。2020 年 9 月，6 座由英国 ZeroAvia 公司研制的 Piper M 级氢燃料电池飞机，成功实现首飞，这也是商业级氢燃料电池飞机的首次飞行，航空业在碳减排方面有了实质性的进步。[④] 氢燃料没有航程限制，如果使用可再生电力生产氢气，理论上是可以消除碳排放的。但氢燃料水蒸气排放量大，需要降低飞行高度避免凝结尾迹造成的卷云。[⑤] 三是时间及成本因素，电动飞机从新技术研发到整个机队应用需要很久才能完成，[⑥] 同时，氢燃料使用也存在时间问题，改用氢气需要更新飞机机队以及氢气生产设施和配送系统，这种转变可能也需要较长时间才能完成。另外成本方面也需要考量，毕竟氢、电成本比化石燃料要高很多倍。[⑦]

---

① Sgab, C.、Ah, D., "The Global Scale, Distribution and Growth of Aviation: Implications for Climate Change", *Global Environmental Change*, 2002 (65).

② Teoh, R., Schumann, U., Majumdar, A., Stettler, M. E., "Mitigating the Climate Forcing of Aircraft Contrails by Small-Scale Diversions and Technology Adoption", *Environmental Science & Technology*, 2020 (5).

③ Reimers, J. O., "Introduction of Electric Aviation in Norway", *Feasibility Study by Green Future AS*, https://www.semanticscholar.org/paper/INTRODUCTION-OF-ELECTRIC-AVIATION-IN-NORWAY-Arntsen-Reimers/a1c445bc65aa055b7ee2b46c130a4e29ddf2fc33, 2018.

④ 《航空业减排亟待技术创新助力》，国家能源局网站，http://www.nea.gov.cn/2021-07/07/c_1310047074.htm, 2021 年 7 月 7 日。

⑤ Dincer, I., Acar, C., "A Review on Potential Use of Hydrogen In Aviation Applications", *International Journal of Sustainable Aviation*, 2016 (1).

⑥ Schäfer, A. W., Evans, A. D. Reynolds, T. G., Dray, L., "Costs of Mitigating CO₂ Emissions from Passenger Aircraft", *Nature Climate Change*, 2016 (4).

⑦ Brynolf, S., Taljegard, M., Grahn, M., Hansson, J.: "Electrofuels for the Transport Sector: A Review of Production Costs", *Renewable and Sustainable Energy Reviews*, 2017 (81).

五 中国碳减排构建路径探析

（一）低碳发展已成为中国民航产业发展的必由之路

2021年，中国发布了《中华人民共和国国民经济和社会发展第十四个五规划和2035年远景目标纲要》（以下简称"'十四五'规划"），明确提出落实"30·60"目标。"十四五"规划是中国重要的发展性指导纲要文件，对未来5年的中国进行了总体规划和发展方向的布局，涉及深入推进交通等领域低碳转型（第28章）、深化交通运输等领域节能和能效提升（第39章），也对航空业绿色发展也提出了框架性意见。同期，中国民航局根据国家"十四五"规划印发了行业纲领性文件《关于"十四五"期间深化民航改革工作的意见》，围绕国家"双碳"目标制定民航"低碳发展中长期路线图"和"绿色民航标准体系"，并对航空企业采用可持续航空燃油予以支持，建立以市场为基础的民航节能减排机制，为中国航空业低碳转型提供了发展方向。

（二）积极探索积极、开放、多元、创新的碳减排构建路径

第一，以更积极的姿态融入国际民航的合作与沟通中。绿色发展是全球航空业的共识，航空业更需要携手共同应对气候挑战。国际社会可以在可再生能源的开发与应用方面进行联合技术攻关，推进双边绿色金融合作。目前国际社会的分歧仍然存在，如2012年欧盟征收航空碳排放税遭到了全球多个国家的强烈反对。[①] 2020年以后航空业更是面临着碳减排和经济恢复增长的双重压力，中国需要以积极姿态和国际民航各类组织及其成员就面临的困难和实现路径进行充分沟通，取得共识，消除分歧，并参与CORSIA等国家合作。同时倡导全球低碳绿色发展，要兼顾不同发展阶段国家的差异与诉求，构建一个发达国家和发展中国家都能接受的公平、合理、有效的全球绿色发展规则和标准体系。努力让中国成为航空业绿色发展的重要参与者、贡献者和引领者。

---

① 中国民用航空网：《如何应对欧盟航空碳排放税》，https：//www.ccaonline.cn/news/item/19182.html，2012年6月19日。

《2022 中国民航绿色发展政策与行动》指出，未来中国将继续增强减污降碳协同增效的基础，完善措施机制，增强科技支撑能力，打开民航发展产业融合发展的新局面，进一步降低碳排放强度。到 2025 年，民航吨公里油耗降至0.293 千克，吨公里二氧化碳降至 0.886 千克，可持续航空燃料 5 年累计消费达到 5 万吨等；到 2035 年，进一步完善绿色低碳循环发展体系，实现运输航空碳中性增长。

第二，以机制和技术创新促进航空业碳减排。技术创新是实现航空业可持续发展的必由之路。航空业参与主体要发挥协调作用，共同致力于技术创新，通力协作实现可持续发展的目标，航空公司要通过技术创新，不断提高燃油效率并减少碳排放；飞机和发动机制造商要研制出革命性技术，以减少航空器的二氧化碳排放；燃料生产商要提供可持续的燃料；机场也需要做好提供清洁能源的准备。同时，国家要制定具体的目标和实施办法，合理确定达成目标和时间范围，明确碳排放量、燃油效率、技术变革等约束条件，并通过制定法规和政策支持航空业脱碳，鼓励和促进社会投资向绿色基础设施的应用和创新。

第三，采取多元政策手段实现碳减排目标。航空业实现碳减排，必须借助综合多元政策才能够达成：要有基于道德责任和自愿行动的政策，要有基于市场导向的政策，也要有法律强制性质的政策。研究中国实行航空旅客税、航空燃料碳税的可行性；研究民航业碳税的具体政策，建立基于市场的国内民航业碳排放权交易和碳补偿机制等。同时，对相关政策建立定期的评估和改进办法，专业、客观、公信力强的政府部门作为主导，适当引入市场化的第三方评估机构，定期公布减排效果，提高信息的透明度。将各类政策融合在一起，将行业主管部门、航空业及其从业者、社会团体及航空乘客拧在一起，在政策支持下形成合力，实现中国航空业碳减排的目标。

根据《中共中央　国务院关于完整准确全面贯彻新发展理念做好碳达峰碳中和工作的意见》和《国务院关于印发 2023 年前碳达峰行动方案的通知》的总体部署，中国民航印发实施了《"十四五"民航绿色发展专项规划》《中国新一代智慧民航自主创新联合行动计划纲要》《中国民航四型机场建设行动纲要（2020—2035 年）》等规划，制定了《关于深入推进民航绿色发展的实施意见》《推动新型基础设施建设促进民航高质量发展实施意见》《"四强空管"行动方案》《智慧民航建设路线图》等实施方案，形成了中国民航绿色发展规划政策体系，引导中国民航行业绿色、低碳、循环发展。

（三）中国民航绿色取得显著效果

在中国民航绿色发展规划政策体系的指引下，中国民航产业减少碳排放取得了显著的效果。2021 年，中国民航运输总周转量、旅客运输量和货邮运输量分别达到 856.7 亿吨公里、4.4 亿人次和 731.8 万吨。2022 年 9 月中国民航局发布了《2022 中国民航绿色发展政策与行动》，其数据显示，2021 年中国民航吨公里油耗 0.309 公斤，较 2000 年累计减少二氧化碳排放 4 亿吨；机场每客能耗较"十二五"末均值上升约 2.3%，每客二氧化碳排放下降 22.1%。

参考文献

［1］ IATA, *Climate Change: Science and Impacts Factsheet*, https://css. umich. edu/publications/factsheets/climate – change/climate – change – science – and – impacts – factsheet, 2017.

［2］ 王轶辰:《啃下民航碳排放"硬骨头"》,《经济日报》2022 年 5 月 26 日。

［3］ 郭超宇、施向峰:《中国民航业碳中和发展的政策现状分析》,《华东交通大学学报》2022 年第 2 期。

［4］ Federal Aviation Administration, *United States 2021 Aviation Climate Action Plan*, https://www. faa. gov/general/2021–united–states–aviation–climate–action–plan, 2021.

［5］ Lee, et al. , "Transport Impacts on Atmosphere and Climate: Aviation", *Atmospheric Environment*; 2010 (37) .

［6］ Lee, D. S. , et al. , "The Contribution of Global Aviation to Anthropogenic Cimate Forcing for 2000 to 2018", *Atmospheric Environment*, 2020.

［7］ International Energy Agency (IEA), *Oil Information 2019*, 2020.

［9］ Gössling, S. , Humpe, A. , Fichert, F. , Creutzig, F. , "COVID–19 and Pathways to Low–carbon Air Transport Until 2050", *Environmental Research Letters*, 2021 (16) .

［10］ 刘勇、朱瑜:《气候变化全球治理的新发展——国际航空业碳抵消与削减机制》,《北京理工大学学报》(社会科学版) 2019 年第 3 期。

案 例 篇
Case Topics

B.20
国外企业实现碳中和目标对中国的启示

苗润莲　童爱香*

摘　要： 为应对全球气候变化，落实《巴黎协定》设定的气候目标，国外企业纷纷提出各自的碳中和目标和路径。汽车巨头通用、能源巨头壳牌、互联网巨头谷歌、科技巨头苹果在碳中和战略布局和实践方面都走在所处行业的前列。这4家企业明确提出了各自的碳中和时间表和路线图，制定了具体的行动方案，并取得了较好的实施效果。因此，本文通过研究它们的碳中和行动方案，对国内企业提出以下建议：一是主动融入把握碳中和提供的切换赛道竞争机遇；二是结合企业未来发展战略规划制定有特点的减排措施；三是推动技术变革创新提高能源效率为企业碳中和赋能；四是树立负责任企业形象选择碳抵消或补偿方案。

关键词： 碳中和　零碳排放　企业经验

---

* 苗润莲，博士，北京市科学技术研究院研究员，主要研究方向为区域协同与科技创新；童爱香，北京市科学技术研究院助理研究员，主要研究方向为区域协同与科技创新。

一 引言

世界各国的碳中和承诺加快了企业的行动。越来越多的世界一流企业利用自身专业优势和影响力，制定各自的碳中和目标。截至 2021 年 12 月底，全球已有 136 个国家、115 个地区、235 个主要城市和 682 家顶尖企业制定了碳中和目标。

汽车巨头通用宣布计划未来推进全面电动化，到 2040 年实现全球产品和运营的碳中和。能源巨头壳牌作为能源转型的先行军，率先提出到 2050 年实现净零排放，加速向综合型能源供应公司转型。作为最早一家宣布实现碳中和的大企业，互联网巨头谷歌承诺到 2030 年前实现零碳运营。科技巨头苹果作为最早关注应对气候变化及碳减排的企业，承诺到 2030 年在产品整个生命周期内实现碳中和。

相比之下，国内企业碳中和行动的开始大多在中国宣布碳中和目标之后，起步较晚，且由于缺乏前期的知识积累，多数企业还停留在"宣布启动碳中和规划"层面，明确提出实现碳中和具体时间计划的企业仍在少数。① 因此，研究国外代表性企业的碳中和战略目标和路径举措，对于中国企业制定碳排放达峰、碳中和战略路径具有重要的借鉴和启示意义。

二 汽车巨头通用2040年全球产品和运营碳中和战略

通用提出，到 2040 年实现全球产品和运营的碳中和，通过自身节能减排以及碳补偿和购买碳积分等方式，实现零碳排放。为积极应对气候变化，通用签署了《1.5 摄氏度的商业雄心承诺》，并提出了《气候行动框架》，以指导其碳中和行动。

通用计划未来推进全面电动化。通用计划到 2025 年北美和中国的电动汽车产能均达到 100 万辆以上；2020~2025 年，在电动汽车和自动驾驶汽车领域

---

① 汪军：《国外先进企业的碳中和目标制定有何启示?》，《可持续发展经济导刊》2021 年第 3 期。

投资超过 350 亿美元；2025 年在美国和 2035 年在全球实现 100%可再生能源发电；到 2030 年减少新车型原材料的碳排放；到 2035 年，运营能耗强度在 2010 年的基础上降低 35%。同时，通用承诺实现 SBTi 批准的目标，到 2035 年将温室气体绝对排放量在 2018 年基础上减少 71.4%；到 2035 年消除新型轻型汽车的尾气排放，售出的轻型车辆每公里产生的温室气体排放量在 2018 年基础上减少 50.4%。

（一）加速全面电动化

电动化转型可解决传统能源车使用过程中产生的碳排放，是通用实现产品和运营碳中和目标的关键路径。

打造电动汽车投资组合。通用计划创建最广泛的电动汽车产品组合，实现其在 10 年中期成为美国电动汽车领军企业的目标。2021 年，通用宣布将 2020~2025 年电动汽车和自动驾驶汽车的投资额从 200 亿美元增加到 350 亿美元以上，实现轿车、SUV、卡车等产品线全部电动化。到 2025 年在全球推出 30 多款电动汽车（其中超过 2/3 在北美销售），到 2030 年电动汽车销量占通用美国新车销量的 40%~50%。针对中国市场（全球最大的电动汽车市场），通用宣布至 2025 年底前，在华推出的新车型中 40%以上为新能源车型。

利用 Ultium 平台。通用汽车旗下品牌将陆续推出基于 Ultium 平台的电动车型。Ultium 平台电池包成本较上一代低 40%，且相比传统技术减少了电池包 90%的线束，降低了整包重量。同时，更少的线束连接也简化了生产装配的自动化流程，提升了生产质量和效率。当电池包从车辆上退役，无线管理系统使电池在回收时不需重新设计即可简单便捷地二次利用。通用还与美国先进电池联盟和回收商合作，对电池进行 100%的翻新、回收或再利用。

发展充电基础设施。通用计划到 2025 年，投资 7.5 亿美元建设充电基础设施，其中包括与 EVgo 合作在美国城市和郊区安装 3250 个直流快速充电桩，与 Blink Charging、Charge Point、EV Connect 等 10 家充电供应商签订协议并达成联盟。到 2025 年，通用利用"经销商社区充电计划"在美国和加拿大等地安装 4 万个 2 级电动汽车充电桩，扩大当地社区的充电渠道。开发 Ultium Charge 360 系统，让通用用户使用其汽车移动应用程序，轻松查看全美和加拿大超 10 万个充电桩的实时信息，并付费充电。

打造世界级的生产基地。2020 年，通用投资 23 亿美元升级和全电动化改造底特律汉特拉米克组装中心（这是通用汽车史上对工厂单笔最大的投资），并改名为"零工厂"（Factory Zero），它被视为"通用汽车走向全电动未来旅程中的旗舰组装工厂"。2021 年，成立华莱士电池创新中心，加快更远程、更廉价的电动汽车电池技术的开发和商业化。通用计划到 2025 年底，在北美和中国均拥有超过 100 万辆的电动汽车产能；投资 70 亿美元在密歇根建设 4 个制造基地，提高电池和电动卡车的生产能力。

（二）减少燃油汽车排放

提高燃油车使用效率。通用在加快推进全面电气化的同时，通过一系列措施继续提高内燃机燃烧效率，如燃油经济性改进、发动机启停技术、增强空气动力学效率、提升变速箱性能等，降低能耗和碳排放。通用开发了多档位变速器，通过不同负载匹配不同档位，发动机转速始终处于非常接近最佳燃油工况区域，提升发动机燃油效率，降低车辆油耗。

车辆轻量化设计。轻量化车辆与降低碳排放和提高燃料经济性直接相关，美国能源部数据显示，汽车重量减少 10%，燃油经济性可提高 6%～8%。通用整合轻量化材料与创新制造工艺，将其应用到旗下乘用车及卡车中，使传统燃油车具备更好的节能环保性。得益于材料与技术的不断进步，2016～2018 年通用汽车旗下 14 款新车累计减重超过 2268 公斤，平均每辆车减重 159 公斤，超过一半的车型减重达 136 公斤以上。通用还采用全新先进软件设计技术实现了新一代车身轻量化，通过 3D 打印，将原本由 8 个不同的部件组成的一款概念性的座椅托架，实现零件一体化，在减重 40% 的同时零部件强度增加了 20%。

（三）采用可再生能源

开展能效计划。为实现到 2035 年运营能源强度在 2010 年基础上减少 35% 的目标，通用实施了一系列节能计划。2021 年，27 家通用汽车美国制造工厂和 2 家通用汽车美国非制造工厂实施了美国能源部"50001 准备计划"，该计划将进一步应用到通用全球所有制造基地；参与美国能源部"更好的建筑"项目，实现建筑和制造工厂的低碳或零碳运行；实施"建筑能源之星组合"

计划，分析测量数据和跟踪全球能耗。2021年，韦恩堡组装厂开展了一个能效项目，该项目利用垃圾填埋气体燃烧产生的余热为大部分建筑提供热量，并将其他蒸汽负荷转化为直接或间接的天然气，消除效率不高的蒸汽供暖方式。其他节能措施包括在空气处理装置、照明和码头加热器控制装置中安装紫外线灯等。

采用可再生能源。2021年，通用汽车宣布将美国工厂100%使用可再生能源的电力时间表提前到2025年。通过加快实现可再生能源发电的目标，2025~2030年通用汽车预计减少100万吨碳排放。为此，通用积极通过直接投资、绿色电价和购电协议获得可再生能源，并开发中长期存储可再生能源的技术，使用新技术部署可再生能源微电网。

三 能源巨头壳牌2050年净零排放战略

壳牌是"世界能源巨头"，其销售的最终能源约占世界消耗的4.6%，生产的一次能源约占总能源的1.4%。作为能源转型的先行军，壳牌率先提出到2050年实现净零排放，为行业低碳转型做出表率。

2020年4月，壳牌公司首次宣布"2050年净零战略"，提出到2050年成为净零排放的能源企业。2021年2月，壳牌正式对外发布"赋能进步"低碳发展战略并首次提出了涵盖公司自身生产运营业务及销售所有能源产品碳排放的"绝对净零"碳排放目标。[①]

"赋能进步"低碳发展战略提出，以2016年的数据为基准，到2022年壳牌销售的能源产品碳强度（净碳足迹）降低3%~4%、到2023年降低6%~8%、到2024年降低9%~12%的短期目标，以及到2030年降低20%、2035年降低45%和2050年降低100%的中期目标。净碳强度（NCI）是壳牌所售能源产品生命周期排放强度的衡量标准。2021年，壳牌NCI为每兆焦77克二氧化碳当量，较2016年下降2.5%，实现了其到2021年底NCI减少2%~3%的第一个短期目标。

---

① 周佩庆、林益楷：《壳牌"赋能进步"转型战略分析及其启示》，《国际石油经济》2021年第4期。

2021 年 10 月，壳牌宣布 2030 年的温室气体排放量在 2016 年基准上绝对减排 50%。2018 年，壳牌温室气体排放量达到峰值，为 17.3 亿吨二氧化碳当量。2020 年，壳牌通过采取各项减排措施，净碳强度降至每兆焦 75 克二氧化碳当量，比 2016 年减少 5%。2021 年，壳牌直接温室气体排放和间接温室气体排放总额为 6800 万吨二氧化碳当量，比 2016 年的 8300 万吨减少了 18%；直接温室气体排放量为 6000 万吨二氧化碳当量，较 2020 年的 6300 万吨二氧化碳当量下降了 5%。

为加快能源系统向净零排放的转变，壳牌根据"避免、减少、然后才减轻"的方针，向客户提供和推广低碳能源解决方案避免碳排放，尽可能地限制或减少排放，实现净零目标。

（一）向综合能源供应商转型

2016 年，壳牌推出了新能源事业部，投资风能、太阳能、电动汽车、生物燃料等领域，加速向综合型能源供应公司转型。2016~2019 年，壳牌斥资约 23 亿美元通过直接投资、兼并购等方式进入转型业务，加速向"净零"碳排放能源产品和服务供应商转型。在转型战略中，壳牌明确将其现有业务划分为增长支柱型业务、转型支柱业务及传统上游业务三大类。

增长支柱型业务。计划每年投资 50 亿~60 亿美元，占壳牌资本总支出的 20%~25%。到 2025 年，电动汽车充电点由当前的 8 万个发展到约 50 万个；到 2030 年实现每年在全球范围内销售超过 560 太瓦时电力（目前销售电力的 2 倍），为 5000 万户家庭提供可再生电力，经营约 250 万个电动汽车充电点，并实现生物燃料和氢能销售量的 3 倍增长。

转型支柱业务。计划每年投资 80 亿~90 亿美元，占壳牌资本总支出的 35%~40%。增汽减油是壳牌能源转型战略的重要环节，壳牌计划到 2025 年之前实现天然气每年新增 700 多万吨产能，到 2030 年将天然气在油气产量中占比提高到 55% 以上到 2050 年达到 75%。计划将炼油厂的数量从目前的 13 个减少为 6 个高价值化学和能源园区，并到 2030 年将传统燃料产量减少 55%，约从 1 亿吨/年减少到 4500 万吨/年。

传统上游业务。计划每年投资约 80 亿美元，约占壳牌资本总支出的 35%。其中，具有较高投资回报率、较大增长潜力、与天然气业务板块产生协同效应的 9 大核心产区成为投资重点，吸引了上游 80% 的资本支出，并产生 80% 以上的现金流。2019 年壳牌石油产量已达峰，计划石油产量在 2030 年前每年减少 1%~2%。2021~2025 年，勘探支出将由 2015 年的每年 22 亿美元减少到 15 亿美元左右。2025 年后，不再进行前沿领域勘探。对于高碳油气资产，则加速剥离。2016~2018 年，壳牌在全球 25 个国家进行了 50 多笔交易，共剥离 300 亿美元资产。

（二）提高能源使用效率

加装节能设施更新设备减少碳排放。壳牌规定，每年碳排放量超过 5 万吨的作业必须制定温室气体管理计划，以改进碳排放绩效。2018~2020 年，壳牌开展了多个改造升级项目，如卡塔尔天然气制合成油工厂，改造后使用重烷烃合成尾气作为燃料为工厂提供动力，每年可减少 70 万吨碳排放。2019 年，壳牌在中国、印度、意大利、新加坡和瑞士的 7 家润滑油工厂安装了太阳能电池板，每年可减少 4500 吨碳排放；在菲律宾炼油厂部署 3MWh 电池储能系统，预计每年发电量为 2.4GWh，可抵消炼油厂每年 8760 吨碳排放。2020 年 9 月，壳牌在荷兰的石化厂安装了 8 台新的乙烯蒸汽裂解炉，以取代 16 台旧设备，温室气体排放较 2019 年减少约 10%。

热电联产助力节能降耗。约有一半的壳牌炼厂投资了热电联产装置。新加坡的炼厂热电联产装置每年可减少 20 万吨碳排放。壳牌在宾夕法尼亚州化工厂计划建设一个 250 兆瓦的热电联产工厂，设计了节能气体裂解器，将氢气作为燃料来源，为当地家庭提供电力。

帮助壳牌用户减少碳排放。壳牌 90% 以上的排放来自其销售的燃料和其他能源产品的使用，因此壳牌还加强与用户合作，帮助其寻找减少整体碳足迹的方法。如针对航空公司用户，壳牌通过购买碳信用额度帮助其抵消碳排放。2020 年壳牌为世界各地的用户购买了超过 400 万吨的碳信用额度。

（三）碳捕集、利用和封存（CCUS）技术

壳牌通过大力开发和部署碳捕集、利用和封存（CCUS）技术，抵消或补偿产品和运营中无法去除的碳排放。全球碳捕集与封存研究院（CCS 研究所）2019 年公布的覆盖全球的 CCS 项目共有 51 个，壳牌参与了其中的 7 个项目。

这 7 个项目每年储存约 500 万吨二氧化碳，约占全球 CCS 容量的 12.5%。壳牌及挪威国家石油公司、道达尔能源公司在挪威政府的支持下，开展了一项名为"北极光"的工业脱碳项目。该项目是"首个跨境、开源的二氧化碳运输和存储基础设施网络"，项目 I 期计划在 2024 年中完成，届时将可实现每年封存 150 万吨二氧化碳，项目 II 期储存能力将扩展至每年 500 万吨以上。2015 年底，壳牌占股 10%的加拿大 Quest CCS 项目启动。这是世界上第一个油砂 CCS 项目，也是壳牌第一个商业规模的 CCS 项目，2015~2020 年已捕获和安全存储了超 550 万吨的二氧化碳。2020 年，壳牌在 CCS 领域投资约 7000 万美元，计划到 2035 年达到 2500 万吨的 CCS 容量。

（四）基于自然的解决方案

基于自然的解决方案（NBS）在减少销售的能源产品碳排放影响方面发挥了重要作用。2020 年，壳牌在未来开发和购买基于自然的解决方案方面投资了约 9000 万美元，之后预计每年投资约 1 亿美元。2020 年，壳牌收购了澳大利亚的 Select Carbon，这是一家专门开发和聚合碳农业项目的环境服务公司，该公司与澳大利亚各地的土地所有者合作，在增加植被和土壤碳固存方面开发了 70 多个碳农业项目。这些项目采用清洁能源监管机构批准的方法，帮助澳大利亚农民和土地所有者从基于土地的碳项目创建澳大利亚碳信用单位。壳牌还直接投资塞内加尔的 Sine-Saloum 项目，与 WeForest 合作再造大约 4775 公顷的红树林。

四　互联网巨头谷歌2030年零碳运营战略

谷歌是最早实现碳中和的科技巨头。早在 2007 年，谷歌就宣布已实现碳中和。2017 年，谷歌声称其已成为世界上最大的可再生能源度采购商，也是第一家全球业务年度耗电量 100%与可再生能源采购相匹配的大公司。2020 年 9 月，谷歌宣布成为第一家中和所有遗留碳排放的大公司。2020 年 9 月，谷歌发布了《第三十个气候行动》，宣布在 2030 年前实现零碳运营。

中和遗留的碳排放。通过购买高质量碳补偿，谷歌已中和了自成立以来所有遗留的碳排放（包括在 2007 年实现碳中和之前的所有运营排放），成为第一家实现整体运营碳中和的大型公司。到 2030 年前实现 7×24 小时全天候无碳能源运营。这意味着每天每小时通过 G-Mail 发送的每一封电子邮件、通过谷歌搜索提出的每一个问题、观看的每一个 YouTube 视频、使用谷歌地图搜索的每一条路线，以及在谷歌 Cloud 上运行的每一个工作负载，都将由使用清洁能源的数据中心提供动力。为此，谷歌通过各种方式，如将风能和太阳能结合起来、增加对电池储存的使用、应用人工智能优化电力需求和预测、加速清洁能源在全球社区的使用等。投资 500 亿瓦无碳能源。到 2030 年，在主要的制造业地区投资 5GW 的新型无碳能源，从而带动 50 多亿美元的清洁能源投资，相当于每年减少超 100 万辆汽车的碳排放，并创造 8000 多个清洁能源就业岗位。到 2030 年，帮助全球 500 多个城市和地方政府每年减少 10 亿吨碳排放。谷歌开发的一款名为"环境洞察探索者"的工具，通过告知其屋顶的太阳能潜力，已帮助 100 多个城市跟踪和减少其建筑和交通的碳排放，最大化其可再生能源的使用，谷歌计划将这一工具扩展到全球 3000 个城市。帮助合作伙伴减少碳排放。通过机器学习，谷歌数据中心冷却所需的能源已减少 30%，现在DeepMind 和谷歌 Cloud 正在将这种云技术解决方案提供给全球机场、购物中心、医院、数据中心和其他商业建筑和工业设施。通过产品帮助 10 亿人。谷歌通过产品为人们在日常生活中提供更可持续的选择，如使用谷歌地图寻找共享单车和电动汽车充电站，使用谷歌航班挑选碳排放最少的航班等。谷歌还将提供更多的工具和信息，找到新的方法，让其产品在 2022 年前帮助 10 亿人做出更可持续的选择。

为实现 2030 年净零排放的目标，谷歌制定了雄心勃勃的可持续性计划：通过设立高效的数据中心，推进无碳能源，创造可持续的办公环境，打造更好的设备和服务，技术赋权用户，推进碳中和进程。

（一）设立高效数据中心

数据中心是谷歌的核心，其为全球数十亿人全天候提供谷歌邮箱、谷歌Cloud、谷歌搜索和 YouTube 等产品。截至 2019 年底，谷歌在四大洲的 21 个数据中心拥有 19 个运营园区和 20 个云区域。谷歌利用 AI 推荐系统（AI-powered Recommendation System）打造业界最清洁最节能的 Cloud，目前谷歌数据中心能源效率是行业内企业数据中心平均水平的 2 倍，与 5 年前相比，谷歌现在用同样的电力提供了大约 7 倍的计算能力。通过直接控制数据中心的冷却，谷歌的 AI 推荐系统已实现了平均约为 30% 的持续节能。2019 年，谷歌全球数据中心机群的平均用电效率（PUE）创造了 1.10 的新纪录。

（二）推进无碳能源

以兆瓦时购买的可再生电力计算，谷歌是世界上最大的可再生能源企业采购商。2010~2019 年，谷歌签署了 52 项协议，购买了近 5.5GW 的可再生能源新装机容量；承诺在可再生能源项目上投资近 27 亿美元，预计总容量约为 46GW。2019 年，谷歌进行了当时最大的可再生能源企业采购，涵盖了 1.6GW 的一揽子协议和 18 项全球范围内的新能源交易，使其在全球范围内的风能和太阳能协议组合增加了 40% 以上。截至 2019 年底，谷歌累计购买了超过 4000 万兆瓦时的可再生能源。

（三）创造可持续的工作场所

采取科学和社区驱动的方法。通过考虑当地生态和景观弹性来设计和建设办公环境，旨在对运营地方产生积极影响。2009 年以来，超过 140 万平方米的谷歌办公设施已获得能源和环境设计领先认证办公室（LEED）认证。谷歌在湾景园区（Bay View Campus）设计时，优先考虑可再生能源并最大限度地利用建筑物的太阳能潜力。园区 90% 的电力需求将通过屋顶太阳能电池板和当地陆上风电场产生的太阳能来满足。园区屋顶由 50000 块太阳能电池板组成，能从多个角度捕捉太阳的能量，可产生近 7 兆瓦的能量，可以满足园区约 40% 的能源需求。园区完全依靠电能运行，据估计将减少近 50% 的碳排放，以及 90% 的冷却用水使用。园区还使用了目前北美范围最广的地热桩系统，并达到了零水损耗及水资源正效益，计划到 2030 年完全依靠无碳能源运作。2019 年，通过在湾景园区使用班车，谷歌减少了 4.3 万吨碳排放量，相当于每个工作日减少使用 9342 辆汽车。

（四）打造更好的设备和服务

谷歌承诺，到 2022 年其生产的产品 100% 都将包含回收材料，并尽可能最大化回收内部零件；到 2025 年在所有硬件产品的所有塑料中使用回收或可再生材料的比例至少达到50%，到2025年实现产品包装100%无塑料和100%可回收。2019年，谷歌推出的所有Nest产品都是用回收塑料制造的，包括Nest Mini和Nest Wifi。2020年，谷歌所有新的Pixel和Nest产品都采用了可回收材料设计。如Pixel 5的外壳（仅后壳）中的铝是100%的可回收材料，根据重量，回收铝的使用约占外壳的58%。这是谷歌第一款采用再生铝的手机，不仅消除了机身中开采铝的使用，减少了浪费，而且与使用原生铝相比，制造机身的碳足迹减少了35%。新推出的Nest Audio的外壳部分也包含70%的可回收塑料。谷歌通过Nest恒温器帮助人们减少家庭能源消耗，到2020年3月底已帮助客户累计节省了超过500亿千瓦时的能源——足够照亮整个地球5天。2021年谷歌推出了针对谷歌用户的Nest Thermostats的服务Nest Renew，通过使用"能源转换"功能，兼容的Nest恒温器可以帮助用户自动将加热和冷却的用电使用时间转移到能源更清洁或更便宜的时间。

（五）技术赋权用户

谷歌的愿景之一是利用谷歌地图、Cloud和机器学习技术，开发实时测量和监测技术，利用人工智能技术应对环境挑战，并研发帮助能够减少个人对环境影响的工具。通过绘制世界森林和渔业地图，政策制定者、研究人员和非营利组织更容易监测地球的脉搏；通过将碳排放信息引入谷歌航班，用户能够查看每个航班每个座位相关的碳排放量，并快速找到低碳选项。谷歌地图平均每天提供超过10亿公里的替代交通信息，向人们提供公共交通选择、自行车路线和交通信息，帮助限制碳排放。谷歌还进行了利用AI优化红绿灯使用效率的研究，并在以色列试行预测交通状况并改善红绿灯变化的时间。实验数据显示，燃料消耗和十字路口的延迟时间减少了10%~20%。2019年，将"环境洞察探索者"扩展到全球100多个城市，为城市规划者和决策者提供数据，帮助其制定气候行动计划。

五 科技巨头苹果2030年碳中和战略

早在2008年，苹果便开始在社会责任报告中披露碳排放信息，并通过自身影响力，推进供应链碳减排。苹果宣布已实现企业排放的碳中和，并承诺到

2030 年在产品整个生命周期内实现碳中和，且 2030 年的碳排放较 2015 年减少 75%，剩余 25% 通过碳清除来抵消；到 2030 年市场上售出的每一台苹果设备都将对气候产生"净零"影响。2015 年以来，苹果整个价值链碳排放减少了 40%，其中 2021 年利用各种举措避免了 2300 多万吨碳排放。

苹果制定了"2020 年实现自身碳中和"以及"2030 年实现供应链碳中和"的目标，未来 10 年，苹果的气候路线图将通过五大支柱：低碳产品设计、提高能源使用效率、使用可再生材料、消除直接排放、碳清除，解决苹果的碳足迹问题。

（一）低碳产品设计

2020 年，苹果自身运营和产品生命周期的碳排放达 2260 万吨二氧化碳当量。其中，最大部分的碳排放来自产品制造环节，占比超过 70%。因此，苹果将制造环节碳减排作为重点，以降低碳排放为宗旨设计产品及制造流程，优先考虑碳排放量大的材料和部件的碳减排，通过提高材料的制造效率、使用回收材料及提高产品能效，苹果的产品和制造正朝着减少整体碳排放的方向发展。

提高材料的制造效率。苹果启动了一项战略计划，寻找电路板这类高碳排放组件的替代品，优化设计从而减少碳排放。2021 年 10 月，苹果成为第一家加入 Imec 可持续半导体技术和系统研究项目的上市公司，通过端到端改进与集成电路生产相关的数据，并利用改进的数据和共享的专业知识，为整个集成电路行业找到碳减排的机会。苹果还探索提高产品制造过程效率的方法。通过 Apple M1 芯片为 Mac 设备量身打造了一款更高效的芯片，实现能效提高和环境效益。Mac Mini 改用 Apple M1 芯片后，总体碳排放量降低了 34%；13 英寸 MacBook Pro 改用 Apple M1 芯片后，碳排放量减少了 8% 以上。

使用回收材料。苹果通过改用更易低碳加工和回收的材料，减少碳排放。2021 年发布的外壳由原铝制成的产品，其加工过程优先使用低碳电力冶炼铝，而不是化石燃料。同时，进一步扩大了回收铝的使用，与新开采的铝相比，回收铝产生的碳排放更少。2015 年以来，苹果与铝使用相关的碳排放减少 68%，铝相关排放占产品制造碳足迹的比例也从 2015 年的 27% 下降到 2021 年的不足 9%。

提高产品能效。产品能源使用占苹果碳足迹的 22%，苹果在不断提高产品性能的同时，也积极改进产品的节能设计。如 Mac Studio 比高端 PC 桌面节省多达 1000 千瓦时的能源；由于使用了苹果的硅，Mac Mini 在主动使用时比上一代节省了高达 60% 的能源；iPhone 13 的能耗比美国能源部对电池充电器系统的要求能耗低 54%。自 2008 年以来，苹果已将所有主要产品线的产品能耗减少了 70% 以上。

（二）提高能源使用效率

苹果通过跟踪和监控整个业务和供应链的能源使用情况，从设计、操作和设施维护等方面提高自身运营和供应链的能源效率。

高效运营苹果设施。苹果开发了能源跟踪和基准测试系统，跟踪和监测办公室、数据中心、研发设施和零售商店的天然气和电力使用情况，并在必要时使用最佳能源管理实践来减少能源负荷。针对数据中心这一能源密集型的设施，苹果制定规范，要求数据中心数十万台服务器使用高效电源供电，每年可节省超过 400 万千瓦时能源。苹果能源效率项目通过对 710 万平方英尺的新建和现有建筑进行调整，2021 年避免了 1570 万千瓦时电力和 27000 撒姆天然气的使用。总的来说，这些措施将目标建筑总能耗减少了 7%，每年避免了 6100 吨的二氧化碳当量，截至 2021 年已累计减少了 6 万多吨二氧化碳当量排放。

更高效的供应链。2015 年，苹果启动了供应商能源效率计划，指导、评估和解决供应商技术问题，帮助其优化设施和运营，尽可能少地使用能源。自 2019 年以来，苹果供应商行为准则要求供应商定期确定排放源，并在需要时向苹果提供这些信息。2019 年，苹果推出亚洲绿色基金，为资本密集型能效项目提供融资。截至目前，苹果已利用亚洲绿色基金向供应商效率项目投资 850 万美元。2021 年，100 多家供应商参与了苹果供应商能源效率计划，制造产品环节避免了超过 115 万吨的碳排放。苹果还重点关注公司热门产品的碳减排，如为提高 iPhone 制造能效推出了"三年计划"。参与计划的 6 家供应商工厂全部实现了到 2020 年底较 2017 年既定基准减少 20% 的能耗目标。

（三）使用可再生能源

2015 年起，苹果开始逐步推动整个制造业供应链上的合作伙伴，转用太阳能、风能等 100% 可再生电力。2018 年，苹果宣布公司运营 100% 使用可再生能源电力。2022 年，全球已有 213 家生产合作伙伴承诺使用 100% 可再生能源生产 Apple 产品，预计将有近 16GW 清洁能源上线。

苹果工厂的可再生电力。苹果零售商店、数据中心、配送和办公室都已实现 100% 使用可再生能源，苹果创建的可再生能源占工厂使用的可再生电力的 90%。苹果创建项目大致分为直接所有权、股权投资、长期可再生能源合同三类。其中，长期可再生能源合同约占创建项目的 87%，通过电力购买协议、虚拟电力购买协议和其他形式的长期承诺，采购符合可再生能源标准的本地太阳能光伏和风能项目；直接所有权占 10%，用来建设自己的太阳能、沼气燃料电池和低影响水电项目等；股权投资约占 3%，用来投资市场上新的太阳能光伏或风能项目，使可再生发电与能源使用相匹配。

供应商的可再生能源。苹果制定了供应商清洁能源计划，推动供应商使用可再生能源。目前该计划共承诺提供近 160 亿瓦的清洁能源，其中近 2/3 已投入使用。截至 2022 年 3 月，已有 25 个国家 213 个制造合作伙伴承诺为苹果生产提供可再生电力。为了解决更上游的碳排放问题，苹果在中国和日本直接投资了近 500 兆瓦的太阳能和风能项目，并计划继续投资可再生能源项目，以解决供应商能源负荷。2021 年，苹果供应链中已上线的 10.3GW 可再生能源产生了 1810 万兆瓦时的清洁能源，避免了 1390 万吨的碳排放，比 2020 年增长 62%。

（四）消除直接排放

通过工艺创新减排和使用非化石基低碳燃料，苹果避免了在供应链中直接排放温室气体。

重新思考铝的制造过程。2018 年 5 月，苹果与铝业公司以及加拿大魁北克省政府合作投资 Elysis 公司，将专利技术商业化，消除传统冶炼过程中直接排放的温室气体。2019 年，苹果购买了该合作项目产出的首批商用级铝金属，用于生产 16 英寸 MacBook Pro。2022 年，Elysis 公司宣布开始大规模生产没有任何直接温室气体排放的原铝。苹果计划采购该材料用于生产 iPhone SE 机型，并通过水电加工这批铝金属，减少生产过程中的碳排放。

解决含氟温室气体排放。许多苹果产品的组件如电路芯片和显示面板它们的生产过程会使用大量的氧化气体。苹果加强与制造商合作，鼓励供应商优化生产流程减少氟化温室气体的使用，并要求供应商部署减排技术，控制这些气体释放到大气中。2019 年，苹果氟化气体排放量减少了 24.2 万吨。

产品运输。苹果通过转向低碳排放的运输方式（如铁路和海运）和寻求技术创新（包括替代燃料和电动汽车），降低运输环节的碳排放。2021 年，苹果通过改变运输方式和从 iPhone 设备上移除电源适配器减轻产品重量，避免了 18 万吨碳排放。在欧洲，苹果与使用电动汽车推进"碳中和交付"的运营商合作。在 COP26 大会上，苹果加入了"先行者联盟"，利用其购买力和供应链为创新清洁能源技术创造早期市场。

（五）碳清除

苹果 2030 年气候路线图要求在 2015 年基础上减少 75% 的排放量，剩余 25% 无法避免的碳排放（如一些建筑中使用天然气，或商务旅行和员工通勤产生的碳排放）还需借助碳清除，包括基于自然的解决方案和生态系统修复。2021 年 4 月，苹果宣布出资 2 亿美元，设立名为 Restore Fund 的开创性碳清除计划基金。这支基金由苹果与保护国际基金会、高盛共同发起，计划每年从大气中清除至少 100 万吨碳，相当于超过 20 万辆乘用车的碳排放。在 Restore Fund 的推动下，苹果积极开发和投资产生碳信用的项目，以覆盖剩余的碳排放。如保护和恢复哥伦比亚 2.7 万英亩的红树林，恢复肯尼亚奇尤卢山地区退化的稀树草原，投资"微型林业"公司等。2021 年，苹果从肯尼亚 Chyulu Hills 项目抵消 16.7 万吨的碳信用额，以实现年度碳中和。

六　对中国企业的启示与借鉴

（一）从意识上主动融入把握碳中和提供的切换赛道竞争机遇

当前，碳中和已经成全球共识。国内企业不仅面临着来自众多大型跨国公司对供应链减排要求的压力，也承受着消费端对低碳环保产品需求偏好的压力，这对企业的生存和发展提出了严峻的挑战，倒逼企业提高低碳环保意识，加快推进碳中和进程和行动。但同时，碳中和目标对企业也意味着机遇。一方面，碳中和为包括汽车行业、能源行业、传统制造业在内的产业经济切换赛道提供竞争机会。如在传统燃油汽车领域，通用、克莱斯勒、丰田等已占据市场垄断地位，国产品牌试图占据一席之地的难度巨大。但在碳中和目标下，汽车行业低碳转型，电气化成为重要方向，这为国产品牌提供了进场竞争的机会。[1] 过去十几年，国内企业在电动车领域积极部署，电动车锂电池已在全球市场占据了主导地位。另一方面，碳中和领域巨大的投资和潜在的市场为企业发展提供了机遇。生态环境部环境规划院测算的数据显示，2030 年碳达峰目标实现时，中国全社会预计将向零碳产业投资 8.5 万亿元，预计将拉动 14 万亿元的产值、创造 10.9 万亿元的 GDP。因此，国内企业应主动融入、尽早谋划，把握碳中和目标给企业带来的发展机遇，对标行业一流企业，确立顶层设计，力争在未来整个产业链中占据有利位置。

（二）从战略上结合企业未来发展战略规划制定有特点的减排措施

减排是实现碳中和的核心所在。从国外先进企业的经验来看，企业在制定碳减排规划和行动时也要兼顾经济效益原则，综合考虑企业未来发展规划、业务布局和碳减排成本，制定符合长远利益且性价比合理的减排措施。通用汽车以推进全面电动化为抓手，推进到 2040 年实现全球产品和运营碳中和的目标。电动汽车是未来汽车行业的发展方向，通用为推进全面电动化，积极打造世界级的生产基地，创建电动汽车投资组合，开发电池技术，发展充电基础设施等，在助力碳中和目标的同时也在积极抢占电动汽车领域的关键技术和市场份额，为其成为电动汽车领域领军者的目标夯实基础。壳牌在实现 2050 年净零排放目标过程中，将自身定位为"站在能源转型最前沿的领导者"，通过一系列投资、并购等，在天然气、风能、太阳能、电动汽车、生物燃料等领域掌握了重要话语权。谷歌为实现到 2030 年前实现 7×24 小时全天候无碳能源运营的目标，利用 AI 技术打造业界最清洁最节能的 Cloud 且技术赋权用户开发多项跨领域跨行业的工具和产品，始终走在互联网企业的前列。苹果在产品低碳设计、供应链 100% 使用可再生能源方面发力，在实现其到 2030 年市场上售出的

---

① 张九天：《碳中和对企业而言，意味着什么》，《可持续发展经济导刊》2021 年第 4 期。

每一台苹果设备都将对气候产生"净零"影响的目标的同时，扩大了苹果的影响力，引领了行业未来的发展方向。

（三）从技术上推动变革创新提高能源效率为企业碳中和赋能

实现碳排放达峰后稳中有降，归根结底要通过科技创新赋能，技术革新是企业控制碳排放总量与实现长远发展的关键抓手。国外先进企业在绿色转型、扩大可再生能源使用的同时，也十分重视生产工艺和流程技术创新，提高能源效率尽可能减少能源使用。通用通过一系列措施提高内燃机燃烧效率减少燃油车碳排放，并整合轻量化材料、创新制造工艺实现车辆轻量化设计，降低能源消耗。壳牌明确提出要提高能源使用效率，在制造工厂加装节能设施更新设备，推动热电联产改造，在助力节能降耗的同时，取得了可观的经济效益。谷歌利用 AI 技术打造了业界最节能的 Cloud，其数据中心能源效率是行业内企业数据中心平均水平的 2 倍，并不断刷新纪录。苹果在高效运营苹果设施的同时，还制定了供应商能源效率计划，帮助解决供应商技术问题，减少制造环节能源使用和碳排放。从长远看，国内企业在推进碳中和目标过程中，必须对标行业内一流企业，加快企业技术改造升级，加大低碳工业流程再造、重点领域效率提升等过程减排关键技术研发力度，推广节能清洁降碳的用能设备，研发实现资源循环利用的链接技术等，构建企业绿色低碳转型之路。

（四）从影响力上树立负责任企业形象选择碳抵消或补偿方案

就既有经验而言，绝大多数企业无法完全实现零排放，碳抵消就为试图减排或碳中和的企业提供了消除不可避免的碳排放的解决方案。谷歌的一份报告指出，2007 年以来，谷歌与 40 多个碳抵消项目合作，抵消了超过 2000 万吨二氧化碳排放量。谷歌使用的碳抵消方法包括从垃圾填埋场和农场捕获、使用或燃烧甲烷，与"保护森林免遭破坏和退化或加强和开发新森林"的林业项目合作等。苹果 2030 年气候路线图也提出要对剩余 25% 无法避免的碳排放实施碳清除，并设立了修复基金，投资森林保护项目，清除大气中的碳，同时，也为投资者带来财务回报。壳牌除了在基于自然解决方案上的投资，还积极研发 CCS 技术，参与全球多个大型有影响力的 CCS 项目。这些国外企业通过开展全球备受关注的公益性森林生态修复项目，以及投资市场前景广阔的 CCS 或

CCUS 技术来抵消剩余碳排放，不仅树立了对环境负责的良好企业形象，而且也为未来新一轮全球竞争打下基础。

参考文献

［1］汪军：《国外先进企业的碳中和目标制定有何启示?》，《可持续发展经济导刊》2021 年第 3 期。

［2］周佩庆、林益楷：《壳牌"赋能进步"转型战略分析及其启示》，《国际石油经济》2021 年第 4 期。

B.21
海南省低碳（碳中和）发展案例

李世杰　李捷皓　杨双*

摘　要： 海南省拥有丰富的太阳能、海洋、森林、生物等资源，具有率先实现碳达峰、碳中和目标的有利条件。《海南省碳达峰实施方案》提出，优化调整能源结构，大力推动可再生能源发展；以风能、光能、生物质能、核能等多种能源为代表，进一步提高非化石能源的占比。本报告梳理了海南省低碳发展的现状，总结了海南省实现低碳发展的做法、重点项目的经验，并指出了海南省推进低碳发展过程中的发力点，为全国低碳发展提供海南经验。

关键词： 低碳经济　碳中和　海南省

一　以系统观念推进海南低碳发展

党的二十大报告明确提出积极稳妥推进碳达峰、碳中和，并从发展方式转型，产业结构、消费结构调整优化等方面对碳达峰、碳中和工作进行全面部署，为各地区推进"双碳"工作提供顶层设计思路。海南省始终坚持以系统观念推进低碳发展，建立国家生态文明试验区；调整产业结构，大力发展绿色低碳产业；优化能源结构，大力发展非化石能源，提高化石能源清洁利用水平；提高海洋碳汇生态系统质量，推动海南省早日实现"碳达峰、碳中和"目标。

---

* 李世杰，博士，海南省开放院经济研究院院长、海南大学经济学院教授、博士生导师，主要研究方向为产业经济；李捷皓，海南省开放院经济研究院助理研究员，主要研究方向为开放经济；杨双，海南自由贸易港人才发展研究院助理研究员，主要研究方向为生态经济。

（一）低碳发展是海南自由贸易港和国家生态文明试验区建设的重要标志

1. 低碳发展是海南建设国家生态文明试验区的核心工作

2018 年中央 12 号文明确把"建成国家生态文明试验区"作为海南自由贸易港建设战略定位"三区一中心"的战略构成之一，提出海南省要加快生态文明体制改革，把完善体系、国土开发与保护、绿色转型作为三大重点任务。2020 年 6 月印发的《海南自由贸易港建设总体方案》再次对海南生态环境保护和生态文明建设做出部署，提出创新生态文明体制机制。《国家生态文明试验区（海南）实施方案》明确从 6 个方面创新探索生态产品价值实现机制，旨在把海南省"绿水青山"所蕴含的生态产品价值转化为"金山银山"，推动海南经济绿色低碳转型升级。显然，加强生态保护、实现低碳发展，是海南自由贸易港建设的基本逻辑与核心工作。

2. 海南拥有丰富的绿色碳汇和蓝色碳汇资源储备

海南是国家低碳试点省、国家生态文明试验区，具备良好的生态基础，拥有全国唯一的"岛屿型"热带雨林生态系统，林业碳汇资源与海洋碳汇资源非常丰富。据统计，海南全省林地面积达 3424.86 万亩，全省森林总面积达 3296.44 万亩，全省森林覆盖率达 62.1%，森林蓄积量达 1.61 亿立方米，森林面积达 3204 万亩，这些都可为海南创造较为丰富的绿色碳汇经济价值。海南管辖 200 万平方公里的海洋面积，每年碳交换能达到 4 亿吨，按 2022 年 8 月国内每吨均价 58 元计算，每年有超过 200 亿元的潜在蓝色碳汇经济价值。基于此，海南有条件在碳达峰和碳中和上走在全国前列，应始终坚持改革、创新和开放的总体要求，积累更多可向全国复制推广的经验。建议开展海南自贸港发展与海南碳排放各种可能研究、绿碳蓝碳吸收能力研究、碳汇经济研究及相关案例研究等，分类分层次精准制定推进海南碳达峰、碳中和路径。

3. 海南聚焦四大主导产业，具备低碳经济发展的后发优势

碳中和连接碳排放、碳吸收两端，是未来中国经济结构调整、构建新发展格局的重点任务。海南坚持生态立省的发展理念，把生态一流、绿色低碳作为自由贸易港建设核心竞争力之一，打造旅游业、现代服务业、高新技术产业和热带特色高效农业四大主导产业，不断优化创新链、产业链、产业生态，夯实产业发展基础。2022年，海南四大主导产业增加值占GDP比重达七成，经济增长的贡献率近八成，成为海南经济高质量发展的最主要支柱。[①]同时，海南大力推进南繁、深海、航天三大未来产业发展，构建绿色低碳的现代产业体系，海南发展低碳经济的后发优势逐步显现。

（二）海南自由贸易港低碳发展战略布局

《海南省碳达峰实施方案》明确，海南要立足新发展阶段，以经济社会发展绿色转型为引领，以能源绿色低碳发展为关键，从能源、产业、交通、城乡建设四大领域进行节能降碳，形成节约资源和保护环境的产业结构、生产方式、生活方式、空间格局。海南低碳（碳中和）发展的目标为，到2025年，海南要初步建立起绿色低碳循环发展经济体系，构建清洁低碳、安全高效的现代能源体系，碳排放增长得到有效控制；到2030年，打造重点领域绿色低碳发展模式样板，加快清洁能源岛建设，进一步健全绿色低碳循环发展政策体系。[②]《海南省碳达峰实施方案》提出了8个重点任务，30条具体举措，明确提出将碳达、峰碳中和纳入全省生态文明建设整体布局，着力探索具有热带岛屿特色的低碳绿色发展新模式、新路子，争做碳达峰、碳中和工作"优等生"，并确定了实现碳达峰的"路线图"和"时间表"。

（三）海南自由贸易港低碳发展生动实践

1. 海南自由贸易港低碳发展的典型举措

（1）主要工作

作为国家生态文明试验区，海南省坚持把生态环境保护、绿色低碳发展贯穿自由贸易港建设全过程，在能源产业、交通运输、城乡建设、海洋和森林碳汇、低碳技术与政策等领域开展绿色低碳行动，推动海南省碳达峰、碳中和工作走在全国前列。充分发挥海南自贸港特色制度优势，加快推动绿色低碳循环发展经济体系建设，把海南省"绿水青山"所蕴含的生态产品价值转化为"金山银山"，推动海南

---

① 人民网：《让海南成为新时代中国改革开放的示范》，https：//baijiahao.baidu.com/s？id=1739813595443189627&wfr=spider&for=pc，2022年7月31日。

② 海南省人民政府：《海南省碳达峰实施方案》，https：//www.hainan.gov.cn/hainan/szfwj/202208/911b7a2656f148c08e5c9079227103a7.shtml，2022年8月22日。

省经济绿色低碳转型升级。成立海南省碳达峰、碳中和工作领导小组，推进碳达峰、碳中和重点工作，逐步建立健全相关"1+N"政策体系，构建保障碳达峰、碳中和工作落实的"四梁八柱"。通过构建管理平台、提升碳排放算法、落实排放目标责任、打造低碳试点示范等系列举措，扎实推动节能降碳各项工作，并取得积极进展。"十三五"期间，海南省单位GDP二氧化碳排放和人均二氧化碳排放均处在全国领先水平，并超额完成国家下达的碳强度目标。2021年被纳入全国碳排放权交易市场重点排放单位。2022年3月上线海南应对气候变化智慧管理平台，为海南自贸港重点产业发展、推动形成绿色低碳生活方式提供了有力支撑。[①]

（2）重要政策

为全面贯彻习近平生态文明思想，认真落实党中央、国务院的碳达峰、碳中和重大决策部署，海南省结合省内资源、产业发展、生产生活等情况，加快基础设施绿色升级，完善绿色低碳循环经济发展的保障体系。海南省人民政府于2021年12月发布了《关于加快建立健全绿色低碳循环发展经济体系的实施意见》，于2022年8月发布了《海南省碳达峰实施方案》。此外，为进一步加强生态环境保护和生态文明建设，深入打好污染防治攻坚战，海南省以实现减污降碳协同增效为总抓手，锚定生态环境质量和资源利用效率世界领先目标。海南省于2022年8月印发了《海南省深入打好污染防治攻坚战行动方案》，并提出了加快推动绿色低碳发展的任务目标。

2. 海南自由贸易港低碳发展的重点工程

为有效推进碳达峰、碳中和工作，海南省重点推动海南国际碳排放权中心、江东新区零碳新城、海南昌江核电二期工程、博鳌东屿岛零碳示范区、热带雨林国家公园生态系统生产总值核算、碳捕集利用与封存（CCUS）示范项目等建设工程，目前已经取得了阶段性成效。

（1）积极打造海南国际碳排放权交易中心

海南强化蓝碳相关研究，加快蓝碳研究与应用。2022年初，海南省第六届人民代表大会第五次会议召开，会上明确提出加快建设海南国际碳排放权交易中心。设立海南国际碳排放权交易中心将进一步推进蓝碳产品的市场化交易，

[①] 人民日报：《海南以一系列务实举措推动落实"双碳"工作：搭建智能平台　推进低碳试点》，https://wap.peopleapp.com/article/6644343/6519406，2022年4月22日。

有助于提升海南蓝碳领域的国际地位。此外，海南国际碳排放权交易中心成立后，将作为国内外碳排放权交易市场的交汇点，起到汇聚国际化的蓝碳科学与政策研究平台、人才培养基地和国际交流合作的作用，有利于推进中国丰富的蓝碳资源的挖掘，加快碳达峰、碳中和目标实现。

（2）推动江东新区零碳新城建设

江东新区零碳新城设立以来，积极对标国际一流的绿色低碳指标，坚持高起点规划、高标准建设，坚定生态优先、绿色低碳的理念，开创江东高质量发展新局面。政策制度方面，出台《海口市江东新区生态环境保护条例》《海口江东新区"三线一单"生态环境分区管控意见》《零碳新城建设工作方案》《生态文明建设主要工作计划》《生态文明建设工作考核方案》等一系列制度文件。在低碳交通方面，率先完成面向开放道路的自动驾驶纯电动公交车测试，建成美兰机场"光储充检修"一体化充电站。在推广绿色建筑方面，已建成三星级绿建美兰机场 T2 航站楼、海南首个工厂预制装配式产业园江东新区企业港、海南首个2A 级装配式建筑江东国际能源中心等项目。在提升碳汇方面，重点保护东寨港自然保护区、三江湿地公园、北港岛海洋公园等核心生态资源，完成迈雅河、起步区水系等生态修复工程，建成迈雅河、道孟河、芙蓉河等湿地公园。

（3）海南昌江核电二期工程建设

昌江核电二期工程是 2021 年海南省重点投资项目，该项目采用具有中国自主知识产权的"华龙一号"技术方案。在此基础上，海南省因地制宜地提出 80 多项优化改进方案，使核电厂的安全性和经济性得到有效提升。该项目建成后，将为海南提供清洁低碳、安全高效的能源支撑和电力保障，进一步优化海南能源结构，助力海南清洁能源岛建设，加速实现海南碳达峰、碳中和目标。

（4）谋划打造博鳌东屿岛零碳示范区

博鳌东屿岛是博鳌亚洲论坛的永久会址所在地，博鳌东屿岛零碳示范区建设向世界展示了中国绿色低碳发展理念，该示范区建成后将实现环境自然、建筑绿色、能源零碳、废物尽用、运营智慧，更加满足非正式、舒适、和谐、绿色、高效的会议要求。《海南博鳌零碳示范区实施方案》明确提出建设博鳌东屿岛零碳排放示范区，通过在园区内部管理中应用物联网、"互联网+"等技术，实现园区的数字化管理；通过在碳排放、能源结构、资源综合利用、建筑节能、绿色交通、运营管理等多个领域开展节能减排技术应用和管理评价机制实践，实现能源供应绿色化；通过大力推行园区内一体化建设，推动园区基础设施共建共享共赢，实现设施集聚共享化；通过实施各类节能减排和绿色低碳的措施，构建低碳标准体系，促进经济低碳转型。

（5）开展热带雨林国家公园的生态系统生产总值（GEP）核算工作

2021年9月，海南热带雨林国家公园的生态系统生产总值（GEP）核算结果正式发布，海南热带雨林国家公园成为首个发布 GEP 核算的国家公园。经核算，海南热带雨林国家公园2019年的生态系统生产总值（GEP）为2045.13亿元，单位面积 GEP 为 0.46 亿元/平方公里。海南省印发实施《海南省生态系统生产总值（GEP）核算技术指南—陆域生态系统（试行）》，统一海南省陆域生态系统 GEP 核算指标体系、方法模型及核算流程，为开展 GEP 核算工作提供参考指导。试点过程中，创建的管理体制扁平化、土地置换规范化、科研合作国际化的国家公园运营新模式，入选海南自由贸易港第十批制度创新案例。海南省通过 GEP 核算进一步摸清了雨林公园碳汇基础，加快"绿水青山"向"金山银山"转化，推动生态产品价值实现机制与路径研究，助力实现碳达峰、碳中和。

（6）碳捕集利用与封存（CCUS）示范项目建设

《海南省碳达峰实施方案》的低碳科技创新重点任务提出，将低碳技术研究列入海南省科技创新规划的重点，开展一批绿色低碳领域的科技创新研究项目。开展碳捕集利用与封存（CCUS）示范，以福山油田 CCUS 项目为例，该项目在水泥、石化和化工领域开展二氧化碳捕利用与封存等技术试点工作，为海南自由贸易港温室气体控制、碳达峰及碳中和提供更可靠有力的技术支撑。目前，福山油田二氧化碳埋存能力最大可达 20 万吨，相当于植树近 180 万棵，到 2025 年，福山油田计划达到 30 万吨的 CCUS 能力，建设 100 万吨碳封存示范基地，助推海南绿色低碳发展。

二　海南自由贸易港低碳发展的典型案例

（一）抢占蓝碳国际制高点，促进海南自贸港高质量发展

1.基本情况

海南自然环境优越，拥有广袤的海洋资源，发展海洋碳汇（蓝碳）潜力

巨大。随着海南国际碳排放权交易中心的成立，海南将进一步打通蓝碳产品的市场化交易，提升海南蓝碳研究的国际地位。

海南国际碳排放权交易中心是海南自贸港重点推动的"6+3"交易场所之一，对海南实现"双碳"目标具有重要意义，也是海南探索市场化生态补偿机制和金融对外开放先行先试的具体实践。交易中心打造了各类碳金融产品管理服务平台，为绿色转型的企业提供了有力的资金支持，同时，积极运用市场之手推动能源结构向低碳清洁化迈进，实现能耗和碳排放强度的"双降"目标，为国家绿色低碳转型提供海南方案。

2. 推进措施

2018 年 4 月，《中共中央　国务院关于支持海南全面深化改革开放的指导意见》明确提出，支持海南设立碳排放权交易场所，开展海洋生态系统碳汇试点。2021 年 9 月，海南省多部门联合制定的《关于贯彻落实金融支持海南全面深化改革开放意见的实施方案》提出，要推动设立海南国际碳排放权交易场所，连接全国碳排放权交易市场与国际碳排放权交易市场。2022 年海南省政府工作报告提出高水平建立和运作海南省蓝碳研究中心，在海洋碳汇研究上抢占国际制高点。2022 年 2 月，海南国际碳排放权交易中心获得海南省政府同意建设的批复；2022 年 5 月，完成海南首个蓝碳生态产品交易；2023 年，完成首单跨境碳交易，此次跨境交易的落地，是海南自贸港打通国内外碳市场交易方面的有益尝试。

3. 成果效益

海洋蓝碳（又称"蓝碳"）是指利用海洋活动及海洋生物吸收大气中的二氧化碳，并将其固定、储存在海洋中的过程、活动和机制，主要特指海草床、盐沼和红树林三种生态系统。海洋是地球上最大的碳库，储存了地球上约93%（约为 40 万亿吨）的二氧化碳，海洋每年清除 30% 以上排放到大气中的二氧化碳，对缓解全球变暖、减少大气中的二氧化碳起到关键性的作用。通过海洋储存二氧化碳是实现碳达峰、碳中和的一条重要路径。

海南拥有漫长的海岸线和丰富的海洋资源，红树林、海草床、海藻等蓝色碳汇资源十分丰富。同时，海南自贸港未来的人才、资本、技术等各种要素加速汇聚也为海南发展蓝碳提供有力保障。2022 年 5 月，海南国际碳排放交易中心完成首单蓝碳生态产品交易工作。此次交易的对象是海口市三江农场的红树林修复项目的蓝碳生态产品，该产品包括了红树林修复项目近5年产生的3000余吨碳汇量，交易额超过了30万元，由紫金国际控股有限公司购买，交易收益将用于项目区红树林管护和项目周边社区及学校的公益项目。[1] 此次蓝碳生态产品交易意味着海南探索将蓝碳资源转化为经济效益迈出了坚实步伐，是将生态优势转化为经济优势绿色发展的生动实践，为完善全国生态产品价值实现机制，率先走出一条生态优先绿色发展的新路。

4. 经验总结与展望

（1）海南蓝碳行动

海南国际碳排放权交易中心利用海南的重要战略地位建设国际碳市场，与全国碳市场错位经营、相互补充，以国际化为主要特征，积极争取生态环境部等国家部门支持，按照国家对海南自贸港建设的总体要求，高标准建设面向国际的碳排放权交易市场。

从国内建设来看，大力发展海洋碳汇、积累海洋碳汇交易经验是中国生态文明建设必然的选择方向，也是实现碳达峰、碳中和战略目标的重要保障。探索构建中国海洋碳汇交易市场，有利于实现碳汇市场高效减排增汇的终极目标，同时还可以形成新的经济增长点。因此，海南国际碳排放权交易市场为处理好经济发展与"双碳"目标提供了有效途径。

从区域合作来看，海南所处的南海区域是全球蓝碳资源分布较为丰富的地区之一，海南国际碳排放权交易中心的建立，为区域性的蓝碳研究、蓝碳资源的开发与管理搭建了合作平台。随着中国与东盟各国不断深化交流合作，中国与东盟各国的经贸往来越发频繁，达成蓝碳合作的可行性逐步增强，而海南将扮演重要的角色。因此，海南国际碳排放权交易中心要打造东亚区域蓝碳标准体系，通过标准体系的建立，为东盟各国的蓝碳资源的开发或管理提供标准化的指导，增加蓝碳增汇的示范合作项目，通过示范合作项目吸引更多的国家加入海南国际碳排放权交易中心。[2]

---

① 海南日报：《海南首个蓝碳生态产品交易完成签约》，http://hndaily.cn/#/detail/92/302833，2022年5月31日。

② 赵昌平、徐晓江、方超等：《合作博弈视角下南海区域的蓝碳合作可行性研究》，《中国人口·资源与环境》2020年第7期。

（2）海南蓝碳未来

首先，要加强蓝碳资源的开发与保护工作。科学编制蓝碳工作方案，开展蓝碳的碳储量调查和碳汇核算工作，盘点海南的红树林、海草床、珊瑚礁、海洋牧场等生态系统的碳储量，摸清海南蓝碳生态系统的"家底"。其次，要加强国际合作，搭建蓝碳国际交流平台，掌握海洋碳汇国际舆论话语权，借助海南国际碳排放权交易中心促进中国碳市场的国际化。建立符合全球投资人认可的标准，力争在国际蓝碳标准制定方面逐步趋于领先地位，增强我国在国际蓝碳市场中的话语权。最后，加强蓝碳金融创新，充分利用海南自贸港跨境资金流动自由便利的优势，将国际资本引进国内参与蓝碳市场发展，同时鼓励国内机构和企业到境外进行蓝碳投资，实现资金的双向自由流动和金融双向开放。

在多国提出碳达峰、碳中和，共同应对全球变化的背景下，国际社会越来越重视海洋蓝碳领域，海南在蓝碳领域的研究和交易方面先行先试，抢占海洋碳汇国际制高点，对中国实现碳达峰、碳中和具有重要意义。目前国内的碳资产认证走向国际市场需要通过与新加坡 BITGREEN 公司签署协议来进行，同时，当前国际市场仍然缺乏中国声音，而海南国际碳排放权交易中心或许可以成为中国连接全球碳交易的平台和窗口。海南国际碳排放权交易中心的建立标志着中国开始与全球碳市场连接。

（二）以核电为核心引擎　打造清洁能源高地

1. 基本情况

核电作为低碳清洁能源，可以降低温室气体排放。与煤炭或天然气的发电站相比，核电热源的裂变反应是一个闭合回路，没有二氧化硫、氮氧化物排放。根据《中国核电和其他电力技术环境影响综合评价》，核电生命周期单位发电量的碳排放仅为 $10.9gCO_2/$（$kW\cdot h$），远低于煤电、气电、水电、光伏等其他发电方式。作为海南核电有限公司（以下简称"海南核电"）的主要项目，海南昌江核电站是海南省有史以来投资最大的能源建设项目，总体规划建设 4 台大型核电机组，分为一期和二期工程。

2016 年 8 月，海南昌江核电项目一期工程全面建成并投产，每年拥有约 100 亿千瓦时的供电能力，发电量约占海南省用电总量的 1/3，因此，海南省一跃成为全国核电占比最高的地区，经济效益和环保效益十分显著。目前，海南昌江核电二期工程的三号和四号安装工作已经进入关键期，预计在 2025 年前后可以正式运行。昌江核电二期工程采用自主化核电设计和国产化设备制造，总装机容量达 2400 兆瓦，是昌江核电一期工程的 2 倍左右。经过多年的建设与发展，海南昌江核电厂改善了海南能源发展结构，提升了综合竞争力，推动了海南经济社会可持续发展、跨越式发展，为海南省实现生态立省、绿色崛起，打造自由贸易港的宏伟蓝图提供绿色能源和动力保障。

2. 推进措施

昌江核电厂建立以前，海南发电能源有限，主要依靠外省调入和进口，长期以来煤电是海南电力的主要来源。尽管近几年海南在大力发展风、光、生物质等可再生能源，但总体发电规模小，发展缓慢，且发电不稳定。

随着海南经济不断地发展，海南省的电力能源需求不断增长，电力供应与经济发展的矛盾日益显现。"十一五"开局之年是海南经济运行的高速扩张期，由于海南电力供应紧张，人均用电量仅占全国平均水平的一半，这对海南三大产业的发展造成了一定程度的掣肘。从 2005 年提出发展核电项目开始，海南就积极谋划建设核电项目。2010 年，昌江核电一期工程正式开工建设，并于 2016 年完成两台机组的全面建成投运。2021 年，昌江核电二期工程开工建设，该工程采取了最新国产技术和最优设计方案，预计 2026 年投入商业运行。昌江核电一期、二期工程的建成运行，有利于进一步优化海南能源结构，使其清洁能源发展走在全国前列。

3. 成果效益

（1）海南昌江核电站利用现状

核能发电技术的全生命周期碳排放较少，与水电和风电相当，是太阳能光伏发电的 1/5 左右，比煤电低约 2 个数量级，是应对全球气候变化不可或缺的低碳发电技术。因此，使用核能发电技术对于海南省加快清洁能源岛建设，早日实现碳达峰、碳中和目标具有重要意义。截止到 2022 年 6 月，海南昌江核电站一期发电量累计超 560 亿千瓦时，等效减排二氧化碳 4500 万吨，减少标准煤消耗 1680 余万吨。

（2）经济效益与社会效益分析

核电项目可直接增加地方财政收入，提高当地居民收入并扩大就业。研究表明，1 元的核电投资可在建设期产出约 3 元的 GDP，运营期内可产出约 2 元的 GDP；建设期每亿元投资可为全社会创造约 3600 人的就业机会，运营期每亿元产值可为全社会创造约 2000 人的就业机会。海南昌江核电站二期项目投产后，每年可以向全省输送 180 亿千瓦时的清洁电量，相当于减少标煤消耗550 万吨，减排二氧化碳 1300 万吨。①

核电项目的实施，不仅有显著的经济效益，其社会效益、生态效益也非常显著。未来随着海南昌江核电站二期投产，以现代服务业、高新技术产业为主导的核电关联产业体系会初步形成，将带动约 2.5 万~3 万人就业。②

4. 经验总结与展望

近年来，昌江大力发展清洁能源，安全有序推进核电产业发展，推动昌江清洁能源产业园建设，主导产业从过去的"黑色"到"绿色"，锚定产业发展方向，擘画产业转型蓝图。2021 年 6 月，海南（昌江）清洁能源高新技术产业园正式纳入省级产业园区。按照"一园多区"的规划布局，秉持"科产城人"融合发展理念，坚持以零碳制造为基础、以核电及其关联产业为主导，保持一定产业弹性，聚焦清洁能源、智慧储能、新型材料、高端制造、资源循环利用等高新技术产业及核电信息技术、核电科普旅游、核电运维检测、环境综合监测、核电研教等现代服务业，逐步构建起综合性清洁能源高新技术产业体系。

（1）海南核聚新动能

2016 年 8 月，海南昌江核电项目一期工程全面建成投产，彻底解决了困扰海南多年的电源性缺电问题。2022 年海南核电年度发电量创历史新高，年度累计发电量首次突破 100 亿度，为海南自贸港绿色低碳发展提供重要支撑。海南逐步形成"核水火气风光储"多元化发展格局，并朝着建设清洁能源岛、打造生态文明试验区迈出坚实的步伐。

创新是引领发展的第一动力。海南核电通过重大技术问题转科研、领域负责制、项目申报窗口制等管理创新，深入挖掘和梳理各领域的研发需求，集中力量开展科研攻关，在重点领域关键技术上取得突破，形成一批具有影响力的科技成果。截至 2022 年 10 月，开展研发项目 100 余项，取得授权专利 92 件，

---

① 央视新闻：《海南昌江核电二期项目正式开工 计划 2026 年底投入商业运行》，https：//baijiahao. baidu. com/s？ id=1695793663148149113&wfr=spider&for=pc，2021 年 4 月 1 日。

② 光明网：《中国核电为什么能发展？来看海南核电"身体力行"的回答》，https：//www. sohu. com/a/572669219_ 162758，2022 年 7 月 29 日。

软件著作权 8 件，获得省部级科技成果奖 12 项，海南核电"AFA 3G 型燃料组件检修和装置方法"获得 2020 年度海南省科学技术进步一等奖，"新型反应堆压力容器主螺栓拉伸数据测量和处理方法"获海南省专利金奖，2020 年 9 月海南核电通过国家高新技术企业认定，海南核电的一项发明专利"提高钎焊司太立合金抗水蚀性能的激光熔覆涂层及制备方法"在海南国际知识产权交易所专利开放许可交易平台达成许可交易，是海南自贸港的首单交易。

建设运营以来，海南核电始终坚持安全底线，筑牢安全防线，长期保持昌江核电一期双机组安全稳定运行，形成了一套成熟完整的安全生产运行管理体系和支持保障体系，培养了一支经验丰富、高素质的专业化管理人才队伍，为海南核电发展行稳致远奠定了基石。昌江核电站的成功建设，标志着海南清洁能源发展迈上了新台阶。海南核电积极促进地方经济发展，努力改善周边百姓生活，履行央企社会责任，落实精准扶贫并开展义务支教等活动，充分利用帮扶资源优势，打造产业"帮扶带"，精准发力，推进乡村振兴稳步发展。

（2）海南核与未来

面对新的发展契机，海南核电确立了"以核为主、一主多元、协同发展"的战略，在保障在运机组安全运行的基础上，依托核工业全产业链的优势，共同谋划"清洁能源+敏捷端"新产业落地，以科技创新引领高质量发展，推动产业融合、高科技成果转化。以核工业、电力行业、综合能源产业、海洋工程及产业等内需和发展目标为指引，加快推进产学研用深度融合，围绕核电技术发展关联产业，打造清洁能源产业集群，加快实现集群化、跨越式高质量发展。以核电为基础，利用核能零碳排放优势和海南核电人才技术优势，积极打造"零碳能源，绿色发展"的海南（昌江）清洁能源高新技术产业园，为碳达峰、碳中和注入核力量，助力海南"三区一中心"战略的实施，为海南自由贸易港建设贡献"核"力量。

参考文献

［1］人民网：《让海南成为新时代中国改革开放的示范》，https：//baijiahao. baidu. com/s？id=1739813595443189627&wfr=spider&for=pc，2022 年 7 月 31 日。

〔2〕海南省人民政府：《海南省碳达峰实施方案》，https：//www. hainan. gov. cn/hainan/szfwj/202208/911b7a2656f148c08e5c9079227103a7. shtml，2022 年 8 月 22 日。

〔3〕人民日报：《海南以一系列务实举措推动落实"双碳"工作：搭建智能平台推进低碳试点》，https：//wap. peopleapp. com/article/6644343/6519406，2022 年 4 月 22 日。

〔4〕海南日报：《海南首个蓝碳生态产品交易完成签约》，http：//hndaily. cn/#/detail/92/302833，2022 年 5 月 31 日。

〔5〕赵昌平、徐晓江、方超等：《合作博弈视角下南海区域的蓝碳合作可行性研究》，《中国人口·资源与环境》2020 年第 7 期。

〔6〕海南日报：《海南昌江核电工程正式开工》，http：//hnrb. hinews. cn/html/2010-04/26/content_ 212684. htm，2010 年 4 月 26 日。

〔7〕央视新闻：《海南昌江核电二期项目正式开工　计划 2026 年底投入商业运行》，https：//baijiahao. baidu. com/s？id=1695793663148149113&wfr=spider&for=pc，2021 年 4 月 1 日。

〔8〕光明网：《中国核电为什么能发展？来看海南核电"身体力行"的回答》，https：//www. sohu. com/a/572669219_ 162758，2022 年 7 月 29 日。

B.22
国内碳中和发展实际经验及成功做法

胡求光　吴正杰*

摘　要： 中国提出力争于 2030 年前实现碳达峰，力争于 2060 年前实现碳中和的宏伟目标，并在 30 年内完成碳排放强度全球最大降幅。"双碳"目标的实现必然面临产业结构转变、能源结构调整等一系列严峻挑战。本报告在中国碳中和发展现状的背景下，结合当前减碳增汇面临的挑战，从城市和企业层面分别分析了武汉、北京两个城市以及西门子（中国）、南方电网两个企业的碳中和发展历程与实践措施，并从工业、能源、交通、建筑等领域梳理其碳中和发展实际经验及成功做法，为中国未来实现碳达峰和碳中和的目标提供启示。此外，本报告也从城市和企业两个角度，对中国碳中和发展道路提出相应的建议。

关键词： 碳达峰　碳中和　国内城市和企业经验

实现碳中和作为一场广泛而深刻的社会经济系统性变革，是在人为干预下通过政策激励引导产业结构调整和经济发展方式转变的重要实践，是经济效益、社会效益和生态效益的再平衡。本报告回顾了"十四五"以来中国碳中和取得的成就，正视发展过程中面临的种种挑战，从宏观和微观两个视角，挖掘碳中和发展过程中城市和企业积累的典型案例和丰富经验，并阐明了这些案例与经验对中国碳中和的未来发展提供的借鉴与启示。

* 胡求光，宁波大学商学院教授，博士生导师，东海战略研究院海洋经济研究中心主任，主要研究方向为海洋生态经济；吴正杰，宁波大学商学院产业经济学在读硕士研究生，主要研究方向为海洋产业、生态产业。

一　中国碳中和发展成就及挑战

积极应对气候变化，有力有序推进碳达峰、碳中和，对中国实现高质量发展、全面建设社会主义现代化强国具有重要意义。"十三五"以来，中国在碳中和道路上取得了显著的成就，同时也面临着巨大的挑战，如何立足现有成就，把握机遇，克服困难，成为实现碳达峰、碳中和的关键。

（一）中国碳中和发展取得的成就

"十四五"时期作为碳达峰、碳中和的关键期和窗口期，"做好碳达峰、碳中和工作"被列为开局起步的重点任务，各地区各部门积极制定碳排放达峰实施方案，改善生态环境质量，优化产业结构，推广清洁能源，促进能源低碳转型，推动碳中和工作建立在资源高效利用和绿色发展的基础之上。

1. 生态系统稳定性提高，自然环境质量显著改善

中国深入贯彻习近平总书记"人与自然和谐共生""绿水青山就是金山银山"的生态文明思想，坚持绿色发展，加大自然环境保护力度，全面提升自然生态服务功能，促进生态系统良性循环。《2021 中国生态环境状况公报》显示，2021 年中国污染物排放持续下降，生态环境质量明显改善。其中，全国空气质量持续向好，地表水环境质量稳步提升，管辖海域海水水质整体持续向好；全国 339 个地级以下城市中，218 个城市空气质量达标，达标比例为64.3%。① 因此，加大生态系统整体保护和修复力度、提升生态系统质量和稳定性，为发展林业与海洋碳汇提供了逐渐改善的生态空间。

2. 产业结构优化成效明显，科技创新能力稳步增强

党的十九大以来，中国加快推进经济结构战略性调整和经济转型升级，深入推进供给侧结构性改革，淘汰落后产能，化解多余产能，稳固第一产业的基础地位，持续推动第二产业科技升级，大力发展第三产业尤其是新兴绿色低碳产业，促进新产业、新业态蓬勃发展，低能耗低排放高附加值的第三产业的占

---

① 《2021 中国生态环境状况公报》，中华人民共和国生态环境部网站，http：//www.gov.cn/xinwen/2022-05/28/content_ 5692799.htm，2022 年 5 月 28 日。

比逐渐上升，三次产业增加值比重从 2005 年的 11.6%、47.1%、41.3%变为 2020 年的 7.7%、37.8%、54.5%。① 2020 年，高技术制造业占规模以上工业增加值比重达到 15.1%，产业转型升级优化显著。同时中国在各个产业领域的科技创新能力逐步增强，新型能源系统建设取得阶段性进展，使用清洁能源的技术创新能力显著提高，减污降碳技术不断推广应用，到 2030 年之前，中国还将持续增加新能源领域研发经费投入，加快低碳示范项目部署。

（二）中国碳中和面临的挑战

中国"双碳"工作取得喜人成果的同时，也面临严峻的挑战。从能耗上看，中国现阶段工业和制造业能源消费巨大；从时间上看，中国实现碳达峰、碳中和目标的时间紧、任务重；从投入看，中国实现碳中和所需的成本巨大。中国实现碳达峰、碳中和目标面临一系列困难与挑战，需要付出艰苦努力。

1. 工业仍处于高能耗高排放阶段

中国是目前世界上最大的能源生产和消费国，2021 年中国的二氧化碳排放量达 105 亿吨，约占全球碳排放的 31%。当前中国产业结构类型以工业和制造业为主，能源需求量大、耗能高，工业和制造业是中国实现碳达峰的关键行业。② 2019 年，煤炭使用占能源消费比重约为 58%，但清洁能源占能源消费比重仅为 15%，低于全球 19%的平均水平。能源消费量仍在逐渐走高，1990～2021 年中国能源消费总量从 9.87 亿吨上涨至 52.4 亿吨（见图 1）。

2021 年 10 月 26 日，国务院发布了《2030 年前碳达峰行动方案》，该方案提出，到 2030 年，我国非化石能源消费比重达到 25%左右，单位国内生产总值二氧化碳排放比 2005 年下降 65%以上。近几年，中国碳排放强度虽然持续下降，基本遏制了碳排放加速增长的趋势，但这样的碳排放特征和能源消费结构很难在短时间内减轻我国对煤炭的依赖，能源转型仍面临严峻挑战。③

---

① 桂华：《科学有序地推进我国碳达峰碳中和》，《中国行政管理》2021 年第 11 期。
② 莫小龙、李湘昀、冯超等：《碳达峰目标和碳中和愿景的机遇和挑战》，《世界环境》2021 年第 3 期。
③ 王勇、许子易、张亚新：《中国超大城市碳排放达峰的影响因素及组合情景预测——基于门限-STIRPAT 模型的研究》，《环境科学学报》2019 年第 12 期。

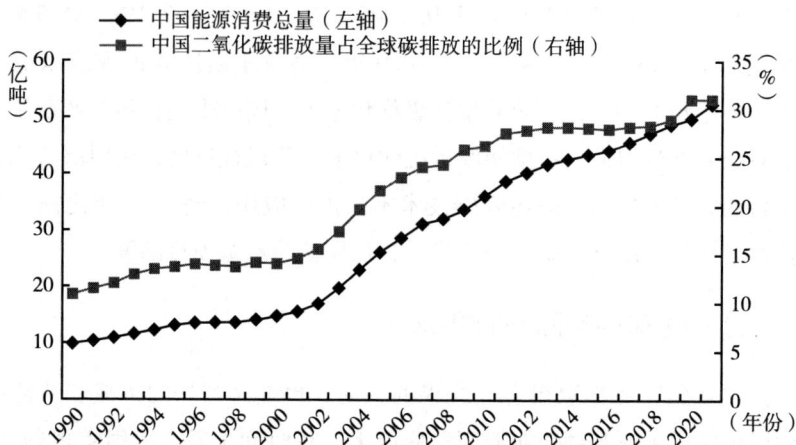

图1　1990~2021年中国能源消费总量和二氧化碳排放量占全球碳排放的比例

资料来源：CNKI统计数据库、《世界能源统计年鉴》。

2. 实现碳中和的减排压力大

在实现碳中和的道路上，由于各个国家和地区的减排手段不同，碳中和所需时间有所差异，例如美国预计花费43年实现碳中和，欧盟预计花费60年实现碳中和，而中国计划从2030年实现碳达峰并到2060年实现碳中和目标，其间仅仅只有30年，中国实现碳中和目标所要面临的挑战和付出的努力远远大于欧美等发达国家。与大部分发达国家不同，中国经济发展与碳排放尚未完全脱钩，因此，我国在考虑低碳/脱碳转型的同时，还要兼顾经济转型，处理好碳排放约束和社会经济发展需求的矛盾，并把矛盾转变为新动能。①

3. 碳中和实现成本和投入巨大

从时间顺序上看，碳中和成本可分为碳达峰前减排成本与碳达峰至碳中和时期减排成本。中国是世界碳排放大国，能源结构以高能耗能源为主，化石能源消耗占全部能源消耗的比例在80%以上，相较其他欧美发达国家还有很大差距。同时，我国在实现碳转化、碳固定方面的投资，以及在技术、创新、制度、人力等要素的投入都十分巨大，多种因素造成中国碳中和面临着严峻的经

---

① 张贤、郭偲悦、孔慧等：《碳中和愿景的科技需求与技术路径》，《中国环境管理》2021年第11期。

济挑战。因此，我国需要对减煤过程中的成本进行分析和比较，实现减煤路径的效益最大化。①

二 中国城市碳中和发展的案例与经验

在碳排放进程中，人口密度高、尾气排放量大的城市扮演了重要角色，城市所产生的与能源利用相关的二氧化碳排放占全球二氧化碳排放总量的70%以上。在2015年9月举办的第一届中美气候智慧型/低碳城市峰会上，北京、深圳、武汉等十多个城市承诺将先于国家目标，于2030年前实现二氧化碳排放达峰，此后，更多的城市加入提前达峰行列。城市的碳排放主要源于建筑施工、汽车尾气等人类活动。作为中国城市碳中和行动的先行者，武汉是最早以正式文件确定碳达峰目标的城市，其减排增汇行动走在全国城市前列。北京作为中国的首都，长期以来都非常重视高能耗高污染的治理，在《北京市碳达峰实施方案》基础上，北京将依托政策实施，逐步制定能源结构低碳转型实施方案等30项专项政策，形成北京市的"1+N"政策体系。本报告选取了这两个城市的案例，从工业、交通、建筑等领域介绍中国碳中和的城市经验。

（一）武汉：积极有为，率先出台碳达峰行动计划

武汉市地处江汉平原东部，有"九省通衢"之称，是中国内陆最大的水陆空交通枢纽。2015年率先提出碳排放达峰目标，2017年以正式文件形式确定具体行动方案。作为国内最早以正式文件形式确定碳达峰目标的城市，武汉市近几年在碳排放最为严重的工业领域和交通领域通过制定政策和规划的方式为碳中和目标付出努力，并取得显著成效。

1.武汉市"双碳"工作成效

（1）推进减排技术研究，降低人均碳排放。自从提出碳排放达峰计划以来，武汉市积极开展"双碳"的国际合作，并不断拓展低碳环保领域的视野，

---

① Liu, H., Wang, X., Chang, S., "Analysis of China's Coal Reduction Path under the Goal of Peak Carbon Emissions and Carbon Neutralization", *Energies* 2022 (15).

学习国际新理念和经验，及时结合武汉实际情况与实践调整发展思路。在制定碳中和发展目标的过程中，武汉市通过不断改进技术和深化国际合作，推进碳排放基础研究，坚持实施"蓝天工程"，成效明显。2006 年武汉市二氧化碳排放量为2021 万吨，到 2018 年为 3756 万吨，增长速度明显放缓；人均二氧化碳排放于2011 年达到 7.15 万吨，到 2018 年下降至 5.86 万吨，碳达峰工作取得一定成效。

（2）学习国外经验，提高能源产量。武汉市作为中国经济快速发展的工业重镇，其长期以来的经济发展主要依靠工业，在以往的发展思路中极少关注碳中和领域。2012 年以来，武汉市启动了"武汉市中法碳值评估""中法生态武汉示范城"等多个合作项目，积极参与并承办了中美气候智慧型/低碳城市峰会、C40 城市可持续发展论坛、中欧低碳城市会议等多个国际会议。通过对国际新趋势和碳中和概念的理解，参考国外的低碳城市发展实践经验，武汉市率先在中国城市碳中和道路上迈出步伐。"十二五"期间武汉市的地区生产总值年均增长率为 10.4%。2014 年末，武汉市确立了在 2021 年实现经济总量从一万亿元向两万亿元飞跃的"万亿倍增"目标，为了实现这个经济目标，武汉市 2016~2021 年的平均经济增长率需要达到 10.6%。经济高速发展离不开能源的供应，武汉市"十二五"期间的能源消费增长率为 6.11%，为了实现2022 年碳排放达峰的目标，武汉市必须进一步降低能源消费的增长速度。

2. 武汉市工业领域碳中和行动

根据《武汉市碳排放达峰行动计划（2017—2022 年）》，武汉市为落实2022 年碳达峰目标，主要任务为实施产业与能源低碳工程，工业部门为实现早日碳达峰的目标，主要从优化产业结构、加速产品升级、提高能源效率、低碳化能源结构这 4 个领域开展行动。

（1）优化能源消费结构，促进产业结构合理化。《武汉制造 2025 行动纲要》提出，武汉市要加强核心技术开发，以"互联网+先进制造业"为抓手，围绕信息技术、生命健康、智能制造等重点领域，在结构调整中壮大战略性新兴产业。

（2）加速产品升级，整合资源优势。"十四五"期间，武汉市大力发展优势产业，加速产品升级，强化工业基础能力，改造提升汽车、水泥、钢铁、石化等传统支柱产业发展水平，加强质量技术攻关、自主品牌培育，走以质取胜的道路，推动传统产业向中高端跃升。传统行业工业产值占比逐渐缩小，钢铁行业产值占比由 2015 年的 5.91% 下降到 2020 年的 4.2%；水泥行业产值占比由 2015 年的 2.79% 下降到 2020 年的 1.5%。2020 年武汉市能源生产企业加工转换总效率为 82.1%，比 2015 年提高 1.6%。从单位产品能耗看，高耗能行业单位产品能耗明显下降。

（3）提高能源效率，激发行业潜能。"十三五"期间，武汉市持续加大工业节能降耗的力度，能源消费强度逐步下降。2016~2020 年，武汉全市规上工业单位增加值能耗降低率分别为 7.77%、4.48%、3.64%、1.34%、7.18%。武汉市钢铁行业目前广泛采取的生产流程为"高炉—转炉"的长流程，与美国等发达国家使用的"高炉—电炉"的短流程相比，步骤多、耗能大，能源转化率低。2015~2020 年，武汉市钢铁行业对各项技术进行改造，包括改进热风炉燃烧条件、优化蓄热式燃烧器、加强转炉余热余气利用等。

（4）低碳化能源结构，减少煤炭消费量。能源清洁化、低碳化是未来工业部门能源结构优化的方向。武汉市能源低碳工作主要为减少煤炭消费量，武汉市煤炭消费量从 2015 年的 2173.53 万吨减少至 2020 年的 1870.70 万吨，下降 13.9%，成油品消费量从 2015 年的 7.38 万吨减少至 2020 年的 6.31 万吨，下降 14.5%。在"以电代煤，以气代煤"的政策引导下，天然气消费从 2015 年的 7.88 亿立方米增加至 2020 年的 11.54 亿立方米，增长 46.4%；电力消费从 2015 年的 336.36 亿千瓦时增加至 2020 年的 369.03 亿千瓦时，增长 9.7%，武汉市清洁能源的消费比重逐渐增加。

3. "蓝天工程"先行，助力交通领域碳减排行动

武汉市于 2013 年出台了《改善空气质量行动计划（2013—2017 年）》，即蓝天工程，总投资 280 亿元治理雾霾。里程碑事件有：2014 年化工企业关停或搬迁出三环线，2015 年城区公交车中新能源和清洁能源车的比例达 65% 以上，2016 年淘汰所有黄标车等。随后，武汉市政府制定了年度实施方案，分解出几十条具体目标和任务，采取全方位措施增加城市清洁能源供应，划定严格控制高污染燃料使用区域，并不断扩大禁燃区的范围，对于不同的燃用设施限制其在期限内拆除或者改用清洁能源。

（二）北京：注重实效，聚焦超低能耗建筑规模化发展

在 2016 年第二届中美气候智慧型/低碳城市峰会上，北京市承诺 2020 年

底实现碳排放达到峰值。作为冬季雾霾现象严重的城市，北京市建筑采暖迫切需要探索低能耗模式与技术，以达成2020年碳达峰的承诺。在没有本地的超低能耗试点项目累积工程经验的情况下，北京市通过借鉴山东、河北等先行地区的经验，克服了诸多技术和管理障碍，制定了清晰的超低能耗建筑发展路线图，在较短的时间内实现了顶层设计逐一落地、财政补贴快速落实、示范项目多点开花，为超低能耗建筑规模化发展铺平了道路，也为城市碳达峰目标的实现锁定了先机。

1. 北京市"双碳"工作成效

（1）优化产业结构，减少人均碳排放。北京市作为中国首都，在实践"双碳"目标的道路上走在全国前列，2006年北京市二氧化碳排放量为7211万吨，人均碳排放量为7.79吨，到2018年，全市碳排放总量达到1.36亿吨，人均碳排放量为5.36吨。

（2）推广以电代煤，加速能源转型。北京市采取以电代煤的方式实现去煤化，以达到减少碳排放的目标。2004年以来，北京市原煤产量呈快速下降趋势，从2004年的1067.9万吨下降至2019年的36.1万吨，同时北京市电力产量自2004年开始逐步攀升，从2004年的200.4亿千瓦时上升至2019年的443.02亿千瓦时。除此之外，在产业结构方面，北京市第一、第二、第三产业的生产总值能耗都呈下降趋势，其中第二产业生产总值能耗下降最多，其次是第一产业与第三产业，第二产业2006~2020年生产总值能耗下降了73.5%，第一、第三产业能耗分别下降了68.6%和52.7%。

2. 北京市建筑领域碳中和行动

（1）积极落实低碳规划，助力建筑业能耗达峰。2022年8月北京市住建委发布的《北京住房和城乡建设发展白皮书（2022）》指出，2021年北京市落实"双碳"战略部署，在积极推进建筑业低碳绿色发展上取得显著成果，加强建筑绿色发展顶层设计，促进高星级绿色建筑、高品质住宅加快发展，推进超低能耗建筑、装配式建筑节能改造有序发展。建筑领域污染防治取得实效，建筑业能源消费量在2012年达到150万吨的峰值，随后开始逐步下降，电力能源消费量逐步提高。《北京市"十四五"时期应对气候变化和节能规划》提出了北京市在"十四五"时期的绿色低碳减排目标，包括积极推广绿色建筑，稳步推进超低能耗建筑发展等。

（2）立足自身发展实际，开展超低能耗技术研究。[①] 超低能耗建筑的采暖和制冷负荷约为普通建筑的 10%~25%，全年采暖和制冷的终端能耗（电耗）低于 $15kWh/m^2$。[②] 根据中国建筑节能协会发布的《中国建筑能耗研究报告（2020）》，国内建筑行业全过程碳排放量占全国碳排放总量的比重超过 50%，因此降低建筑领域碳排放对推进"双碳"目标具有重要意义。在过去十几年中，国内许多城市对超低能耗建筑都开展过不同程度的探索，例如 2008 年北京奥运会前期建成的清华大学节能示范楼、2013 年竣工验收的河北秦皇岛"在水一方"被动房示范项目、2017 年竣工的中国建筑科学研究院近零能耗示范楼等，为北京市低能耗建筑的实践提供借鉴。自 2014 年起，北京市结合自身发展情况，开展了超低能耗技术体系的研究，北京市住建委吸收和转化外地经验，采取了多项措施应对技术创新挑战，包括组织超低能耗专家进行技术培训；成立课题组解决推广超低能耗建筑过程中的技术难题；协调管理部门解决政策难题；市住建委主管主任带队多次赴企业考察、讲解，动员企业开展项目示范等。超低能耗建筑的耗材成本十分昂贵，例如真空玻璃的使用虽然能降低建筑的碳排放，但也增加了经济负担，因此需要加强对超低能耗建材的研发与成本控制。[③]

（3）采取灵活激励政策，用好市场手段。北京市的建筑总面积和总能耗在过去的 10 年中每年都在刚性增长，建筑能耗占全市能源消费的比重也在逐步提高。2016 年 10 月，《北京市推动超低能耗建筑发展行动计划（2016—2018 年）》提出了"三年内建设不少于 30 万平方米的超低能耗示范建筑"的发展目标，承诺为示范建筑提供奖励资金支持，减轻项目增量投资压力。中国超低能耗建筑的发展仍然存在本土化水平不足、市场化程度不高、激励引导机制不够具体、产业链协同有待深入等问题，[④] 但北京市通过及早落实试点项目、

---

① 彭翔、刘婵、徐毅敏：《超低能耗建筑助力"双碳"目标实现的路径研究》，《建筑经济》2022 年第 1 期。

② 马伊硕：《从超低能耗建筑走向碳中和——碳中和建设路径分析与建议》，《建设科技》2021 年第 18 期。

③ Yang, H., Kikuta, K., Hayashi, M., "Research on Carbon Reduction of Residential Buildings in Severe Cold Regions Based on Renovation of Envelopes", *Energies*, 2022（15）.

④ 谢空、谢伊宁：《双碳目标下超低能耗建筑发展问题及对策研究》，《建筑经济》2022 年第 7 期。

统筹市级财政基金、采取灵活的激励政策等方法，推进超低能耗建筑建设。2017年，北京市有9个超低能耗项目通过专家评审，这些项目的总面积超过10万平方米，完成"十三五"目标的1/3；截至2022年8月，北京市已有5个超低能耗建筑项目通过现场验收，总面积达6.5万平方米。预计到2030年碳达峰之前，北京市超低能耗建筑的施工精细化程度、技术标准体系、建筑品质将会有更大提高。

三 中国企业碳中和发展的案例与经验

在全球产业结构低碳化转型的大背景下，越来越多的大型企业开始对其产业链的碳排放量提出要求，这使得中国企业必须开始考虑如何减碳，否则将在未来的竞争中处于劣势。西门子（中国）① 是全球率先做出碳中和承诺的大型科技企业之一，其通过数字化生产将低碳理念最早应用到全产业链中。南方电网作为国有企业，从构建新型电力系统角度为企业能源低碳转型提供了可借鉴的经验。本报告选取了这两个典型的企业案例，从能源、工业、交通、电力等领域介绍中国企业的碳中和经验。

（一）西门子碳中和发展实践

西门子作为全球率先做出碳中和承诺的大型科技企业之一，在2015年就提出了到2030年实现自身运营碳中和的目标。西门子是首家提出碳中和目标的大型工业企业，2020年，西门子全球碳足迹相比2015年已经减少了54%。2021年9月，西门子在中国启动"零碳先锋计划"，赋能打造端到端的零碳产业链，加强精益和数字化生产，推动减碳进程，助力各行业深度减碳。在能源、工业和交通领域，西门子分别进行了广泛而深刻的实践。

1. 能源领域碳中和：鲁能—海西州多能互补50MW塔式光热电站

2020年，能源领域的碳排放量占全社会碳排放量的45.8%。尽管过去几年政府在推动清洁能源发展方面取得了不少成就，但是在未来，中国在能源领

---

① 本案例涉及的西门子（中国）指1994年成立的西门子（中国）有限公司，后文简称西门子。

域的减碳进程上依然面临较大阻力，西门子公司是这个领域的典型代表。《西门子碳中和白皮书（2021）》中指出，煤电仍是电力结构的主力军，当前中国煤炭消费量大，部分机组发电效率较低，同时可再生能源发电占比较低，成本却处于高水平，其发电功率的不稳定性给电网调峰带来压力；在清洁能源使用方面，生产与消纳不匹配的现象比较显著，例如风光水发电集中区域与高用电负荷地区不匹配，引起消纳能力不足，出现了弃光、弃风现象。

西门子在能源领域的碳中和路径主要包含两方面。第一，在政策和市场两个层面推进能源电力体制改革，在政策层面，对电网企业消纳清洁能源出台激励政策，完善相关技术标准；在市场层面，提高能源规划配置能力，平衡清洁能源与灵活电源的比例，并引导相应的市场机制、价格机制向市场化并轨，建立清洁能源电力超额消纳量市场化交易体。第二，从以煤炭为主的高碳能源发电结构转向以清洁能源为主的低碳能源结构，调整合理的煤炭占比，提高天然气发电占比，推进碳捕集、利用与封存（CCUS）技术在电力行业的应用，进而实现碳减排。

在改善能源领域技术达成碳减排目标方面，西门子在短期内采用可进一步减少温室气体排放量的产品与技术，增加绿色技术和产品的市场渗透率，因此，替代高能耗传统能源成为西门子能源领域碳中和实践的主要措施。鲁能—海西州多能互补光热电站是一个包含400MW风电、200MW光伏、50MW光热和50MW储能的风光热储多能互补示范项目，西门子针对此项目提供了精准的解决方案，改善了风电和光伏不稳定、不可调的缺陷，提高了电能稳定性，提升了电网对新能源的接纳能力。电站建成后，每年的发电量约为12.63亿千瓦时，且能够有效减少煤炭等高能耗能源使用量，进而减少对大气的污染，该项目将风电、光伏、光热、储能深度融合，每年可节约40.15万吨左右的标准煤，每年碳减排量预计可达5431.96吨。

2. 工业领域碳中和：可口可乐漯河工厂能源管理系统

西门子在工业领域的碳中和路径主要依靠产品的全生命周期内的能耗需求减量。在开发设计阶段，选择可塑性强、与消费者紧密相关、产业前景广的产品进行绿色设计开发；针对需要高碳排放生产路径的产品寻求替代解决方案，从源头减少碳排放；支持发展绿色经济，通过提高煤炭、钢铁等高能耗材料的利用率和回收率来减少用能需求。在生产制造阶段，西门子通过优化产品结构、更新生产设备、优化工艺流程以及使用数字化管理平台等节约能源消耗，提高能源利用效率。

基于产品全生命周期低碳化的理念，西门子计划从生产流程的各个环节减少产品原材料消耗，实现产品低碳化生产，提高其生产运输效率，简化产品回收或报废流程，降低工业产品在全生命周期内的能源消耗和碳排放量。2021年，可口可乐漯河工厂与西门子在能源管理领域展开深入合作，推行数字化能源管理体系，建立能源数据采集系统，该系统拥有自动化数据分析能力，可实时反映班组、批次、生产日期、生产流程批次等生产信息并对这些信息进行分析，保障了能源消耗与能源成本透明化。应用数字化能源管理体系后，可口可乐漯河工厂的水资源利用率提升20%，节水量达8.2万吨，二氧化碳排放量减少3149吨，成为中国快速消费品行业首家获得LEED铂金认证的生产厂。在此基础上，西门子重视生产流程仿真优化过程，针对完整工艺流程建立精准的稳态及动态机理模型，对现有生产工艺提供优化决策建议，减少产品在生产过程中的原材料和能源消耗，提高设备生产效率，降低维护成本，避免造成资源浪费和过度碳排放。

3. 交通领域碳中和：上海轨道交通18号线全自动驾驶系统

中国交通领域碳排放量主要由化石燃料直接燃烧产生。研究表明，在燃煤发电比例高的地区，纯电动汽车可减少37%的二氧化碳排放，在水力发电比例高的地区可减少90%的二氧化碳排放。[1] 当前，中国人均汽车保有量与发达国家相比仍有明显差距，新能源乘用车占比仅为1.75%。中国空运、水运仍以专用燃油为主要燃料，燃料替代技术尚未成熟。针对中国交通领域碳减排现状，西门子提出改造升级现有轨道车辆及系统的方案，采用新型环保材料，对原有车体进行轻量化改造，降低能源消耗水平，并引进数字化信息平台，优化轨道交通驾驶牵引与信号系统，提高城市轨道交通运营效率及准点率，提升列车运行可靠性、安全性以及交通机电设备全生命周期效能；运用氢能及电池技术，以新清洁能源动力替代传统燃料机车，促进轨道交通节能减排，同时节约

---

[1] Zhang, J., Liu, J., Dong, L., Qiao, Q., "CO_2 Emissions Inventory and Its Uncertainty Analysis of China's Industrial Parks: A Case Study of the Maanshan Economic and Technological Development Area", *Int. J. Environ. Res. Public Health*, 2022 (19).

列车运维过程的资源消耗，促进低碳发展。

2020 年，西门子交通与上海申通地铁集团有限公司深度合作，为其轨道交通 18 号线提供全自动驾驶车辆的牵引系统相关部件及服务等。18 号线是上海首批全功能一次性开通最高等级全自动驾驶系统的地铁线路，系统已通过全自动驾驶功能的第三方安全认证。在 18 号线一期工程中，西门子交通为该线路的 50 列 6 节编组的全自动驾驶车辆提供了与全自动驾驶相关的设计。西门子成熟的全自动驾驶系统，在提升并保障运营准点率的同时可降低约 15% 的运营能耗，确保更加高效的城市轨道交通运营。

（二）南方电网碳中和发展经验

2020 年 3 月，南方电网公司发布了服务碳达峰、碳中和的工作方案，提出了五大方面共 21 项重点举措，指出了将更大规模推动新能源发展、更大力度推进"新电气化"进程、更大范围推动跨省区能源资源优化配置。南方电网公司作为企业碳中和行动的先行者，过去几年在清洁能源使用、服务低碳发展方面取得了一定成就，2020 年南方五省区①单位 GDP 电力二氧化碳排放较2005 年下降 51%。预计到 2025 年，能源供给侧结构明显优化，可推动南方五省区新能源新增装机 1 亿千瓦，非化石能源装机占比提升至 60%；电能占终端能源消费比重较 2020 年提升 3 个百分点，电网基础设施绿色化水平不断提高，公司万元产值二氧化碳排放较 2020 年下降 8%，新型电力系统特征基本具备。预计到 2030 年，推动南方五省区新能源在 2025 年基础上再新增装机 1.5 亿千瓦以上，非化石能源装机占比提升至 70%；电能占终端能源消费比重较 2025年再提升 5 个百分点。未来，南方电网公司将助力南方五省区碳排放达峰后稳中有降，促进碳中和目标早日实现。

1. 打造绿色低碳电网基础设施：松山湖科技产业园

在迈向碳中和目标的过程中，电力为整个能源系统提供了重要支撑，当前中国能源系统的主要组成部分为煤炭和化石能源，可再生能源的贡献较少，面对传统能源碳排放巨大的挑战，构建新型电力系统刻不容缓。南方电网公司通过加快推进电网数字化智能化发展，持续构建数字业务技术平台，打造绿色低

---

① 南方五省区指南方电网所管辖的广东省、广西壮族自治区、云南省、贵州省及海南省。

碳电网，助力碳中和行动。南方电网广东东莞供电局基于数字电网与清洁能源消纳等思路，将东莞松山湖科技产业园区建设为新型电力系统示范区。科技产业园区是实现工业部门碳中和的重要组成部分，园区内涉及二氧化碳排放的过程包括能源消耗、工业过程和废物处理三个部分。[①] 松山湖园区北部建有智慧能源体验中心，南方电网公司秉持低碳用电理念，将楼宇配电系统直流化改造组成"三联供"智能微网，实现了清洁能源100%消纳和燃气机组余热利用，满足用户供电、供热需求。为提高用电效率，园区内所有建筑基本实现光伏覆盖，整个科技园区光伏发电总容量达2.3兆瓦。在此基础上，南方电网公司引入交直流混合电网、全域互联网等新科技，打造交直流配电系统，智能变电站、公共配电房智能监测覆盖整个园区，实现数据资源共享。

2. 发展绿色低碳新型技术与产业：海口龙华充换点站

南方电网公司以绿色电能推动传统产业转型，优化电网调度运行，以此促进能源供给清洁化。2021年2月，海南电网公司将海口龙华充换电站升级改造，建成海南省内首个"风光储充换"集中式充换电站，站内新建一体式充电桩、预制舱式储能系统、光伏发电系统及风力发电机等低碳新型设备，保障了风电、水电、太阳能等可再生能源消纳。龙华充换电站成为风、光、储多能互补应用的示范试点，为电动汽车有序充电和协调控制提供了解决方案，龙华充换电站支持电能替代和能源清洁消费，带动了电动汽车充电设施制造业和港口岸配电等产业发展，形成了可复制、易推广、能借鉴的"新能源+充电设施"一体化建设运行模式。2021年海南全省非化石能源发电量占比达到43%，全省清洁能源装机占比达到约69%，进一步支撑了海南能源清洁低碳转型和自贸港建设发展。

3. 构建绿色低碳能源供给体系：梅州抽水蓄能电站

在构建低碳能源供给体系方面，南方电网计划打造清洁能源高效利用平台，加快实施新能源消纳、供电能力提升等工程。2021年11月，南方电网梅州抽水蓄能电站（以下简称"梅蓄电站"）首台机组正式投入试运行，为粤港澳大湾区电网再添新动能，进一步提升电网调节能力。梅蓄电站是国内为数

---

① Wang, R., Song, Y., Xu, H., Li, Y., Liu, J., "Life Cycle Assessment of Energy Consumption and CO2 Emission from HEV, PHEV and BEV for China in the Past, Present and Future", *Energies*, 2022 (15).

不多能够实现周调节的抽水蓄能电站，拥有上、下两个水库，通过抽取山下的水到山上发电进而储存电能并可随时调用。梅蓄电站建成后，每年可节约标准煤 17.1 万吨，减少二氧化碳排放 42.8 万吨，减少二氧化硫及粉尘排放 0.15 万吨，将促进粤港澳大湾区核电、风电等清洁能源及西部水电消纳，进一步推动清洁能源健康发展和电网运行的安全稳定。2022 年 9 月，梅蓄电站二期工程开工，总装机容量达 120 万千瓦，安装 4 台 30 万千瓦机组，总投资约 47 亿元，计划 2025 年底前全面投产发电，并推动粤港澳大湾区建成世界首个千万千瓦抽蓄湾区。

四 案例借鉴与启示

"双碳"目标作为中国当前与未来经济社会发展的重要指引，关系到发展动能转换和经济结构优化。地方与行业快速行动，试点城市和先行企业的碳中和实践是响应政策环境和理解内涵演化的具体表现形式，由此形成的丰富经验对于后续碳中和的实践发展具有重要的借鉴意义。

（一）城市碳中和经验对未来发展的启示

城市是碳中和实现的重要空间和行动单元。地方政府通过政策创新，在政府主导、企业主体、市场配置和社会协调等方面积累了大量经验，以政策先行、结构优化和效率提升为表征的示范效应和扩散影响贯穿始终。下面将从政府主导、能源转型和资源利用三个方面总结近年来部分试点先行城市碳中和实践经验对未来发展的启示。

1. 构建碳减排"1+N"政策体系，加强政府主导

2021 年 10 月《中共中央 国务院关于完整准确全面贯彻新发展理念做好碳达峰碳中和工作的意见》发布，作为碳达峰、碳中和"1+N"政策体系中的"1"，其发挥了统领作用。[①] 对比国外，欧美等多个已经实现碳达峰的发达国家都制定了应对气候变化和减碳的相关法律，并且制度标准体系较为健全，例

---

① Zhou, C., Zhang, R., Loginova, J., Sharma, V., Zhang, Z., Qian, Z, "Institutional Logic of Carbon Neutrality Policies in China: What Can We Learn?", *Energies*, 2022（15）.

如英国 2019 年 6 月通过了新的《气候变化法案》修订案，将 2050 年净零排放的目标编入法典；美国 2021 年 11 月的《重建更好法案》提出投资 5000 亿美元用于应对气候变化。中国目前可再生能源产业发展的技术难度大、初始投资成本高、资金回报慢，其难以在当前市场经济条件下实现自主发展，难以与传统能源竞争。[①] 因此，本文建议健全清洁能源标准体系，完善碳排放相关法律政策，强化"双碳"目标的刚性约束和相关制度的法制化，明确"双碳"目标实施与污染防治、生态保护、核安全监管等协同推进的政策制度、技术创新、试点示范。[②] 在此基础上，政府应通过政策增加碳减排方面的激励，增加减排增汇方面的资金投入，设立低碳转型和碳中和相关基金，推动企业和个人积极参与碳减排的实践，引导带动更多政策和社会资金支持绿色低碳发展。

2. 优化能源结构，加快能源转型

碳排放与能源结构密切相关，中国当前的能源结构以化石能源为主，煤炭占主导地位，因此碳排放量居高不下。同时由于可再生能源产业固有的初期投资成本高、技术难度大、投资回报慢等缺点，其在成立初期难以与传统化石能源在市场经济中竞争。[③] 在能源领域，中国需从能源供给侧和能源消费端共同推进能源低碳转型。加快推进能源供给体系低碳化，逐步有计划地减少传统化石能源的使用，逐步降低化石能源在能源消费中的占比情况。[④] 建议构建以非化石能源为主的低碳、零碳、负碳能源结构，大力发展水能、风能、太阳能、生物质能、核能等非化石能源，优先发展新一代高效低成本可再生能源、安全先进核能系统、新型电化学能源转化与存储等颠覆性零碳能源技术。[⑤] 大幅降低煤炭等传统化石能源的直接消费，着力增强清洁能源供应能力，加快以可再

① Song, D., Jia, B., Jiao, H, "Review of Renewable Energy Subsidy System in China", *Energies*, 2022 (15).
② 谭显春、郭雯、樊杰等：《碳达峰、碳中和政策框架与技术创新政策研究》，《中国科学院院刊》2022 年第 4 期。
③ Chen, W., Wang, Y., Zhang, J., Dou, W., Jiao, Y., "Planning and Energy-Economy-Environment-Security Evaluation Methods for Municipal Energy Systems in China under Targets of Peak Carbon Emissions and Carbon Neutrality", *Energies*, 2022 (19).
④ 曾莹、王雪萌、唐昊等：《碳达峰碳中和战略科学内涵、实现路径及挑战》，《现代化工》2022 年第 10 期。
⑤ 曲建升、陈伟、曾静静等：《国际碳中和战略行动与科技布局分析及对我国的启示建议》，《中国科学院院刊》2022 年第 4 期。

生能源替代化石能源的进程。

3.提高各行业资源利用效率，减少资源浪费

中国经济处于高速发展阶段，城市建筑业、工业、制造业产生的废气、废渣、废液、废能的综合利用程度体现着一个国家碳中和工作进展的成熟度，淘汰落后产能、减少废物排放、强化资源利用能力成为衡量城市碳中和成果的重要指标。在工业领域，通过促进废弃物循环利用进而减少碳排放成为提高产能的重要手段，例如在钢铁生产中可以通过回收煤气、烟气、余热，处理城市废弃物，减少废气排放量；在交通领域，实行车牌限行、清洁燃料汽车推广，在周边和郊区整合公共汽车和轨道交通，提高交通枢纽多模式换乘的综合服务水平；[1] 在建筑领域，推广高性能建材的使用，实现"以质代量"，减少材料消耗，充分利用太阳能制热水和利用太阳能发电，减少煤气、天然气的使用。

（二）企业碳中和经验对未来发展的启示

企业作为落实碳中和战略的微观主体，是实现"双碳"目标的关键环节。先行企业积极响应政策号召，并以此为契机，通过科技引领积极推进绿色转型、提升能源利用率，践行产业链上下游低碳运行，开展了丰富的碳中和实践。以下将从战略规划、科技引领和产业链三个方面总结近年来企业碳中和实践经验对未来发展的启示。

1.制定长期低碳发展战略和碳中和路线图

企业实现碳中和主要依托技术转型和科技研发，因此，制定长期低碳发展战略、规划合理的碳中和路线的重要性不言而喻。由于中国当前的高能耗高排放现状，企业的低碳路径并非一蹴而就，碳中和责任划分不准、碳减排动力不足、碳中和信息披露不清等问题广泛存在于中国企业碳减排工作中，[2] 碳中和发展具有系统性、长期性和战略性特点。"双碳"目标的实现离不开战略的规划导向作用，需要以结构调整和产业优化为主线，制定有效且全面的碳中和路

---

[1] Yang, L., Wang, Y., Lian, Y., Guo, Z., Liu, Y., Wu, Z., Zhang, T., "Key Factors, Planning Strategy and Policy for Low-Carbon Transport Development in Developing Cities of China", *Int. J. Environ. Res. Public Health*, 2022（19）.

[2] 新时代企业高质量发展研究中心课题组、贾明、杨倩：《中国企业的碳中和战略：理论与实践》，《外国经济与管理》2022 年第 2 期。

线规划，并以总量控制和需求引导等方式敦促高耗能产业步入技术研发升级迭代的动态节奏，为全行业碳减排提供全面参考。

2. 加快低碳前沿科技突破，强化碳中和科技创新

碳中和目标的实现离不开科学技术的强力赋能。加强科技创新支撑碳达峰、碳中和涉及基础研究、技术研发、设备升级、人才培养等多个方面，加大高效新能源技术、能源系统集成技术的研发投入力度，尤其是对具有自主创新能力的颠覆性技术或领域前瞻布局，如碳达峰、碳中和突破性技术与大数据、人工智能、新材料等交叉融合领域。[1] 中国的工业企业特别是"三高"企业应加快推广应用节能技术，突破传统能源的桎梏，大力实施煤电节能降碳改造、灵活性改造和供暖改造，在工业、能源、交通领域聚焦能源绿色低碳转型，建立更加完善的企业低碳前沿科技创新体系。

3. 积极推动碳中和在产业链的应用

鼓励并支持重点企业实施绿色采购，推行生态设计，开发绿色产品，推进绿色生产，引导绿色消费。[2] 将"双碳"工作纳入企业的经营生产环节中，抓住新的机遇，围绕新能源开发减排与增加生态碳汇两方面，抢先优化和重构低碳产业链，聚焦低碳燃料、清洁能源、碳排放权交易、碳资产管理等前景广阔的新兴产业，将碳中和理念贯穿整个产业链，实现产业体系的低碳发展。

参考文献

［1］汪明月、李颖明、王子彤等：《重点企业实现碳中和目标面临的挑战及政策建议》，《环境保护》2022年第8期。

［2］《2021年中国生态环境状况公报》，中华人民共和国生态环境部网站，http：//www. gov. cn/xinwen/2022-05/28/content_ 5692799. htm，2022年5月28日。

［3］Lai, Q., Ma, J., He, F., Zhang, A., Pei, D., Yu, M., "Current and Future Potential of Shellfish and Algae Mariculture Carbon Sinks in China", *Int. J. Environ. Res. Public Health*, 2022（19）.

---

① 张莹、黄颖利：《碳中和实践的国际经验与中国路径》，《西南金融》2022年第9期。

② 汪明月、李颖明、王子彤等：《重点企业实现碳中和目标面临的挑战及政策建议》，《环境保护》2022年第8期。

［4］桂华：《科学有序地推进中国碳达峰碳中和》，《中国行政管理》2021 年第 11 期。

［5］王勇、许子易、张亚新：《中国超大城市碳排放达峰的影响因素及组合情景预测——基于门限 STIRPAT 模型的研究》，《环境科学学报》2019 年第 12 期。

［6］张贤、郭偲悦、孔慧等：《碳中和愿景的科技需求与技术路径》，《中国环境管理》2021 年第 11 期。

［7］柴麒敏、郭虹宇、刘昌义等：《全球气候变化与中国行动方案——"十四五"规划期间中国气候治理（笔谈）》，《阅江学刊》2020 年第 6 期。

［8］Liu, H., Wang, X., Chang, S., "Analysis of China's Coal Reduction Path under the Goal of Peak Carbon Emissions and Carbon Neutralization", *Energies*, 2022（15）.

B.23
粤港澳大湾区碳中和的发展模式与做法

谭裕华 楚建中 邱文伟 胡鑫慧*

摘 要： 气候变化一直是中国乃至全世界普遍关心的问题。为如期实现碳达峰、碳中和目标，中国还需要解决多方面的问题。粤港澳大湾区作为全国经济活力最强的地区之一，具有率先实现"双碳"目标的基础条件。本文运用 SWOT 分析方法，系统分析了粤港澳大湾区实现碳中和的优势、劣势、机遇及挑战，归纳出粤港澳大湾区碳中和发展模式的经验，其中包括碳中和试点，生态系统机制创新，建筑、交通、金融和能源领域的模式创新等。同时指出了大湾区实现"双碳"目标还存在产业结构和能源结构优化空间有限、区域发展不平衡等方面的不足。因此，实现碳达峰、碳中和，大湾区应分两步走，一是加快推进碳达峰进程，二是改革创新有效巩固碳中和成果。

关键词： 粤港澳大湾区 碳中和 碳达峰

一 引言

（一）历史背景

气候变化一直是中国乃至全世界普遍关心的问题。从 18 世纪 60 年代第一

---

* 谭裕华，经济学博士，东莞理工学院经济与管理学院助理研究员，主要研究方向为区域经济发展战略；楚建中，数量经济学博士，东莞市思杰实业有限公司等公司实际投资人及法人、中国社科院东莞驿站副会长，主要研究方向为电子信息制造、太阳能光伏；邱文伟，广州大学经济与统计学院在读硕士研究生，主要研究方向为国际贸易理论与政策；胡鑫慧，深圳市沣腾双碳科技集团有限公司董事长，主要研究方向为绿色低碳发展。

次工业革命，到 19 世纪中期第二次工业革命，再到 21 世纪的信息技术时代，这些重大的技术变革极大地推动了人类社会的全方位发展。但与此同时，两次工业革命运动以来，人类的生产和生活的各项活动，排放了大量的温室气体，这又进一步导致全球变暖等气候问题不断涌现，寒潮、干旱、洪涝、厄尔尼诺等极端天气灾害频发，打破了地球固有的生态平衡。全球气候变暖所带来的后果不仅仅是极端天气问题，由此引发的冰川消融、沿海海岛被淹、传染病肆虐等问题更是严重危害人类和生物多样性，全人类面临严峻的气候和环境形势。控制和减少温室气体排放，已经成为全球全人类的一项基本共识。

（二）国外发展态势

对于全球气候变暖问题，在 20 世纪 90 年代末期，国际社会便已有所行动。联合国于 1992 年通过的《联合国气候变化框架公约》是有记载以来的最早的关于解决全球气候变暖问题的共识，其确立了"共同但有区别的责任"原则；1997 年联合国气候大会在东京通过的《京都议定书》是第一部限制各国温室气体排放的国际法案，其目标是"将大气中温室气体含量保持在一定水平，避免产生剧烈的气候改变进而对人类造成伤害"；2009 年，各国于哥本哈根共同商讨《京都议定书》后续方案，签署了新的协议——《哥本哈根协议》；2016 年，由全世界 178 个国家共同签署的气候变化协定《巴黎协定》生效，该协定是继《联合国气候变化框架公约》和《京都议定书》之后第三个具有里程碑意义的国际法律文本。各国纷纷根据自身国情设置本国气候目标，其中美国已于 2007 年实现碳达峰，将于 2050 年实现碳中和；欧盟于 1990 年完成碳达峰，将于 2050 年实现碳中和。

（三）国内发展态势

《巴黎协定》提出后，国家主席习近平于 2020 年 9 月在第 75 届联合国大会一般性辩论上提出，中国将提高国家自主贡献力度，采取更加有力的政策和措施，二氧化碳排放力争于 2030 年前达到峰值，努力争取 2060 年前实现碳中和。在国内方面，长江三角洲成立了"长三角碳中和产学联盟"，该联盟凝聚高校、各类创新主体和企业，通过产学研合作，探索适合长三角的碳中和方略。京津冀地区从新能源开发和新能源产业入手，三地协同发展氢能、新能源汽车、新材料等新兴产业。作为全国经济发展和现代化建设的排头兵，粤港澳大湾区在经济基础、技术创新方面具有坚实基础，具有率先实现碳达峰、碳中和的先行优势。例如广东省在"十四五"规划中明确提出率先实现碳达峰的目标，先行先试探索"双碳"目标实现路径，为全国其他地区提供可借鉴的经验。

二 粤港澳大湾区碳中和发展的 SWOT 分析

（一）优势

1. 经济基础扎实

粤港澳大湾区具有坚实的经济基础。在经济总量方面，截至 2021 年，粤港澳大湾区 GDP 已达 12.6 万亿元，同比增长约 12%，人均 GDP 为 8.8 万元，远高于其他地区。其中广州、深圳、佛山和东莞的 GDP 已达到万亿水平。在进出口方面，广州、深圳、东莞的进出口总额均超过千亿美元，分别为 1376.1 亿、4409.0 亿和 1921.0 亿美元，而香港特别行政区进出口总额达到了 10568.7 亿美元。在投融资方面，粤港澳大湾区不断加强区域间金融合作，大湾区金融市场和征信市场的互联互通程度更上一层楼：超 2 万人次的大湾区居民参与"跨境理财通"业务，业务金额高达 4.9 万亿元；中国人民银行广州分行推进"珠三角征信链"建设，累计放贷金额达到 1750.3 亿元。雄厚的经济实力为粤港澳大湾区推进碳达峰、碳中和进程奠定了坚实的基础。

2. 科技创新活跃

创新是引领发展的第一动力。粤港澳大湾区实现碳中和也离不开科学技术的支撑。目前超 6 万家高新技术企业落地广东，其中大部分位于大湾区内；广东投入的研发经费占全省 GDP 的 3.2%。在科创建设方面，大湾区的孵化器、众创空间数量居全国首位，相关专利申请量位于全国前列；全国共有 9 个国家实验室，而广东省占了两个，分别是深圳鹏城实验室和广州实验室，且都位于大湾区内部。大湾区内还有 10 家广东省实验室、30 家国家重点实验室，以及 20 余家港澳联合合作的实验室，这些实验室汇聚了众多知名院士、科学家、学者以及科研机构，为大湾区加快实现碳中和工作提供了源源不断的创新动力。

（二）劣势

1. 碳排放总量较大，降碳节能形势严峻

粤港澳大湾区是继京津冀、长三角等经济区之后又一新兴经济增长极，其经济腾飞的背后面临着较高的能源需求和较大的减碳压力。常住人口方面，2017年底粤港澳大湾区的常住人口为7338.1万人，到2020年底大湾区常住人口达到7824.6万人，累计增加486.5万人，其中珠三角常住人口增长最多。能源需求方面，广东省2019年煤炭消费量为16833.9万吨，位居全国第10，在全国经济发达省份中排名第2；2020年广东省能源消费总量和电力消费量分别为34500万吨标准煤和6926亿千瓦时，位居全国第2，仅次于山东（能源消费总量和电力消费量分别为41827万吨标准煤和6940亿千瓦时）。而在2021年，广东省电力消费量为7867亿千瓦时，增幅较大，比上年增加约14%。经济社会发展离不开能源的支撑，未来将会有越来越多的人才和企业流入粤港澳大湾区，这势必会增加能源需求，尤其表现在居民生活用电和工业用电的需求，以及居民出行和企业日常生产方面。这也无疑会增加粤港澳大湾区的碳排放总量。大湾区的减排难度提升，降碳节能形势严峻。

2. 能源资源禀赋匮乏

大湾区属于典型的能源输入型地区，具体表现为以下两方面。第一，从本地能源资源要素分布情况来看，粤港澳大湾区能源资源贫乏，本地严重缺乏煤炭和石油资源。2020年大湾区的煤和石油的生产量几乎为0，这两种资源几乎全靠外省调入或者进口，而天然气的生产量为131.6亿立方米，进口量为81亿立方米，对于地区来说能源需求无法自给自足。第二，从大湾区的地理情况来看，粤港澳大湾区地处中国东南沿岸，远离中国主要能源开采和供应地，处于中国能源供应环节末端，易受到能源供应地资源短缺、极端天气、能源价格波动等不确定因素的影响，面临着较大的能源安全风险。

（三）机遇

1. 优化能源结构，促进高质量发展

广东省在2022年4月印发了《广东省能源发展"十四五"规划》，该规划围绕加快推进转变能源生产消费方式、优化能源供应和消费结构等方面，提出了广东省"十四五"期间能源发展目标和长远规划。该规划指出,广东省应加快推进能源结构优化进程,加大力度发展水电、风电、核电等清洁能源。大湾区作为能源消费大户,若能够加快调整能源消费结构,提高清洁能源使用比重,将有利于推进其碳达峰、碳中和进程。大湾区地理位置优越,经济基础扎实,在发展清洁能源、加快能源技术创新等方面具有先行优势。大湾区缺乏煤炭、石油、天然气等化石能源,而风电、水电、核电等清洁能源却尚未大规模开发利用。因此,应抓住这一发展契机,在大湾区内,大力发展清洁能源,并根据各地区实际情况针对性发展风电、水电和核电,优化能源使用结构。

2. 加快产业转型升级,淘汰落后产能

近年来,粤港澳大湾区产业结构优化和新旧动能转化进程加快,已形成较为完备的产业体系。但这一进程也暴露出一些问题,如现有产业和能源结构仍以高碳为主,低碳型产业占比仍然较小等。粤港澳大湾区要以低碳发展为契机,一方面,对于煤炭、化工、冶炼、金属加工等传统重工业,应借此机会加快传统产业转型升级步伐,同时严格控制高耗能与高排放产业的规模;另一方面,在碳达峰、碳中和大背景下,一批新兴产业会迎来一波新的发展机遇,其中包括以人工智能、大数据、互联网为代表的高新技术行业和以新能源汽车、再生资源行业为代表的绿色新兴产业。大湾区应将发展低碳产业作为未来产业发展方向,着力构建现代产业体系。

(四)挑战

作为目前经济发展最快的地区之一,大湾区 2021 年的 GDP 为 12.6 万亿元,比上年增长了约 1 万亿元,增幅为 8.6%,经济发展势头强劲。未来,仍会有大量企业入驻大湾区,大湾区常住人口也会增加,经济发展的同时会面临较大的能源需求和较多的温室气体排放。国家发改委于 2021 年印发的《2021年上半年各地区能耗双控目标完成情况晴雨表》显示,广东省上半年能耗强度不降反升,处于一级预警队列;在能源总量消费控制方面,广东也处于一级预警队列。同年,广东省发改委发布的报告显示,大湾区中广州、深圳、东莞、珠海、中山、江门、肇庆 7 市上半年能耗强度不降反升,处于一级预警队列,佛山和惠州则处于二级预警队列。能源消费总量控制方面,大湾区中珠海、中山、江门、肇庆 4 市处于一级预警队列,广州、深圳、佛山、惠州、东莞5市处于二级预警队列。大湾区面临着较为严峻的减排和能耗控制压力，若不能协调好经济发展与节能减排两者之间的关系，势必会影响大湾区实现碳达峰、碳中和的进程。

三 粤港澳大湾区碳中和发展模式的经验总结

粤港澳大湾区在推进"双碳"进程中，形成了"一国两制、三个关税区、三个自贸区"背景下港澳行政区与湾区九市协同发展，以科技为支撑的绿色低碳发展模式，并不断对碳中和发展模式进行创新。总结起来有以下几个领域的创新：低碳试点区的推行、生态文明体制和机制的创新、交通领域发展模式的创新、建筑领域发展模式的创新、金融领域发展模式的创新，以及能源领域发展模式的创新，这些共同推动了粤港澳大湾区碳中和发展模式的创新，同时也为其他地区推进"双碳"工作提供了经验借鉴。

（一）由点及面，全面推进低碳试点示范

实现碳中和的进程不是一蹴而就的，需要经验的推广和技术的支持，具有先导性的举措便是建设低碳先行示范区。从国家级层面上看，广东省是全国首批碳试点地区，广州、深圳、中山分别在第一批、第二批、第三批加入低碳试点城市队列。从省级层面上看，广东省发改委探索省内低碳城市试点工作，选取了广州、江门、珠海、河源作为低碳试点地级市，选取了佛山顺德和禅城、珠海横琴、梅州兴宁等8个地区作为低碳试点地区。从地方城市建设层面看，广东省还选取了广东状元谷电子产业园、深圳南山产业转移工业园、松山湖开发区等作为低碳园区试点。走在碳中和示范区前列的便是深圳市龙岗区。深圳市龙岗区立足本地实际，明确提出"一芯两核多支点"的发展战略，创新提出"IT+BT+低碳"的发展路径，并写入政府工作报告，逐渐完善低碳行动法律法规，并计划到2035年，形成更加完善的低碳产业体系并成为龙岗区第三大产业支柱。龙岗区内建筑均按照绿色建筑三星标准建造改造，同时应用了绿色建筑、能源低碳等技术系统，90多项先进技术。区内还大力推进氢能产业园建设和国际低碳城的建设，同时全面推进垃圾分类和高耗能高污染企业的转型升级。目前深圳还进一步探索了近零排放区试点建设，该项目基于当地低碳

基础，利用产业、碳汇等多领域低碳技术，创新管理机制，逐步实现该区域碳排放总量降低并接近于零，并极大地将低碳技术与低碳发展有机结合起来。

在其他试点方面，粤港澳大湾区也走在前列。一是探索蓝色碳汇，在广州、深圳、珠海、湛江、惠州等地区推进海洋碳中和试点工作，主要任务是研究海洋碳汇，并发展碳汇交易。二是开展气候投融资试点建设，深圳于2020年出台了《深圳经济特区绿色金融条例》，这是全国首个地方性金融法规，为进一步开展气候投融资提供了法律保障；2022年10月，生态环境部下发的气候投融资试点名单中，深圳福田位列其中，表明深圳正走在全国气候投融资试点前列。

（二）推进生态文明体制机制创新和生态系统价值核算

坚持"绿水青山就是金山银山"的发展理念与推进碳达峰碳中和工作是并行不悖的，2019年国务院下发的《粤港澳大湾区发展规划纲要》中提出要实行最严格的生态环境保护制度，推行绿色低碳生产生活方式，这表明大湾区推动"双碳"工作就是在推动生态文明建设。在这方面，粤港澳大湾区做出两项引领性工作。第一，创新生态文明体制机制。首先，健全现代环境治理体系，严控各类污染物排放，从源头上严格治理，严格管控高能耗、高污染、低效益的项目，对破坏生态环境行为"零容忍"，加大对破坏生态环境行为的赔偿处罚力度。其次，加大环境治理力度，优化环境治理模式。各地有序开展水污染治理和空气污染治理工作，完善污染检测机制。最后，在珠三角所有城市内开展"无废城市"建设试点工作，鼓励粤东粤西等地开展试点工作，提高固体废弃物治理水平以及逐步构建"无废城市"建设长效机制。

第二，推行生态系统价值核算。深圳在全国首先开展GEP核算体系，即生态系统生产总值核算体系，与之相对应的是GDP：国民生产总值。GDP衡量的是一国或一地区经济发展状况和水平，是国民经济核算的主要指标。而GEP衡量的是某地的生态系统在一定时间内为人类民生福祉和社会可持续发展所产出的各种产品与服务之和，主要包括物质产品、调节服务和文化服务三方面的价值。GEP核算体系摒弃了以往衡量经济发展的"唯GDP论"，同时弥补了GDP在核算中没有统筹考虑资源消耗和环境污染等缺点，创造性实现了生态系统价值的衡量，使得经济发展不再以破坏环境为代价，实现了高质量发展，是实现"双碳"工作的重要抓手。未来，GEP 核算体系将会在大湾区以及全国更大范围推广。

（三）发展绿色建筑，推进建筑节能减排工作

建筑业作为碳排放量及能耗大户，其减排工作是大湾区实现碳达峰碳中和的主要目标之一。中国建筑节能协会于 2021 年发布的《中国建筑能耗与碳排放研究报告（2021）》显示，2019 年全国建筑碳排放约为 50 亿吨二氧化碳，占全国碳排放的 50%。大湾区建筑市场规模大，且每年新建建筑面积较大，2019 年大湾区建筑运行阶段碳排放量约为 1.4 亿吨，位居全国第 4。但目前广东省建筑业发展仍存在一些问题，一是政策支持力度不大，尤其是建筑创新类政策和对建筑龙头企业的扶持政策不够完善。二是装配式建筑以及绿色建筑比例相对偏低。三是建筑龙头企业数量较少，企业核心竞争力较弱。据此，广东省政府于 2021 年 8 月发布了《广东省促进建筑业高质量发展的若干措施》，该措施既是贯彻落实国家高质量发展、构建新发展格局的需要，同时也是广东省抓住建筑业发展机会，推动建筑产业现代化建设以及低碳节能减排的需要。一是提高建筑节能减碳水平，对新建建筑提出更高的节能要求，加强对新建建筑能耗的监测和监管，大湾区内实行高于省内节能标准的监管指标，并不断完善绿色建筑标准。二是推动建筑业高质量发展，根据大湾区实际情况编制粤港澳大湾区绿色建筑发展规划，大力推广装配式建筑的运用，引导房地产项目积极使用装配式建造方式，建设以装配式建筑为核心的产业园基地，加快推进装配式产业集群。三是提高建筑使用材料的绿色化水平，加大建材研发投入力度，推广高性能混凝土等新型绿色建材，在以绿色建筑为主的政府投资项目中率先引进绿色建材，提高城市内以绿色建材为主的新增建筑比例。

（四）发展绿色交通，建设低碳公交系统

交通运输行业是碳排放量较大的行业之一，相关数据显示，2019 年广东省交通运输行业的碳排放量约为 3000 万~5000 万吨，约占总碳排放量的 10%，仅次于电力和工业部门，是第三大碳排放行业。随着工业化和居民生活水平的提高，以及货物运输和私家车的普及，交通运输领域的碳排放还会有明显上升的趋势。但交通运输领域碳减排涉及多个方面，需要多方位共同推进。2021

年9月广东省发布了《广东省综合交通运输体系"十四五"发展规划》，明确提出要以粤港澳大湾区枢纽集群为中心，完善交通枢纽布局，推动交通运输绿色化，助力推动碳达峰、碳中和进程。在运输结构方面，大湾区主要交通运输方式为公路运输，相较于其他运输方式，公路运输碳排放量较大、能耗较高。目前大湾区正加快推进大宗商品货物运输方式由公路、陆路运输向铁路、水路运输转变，探索港口铁海联运等新型运输方式，有效提高了运输效率，降低了运输能耗和运输成本。在公路建设上，大湾区首条低碳高速公路：广中江高速公路，于2021年12月27日通车，该公路是国内首批绿色低碳公路试点项目，采用了新型沥青，同时采用了更环保的管桩，极大地降低了对环境的污染和破坏程度。同时该项目节约了近百公顷的土地，节省了13万吨的标准煤使用以及减少了42万吨的二氧化碳排放。

在公共交通方面，大湾区积极打造低碳交通网络，形成以轨道交通为主、传统公交为辅的低碳公交系统，深圳率先实现公交车、出租车纯电动化，并且建设了大规模的加氢站、充电桩等公共和私家充电设施，在公共交通绿色低碳化领域走在前列。

（五）碳排放、碳交易权试点为推进碳中和提供新的方案

碳排放权交易市场是实现碳达峰、碳中和的一项重要手段。2011年，北京、上海、广东、深圳等7个地区开展了碳排放权交易试点工作。2017年12月，中国正式启动碳排放权交易市场。2021年7月全国碳市场正式开始上线交易。在这10年的碳交易市场探索中，广东省探索出一条独特的发展道路。在探索初期，广东省碳排放权交易市场直接进行有偿竞价，跳过了碳排放配额免费发放的阶段，为此省政府有关部门和机构深入各市各县，对企业进行相关知识科普和培训，鼓励它们积极参加碳交易，碳排放权交易日趋活跃。2021年广东省碳排放配额成交量达到1.9亿吨，约占全国碳市场交易份额的38.6%，成为国内首个成交金额突破40亿元大关的省份。广东省碳排放权交易市场不断完善碳排放控排名单，目前纳入控排的主要行业包括钢铁、水泥、电力、石化、民航和造纸行业，这些行业碳排放量大，碳排放量总和约占全省碳排放的70%，随着参与碳交易的市场主体逐渐增加，这6个行业都实现了不同程度的碳减排，平均碳强度下降了10%。

碳普惠体制是继碳排放配额有偿竞价后，大湾区又一项促进碳中和的体制创新。大湾区将碳普惠体制核准减排量纳入碳市场体制，其中重点对生态功能区的补偿是该体制的创新点和重要内容。碳普惠项目开发和核算也逐步向欠发达地区倾斜。2021年共批准了约170个碳普惠项目，经济收益约为2500万元，覆盖多个贫困县区，创造性实现了绿色减排、碳中和、共同富裕三者的有机结合。

（六）借助湾区区位优势，发展清洁能源

粤港澳大湾区海岸线长约3200千米，地理位置优越，海洋经济和海上清洁能源发展潜力巨大。2021年广东省共开展了17个海上风电项目，装机容量达549千瓦，同时大力开展天然气和光伏发电项目。2021年4月，大湾区迄今为止最大海上风电项目——珠海金湾海上风电场项目投产，该项目与同等规模燃煤电厂相比，每年可节省约23万吨标准煤以及减少46万吨二氧化碳排放量，粤港澳大湾区海域辽阔，发展海上风电将大有可为，大湾区正在加快打造海上风电产业集群，建设珠三角海上风电研发服务基地。湾区的风电和水电发展有力地推动了氢能企业发展，实现了绿色制氢、低碳制氢。2021年，广东省共有400多家氢能企业，涵盖燃料电池生产、重要零部件和新能源汽车生产制造等重要领域，实现了大湾区内氢能的自给自足。2021年底，投资额约22亿元的渔业光伏发电项目在广东江门台山镇并网，该项目是大湾区内规模最大的"渔光互补"一体化项目，实现了光伏发电与特色水域养殖的有机结合；该项目一年可生产5.4亿度清洁电，能够保障11万家庭的用电，相较于同等规模火力发电，每年可节省约19万吨标准煤，减少约53万吨二氧化碳排放量。

（七）"一国两制，三个关税区和三个自贸区"构成大湾区发展碳中和的独特优势

大湾区具有"一国两制、三个关税区和三个自贸区"的独特优势，是中国开放程度最高、经济活力最强的区域之一。粤港澳大湾区囊括了广东省九个地级市以及香港澳门两大特别行政区，这是大湾区区别于其他经济开发区的最大特色，既是香港澳门融入国家发展战略全局的重要体现，也在实践上丰富

"一国两制"的新内涵。在碳达峰、碳中和背景下，粤港澳大湾区可以携手共进，加快"双碳"进程的实现。

第一，香港作为国际金融中心，可借助其优势引领建设大湾区国际金融市场，打造服务碳达峰、碳中和的投融资平台，吸引高新技术企业来港投资，建设国际科创中心以推进大湾区碳达峰、碳中和进程。香港金融业可以利用"一国两制"的体制优势，以及在金融及法律方面的优势，构建相较于其他开发区更为灵活多样的、具有湾区特色的"双碳"投融资体系，为推进"双碳"进程提供金融和政策建议，加快开发绿色低碳金融产品与服务。

第二，粤港澳大湾区九市科技创新活跃，不断培育战略性支柱产业和新兴产业。2020年广东省人民政府办公厅发布的《关于培育发展战略性支柱产业集群和战略性新兴产业集群的意见》提出"10+10"战略产业集群发展思路，即重点发展新一代电子信息、智能家电、汽车产业、生物医药与健康等十大战略性支柱产业集群和半导体与集成电路、高端装备制造、智能机器人、区块链与量子信息等十大战略性新兴产业集群，为全面推进碳达峰、碳中和进程打下坚实基础。

第三，粤港澳大湾区拥有香港国际航运中心以及广州、深圳多个深海港口，拥有港珠澳大桥、虎门大桥、深圳湾大桥、黄埔大桥等跨海大桥，拥有广州白云机场、深圳宝安机场、珠海金湾机场、香港国际机场、澳门国际机场五大机场，海陆空交通便利，有利于人才流动和科创企业集聚，目前已有超过5.6万家国家高新技术企业以及50个国家实验室落户大湾区，它们积极开展能源科技前沿项目以及碳捕集、利用与封存（CCUS）、生态系统碳汇等低碳技术研发。

第四，粤港澳拥有三个关税区，前海蛇口、广州南沙和珠海横琴三个自贸片区，区域内互联互通，且在投资、贸易、金融等领域合作创新，共培育约600项改革创新成果。大湾区城市间形成了较好的合作基础、积累了丰富的合作经验。

四　粤港澳大湾区碳中和发展模式的不足

（一）能源结构较为单一，过度依赖非清洁能源

化石能源的大量使用，会带来大量温室气体（包括二氧化碳）的排放，

进而影响粤港澳大湾区碳达峰、碳中和的进程。而粤港澳大湾区的能源使用结构单一，化石能源使用占比大，非化石能源使用占比较小，存在明显的资源禀赋短板。2020 年，广东省火力发电量为 3063 亿千瓦时，而水力发电量仅为285 亿千瓦时，不到火力发电量的 1/10，风力和太阳能发电量分别为 103 亿千瓦时和 74 亿千瓦时，占比更小。省内目前只有惠州市具有较多的水力发电站。核电站方面，拥有核电站的地级市有深圳、惠州、江门和阳江，但核电站发电量远远无法满足全省甚至当地的用电需求。2020 年广东省电力消费量为 6926亿千瓦时，本省火力发电量仅占电力消费量的 40%，对省外输电依赖较大。

（二）产业结构和能源结构优化空间有限

从目前的三次产业结构构成来看，2021 年大湾区三次产业占 GDP 比重分别为 1.7∶40.7∶57.6，与 2011 年相比，第二产业占 GDP 比重逐渐下降，第三产业占 GDP 比重稳步上升，产业结构不断优化，形成第二、第三产业齐头并进的"双支柱"情况。虽然大湾区已经逐渐形成规模较大、结构较完整的产业体系，但是在制造业中传统制造业仍占据很大比重。制造业是粤港澳大湾区发展中最为重要的产业形式，从制造业的行业构成上看，电子设备制造行业等先进制造业在大湾区中的占比逐渐增大，但劳动密集型和以加工贸易为主的传统制造业的占比仍然较大，2019 年广东省高技术制造业企业共有9542 家，其他传统制造业企业约有 47000 家，高技术制造业的占比仍然偏低，在传统制造业中，化学原料、橡胶塑料、金属和非金属矿物等制造业的占比最大，这类行业属于高耗能、高排放行业，而其行业性质决定了其在短期内难以实现转型升级，难以实现行业发展与高耗能脱钩。

从目前的能源结构来看，广东省生产和生活用电大部分来自火力发电，清洁能源发电量占比很小，广东省处于风能Ⅳ类资源区和太阳能Ⅲ类资源区，其风能和太阳能资源禀赋欠佳，加之大湾区土地资源较为稀缺，因此不具备大规模开发陆上集中式风电和太阳能发电的有利条件，而水电受开发条件限制难以实现大幅度增长。

（三）区域发展不平衡，加剧地区协同发展难度

粤港澳大湾区中，9 个城市的发展情况和水平各有差异，深圳、广州、佛

山和东莞的 GDP 已达万亿元，其余 5 个市发展情况各不相同，但都有较大的发展空间。一方面，由于各市资源和发展禀赋的不同，大湾区内部存在着一定的区域差异，不仅表现在经济上，也表现在产业发展水平和相应的碳排放方面。深圳 2021 年工业总产值达到了 4.1 万亿元，增加值为 1.1 万亿元，居全国首位，且深圳正加快推进产业结构转型升级步伐，战略性新兴产业占比达37%，其所带来的碳排放远远低于传统产业；而部分地级市发展的传统产业，如肇庆市的支柱产业——金属加工业，属于高碳排放产业，面临着较大的减排压力。另一方面，产业转移可能会导致转移地碳排放压力增大，佛山、东莞和惠州承接了从广州、深圳两地转移的传统产业，经济得以快速发展，但部分产业能耗相对较高，因此不利于当地碳减排。同时，产业转移还可能会进一步引发"碳泄漏"问题，"碳泄漏"原意指发达国家在本国采取碳减排措施后，会把一些高耗能产品的生产转移到其他未采取严格减排措施的国家中去，导致该国碳排放量增加。地区间的产业转移也存在"碳泄漏"的风险。

五 粤港澳大湾区碳中和的未来路径建议

（一）第一步：多项举措加快推进碳达峰进程

1. 先立后破，推动碳达峰进程行稳致远

推进大湾区碳达峰、碳中和工作，不仅是粤港澳大湾区实现经济增长的必然选择，还是实现高质量发展的必然选择，更是大湾区一次广泛而深刻的社会性变革，需要推陈出新、破旧立新。"破"是指扬弃，即打破落后的体制机制束缚。"立"是指谋定而后动，建立与当前生产力水平相适应的生产关系和上层建筑。要先"立"后"破"，而不能未"立"先"破"。对于大湾区碳达峰、碳中和进程来说，"立"难"破"易，严控高耗能高排放产业规模容易，推动高耗能高排放产业向着低碳化转型升级难。因此，不光要有兴利除弊、迎难而上的决心，还要有正确把握碳达峰、碳中和的长远格局。

先"立"后"破"，"立"的是法律法规、相关行业政策，以及创新的机制机理和行动方案。粤港澳大湾区应一切从实际出发，实事求是，制定符合大湾区实际的碳达峰行动方案。方案应包括以下几个方面，一是要聚焦粤港澳大

湾区的战略定位和阶段目标，科学制定碳达峰进程的实施路径，加强粤港澳大湾的顶层设计。二是要立足实际。碳达峰、碳中和涉及经济社会发展的各个层面，一方面要围绕能源生产供应和火力发电等碳排放大户制定减排可行性路径，促进煤炭清洁低碳发展。另一方面，在新能源逐步发展起来的基础之上，传统能源的占比要逐渐降低，从产业链供应链方面入手，一手做好化石能源的"减法"，一手做好清洁能源的"加法"。三是要统筹全局，碳达峰进程不可急于求成。绿色低碳转型是一个循序渐进的过程，要根据大湾区各城市的具体实际，制定不同城市的达峰目标以及相关政策举措，避免各地区为达目标而搞"运动式"减碳，造成其他地区的"碳泄漏"风险。

2. 建立碳排放总量控制制度，完善碳排放监测系统

2021年10月，国务院印发了《关于完整准确全面贯彻新发展理念做好碳达峰碳中和工作的意见》。该意见为"双碳"工作做出了系统规划和总体部署，其中就有"合理控制能源消费总量，统筹建立二氧化碳排放总量控制制度，建立健全碳达峰、碳中和标准计量体系"这条决策部署。2022年8月，国家发改委与国家统计局等部门联合发布了《关于加快建立统一规范的碳排放统计核算体系实施方案》，该方案指出，2023年中国各行业碳排放统计核算工作稳步开展，统一规范的碳排放统计核算体系初步建成。目前粤港澳大湾区尚未形成一套完善的碳排放监测和总量控制制度，因此，当务之急是建立以强度控制为主总量控制为辅的减排制度。

第一，要完善碳排放信息统计制度。碳排放统计核算涉及多个层次、多个主题、多个行业，是一项庞大、复杂而又烦琐的工作。同时，不同行业、不同部门的统计方法和核算方式各有差别，因此应当由国家统计局统筹全局制定全国和各地区碳排放统计核算规范和方法，粤港澳大湾区再据此建立湾区碳排放信息统计制度，更有效地统筹"双碳"全局。

第二，加快推进各行业企业的碳排放信息披露进程。2021年粤港澳大湾区仅有496家企业披露了相应的碳排放数据，而全省共有4.5万家股份制企业，碳排放披露企业占比过小。因此，应加快建立电力、钢铁、有色金属、建材、建筑等行业的碳排放信息披露机制，建立全方位、宽领域、全覆盖的行业碳排放核算体系，让各行业碳排放数据更加透明化、可视化、可控化。

3. 加快建立和完善大湾区碳排放、碳交易市场体系

2022年9月，广州市人民政府办公厅发布了《广州市生态文明建设"十四五"规划》，该规划称广州将"探索建设粤港澳大湾区碳排放权交易所，积极参与全国碳排放权交易体系建设与国际碳交易业务"。粤港澳大湾区有广州和深圳两个碳排放权交易所，在全国碳排放权交易市场仍处于发展阶段的情况下，应进一步探索碳排放权交易体系建设，先行先试，更好地发挥试点作用。

第一，要加快构建碳排放权交易法律制度框架，完善碳排放权交易制度。目前，深圳逐渐形成了国内较为完整的碳交易法律制度框架，为大湾区碳排放权市场平稳运行奠定了法律基础。未来广州和深圳将继续扩大碳交易品种和范围，支持碳排放权交易机构创新交易品种，继续发挥试点示范的作用。

第二，要加强粤港澳三地的协同合作，发挥平台优势。香港碳排放权交易市场发展较早，且香港作为知名的国际金融中心，其金融体系较为完善，在碳披露、绿色债券等金融方面具有丰富经验。因此，应进一步开展粤港澳三地的金融业创新合作，开发创新碳期货、碳期权、绿色债券等碳金融类衍生品，助力构建更为完善的碳交易市场体系。

（二）第二步：改革创新有效巩固"碳中和"成果

1. 完善能源使用结构，加快能源转型升级步伐

现阶段，"贫煤贫油贫汽"是粤港澳大湾区的基本情况，大湾区依赖化石能源、过于依赖外省调入和进口能源、火力发电占比大等问题短期内较难改变。而粤港澳大湾区作为继纽约湾区、旧金山湾区和东京湾区后的第四大湾区，发展前景可观。因此，必须加快能源结构转型升级，弥补发展短板。

首先，从战略层面上看，应完善湾区能源转型升级的顶层设计。第一，粤港澳大湾区要做出能源使用的短期规划和长期规划，短期内要制定好能源消耗目标并做好能源消耗总量控制，长期内要逐步减少对化石能源的使用并提高清洁能源的使用比例。第二，要加强粤港澳三地的协同合作，将香港、澳门地区在金融、科技等方面的优势融入大湾区绿色低碳能源体系建设。

其次，从开放合作层面看，要加强对外合作，做到优势互补。粤港澳大湾区作为海上丝绸之路的起点，应牢牢把握发展契机，加强与沿线国家的能源产业跨境合作，拓宽新的海外清洁能源供应渠道。

最后，从区位优势上看，要积极发展沿海清洁能源。应加快对南海深海油气的勘探工作，开辟新的油气能源渠道，力争实现湾区油气自给自足。

2.加快产业结构转型升级，发展新兴产业

大湾区2021年的三次产业占比为1.7：40.7：57.6，碳排放量"大户"集中在第二产业上，特别是集中在传统制造业和工业上。因此，第一，要严格控制高耗能与高排放产业的规模，加大对高耗能、高排放、高污染落后产能的淘汰力度，并加强对重点高耗能企业的排放核算及监管。第二，要加大对低碳技术研发的投入力度，让低碳高能效技术广泛应用于传统制造业中。基础设施行业要采取节电技术和清洁能源改造，不断降低电力和热力的生产供应能耗。第三，要推行新型绿色建筑标准，扩大装配式建筑的应用规模，助力建筑产业降低能耗和转型升级。

在发展新兴产业方面，粤港澳大湾区发展势头正猛，科技创新动力强，研发经费远超3000亿元。粤港澳大湾区应从以下方面着手推进新兴产业发展。第一，要加大对新兴产业的扶持力度，适当对新兴产业在湾区发展进行补贴和税收优惠。第二，要布局新一代产业集群，尤其要大力发展新能源装备制造业、新能源汽车、可再生能源、绿色石化等新兴产业，不断壮大发展规模，形成集群效应。第三，加强湾区内各地区的区域联动。以香港、广州、深圳为核心城市，一方面加深核心城市与周边城市地区的分工协同合作，另一方面促进珠三角地区与粤东、粤西地区的深度合作，根据不同城市的经济发展情况和优势，形成合理的产业布局，带动粤东、粤西两地经济和产业发展。

3.培养全民低碳意识，践行低碳生活

实现大湾区碳中和要靠全民参与，碳中和成果要由全民共享，而碳普惠是实现碳中和的路径之一。碳普惠指对小微企业、社区家庭和个人的低碳行为进行量化和赋值，并建立起以商业激励和政策鼓励相结合的正向节能减排机制。一是要加强碳普惠机制顶层设计，探索具有地方特色的碳普惠制度，加快出台相关低碳法律文件，为地方推行碳普惠政策提供法律依据和保障。二是要构建碳普惠统一平台，逐步连接碳普惠减排与碳交易市场，逐步形成制度健全、管理规范、运作良好的碳普惠运营机制。三是要完善碳普惠体系，扩大碳普惠应用场景。有关部门应加深与互联网企业的合作，以互联网、大数据为载体，对居民垃圾分类、采取绿色出行方式等低碳行为进行碳积分补偿，有效提高居民节能减碳的积极性。

同时，构建全民低碳的社会氛围。一是要提高全社会对碳达峰、碳中和的

认知水平，积极在学校、社区等场所开展各项科普宣传工作，积极举办低碳设计展览等低碳主题活动，提高人们的低碳意识和观念。二是要完善与低碳生活有关的基础设施建设，加快落实碳中和主题公园和科普展览馆等场所的建设工作，让低碳生活观念深入人心。

参考文献

［1］习近平：《在第七十五届联合国大会一般性辩论上的讲话》，《中华人民共和国国务院公报》2020 年第 28 期。

［2］《广东省能源发展"十四五"规划》，广东省人民政府网站，http：//www. gd. gov. cn/gkmlpt/content/3/3909/post_ 3909371. html#8，2022 年 4 月 13 日。

［3］《2021 年上半年各地区能耗双控目标完成情况晴雨表》，中国政府网，http：//www. gov. cn/zhengce/zhengceku/2021-08/18/content_ 5631846. htm，2021 年 8 月 12 日。

［4］《粤港澳大湾区发展规划纲要》，中国政府网，http：//www. gov. cn/xinwen/2019-02/18/content_ 5366593. htm#1，2019 年 2 月 18 日。

［5］《广东省促进建筑业高质量发展若干措施的通知》，广东省人民政府网站，http：//www. gd. gov. cn/xxts/content/post_ 3476702. html，2021 年 5 月 10 日。

［6］《广东省综合交通运输体系"十四五"发展规划》，广东省人民政府网站，http：//www. gd. gov. cn/zwgk/gongbao/2021/28/content/post_ 3577656. html，2021 年 9 月 14 日。

［7］澎湃新闻：《粤港澳大湾区三周：奋力打造高质量发展典范》，2020。

［8］广东省人民政府：《广东省人民政府关于培育发展战略性支柱产业集群和战略性新兴产业集群的意见（粤府函〔2020〕82 号）》，2020 年 5 月 20 日。

［9］孙文娟、张胜军、孙海萍：《粤港澳大湾区能源发展现状及转型趋势分析》，《国际石油经济》2021 年第 12 期。

［10］《中共中央 国务院关于完整准确全面贯彻新发展理念做好碳达峰碳中和工作的意见》，中国政府网，http：//www. gov. cn/zhengce/2021-10/24/content_ 5644613. htm，2021 年 10 月 24 日。

［11］国家发展改革委、国家统计局、生态环境部：《关于加快建立统一规范的碳排放统计核算体系实施方案》，中国政府网，http：//www. gov. cn/xinwen/2022-08/19/content_ 5706071. htm，2022 年 8 月 19 日。

［12］《广州市生态文明建设"十四五"规划》，广东省人民政府网站，https：//www. gz. gov. cn/zwgk/fggw/sfbgtwj/content/post_ 8567716. html，2022 年 8 月 31 日。

Abstract

The general report of this book analyzes the latest progress of global carbon neutrality, summarizes existing problems and opportunities, and comprehensively evaluates China's carbon neutrality in accordance with the latest statistics. Studies have shown that since 2001, China's carbon neutralization and overall showing a slow upward trend. Since 2015, it has shown a accelerated upward trend. From 164.95 in 2001 to 188.34 in 2020, the green energy, green transportation, and ecological carbon exchange index are compared It was improved significantly in 2001.

There are six parts in this book report. Among the index articles, according to the "Top Ten Actions of Carbon Peak" in the "Plan", combined with the vision goals, select specific indicators data from multiple dimensions, and establish a carbon peak, carbon neutralization, The indicator system of regional target achievements, the average of the 2020 inter-provincial carbon neutralization index of 6.08, 15 provinces (cities) with average value, of which the provincial (city) is the Inner Mongolia Autonomous Region, Jiangsu Province, Zhejiang, Anhui Province and Gansu Province The carbon neutralization index reached 7.19, 6.54, 7.04, 7.01, and 6.50, respectively.

In the strategic chapter, the core topic of focusing on the construction of ecological civilization explains that the "double carbon" goal and ecological civilization are consistent in value pursuit, and the logical fit is an important grasp of accelerating the construction of ecological civilization. Indepth analysis of the negatives of the energy structure's multienergy complementary and coordinated sustainable development mechanism, the energy structure of the energy structure to achieve the value and practical significance of the "dual carbon" goal, and the path system and the path system and the path system and the path system of the "policy - technology -mechanism -cooperation" path The time and space layout proposes a systematic solution that supports technological innovation and realizes orderly transformation.

In technology, focusing on the second-generation block technology, especially the role of smart contract technology and NFT technology in carbon transactions and carbon asset management; analyzes the reconstructionof CCUS technology in coal-fired power plants, combination of coal power and CCUS technology Realize the content of the power depth of power; finally, the four main paths of green low-carbon technology through carbon reduction, carbon reduction, negative carbon, and carbon exchange are summarized. At the same time, the development of green low-carbon technology at this stage The status quo and the problems faced, and put forward corresponding countermeasures and suggestions on existing issues.

In the carbon storage chapter, first take the Yellow River Basin as an example, and divide the city into three levels: carbon exchange demonstration site, comprehensive demonstration site and ecological island demonstration site. Experience; secondly, the forest carbon storage construction summarizes practices and models, proposes scientifically promoting green protection, improving forest carbon exchange capacity, continuous innovation system mechanism, strengthening the protection of forest carbon storage, and improving transaction compensation mechanisms. In addition, the improvement of the development of greenhouse gas emissions and accounting methods is proposed to develop proposals and select cases for empirical analysis, and research on carbon emissions property attributes and tax issues, and proposes the basic path of China's carbon market construction.

In the path, the theoretical foundation, internal relationships, and actual dilemma and typical analysis of the theoretical foundation, internal relationships and coordinated advancement of agriculture and rural areas are discussed. The difficulty and challenges of low-carbon transformation; analyzing the domestic and foreign methane reduction policies and standards, methane emissions characteristics, and technical measures of emission reduction, the path of methane reduction promotion of carbon neutrality is studied; Form a comprehensive support to achieve carbon neutral energy technology innovation system and industrial balanced development system, carbon neutral and lower energy technology development lacks strategic planning and cross-institutional coordination, and new requirements for the conversion of kinetic energy and improve green development. New Energy Science and Technology

Innovation, Talent and International Exchange and Cooperation, Accelerate the Implementation of Innovation driven Strategy, develop the digital economy, adjust the industrial structure, and build a modern industrial system. Finally, focusing on civil aviation emission reduction, from the agreement on carbon emission reductions, laws, policies, and practice, propose the framework of carbon emission reduction system.

In the case, summarizes the experience of car giants, energy giants, Internet giants Google, technology giant Apple, and Simonzi and Southern Power Grid's experience in carbon neutralization and practical practice. In the promotion of carbon neutrality in the district and city), a feasibility analysis of the promotion of successful experience has been performed.

Keywords: Two Carbon Target; Two Carbon Comprehensive Evaluation Index System; Ecological Civilization Construction

Contents

Ⅰ General Report

B.1 Report on the Carbon Neutrality in China (2023)

Sha Tao, Liu Tao, Liu Jiwei, Sun Mingyu and Li Qun / 001

Abstract: China's carbon neutrality development index has shown an overall slow upward trend since 2007 and an accelerated upward trend since 2015, rising from 164.95 in 2001 to 188.34 in 2020, and China's carbon neutrality process is still in a low-speed development state. In terms of various sub-indicators, China's green energy index, green transportation index and ecological carbon sink have been significantly improved from 2001 to 2020. In addition, under the influence of the deepening of China's carbon neutrality policy, the active promotion of "double carbon" action, the active promotion of new energy construction, the regulation of carbon finance industry development and the spread of the global epidemic, the China Carbon Neutrality Index, China Carbon Reduction Index and Green Energy Index of 2020 have a significant improvement compared with 2019. By analyzing the problems, opportunities and development trend of China's carbon neutral development, this report proposes to accelerate the construction of "dual carbon" system, promote the progress of CCUS and other key technologies, accelerate the development of carbon trading market, and balance ecological carbon sequestration and food security.

Keywords: Carbon Neutrality; Ecological Civilization; China Carbon Neutral Development Index

406

II Index Topic

B.2 Report on China's Carbon Neutrality Development
Indexfrom 2021 to 2022
Liu Tao, Liu Jiwei, Sun Mingyu and Li Qun / 022

Abstract: In this paper, we examine the mechanisms underlying the achievement of the "dual carbon" targets from the perspective of peak carbon and carbon neutrality targets. Combined with the main objectives and key tasks proposed in the Plan, specific indicators are selected from multiple dimensions to establish an indicator system to measure the achievement of the regional targets of carbon peaking and carbon neutrality. The basic framework of the indicator system was constructed based on the "ten actions to reach the peak of carbon", such as the energy green and low-carbon transformation actions, energy-saving and carbon-reducing actions, and the weights were calculated based on the carbon emission equivalents between sectors in the carbon emission system, and the calculation of the comprehensive evaluation index was completed. 2020 Inter-provincial Carbon Neutrality Development Index The average value is 6.08, and there are 15 provinces (cities) that exceed the average value, among which the leading provinces (cities) are Inner Mongolia Autonomous Region, Jiangsu Province, Zhejiang Province, Anhui Province and Gansu Province, with the carbon neutrality development index reaching 7.19, 6.54, 7.04, 7.01 and 6.50 respectively.

Keywords: Carbon Peaking; Carbon Neutrality; Two Carbon Comprehensive Evaluation Index System

III Strategy Topics

B.3 Adhering to Xi Jinping's Thought of Ecological Civilization to
Lead The Realization of the Carbon Peaking and
Carbon Neutrality Goals *Xu Haiyan, Bao Han* / 059

Abstract: Controlling carbon emissions to meet the challenge of climate change has gradually become a global consensus. China has proposed to achieve carbon peak by 2030 and carbon neutrality by 2060. The "double carbon" target is the core issue of ecological civilization construction, which is consistent with ecological civilization in terms of value pursuit and logical realization, and is an important tool to accelerate the construction of ecological civilization. Achieving the "double carbon" target is an extensive and profound economic and social systemic change, and we must fully grasp the orderliness and continuity of promoting the "double carbon" target, accelerate the improvement of the "1 + N "policy system", under the overall layout of ecological civilization construction, firmly take the ecological priority, green low-carbon high-quality development road, actively and steadily promote the "double carbon" target as scheduled.

Keywords: Carbon Peaking; Carbon Neutrality; Ecological Civilization

B.4 Analysis of Multi-energy Complementary Synergistic Low-carbon Sustainable Development Mechanism

Pan Wei, Tan Qingbo, Zhao Haochen, Li Xudong and Tan Zhongfu / 075

Abstract: The report systematically compares the current policy status of multi-energy complementary operation development at home and abroad, the current research status of operational demand factor prediction of multi-energy complementary system, the research of co-operative operation optimization, the research of co-operative operation effect analysis and evaluation model, etc. Secondly, it analyzes the value and practical significance of multi-energy complementary co-operative development from the perspective of supply and demand, green development and energy production efficiency, etc. Finally, it proposes Finally, we propose the establishment of a sound multi-energy complementary synergistic operation, green certificates and carbon emission market trading mechanism.

Keywords: Low Carbon Development; Multi-Energy Complementarity; Sustainable Development

B . 5   Optimizing Energy Structure to Realize Sustainable

Development of Low-carbon Econom

Lou Wei , Li Shuhao / 090

Abstract: The report system sorts out the relationship between energy structure optimization and low-carbon economy, summarizes the sustainable development model of low-carbon economy, conducts in-depth analysis from the perspective of opportunities and challenges faced in the process of energy structure optimization in the new development stage, and expounds how to optimize energy The value and practical significance of the structure to the realization of the "dual carbon" goal, and finally put forward the suggestions that the energy structure transformation should make full use of the advantages of the "new national system", and the energy structure transformation work should be closely combined with the national security strategy.

Keywords: Low-carbon Economy; Energy Structure; "Two-carbon" Targets

B . 6   Technology Innovation for Orderly Achieving the Transition

from the "Dual Control" of Energy Consumption to the

"Dual Control" of Carbon Emissions

Liu Pingkuo , Han Xue and Zhao Ruiqi / 107

Abstract: With enhancing the breadth and depth of carbon peaking and carbon neutrality goals, the 2021 Central Economic Working Conference has proposed the stimulations for the quick "dual control" transition from total energy consumption and energy intensity to total carbon emissions and carbon intensity. This report outlines the current technological state of the "dual control" technology for both energy consumption and carbon emissions. Furthermore, the necessity of orderly transition and factors affecting technological innovation are illustrated from the perspectives of institution, economy and society. On this basis, according to the "Policy-Technology-Mechanism-Cooperation" path system and spatiotemporal structure, a technological innovation-oriented systematic solution to support orderly transition is proposed. The analysis indicates that: The dual control of total energy consumption and energy intensity is extended to the dual control of total carbon emissions and intensity in the direction of technical carbon control and carbon reduction. In order to improve the efficiency of technological innovation in an orderly transition, China still has to overcome its current institutional, economic, and social hitches. In terms of path system, China is supposed to establish a rigorous institutional structure, boost technical innovation, implement a full-matched carbon market mechanism and enhance the depth of international cooperation. In terms of spatiotemporal layout, the government should utilize management technology to make a properly connection of two "dual control" systems.

Keywords: Dual Control of Total Carbon Emissions and Carbon Intensity; Dual Control of Energy Consumption; Carbon Neutral Target

Ⅳ   Science and Technology Topics

B.7   Research on the Application of the Second Generation Blockchain Technology in the Carbon Market

Liu Tao / 135

Abstract: The carbon market is a market mechanism that realizes carbon emission reduction through trading emission rights, and plays an important role in carbon emission reduction. This paper reviews the management system, development status and challenges of China's carbon emissions trading system, and discusses the feasibility, operating mechanism and principles of building a carbon market based on blockchain technology based on the second-generation blockchain technology. In particular, the role of smart contract technology and NFT technology in carbon trading and carbon asset management is discussed, and finally suggestions are put forward to ensure the reasonable operation of the carbon market under the blockchain technology system.

Keywords: Blockchain Technology; Carbon Market System; Carbon Financial Derivatives

B.8　Green and Low-carbon Technology Innovation

in the Realization of Carbon Neutrality Goals

Peng Xushu, *Zhang Xiao* / 148

Abstract: China's commitment to reach peak carbon by 2030 and achieve carbon neutrality by 2060 is based on the need to actively address global climate change and the objective need for the country's economic development. This is of strategic importance for maintaining energy security and achieving high-quality economic development. Green and low-carbon technology innovation is a key driver for achieving green development and carbon neutrality. This report analyses the need to promote green low-carbon technology innovation in China in the context of carbon neutrality, and summarizes the four main pathways to achieve carbon neutrality through carbon reduction, carbon mitigation, carbon negativity and carbon sinks. In addition, this report examines the current state of development of green low-carbon technologies and the problems faced at this stage, and proposes countermeasures and recommendations to address the existing problems.

Keywords: Carbon Neutrality; Green Low Carbon Technology Innovation; Green and Low-carbon Development

B.9　International Experience and Policy Suggestions for

CCUS Retrofit of China's Coal-fired Power Plants

Ma Xiangshan, *Jiang Dongmei and Liu Qingqiang* / 167

Abstract: China's power industry, whose main power generation mode is coal-fired power generation, accounts for the largest proportion of carbon emissions from burning fossil fuels. The power industry has become the main force to achieve China's "Carbon Peak & Carbon Neutrality" goals, and must assume more important responsibility for emission reduction. One of the technology options to solve this problem is Carbon Capture, Utilization and Storage (CCUS) technology, which is a key technology to advance carbon neutrality. Combining coal power with CCUS technology can achieve deep decarbonization of electricity. CCUS plays an important role in the transition of China's coal-fired power plants, including promoting the transition of the power sector, helping to achieve the "Carbon Peak & Carbon Neutrality" goals and ensuring the flexibility of the power system. Studies at home and abroad show that in terms of the economy of CCUS transition in coal-fired power plants, the cost of LCOE is lower than or equal to that of natural gas power plants. Analysis of the SaskPower Boundary Dam project in Canada and NRG's Petra Nova project in the United States shows that mature commercial chains, government funding and efficient project teams are the keys to success. Finally, policy recommendations are put forward to address the dilemma of CCUS cost, renewable energy competition and public perception.

Keywords: Coal-fired Power Plant; CCUS Retrofit; Carbon Neutrality

V Carbon Stocks Topics

B.10 Green Carbon Pool Helps Empower China's Construction of Carbon Neutrality Demonstration Pilot

Yan Guangxuan, Wang Jieqi, Cao Zhiguo,

Hu Pengtuan and Yu Hao / 181

Abstract: To achieve the goals of peak carbon emissions and subsequent carbon neutrality, the provincial governments are keeping implementation positive on pilot construction in China. To date, most efforts were paid to green and low-carbon technologies and anthropogenic emissions without consideration of the green carbon sinks, including the natural ecosystems of forests, grasslands, wetlands, deserts, and anthropogenetic ecosystems of urban green spaces, which have great potential on demonstration pilot construction. Due to huge variations in geography and natural resources in different provinces, the strategies for improving the capacity of carbon sequestration strongly depend on scientific research and protocols to demand the construction of different type demonstration pilots. This study reviewed the three strategies for the construction of carbon neutrality demonstration pilots in the Yellow River Basin with respect to providing an available experience for carbon neutrality pilots in China.

Keywords: Green Carbon Pool; Carbon Neutrality; Yellow River Basin

B.11 Green Carbon Pool Helps Empower China's Construction of
  Carbon Neutrality Demonstration Pilot   *Qin Guowei* / 197

Abstract: The continuous growth of China's forest area and stock volume has played an important role in slowing down the rate of global forest loss and improving the global carbon sink capacity of forests. The report summarizes the path and model of Anji bamboo forest carbon sink trading, Sanming forest carbon value realization, and Chongyi forestry carbon sink trading. The lack of carbon value support is difficult. Furthermore, suggestions are put forward to scientifically promote greening protection, enhance forest carbon sink capacity, continue to innovate systems and mechanisms, strengthen forest carbon pool guarantees, improve transaction compensation mechanisms, and increase forest carbon pool benefits.

Keywords: Carbon Neutrality; Forest Carbon Pool; Carbon Trading

B.12 Research and Empirical Analysis on China's Greenhouse
  Gas Emissions Accounting Method
       Jiang Dongmei , Liu Qingqiang , Huo Jiaming and
                  Zhu Chunguang / 212

Abstract: Majority of countries in the world have set the goal of carbon peak and carbon neutrality to combat the global climate change and achievement of the goals need accurate accounting of GHG emissions. Relative guidelines or standards have been published in China and abroad for GHG emissions accounting and establishment of GHG emissions accounting system have been an important work of combating climate change. The current situation of GHG emissions accounting policy and standard, main GHG emissions accounting methods will be studied in the text and suggestions will be put forward for optimization of GHG emissions accounting methods and empirical study will be conducted.

Keywords: Greenhouse Gas Emission; Climate Change; Carbon Deaking; Carbon Neutrality

B . 13　The Tax Law Definition of Carbon Trading Income and

The Construction Path of Carbon Emission Trading Market

Zhang Yong , Shi Jiayun , Zhu Wenhao , Zeng Bingxin and Liu Jin / 226

Abstract：Carbon emission trading is a system with the goal of controlling carbon emissions created by relying on property rights system and market mechanism. Internationally, there are great differences in the attribute and tax recognition of carbon emission rights. Countries have taken different measures on the tax issue of carbon emission rights trading according to different market construction conditions. In the process of accelerating the construction of carbon emissions trading market in China, the legal nature of carbon emissions trading has not been clearly defined, which has a direct impact on the definition of the nature of carbon emissions trading income tax. This paper studies the attributes of carbon emission rights and tax issues, and puts forward the basic path of China's carbon market construction.

Keywords：Carbon Emission Allowance；Carbon Emission Trading Income Tax；Tax Law Definition

Ⅵ　Path Topics

B . 14　Research on the Path of Collaborative Promotion of

Carbon Neutrality in Agriculture and Rural Areas and

Rural Revitalization　　　　　　　*Liu Yang , Yu Fawen /* 241

Abstract：The coordinated promotion of rural revitalization and the goal of "double carbon" is a system project involving system, management and technological innovation. The carbon neutrality of agriculture and rural areas is promoted simultaneously with the revitalization of rural areas. The carbon neutrality of agriculture and rural areas should be achieved in the revitalization of rural areas. Its essence is to take the road of agricultural ecological civilization. This report focuses on the theoretical basis, internal relationship, and practical dilemmas and typical analysis of carbon neutrality and rural revitalization in agriculture and rural areas. Accordingly, it proposes to improve the policy system of effective synergy between carbon neutrality in agriculture and rural areas and rural revitalization; enhance the level of research and development and application of green and low-carbon agricultural technologies; take multiple measures at the same time to strengthen the rural collective economy; enhance the villagers' sense of ownership and other countermeasures and suggestions.

Keywords: Carbon Neutrality; Rural Revitalization; Emission Reduction and Carbon Sequestration; Agricultural and Rural Modernization

B.15　Path Analysis of Low-Carbon Transformation in Industry, Construction and Transportation

Zhang Wei, *Tang Xiru*, *Song Yang and Xu Liping* / 262

Abstract: China has many industrial sectors, each with its own characteristics and large differences in carbon emissions; the construction industry has a large stock and a high proportion of high-energy-consuming and high-emission buildings; the transportation sector is highly dependent on fossil fuels, and the transportation structure is unreasonable and difficult to optimize, which leads to huge challenges for low-carbon transformation in the industrial, construction, and transportation sectors. This paper analyzes the low-carbon transformation paths of industry, construction and transportation based on their current carbon emission status and relevant policy goals: (1) Industry needs to make industrial restructuring in terms of industrial layout, capacity substitution and industrial synergy, improve energy efficiency, and accelerate industrial electrification and CCUS technology application. (2) The construction sector needs to improve the energy-saving and carbon-reducing standards of the industry, develop "light storage and direct flexibility" buildings, promote the electrification of building energy use, and promote green and intelligent construction. (3) The transportation sector needs to improve the energy efficiency of carriers and the use of new energy, and improve the materials and technology of infrastructure.

Keywords: Industry; Construction; Transportation; Pollution Reduction and Carbon Reduction; Low-Carbon Transformation

B. 16 Research on Exploring New Carbon Neutrality

Pathway for Methane Emission Reduction

Jiang Dongmei , Liu Qingqiang and Shen Ruijia / 283

Abstract: Methane is one greenhouse gases with wide emission sources and vast amount of emissions. Controlling of methane emissions have been an important part of encountering climate change activities and great importance was given in policies in China and abroad. A number of policies or measures have been made for controlling of methane emissions. Based on the analysis on the current situation of policies and standards for methane emission control, characteristics of methane emissions and methane emission reduction technologies, the pathway for reducing methane emission and promoting realization of carbon neutrality goal was studies and suggestions are given for improving emission reduction of methane.

Keywords: Methane Emission Reduction; Carbon Neutrality; Carbon Trading

B. 17 Research on the Path of Innovation Mechanism and Risk

Prevention and Control of China's New Energy Industry

under the Goal of Carbon Neutrality

Liu Renhou , Peng Sifan and Yang Jing / 296

Abstract: Under the dual carbon goals, China vigorously promotes the green and low-carbon transformation of industries, and the scale and investment quota of new energy industries continue to expand. The country has introduced the "1+N" policy system to promote the dual-carbon strategy, and various departments and localities have also issued relevant policies one after another. The policy support has been continuously improved, and the role of scientific and technological support has been continuously enhanced. At present, China's dual-carbon strategy is continuously advancing in depth, and realizing the innovative development of new energy industries is an important part of achieving the goal of the dual-carbon strategy. Integrate, establish and improve the supply chain of the industrial chain, improve the level of scientific and technological cooperation, participate in the formulation of international technical standards, systematically plan the overall layout, and promote the deep integration of the new energy industry with regional development. But at the same time, China is still facing the lack of an energy technology innovation system and a balanced industrial development system that fully supports the realization of carbon neutrality. The development of energy technology under carbon neutrality lacks strategic planning and inter-agency coordination, and the innovation capabilities of cutting-edge disruptive technologies and key core technologies are insufficient. , The development of energy technology is relatively single, and the international energy technology and talent exchange and cooperation are hindered in four aspects. Finally, suggestions are put forward in terms of top-level design, new energy technology innovation, talents and international exchanges and cooperation.

Keywords: Carbon Neutrality; New Energy Industry; Energy Technology Innovation; Green and Low-Carbon

B.18   Research on the Development Path of China's Green
Transformation under the Goal of Carbon Neutrality

Wang Jing / 307

Abstract: The goal of carbon neutrality puts forward practical requirements for accelerating the realization of green development and promoting the transformation of economic development mode. China should promote green manufacturing, develop green agriculture and green service industries, and accelerate the construction of a green production system. China should develop green logistics and distribution, promote green consumption, promote government green procurement, establish a green lifestyle, and accelerate the construction of a green circulation and consumption system. China should promote the green exploitation of energy, promote the adjustment of energy structure, promote the innovation of energy technology and management mode, promote the " double control " of carbon emissions and intensity, and accelerate the construction of a green energy system. China should deepen reform and innovation in institutional mechanisms, negative carbon

417

technology innovation and other aspects. China should speed up the construction of green cities, green villages, green development demonstration areas, and realize regional green development as soon as possible.

Keywords: Double Carbon Goal; Green Development; China Green Transformation

B.19   Research on the Carbon Emission Reduction

Path of Civil Aviation Industry   *Sun Huijuan* / 323

Abstract: With the rapid development of civil aviation, carbon emissions from civil aviation are increasing continuously. How to control and reduce carbon emissions has become one of the key tasks for the sustainable development of civil aviation. The article analyzes the characteristics of carbon emissions from civil aviation and influencing factors, and explores the path choices for low-carbon development of civil aviation. Including choosing low-carbon aircraft and engines; using lightweight and high-strength materials; developing better biofuels for aviation; using digital technologies to improve information levels, etc. The use of these new technologies can greatly reduce the overall carbon emissions of aircraft. Implementing carbon emission monitoring and reporting systems; formulating carbon emission reduction targets responsibility and assessment methods; implementing carbon emission trading and carbon tax policies; providing R&D subsidies and tax incentives, etc.

Keywords: Civil Aviation; Carbon Emissions; Aviation Fuel

Ⅶ   Case Topics

B.20   The Enlightenment of Foreign Enterprises Realizing the

Target of Carbon Neutrality to China

Miao Runlian, Tong Aixiang / 336

Abstract: In order to cope with global climate change and implement the climate goals set in the Paris Agreement, foreign companies have put forward their own carbon neutrality goals and paths. Auto giant General Motors, energy giant Shell, Internet giant Google, and technology giant Apple are all at the forefront of their industries in terms of carbon-neutral strategic layout and practice. These four companies have clearly put forward their respective timetables and roadmaps for carbon neutrality, formulated specific action plans, and achieved good implementation results. Studying their carbon neutrality strategy, the enlightenment and reference for domestic enterprises: first, take the initiative to integrate into and grasp the competitive opportunity of switching tracks provided by carbon neutrality; second, formulate special emission reduction measures in combination with the company's future development strategic planning; third, Promote technological innovation, improve energy efficiency, and empower carbon neutrality; fourth, establish a good corporate image and carry out carbon offset or compensation actions.

Keywords: Carbon Neutrality; Zero Canbon Emission; Enterprise Experience

B.21 Case Study of Low Carbon (Carbon Neutrality) Development in Hainan Province

Li Shijie, Li Jiehao and Yang Shuang / 354

Abstract: Hainan is rich in solar energy, ocean, forest, biological and other resources, and has favorable conditions to take the lead in achieving the goal of carbon peak and carbon neutrality. The "Hainan Province Carbon Peak Implementation Plan" proposes to focus on optimizing the energy structure, vigorously develop renewable energy such as wind, light, and biomass, develop nuclear power efficiently, safely, actively and orderly, and continuously increase the proportion of non-fossil energy in energy consumption. This report summarizes the current situation of Hainan's low-carbon development. From the top-level design of low-carbon development, Hainan has the inherent advantages of low-carbon development, the strategic layout of low-carbon development, the achievements and landmark projects of low-carbon development. Summarize Hainan's low-carbon development practices and key project experience, and point out the starting point in the process of promoting low-carbon development, and provide Hainan's experience for national low-carbon development.

Keywords: Low-carbon Economy; Carbon Neutrality; Hainan Province Development

B.22 Practical Experience and Successful Practices of Domestic Carbon Neutral Development　　*Hu Qiuguang, Wu Zhengjie* / 367

Abstract: China has put forward the ambitious goal of achieving carbon peak by 2030 and carbon neutrality by 2060. To achieve the maximum global reduction in carbon emission intensity within 30 years of practice, China will inevitably face a series of severe challenges such as industrial structure transformation and energy structure adjustment to achieve the "dual carbon" goal. On the basis of the current situation of China's carbon neutrality development and in combination with the challenges faced by the current carbon reduction and foreign exchange increase, this report analyzes the development process and practical measures of carbon neutrality in Wuhan and Beijing, as well as in Siemens and China Southern Power Grid from the urban and enterprise levels, and combs their practical experience and successful practices in carbon neutrality development in industries, energy, transportation, construction and other fields, It provides inspiration for China to achieve the goal of carbon peaking and carbon neutralityin the future. In addition, from the perspective of cities and enterprises, the paper puts forward corresponding suggestions on China's carbon neutrality development path.

Keywords: Carbon Peaking; Carbon Neutrality; Domestic City and Enterprises Practice

B.23 Carbon Neutrality Development Model and Practice in the Guangdong-Hong Kong-Macao Greater Bay Area

Tan Yuhua, Chu Jianzhong, Qiu Wenwei and Hu Xinhui / 386

Abstract: Climate change has always been the universal concern of China and even the world. In order to achieve the "carbon peak" "carbon neutrality" goal on schedule, China still needs to solve various problems. As one of the regions with the best economic development in China, the Guangdong-Hong Kong-Macao Greater Bay Area has the basic conditions to take the lead in achieving the double carbon target. Using SWOT analysis method, this paper systematically analyzes the advantages, disadvantages, opportunities and challenges of achieving carbon neutrality in the Guangdong - Hong Kong - Macao Greater Bay Area, and summarizes the experience of the development model of carbon neutrality in the Greater Bay Area, including carbon neutrality pilot, ecosystem mechanism innovation, and model innovation in the fields of construction, transportation, finance and energy. At the same time, it is pointed out that there are still some shortcomings in the work of "double carbon" in the Greater Bay Area, such as the industrial structure, energy structure and the imbalance of regional development. The Greater Bay Area should take two steps to achieve "carbon peaking" and "carbon neutrality" . One is to accelerate the process of "carbon peaking", and the other is to consolidate the achievements of "carbon neutrality" .

Keywords: Guangdong - Hong Kong - Macao Greater Bay Area; Carbon Neutrality; Carbon Peaking

后　记

"双碳"目标是中国在 2020 年向世界作出的庄严承诺，是中国积极参与气候变化全球治理的重要体现，是中国实现经济高质量发展的应有之义。实现"双碳"目标不可一蹴而就，需要全社会的广泛关注和全党全国人民的共同努力。在此仅对参与编写本书和提出指导意见的各位领导、专家、教授、学者表达拳拳谢意。

感谢此本皮书报告的作者朋友们。感谢你们对本书的厚爱与支持，是你们用严谨的科研态度和丰富的专业知识形成了一篇篇主题鲜明、结论专业的报告，共同推动了本书的顺利问世。

感谢中国社会科学院学部委员、生态文明研究所研究员、联合国可持续发展独立科学家、中国生态智库首席科学家潘家华先生在百忙之中为本书撰写序，并作为顾问指导全书。

感谢中国社会科学院评价研究院李传章研究员，北京物资学院王可山教授，社会科学文献出版社副总编、皮书院院长、研究员蔡继辉，中国社会科学院学部委员、联合国可持续发展独立科学家、中国生态发展智库首席科学家潘家华，中国碳中和发展集团首席科学家、战略发展委员会主席姜冬梅，华北电力大学闫庆友教授和谭忠富教授，中国传媒大学数据科学与智能媒体学院闵素芹副教授，中国统计学会副会长、南京特殊教育师范学院凌迎兵教授，南京林业大学经管学院高强教授，上海电力大学经管学院刘平阔副教授，同济大学经管学院李少鹏助理教授，张灵蕊博士，北京市科学技术研究院苗润莲研究员和庹铁梅研究员等高校、科研院所的专家学者在指标体系框架构建、报告准入审核、书稿审理等方面提供了宝贵建议。

最后，感谢本书幕后默默奉献的朋友，包括中国林业生态发展促进会秘书长陈蕾先生、副秘书长姜燕女士、社会科学文献出版社首席编审周丽、社会科学文献出版社皮书研究院副院长吴丹、社会科学文献出版社编辑张丽丽、社会科学文献出版社皮书研究院张雯鑫老师和孙娜老师、中国社科院马克思主义研究院于海青研究员、政治学所徐海燕研究员、生态文明所娄伟研究员、田桂芹老师等各位专家老师，你们在本书体系架构、分篇布局、文稿润色等方面的工作给编者带来巨大的帮助与启发，谢谢你们！

编者

2023 年 2 月

社会科学文献出版社

皮 书

智库成果出版与传播平台

✤ 皮书定义 ✤

皮书是对中国与世界发展状况和热点问题进行年度监测，以专业的角度、专家的视野和实证研究方法，针对某一领域或区域现状与发展态势展开分析和预测，具备前沿性、原创性、实证性、连续性、时效性等特点的公开出版物，由一系列权威研究报告组成。

✤ 皮书作者 ✤

皮书系列报告作者以国内外一流研究机构、知名高校等重点智库的研究人员为主，多为相关领域一流专家学者，他们的观点代表了当下学界对中国与世界的现实和未来最高水平的解读与分析。截至2022年底，皮书研创机构逾千家，报告作者累计超过10万人。

✤ 皮书荣誉 ✤

皮书作为中国社会科学院基础理论研究与应用对策研究融合发展的代表性成果，不仅是哲学社会科学工作者服务中国特色社会主义现代化建设的重要成果，更是助力中国特色新型智库建设、构建中国特色哲学社会科学"三大体系"的重要平台。皮书系列先后被列入"十二五""十三五""十四五"时期国家重点出版物出版专项规划项目；2013~2023年，重点皮书列入中国社会科学院国家哲学社会科学创新工程项目。

权威报告·连续出版·独家资源

皮书数据库
ANNUAL REPORT(YEARBOOK)
DATABASE

分析解读当下中国发展变迁的高端智库平台

所获荣誉

- 2020年，入选全国新闻出版深度融合发展创新案例
- 2019年，入选国家新闻出版署数字出版精品遴选推荐计划
- 2016年，入选"十三五"国家重点电子出版物出版规划骨干工程
- 2013年，荣获"中国出版政府奖·网络出版物奖"提名奖
- 连续多年荣获中国数字出版博览会"数字出版·优秀品牌"奖

皮书数据库　　"社科数托邦"
微信公众号

成为用户

　　登录网址www.pishu.com.cn访问皮书数据库网站或下载皮书数据库APP，通过手机号码验证或邮箱验证即可成为皮书数据库用户。

用户福利

- 已注册用户购书后可免费获赠100元皮书数据库充值卡。刮开充值卡涂层获取充值密码，登录并进入"会员中心"—"在线充值"—"充值卡充值"，充值成功即可购买和查看数据库内容。
- 用户福利最终解释权归社会科学文献出版社所有。

数据库服务热线：400-008-6695
数据库服务QQ：2475522410
数据库服务邮箱：database@ssap.cn
图书销售热线：010-59367070/7028
图书服务QQ：1265056568
图书服务邮箱：duzhe@ssap.cn

社会科学文献出版社　皮书系列
SOCIAL SCIENCES ACADEMIC PRESS (CHINA)

卡号：546232392633
密码：

S 基本子库
SUB DATABASE

中国社会发展数据库（下设 12 个专题子库）

紧扣人口、政治、外交、法律、教育、医疗卫生、资源环境等 12 个社会发展领域的前沿和热点，全面整合专业著作、智库报告、学术资讯、调研数据等类型资源，帮助用户追踪中国社会发展动态、研究社会发展战略与政策、了解社会热点问题、分析社会发展趋势。

中国经济发展数据库（下设 12 专题子库）

内容涵盖宏观经济、产业经济、工业经济、农业经济、财政金融、房地产经济、城市经济、商业贸易等 12 个重点经济领域，为把握经济运行态势、洞察经济发展规律、研判经济发展趋势、进行经济调控决策提供参考和依据。

中国行业发展数据库（下设 17 个专题子库）

以中国国民经济行业分类为依据，覆盖金融业、旅游业、交通运输业、能源矿产业、制造业等 100 多个行业，跟踪分析国民经济相关行业市场运行状况和政策导向，汇集行业发展前沿资讯，为投资、从业及各种经济决策提供理论支撑和实践指导。

中国区域发展数据库（下设 4 个专题子库）

对中国特定区域内的经济、社会、文化等领域现状与发展情况进行深度分析和预测，涉及省级行政区、城市群、城市、农村等不同维度；研究层级至县及县以下行政区，为学者研究地方经济社会宏观态势、经验模式、发展案例提供支撑，为地方政府决策提供参考。

中国文化传媒数据库（下设 18 个专题子库）

内容覆盖文化产业、新闻传播、电影娱乐、文学艺术、群众文化、图书情报等 18 个重点研究领域，聚焦文化传媒领域发展前沿、热点话题、行业实践，服务用户的教学科研、文化投资、企业规划等需要。

世界经济与国际关系数据库（下设 6 个专题子库）

整合世界经济、国际政治、世界文化与科技、全球性问题、国际组织与国际法、区域研究 6 大领域研究成果，对世界经济形势、国际形势进行连续性深度分析，对年度热点问题进行专题解读，为研判全球发展趋势提供事实和数据支持。

法律声明

"皮书系列"（含蓝皮书、绿皮书、黄皮书）之品牌由社会科学文献出版社最早使用并持续至今，现已被中国图书行业所熟知。"皮书系列"的相关商标已在国家商标管理部门商标局注册，包括但不限于 LOGO（▮）、皮书、Pishu、经济蓝皮书、社会蓝皮书等。"皮书系列"图书的注册商标专用权及封面设计、版式设计的著作权均为社会科学文献出版社所有。未经社会科学文献出版社书面授权许可，任何使用与"皮书系列"图书注册商标、封面设计、版式设计相同或者近似的文字、图形或其组合的行为均系侵权行为。

经作者授权，本书的专有出版权及信息网络传播权等为社会科学文献出版社享有。未经社会科学文献出版社书面授权许可，任何就本书内容的复制、发行或以数字形式进行网络传播的行为均系侵权行为。

社会科学文献出版社将通过法律途径追究上述侵权行为的法律责任，维护自身合法权益。

欢迎社会各界人士对侵犯社会科学文献出版社上述权利的侵权行为进行举报。电话：010-59367121，电子邮箱：fawubu@ssap.cn。

社会科学文献出版社